■2025年度高等学校受験用

星野高等学校

収録内容一覧

★この問題集は以下の収録内容となっています。また、編集の都合上、解説、解答用紙を省略させていただいている場合もございますのでご了承ください。

（○印は収録、－印は未収録）

入試問題の収録内容			解説	解答	解答用紙
2024年度	単願	英語・数学・国語	○	○	○
	併願第1回	英語・数学・国語	○	○	○
	併願第2回	英語・数学・国語	－	○	○
2023年度	単願	英語・数学・国語	○	○	○
	併願第1回	英語・数学・国語	○	○	○
	併願第2回	英語・数学・国語	－	○	○
2022年度	単願	英語・数学・国語	○	○	○
	併願第1回	英語・数学・国語	○	○	○
	併願第2回	英語・数学・国語	－	○	○

★当問題集のバックナンバーは在庫がございません。あらかじめご了承ください。

●凡例●

【英語】

≪解答≫

〔　〕　①別解
②置き換え可能な語句（なお下線は置き換える箇所が2語以上の場合）
(例) I am〔I'm〕glad〔happy〕to ~

(　)　省略可能な言葉

≪解説≫

1, 2…　本文の段落（ただし本文が会話文の場合は話者の1つの発言）

〔　〕　置き換え可能な語句（なお〔　〕の前の下線は置き換える箇所が 2 語以上の場合）

(　)　①省略が可能な言葉
(例) 「(数が) いくつかの」
②単語・代名詞の意味
(例) 「彼（＝警察官）が叫んだ」
③言い換え可能な言葉
(例) 「いやなにおいがするなべにはふたをするべきだ（＝くさいものにはふたをしろ)」

//　訳文と解説の区切り

cf.　比較・参照

≒　ほぼ同じ意味

【数学】

≪解答≫

〔　〕　別解

≪解説≫

(　)　補足的指示
(例) (右図1参照) など

〔　〕　①公式の文字部分
(例) 〔長方形の面積〕=〔縦〕×〔横〕
②面積・体積を表す場合
(例) 〔立方体 ABCDEFGH〕

∴　ゆえに

≒　約、およそ

【社会】

≪解答≫

〔　〕　別解

(　)　省略可能な語

＿＿＿　使用を指示された語句

≪解説≫

〔　〕　別称・略称
(例) 政府開発援助〔ODA〕

(　)　①年号
(例) 壬申の乱が起きた（672 年)。
②意味・補足的説明
(例) 資本収支 (海外への投資など)

【理科】

≪解答≫

〔　〕　別解

(　)　省略可能な語

＿＿＿　使用を指示された語句

≪解説≫

〔　〕　公式の文字部分

(　)　①単位
②補足的説明
③同義・言い換え可能な言葉
(例) カエルの子 (オタマジャクシ)

≒　約、およそ

【国語】

≪解答≫

〔　〕　別解

(　)　省略してもよい言葉

＿＿＿　使用を指示された語句

≪解説≫

〈　〉　課題文中の空所部分（現代語訳・通釈・書き下し文)

(　)　①引用文の指示語の内容
(例) 「それ (＝過去の経験) が ～」
②選択肢の正誤を示す場合
(例) (ア，ウ…×)
③現代語訳で主語などを補った部分
(例) (女は) 出てきた。

／　漢詩の書き下し文・現代語訳の改行部分

星野高等学校

所在地	<女子部>〒350-0064　埼玉県川越市末広町3-9-1　（末広キャンパス） <共学部>〒350-0824　埼玉県川越市石原町2-71-11　（石原キャンパス）
電　話	<女子部>049-222-4400　<共学部>040 233 1189
ホームページ	https://www.hoshino.ac.jp/
交通案内	<女子部>東武東上線川越市駅より徒歩12分　西武新宿線本川越駅より徒歩14分 西武池袋線入間市駅，JR高崎線宮原駅，熊谷駅よりスクールバス <共学部>JR埼京線（川越線）・東武東上線川越駅，西武新宿線本川越駅，西武池袋線入間市駅， JR高崎線宮原駅，熊谷駅よりスクールバス

普通科

女子
男女共学

くわしい情報は
ホームページへ

応募状況

年度		募集数		受験数	合格数	倍率
2024	女子部	Ⅲ類	280名	192名	214名	1.0倍
		文理特進		158名	138名	
		文理選抜		98名	94名	
	共学部	S類	370名	174名	224名	1.0倍
		α選抜		360名	370名	
		β		344名	278名	
2023	女子部	Ⅲ類	280名	195名	191名	1.0倍
		文理特進		205名	205名	
		文理選抜		78名	77名	
		文理		67名	64名	
	共学部	S類	370名	166名	157名	1.0倍
		α選抜		315名	304名	
		β		170名	175名	
2022	女子部	Ⅲ類	280名	159名	154名	1.0倍
		文理特進		242名	236名	
		文理選抜		134名	135名	
		文理		80名	81名	
	共学部	S類	370名	129名	116名	1.0倍
		α選抜		325名	317名	
		β		201名	203名	

※スライド合格含む

※共学部の募集数は内進生含む

試験科目　（参考用：2024年度入試）

<女子部> 国語・英語・数学，面接

<共学部> 国語・英語・数学，面接

試験時間各教科50分，100点満点

マークシート方式

編集部注―本書の内容は2024年5月現在のものであり，変更されている場合があります。正確な情報は，学校のホームページ等で必ずご確認ください。

教育方針　全人教育を支える３つの柱

１．知の構築―習熟度別学習指導

進路希望に応じて「国公立文系」，「私立文系」，「理系」それぞれに対応するカリキュラムがある。女子部・共学部ともに３コースを編成し（2024年度より女子部はⅢ類特進選抜，文理特進，文理選抜の３コース），さらに，一人ひとりの力を最も大きく伸ばすために習熟度別授業を行っている。また，通常授業に加え，講習や添削，補習などのシステムも確立している。

２．国際人教育

国際コミュニケーションの基礎となる英語力を高めるため，聞く・話す・読む・書くの４技能を磨くことに力を入れている。ネイティブの教員による授業のほか，海外での異文化体験や国内における海外との交流行事などを通して，国際人としての感覚を身につける。

３．情操教育

全国大会を目指して毎日練習に励むクラブから，ゆとりある生活の中で豊かな教養を育むクラブまで，自分に合ったクラブを40以上の所属先から選択できる。また，学校行事も多彩で，海外への修学旅行や芸術鑑賞会，各種講演会など，本物にふれるなかで知性や感性を磨く機会が数多くある。

大学の合格状況（2024年度）

東京大学，東北大学，大阪大学，筑波大学，お茶の水女子大学，東京外国語大学，千葉大学，東京学芸大学，東京農工大学，電気通信大学，埼玉大学，横浜国立大学，群馬大学，東京都立大学，埼玉県立大学，早稲田大学，慶應義塾大学，上智大学，東京理科大学，明治大学，中央大学，青山学院大学，立教大学，法政大学，学習院大学など

出題傾向と今後への対策　英語

出題内容

	2024		2023		2022	
	単願	併1	単願	併1	単願	併1
大問数	8	7	8	7	8	8
小問数	30	30	30	30	30	30
リスニング	×	×	×	×	×	×

◎例年大問7～8題，小問数は30問出題されている。問題は全問ア～エの4つの選択肢から正解を選ぶ形式をとっている。

2024年度の出題状況

《単　願》

1 長文読解総合―物語
2 長文読解総合―説明文
3 長文読解総合―対話文
4 整序結合
5 長文読解―英問英答―表を見て答える問題
6 適語選択
7 正誤問題
8 書き換え―適語句選択

《併願１》

1 長文読解総合―説明文
2 長文読解総合―物語
3 長文読解総合―対話文
4 長文読解―英問英答―領収書・Eメール
5 整序結合
6 正誤問題
7 単語の綴り

解答形式

《単　願》	記　述／マーク／併　用
《併願１》	記　述／マーク／併　用

出題傾向

出題傾向は大問７～８題で，出題形式も近年定着しつつある。長文は物語，説明文が多く，会話文形式も出題される。分量や難易度は標準的である。設問は内容把握に関するものが中心であるが，語彙なども幅広く問う問題となっている。英作文は整序結合が頻出である。発音問題は，長文に組み込まれていることもある。

今後への対策

長文の総合問題が大半を占めているので，読解力をつけることが重要である。教科書の文法事項を理解し，単語・熟語，重要構文を全て暗記したうえで，ふだんから英文を読もう。余力があれば，全体の要旨をまとめてみよう。会話文は，独特の言い回しがあるので，決まり文句だけでなく，日頃から英語にふれ，表現を蓄積していこう。

英語出題分野一覧表

分野		年度	2022		2023		2024		2025予想※	
			単願	併1	単願	併1	単願	併1	単願	併1
音声	放送問題									
	単語の発音・アクセント		●	●	●				◎	△
	文の区切り・強勢・抑揚									
語彙・文法	単語の意味・綴り・関連知識		●	●		●		●	△	◎
	適語(句)選択・補充		●		●		●		◎	
	書き換え・同意文完成						●		△	
	語形変化		●		●				◎	
	用法選択									
	正誤問題・誤文訂正			●	●	●	●	●	◎	◎
	その他		●						△	
作文	整序結合		●	●	●	●	●	●	◎	◎
	日本語英訳	適語(句)・適文選択								
		部分・完全記述								
	条件作文									
	テーマ作文									
会話文	適文選択									
	適語(句)選択・補充									
	その他									
長文読解	内容把握	主題・表題	●	●					△	△
		内容真偽	●	●	●	●	●	●	◎	◎
		内容一致・要約文完成								
		文脈・要旨把握	●	●		●	●	●	◎	◎
		英問英答				●	●	●	△	◎
	適語(句)選択・補充		●	■	■	●	●	■	◎	◎
	適文選択・補充		●	●	●	●	●	●	◎	◎
	文(章)整序		●					●	△	△
	英文・語句解釈(指示語など)		●	●	●	■	●	●	◎	◎
	その他(適所選択)		●						△	

●印：１～５問出題，■印：６～10問出題，★印：11問以上出題。
※予想欄　◎印：出題されると思われるもの。　△印：出題されるかもしれないもの。

出題傾向と今後への対策　数学

出題内容

2024年度

《単願》　作　証　グ

１は小問集合で９問。２は連立方程式の応用問題。３は関数で，放物線と直線に関するもの。４は平面図形で，円を利用した問題。５は空間図形で，直方体について問うもの。三平方の定理や相似な図形の性質の理解が問われる。

《併願１》　作　証　グ

１は小問集合で９問。２は方程式の応用問題。３は関数で，放物線と直線に関するもの。直線の切片や図形の面積などが問われている。４は平面図形で，三角形を利用した問題。５は空間図形で，直方体を利用した問題。

2023年度

《単願》　作　証　グ

１は小問集合で９問。２は連立方程式の応用問題。３は関数から放物線と直線に関するもの。図形の知識も要する。４は平面図形で，三角形について問う計量題３問。５は空間図形で，三角錐に糸を巻きつけた場合について問う計量題３問。

《併願１》　作　証　グ

１は小問集合で９問。２は連立方程式の応用問題。３は関数から放物線と直線に関するもの。４は平面図形で，半円とその内部にある３つの円について問う計量題３問。５は空間図形で，直方体の内部にできる図形について問う計量題３問。

作…作図問題　証…証明問題　グ…グラフ作成問題

解答形式

《単願》　記述／マーク／併用

《併願１》　記述／マーク／併用

出題傾向

大問５題，うち１題が小問集合，他は，方程式の応用，関数，平面図形，空間図形となることが多い。総設問数は20問である。基礎～標準レベルの内容で，設定がやや複雑なものが出題されることもあるが，奇問はなく，中学で学習した内容の定着度をはかるものといえる。

今後への対策

まずは教科書や基本問題集などで基礎・基本を定着させること。そのうえで標準レベルの問題で演習をたくさん積もう。問題を一つ一つていねいに解き，いろいろな解法のパターンを身につけていくとよい。各分野からまんべんなく出題されているので，偏りのない学習を。

◇◆◆◆◆ 数学出題分野一覧表 ◆◆◆◆◇

分野	年度	2022		2023		2024		2025予想※	
		単願	併１	単願	併１	単願	併１	単願	併１
数と式	計算，因数分解	★	■	★	■	★	★	◎	◎
	数の性質，数の表し方		●						△
	文字式の利用，等式変形	●			●			△	△
	方程式の解法，解の利用	■	■	■	■	■	■	◎	◎
	方程式の応用	■	★	★	★	★	★	◎	◎
関数	比例・反比例，一次関数								
	関数 $y=ax^2$ とその他の関数	★	★	★	★	★	★	◎	◎
	関数の利用，図形の移動と関数								
図形	（平面）計量	★	★	★	★	★	★	◎	◎
	（平面）証明，作図								
	（平面）その他								
	（空間）計量	★	★	★	★	★	★	◎	◎
	（空間）頂点・辺・面，展開図								
	（空間）その他								
データの活用	場合の数，確率	●	●	●	●	●	●	◎	◎
	データの分析・活用，標本調査								
その他	不等式								
	特殊・新傾向問題など								
	融合問題								

●印：１問出題，■印：２問出題，★印：３問以上出題。
※予想欄　◎印：出題されると思われるもの。　△印：出題されるかもしれないもの。

出題傾向と今後への対策 国語

出題内容

2024年度

《単願》

論説文　小説　古文

課題文

㊀前田英樹「独学する心」
㊁壁井ユカコ『空への助走』
㊂『今昔物語集』

《併願１》

論説文　小説　古文

課題文

㊀神野紗希『もう泣かない電気毛布は裏切らない』／大江健三郎『新しい文学のために』
㊁寺地はるな『タイムマシンに乗れないぼくたち』
㊂『太平記』

2023年度

《単願》

論説文　随筆　古文

課題文
㊀本川達雄「生物学を学ぶ意味」
㊁幸田　文『幸田文 しつけ帖』
㊂向井去来『去来抄』

《併願１》

論説文　小説　古文

課題文
㊀永井玲衣『水中の哲学者たち』
㊁吉田修一『おかえり横道世之介』
㊂本居宣長『うひ山ぶみ』

解答形式

《単願》　記　述／マーク／併　用

《併願１》　記　述／マーク／併　用

出題傾向

設問は，現代文の読解問題に10問前後，古文の読解問題に８問前後付されており，その内容は，８割が内容理解に関するもので，２割が漢字を含めた国語の知識に関するものである。現代文の課題文は，内容，分量ともに標準的である一方，古文の課題文は，比較的短く，内容も平易なものが選ばれているようである。

今後への対策

現代文の課題文を速く正確に読む力が必要である。標準的なものでよいから，問題集で訓練を積んでおくとともに，論説文，小説問わず読書も心がけるとよい。また，国語の知識については，漢字や語句関連，文学史などを中心に，知識の整理をしておくとよい。

◆◆◆◆◆ 国語出題分野一覧表 ◆◆◆◆◆

分野		年度	2022		2023		2024		2025予想※	
			単願	併1	単願	併1	単願	併1	単願	併1
現代文	論説文 説明文	主題・要旨	●	●	●	●	●	●	◎	◎
		文脈・接続語・指示語・段落関係	●		●	●	●	●	◎	◎
		文章内容	●	●	●	●	●	●	◎	◎
		表現				●				△
	随筆 日記 手紙	主題・要旨								
		文脈・接続語・指示語・段落関係			●				△	
		文章内容			●				△	
		表現								
		心情			●				△	
	小説	主題・要旨	●			●			△	△
		文脈・接続語・指示語・段落関係		●			●		△	△
		文章内容	●	●		●	●	●	◎	◎
		表現	●			●	●	●	◎	◎
		心情	●	●		●	●	●	◎	◎
		状況・情景								
韻文	詩	内容理解								
		形式・技法								
	俳句 和歌 短歌	内容理解	●						△	
		技法	●		●				◎	
古典	古文	古語・内容理解・現代語訳	●	●	●	●	●	●	◎	◎
		古典の知識・古典文法						●		△
	漢文	(漢詩を含む)								
国語の知識	漢字 語句	漢字	●	●	●	●	●	●	◎	◎
		語句・四字熟語	●	●	●	●	●	●	◎	◎
		慣用句・ことわざ・故事成語				●				△
		熟語の構成・漢字の知識				●				△
	文法	品詞								
		ことばの単位・文の組み立て								
		敬語・表現技法								
	文学史		●		●	●	●	●	◎	◎
作文・文章の構成・資料										
その他										

※予想欄　◎印：出題されると思われるもの。　△印：出題されるかもしれないもの。

合格を勝ち取るための

本書の使い方

本書に掲載されている過去問をご覧になって，「難しそう」と感じたかもしれません。でも，大丈夫。ほとんどの受験生が同じように感じるのです。高校入試の出題範囲は中学校の定期テストに比べて広いですし，残りの中学校生活で学ぶはずの，まだ習っていない内容からも出題されているかもしれません。
ですから，初めて本書に取り組む際には，点数を気にする必要はありません。点数は本番で取れればいいのです。

過去問で重要なのは「間違えること」です。自分の弱点を知るために，過去問に取り組むのです。当然，間違った問題をそのままにしておいては意味がありません。
本書には，長年にわたって高校受験に関わってきたベテランスタッフによる詳細な解説がついています。間違えた問題は重点的に解説を読み，何度も解きなおしてください。時にはもう一度，教科書で復習するのもよいでしょう。

別冊として，抜き取って使える解答用紙を収録しました。表示してあるように拡大コピーをとれば，実際の入試と同じ条件で，何度でも過去問に取り組むことができます。特に記述問題では解答欄の大きさがヒントになる場合があります。そうした，本番で使える受験テクニックの練習ができるのも，本書の強みです。

前のページにある「出題傾向と今後への対策」もよく読んで，本校の出題傾向に慣れておきましょう。

2025年度 高校受験用

星野高等学校　3年間スーパー過去問

をご購入の皆様へ

お詫び

本書、星野高等学校の入試問題につきまして、誠に申し訳ございませんが、以下の問題文は著作権上の問題により掲載することができません。設問と解答は掲載してございますので、ご必要とされる方は原典をご参照くださいますよう、お願い申し上げます。

記

2023年度 併願第2回 国語 二 の問題文

以上

株式会社　声の教育社　編集部

2024年度 星野高等学校（単願）

〔注〕 この問題は，1月22日に実施された単願受験者用のものです。

【英　語】（50分）〈満点：100点〉

（注意） 解答はすべて一つ選び，解答用紙の所定の欄にマークすること。

1 次の英文を読んで，下の問いに答えなさい。

A long time ago in Australia, kangaroos didn't have pockets to hold their babies in. This story is about ①how they got them.

One day, a kangaroo and her baby were resting beside a river, and they saw an old wombat. A wombat looks like a small koala but lives in a hole in the ground. The wombat looked weak and sick, so ②the mother kangaroo hopped over to help him.

She saw that he was crying. "Why are you crying ?" she asked. He said, "I am old and weak. No one will look after me anymore." The mother kangaroo had a kind heart, so she could not leave this poor wombat alone. "Don't worry. My baby and I will be your friends," she said. She took the wombat to a place with the best grass and the cleanest water.

Then, the mother kangaroo noticed that her baby ③(　　　　　). "Oh, no ! I think he has run off alone again !" She ran around and found him under a big tree. He was sleeping. She didn't want to wake him, so she left him there.

On her way back to the wombat, she saw a hunter getting ready to catch him. She had to protect the wombat. She cried out to the wombat, "Run !" The hunter heard this and looked at the kangaroo. Now the hunter was chasing after her. She started to jump away. Then she found a big cave and went inside. The hunter ran past the cave, so she was safe. After a while, she ran back to her baby under the tree. Together they looked ④(　　) the wombat, but they could not find him anywhere.

They could not find him because the old wombat was really a god. He was on the earth to find ⑤the kindest animal. And he found it ! He wanted to give her a gift. So he said to *the tree spirits, "From a tree, make an apron with a big pocket and give it to the kangaroo."

They did, and when the mother kangaroo put on the apron, it became part of her body ! "How wonderful !" she said. "Now I have a pocket to carry my baby everywhere I go !"

She was very happy with this pocket, but then, she stopped smiling and said, "I hope my friends will get pockets, too." The god loved her kind heart and decided to make her wish come true. That is why kangaroos have pockets today.

（注） the tree spirits：木の精霊

(1) 下線①の they と them が指すものとして最も適する組み合わせを選びなさい。

ア．{ they：kangaroos / them：their babies }　　イ．{ they：kangaroos / them：pockets }

ウ．{ they：their babies / them：kangaroos }　　エ．{ they：their babies / them：pockets }

(2) 下線②の理由として最も適するものを選びなさい。

ア．ウォンバットが穴に落ちて困っていたから。

イ．ウォンバットがカンガルーの赤ちゃんを見ていたから。
ウ．ウォンバットが弱って具合が悪そうだったから。
エ．ウォンバットが小さなコアラに似ていたから。

(3) 下線③の(　)に入れるのに最も適するものを選びなさい。
ア．was not there　　イ．wasn't able to walk alone
ウ．was crying alone there　　エ．was by the river

(4) 下線④の(　)に入れるのに最も適するものを選びなさい。
ア．at　イ．in　ウ．to　エ．for

(5) 下線⑤の the kindest animal として最も適するものを選びなさい。
ア．the wombat　イ．the mother kangaroo
ウ．the hunter　エ．the baby kangaroo

(6) 本文の内容と一致するものとして最も適するものを選びなさい。
ア．A mother kangaroo and her baby found a small koala like a wombat near the river.
イ．A hunter tried to catch a baby kangaroo, but the mother kangaroo noticed it and told her baby to run.
ウ．A god was on the earth because he wanted to find the kindest animal in the world.
エ．Aprons with many pockets were made by the tree spirits, and they were given to kangaroos.

2 次の英文を読んで，下の問いに答えなさい。

Did you know that *manga* is now an English word? ⑦Many Japanese words used to describe ideas or things that come from Japan are now used without translation in English. Only twenty or thirty years ago, instead of saying *edamame*, most English speakers used the words "green *soy beans." In the same way, many people talked about "bean *curd" or "rice wine" rather than *tofu* or *saké*. These words can now all be found in most new, major dictionaries, both in America and the U.K.

Actually, this is ⑧not really (　　). For a long time, the English language has used Japanese words to describe traditional sports or games, such as *karate*, *judo*, *kendo*, *shogi*. Of course, the pronunciation is a little ⑨(A), but the meanings are ⑨(B). In food culture, many Japanese words are used in English. A lot of people now enjoy eating *sushi*, *ramen*, and various vegetables, such as *nappa*, *shiitake* mushrooms or *daikon* radishes. Many children also learn how to make *origami*, just as *karaoke* is also a popular pastime in lots of countries around the world.

Why do people use so many Japanese words these days? There are many unique ideas or things which are common in Japanese culture but are difficult to explain. It is easier and faster to use ⑩the original Japanese word. Words such as *otaku* and *kawaii* were added to the English language, and *cosplay* events are commonly held in Europe. People *dress up as their favorite *anime* character.

If the word describes something new or unique, using the original word seems like a good idea. The word *robot*, ⑪(　　), first appeared in a play written in the *Czech language, but now most countries use that word. In the same way, the word *bento* can be found in French and German. The evolution of languages is very interesting.

（注） soy beans：大豆　curd：凝乳(牛乳を固めた食品)状のもの
dress up as：～の格好をする　Czech language：チェコ語

(7) 下線⑦の日本語訳として最も適するものを選びなさい。

ア．多くの言葉が以前は考えや物事を表し，日本人になじみがあった

イ．日本人の考えたことを，多くの言葉を使って描写する

ウ．日本に由来する考えや事柄を表現するために使われている多くの言葉

エ．日本で生まれた多くの言葉を使って説明した考えや物事

(8) 下線⑧の（　）に入れるのに最も適するものを選びなさい。

ア．unable　　イ．unbalanced　　ウ．unlucky　　エ．unusual

(9) 下線⑨の（A）（B）に入れる組み合わせとして最も適するものを選びなさい。

ア．A：the same　B：the same　　イ．A：the same　B：different

ウ．A：different　B：different　　エ．A：different　B：the same

(10) 下線⑩の the original Japanese word の例として適切でないものを選びなさい。

ア．robot　　イ．otaku　　ウ．nappa　　エ．karaoke

(11) 下線⑪の（　）に入れるのに最も適するものを選びなさい。

ア．for example　　イ．however

ウ．now and then　　エ．unfortunately

(12) 本文の内容と一致するものとして最も適するものを選びなさい。

ア．30年前のアメリカの辞書に載っていた日本語は枝豆だけである。

イ．日本食は健康的でおいしいので，世界中で愛されている。

ウ．弁当は全世界に共通する文化となっている。

エ．様々な国の言葉が世界中で使われ，言葉は進化している。

3 次の会話文を読んで，下の問いに答えなさい。

Paul is asking a travel agent about an airline ticket to fly to the West Coast.

Paul : Hello. I'd like to *book a flight from Washington, DC to the West Coast.

Staff : Sure. [⑬-A] Where would you like to go?

Paul : I need to fly to San Diego.

Staff : You know that the airport for San Diego is called Carlsbad, right? It's just north of San Diego. I'll find you a flight to Carlsbad.

Paul : That's great. I'm going there to play in the San Diego Open tennis tournament. It starts next Saturday, so I'd like to arrive on Wednesday.

Staff : So, you are a professional tennis player. That must be exciting.

Paul : ⑭It is, but the competition can be stressful, too.

Staff : I see what you mean. Is it a big tournament?

Paul : Yeah. The San Diego Open is a warm-up event for *the US Open.

Staff : The US Open in New York?! Wow! That's so famous.

Paul : But before I play in New York, I also have to play in another tournament in Dallas, Texas.

Staff : [⑬-B] Now, looking at the computer, I see that there are no direct flights to Carlsbad, but there are plenty of options.

Paul : OK.

Staff : First, what time would you like to arrive there?

Paul : If it's possible, early afternoon, because I want to practice for a few hours in the late afternoon.

Staff : To get there by 2 p.m., you'll have to depart Washington, DC at around 8 a.m. Washington has three airports, but the roads to the airports are crowded during the morning rush and there are often traffic jams. So you may be late for your flight. I suggest not taking flights that leave around early morning rush hour.

Paul : Thanks for the advice. Are there any flights that leave late morning ?

Staff : Sure. There's an 11:15 flight from Washington National Airport. It goes *via Los Angeles, and you'll arrive at your *destination in the late afternoon at 4:40.

Paul : That sounds good.

Staff : [⑬-C] An 11:30 flight from Washington International Airport, also via Los Angeles, arrives at 4:50.

Paul : Hmmm. [⑮] I can't decide which one I should take. How much are they ?

Staff : The flight from Washington National is $50 cheaper.

Paul : I'll take that then.

（注） book：～を予約する　the US Open：全米テニス大会の名前
via：～経由で　destination：目的地

⒀ [⑬-A]～[⑬-C]に入るセリフとして最も適する組み合わせを選びなさい。

ア．A：Or, there's another one.
B：That's a tough schedule.
C：We can arrange that.

イ．A：That's a tough schedule.
B：Or, there's another one.
C：We can arrange that.

ウ．A：That's a tough schedule.
B：We can arrange that.
C：Or, there's another one.

エ．A：We can arrange that.
B：That's a tough schedule.
C：Or, there's another one.

⒁ 下線⑭の後ろに省略されている語または語句として最も適するものを選びなさい。

ア．next week　イ．exciting
ウ．in San Diego　エ．a tennis tournament

⒂ [⑮]に入るセリフとして最も適するものを選びなさい。

ア．There's not much difference between the flights.
イ．The first flight takes less time to get to the destination.
ウ．The flights have only a 10-minute difference in their departure time.
エ．The second flight is better because I can get there earlier on that one.

⒃ 次の英語の質問に対する回答として最も適するものを選びなさい。

Why doesn't the staff recommend Paul to choose flights in early morning ?

ア．Because there are three airports in Washington and he may get lost on the way.
イ．Because the roads are crowded in the early morning and he may be caught in traffic jams.

ウ. Because he may not have enough time for practice when he arrives at San Diego.

エ. Because the airports are crowded in the morning and he may be late for the flight.

(17) 本文の内容と一致するものを選びなさい。

ア. Paul is going to get an airline ticket to San Diego three days before San Diego tennis tournament is held.

イ. Because there are no direct flights, Paul needs to fly to Carlsbad and change flights to go to San Diego.

ウ. After the warm-up event in San Diego, Paul will move to Dallas before he plays in New York.

エ. Paul decides to choose the flight from Washington National Airport because he can get a 50-dollar discount for that one.

4 日本文とほぼ同じ意味になるように( )内の語を並べかえて正しい英文を作るとき[ ]に示された語は( )内で何番目に来ますか。ア～エの中から選びなさい。ただし，文頭の語も小文字で示されています。

(18) 彼女は私がこれまでに教えた中で最も優秀な生徒です。[student]

She (student, I've, is, best, taught, the, ever).

ア. 3番目　イ. 4番目　ウ. 5番目　エ. 6番目

(19) この交響曲は誰が作曲したのですか。[composed]

(symphony, who, this, was, composed, by)?

ア. 2番目　イ. 3番目　ウ. 4番目　エ. 5番目

(20) 運転中は電話を使ってはいけません。[phone]

You (driving, must, you, your, while, phone, use, are, not).

ア. 4番目　イ. 5番目　ウ. 6番目　エ. 7番目

5　次のイベントの案内を読んで，下の問いに答えなさい。

Winter Cinema Festival

Information

Title	'My Friend'	'The Trip to The Mars'
*Genre	Love Story	Adventure
Time	10:40 a.m. - 12:40 p.m.	9:35 a.m. - 11:50 a.m.
	1:05 p.m. - 3:05 p.m.	2:20 p.m. - 4:35 p.m.
	3:30 p.m. - 5:30 p.m.	6:00 p.m. - 8:15 p.m.
Place	Cinema 1	Cinema 2

Title	'World War I'	'The Clever Man'
Genre	History	Comedy
Time	12:10 p.m. - 1:55 p.m.	10:00 a.m. - 11:30 a.m.
	4:55 p.m. - 6:40 p.m.	1:00 p.m. - 2:30 p.m.
	7:30 p.m. - 9:15 p.m.	4:30 p.m. - 6:00 p.m.
Place	Cinema 3	Cinema 4

● Entrance Fee

Children (4 to 15 years old) ••• $9.00
Adults (16 years old and over) ••• $12.00
Children 3 and under are free

【Notice】
The last day of this festival is a special day. The entrance fee will be $5 for children 4 to 15 years old and $8 for adults.

（注） Genre：ジャンル

(21) Which movie will you see if you want to have a lot of laughs?
ア．'My Friend'　　イ．'The Trip to The Mars'
ウ．'World War I'　　エ．'The Clever Man'

(22) Which cinema will you go to if you want to see a full movie after 6:30 in the evening?
ア．Cinema 1　イ．Cinema 2　ウ．Cinema 3　エ．Cinema 4

(23) An adult and a group of three children who are 13 years old will go to the festival together on the final day. How much will the entrance fee be?
ア．$12.00　イ．$21.00　ウ．$23.00　エ．$39.00

6　次の(24)～(26)の（　）に入れるのに最も適するものを選びなさい。

(24) We'll play baseball outside (　　　) it's sunny tomorrow.

ア．but　　イ．or　　ウ．if　　エ．so

(25) She bought a souvenir (　　　) her sister.

ア．for　　イ．in　　ウ．at　　エ．as

(26) (　　　) don't you play basketball with us ?

ア．How　　イ．Why　　ウ．What　　エ．When

7　次の(27)(28)のそれぞれ４つの英文について，文法上の誤りを含む文を選びなさい。

(27) ア．He began to do his homework.

イ．What a wonderful idea !

ウ．The cat cleaned it's tail.

エ．I showed him my pictures.

(28) ア．There is too many water in the pool.

イ．My sister painted the wall blue.

ウ．I see several fish in the river.

エ．She wants something warm.

8　各組の英文がほぼ同じ意味になるように（　）内に語句を入れるとき，最も適するものを選びなさい。

(29) My mother said to me, "Play outside."

＝My mother (　　　　　) play outside.

ア．told to me　　イ．told me to　　ウ．told to　　エ．told me

(30) It is not necessary for him to speak Spanish.

＝He (　　　　　) speak Spanish.

ア．should not　　イ．may not　　ウ．doesn't need　　エ．doesn't have to

【数　学】（50分）〈満点：100点〉

（注意）　解答はすべて一つ選び，解答用紙の所定の欄にマークすること。

$\boxed{1}$　次の各問いに答えなさい。

(1)　$-\dfrac{5}{3}+(-2)^3\div(-6)\times\dfrac{3}{4}$ を計算しなさい。

解答群　(ア)　$-\dfrac{8}{3}$　(イ)　$-\dfrac{2}{3}$　(ウ)　$\dfrac{1}{3}$　(エ)　$-\dfrac{31}{9}$　(オ)　$\dfrac{1}{9}$　(カ)　$\dfrac{2}{9}$

(2)　$\sqrt{72}-2\sqrt{27}-\dfrac{8}{\sqrt{2}}+\sqrt{12}$ を計算しなさい。

解答群　(ア)　$-2\sqrt{2}+\sqrt{3}$　(イ)　$2\sqrt{2}-\sqrt{3}$　(ウ)　$4\sqrt{2}-\sqrt{3}$
(エ)　$-2\sqrt{2}+4\sqrt{3}$　(オ)　$2\sqrt{2}-4\sqrt{3}$　(カ)　$4\sqrt{2}-4\sqrt{3}$

(3)　連立方程式 $\begin{cases} x+3y=15 \\ 3x+2y=-4 \end{cases}$ を解き，x の値を答えなさい。

解答群　(ア)　$x=-6$　(イ)　$x=6$　(ウ)　$x=-7$
(エ)　$x=7$　(オ)　$x=-\dfrac{18}{7}$　(カ)　$x=\dfrac{18}{7}$

(4)　2次方程式 $x^2+2x-24=0$ を解きなさい。

解答群　(ア)　$x=-12,\ 2$　(イ)　$x=-8,\ 3$　(ウ)　$x=-6,\ 4$
(エ)　$x=-2,\ 12$　(オ)　$x=-3,\ 8$　(カ)　$x=-4,\ 6$

(5)　$x=-2a+3b$，$y=3a-b$ のとき，x^2-y^2 を a，b の式で表しなさい。

解答群　(ア)　$-5a^2-18ab+10b^2$　(イ)　$-5a^2+18ab+8b^2$
(ウ)　$-5a^2+8ab+8b^2$　(エ)　$-5a^2-8ab+4b^2$
(オ)　$-5a^2-6ab+4b^2$　(カ)　$-5a^2-6ab+8b^2$

(6)　5枚のカード $\boxed{1}$，$\boxed{2}$，$\boxed{3}$，$\boxed{4}$，$\boxed{5}$ から2枚のカードを引き，その2枚を並べて2桁の整数をつくる。このとき，2桁の整数が30以上の奇数となる確率を求めなさい。

解答群　(ア)　$\dfrac{1}{5}$　(イ)　$\dfrac{1}{4}$　(ウ)　$\dfrac{3}{10}$　(エ)　$\dfrac{7}{20}$　(オ)　$\dfrac{2}{5}$　(カ)　$\dfrac{9}{20}$

(7)　1冊80円のノートAと1冊120円のノートBを合計40冊買ったところ，代金の合計は3840円であった。このとき，ノートAは何冊買いましたか。

解答群　(ア)　14冊　(イ)　16冊　(ウ)　18冊
(エ)　20冊　(オ)　22冊　(カ)　24冊

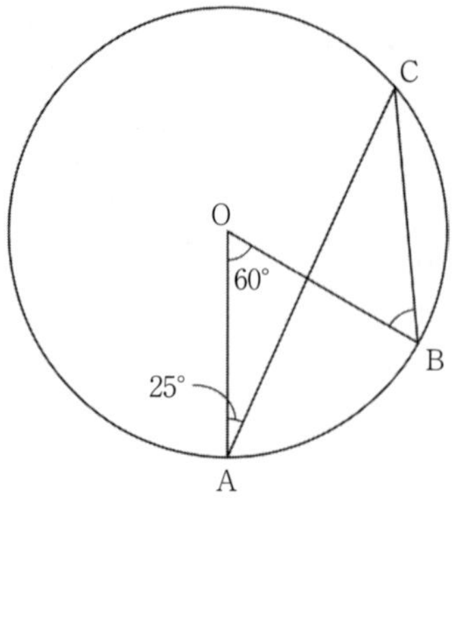

(8)　右図のように，円Oの周上に3点A，B，Cがあるとき，∠OBCの大きさを求めなさい。

解答群　(ア)　45°　(イ)　50°　(ウ)　55°
(エ)　60°　(オ)　65°　(カ)　70°

(9)　半径5の円を底面とする，高さ10の円柱がある。この円柱の表面積を求めなさい。ただし，円周率は π とする。

解答群　(ア)　175π　(イ)　150π　(ウ)　125π
(エ)　100π　(オ)　75π　(カ)　50π

2　2つの正の整数 x と y がある。x に16を加えて2倍した値から，x と y の和をひくと44になる。このとき，次の各問いに答えなさい。

(10)　x と y の式をつくりなさい。

解答群　(ア)　$x-y=12$　(イ)　$x-y=28$　(ウ)　$x-y=76$
(エ)　$x+y=12$　(オ)　$x+y=28$　(カ)　$x+y=76$

(11)　また，x を3倍してから14を加えた値を y で割ると5になる。このとき，x の値を求めなさい。

解答群　(ア)　11　(イ)　23　(ウ)　25　(エ)　27　(オ)　37　(カ)　39

3　右図のように，2点A(0，4)，B(6，8)を通る直線と放物線 $y=\frac{2}{3}x^2$ の交点をCとする。x 軸上に点D(4，0)をとるとき，次の各問いに答えなさい。ただし，点Cの x 座標は正とする。

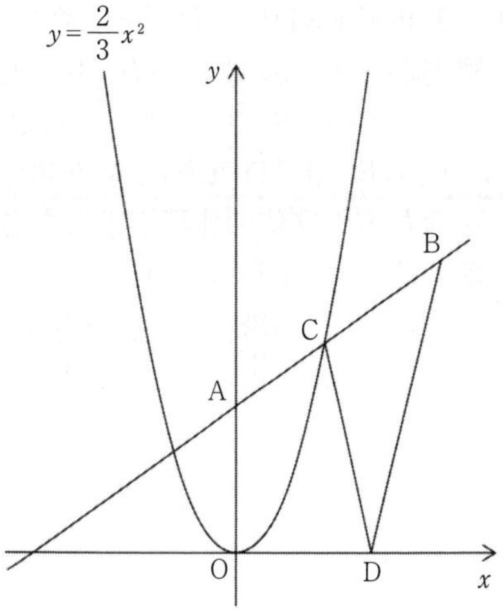

(12)　直線ABの式を求めなさい。

解答群　(ア)　$y=x+4$　(イ)　$y=2x+4$
(ウ)　$y=\frac{1}{3}x+4$　(エ)　$y=\frac{2}{3}x+4$
(オ)　$y=\frac{1}{2}x+4$　(カ)　$y=\frac{3}{2}x+4$

(13)　△BCDの面積を求めなさい。

解答群　(ア)　10　(イ)　11　(ウ)　12
(エ)　13　(オ)　14　(カ)　15

(14)　点Dを通り y 軸に平行な直線と放物線 $y=\frac{2}{3}x^2$ の交点をEとする。このとき，△BCEの面積を求めなさい。

解答群　(ア)　$\frac{25}{4}$　(イ)　$\frac{25}{3}$　(ウ)　$\frac{50}{3}$　(エ)　4　(オ)　5　(カ)　6

4　右図のように，線分ABを直径とする円周上に2点C，Dをとり，ABとCDの交点をEとしたところ，△ACEはCA＝CEの二等辺三角形となった。AB＝6，AE＝4として，次の各問いに答えなさい。

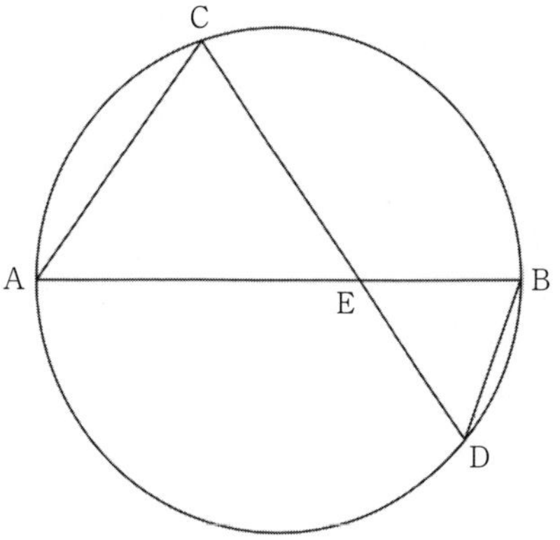

(15)　△ACEの面積を求めなさい。

解答群　(ア)　$4\sqrt{2}$　(イ)　$8\sqrt{2}$　(ウ)　$2\sqrt{3}$
(エ)　$4\sqrt{3}$　(オ)　$2\sqrt{5}$　(カ)　$4\sqrt{5}$

(16)　線分BCの長さを求めなさい。

解答群　(ア)　$2\sqrt{3}$　(イ)　4　(ウ)　$2\sqrt{6}$
(エ)　$2\sqrt{7}$　(オ)　5　(カ)　$4\sqrt{3}$

(17)　線分CDの長さを求めなさい。

解答群　(ア)　$\frac{11\sqrt{3}}{3}$　(イ)　$\frac{10\sqrt{3}}{3}$　(ウ)　$3\sqrt{3}$
(エ)　$\frac{8\sqrt{3}}{3}$　(オ)　$2+2\sqrt{3}$　(カ)　$3+2\sqrt{3}$

5 右図のように，直方体 ABCD-EFGH の2辺 BC，CD の中点を，それぞれ I，J とする。3点 E，I，J を通る平面と2辺 BF，DH との交点を，それぞれ K，L とする。AC と IJ の交点を M とする。AB＝BC＝4，AE＝6 のとき，次の各問いに答えなさい。

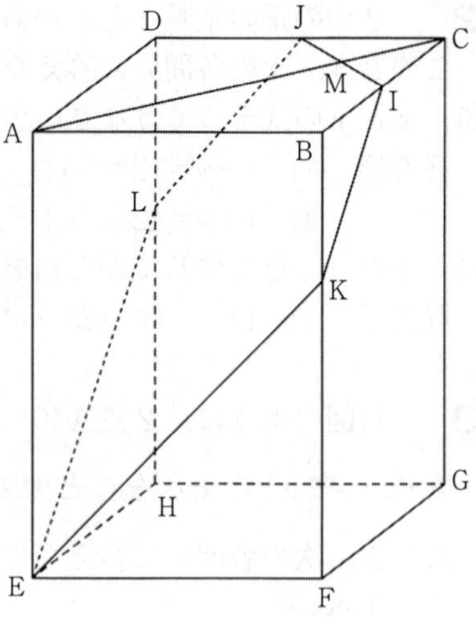

(18) 線分 EM の長さを求めなさい。

解答群 (ア) $2\sqrt{11}$ (イ) $4\sqrt{3}$ (ウ) $3\sqrt{6}$
(エ) $3\sqrt{7}$ (オ) $2\sqrt{17}$ (カ) $2\sqrt{21}$

(19) 五角形 EKIJL の面積を求めなさい。

解答群 (ア) $8\sqrt{2}$ (イ) $14\sqrt{2}$ (ウ) $16\sqrt{2}$
(エ) $8\sqrt{3}$ (オ) $14\sqrt{3}$ (カ) $16\sqrt{3}$

(20) 直方体 ABCD-EFGH を五角形 EKIJL で切ったとき，点 G を含む方の立体の体積を求めなさい。

解答群 (ア) 62 (イ) 60 (ウ) 58
(エ) $\frac{188}{3}$ (オ) $\frac{184}{3}$ (カ) $\frac{176}{3}$

ウ

エ

問4　――線Bの内容として最もよいものを記号で答えなさい。　解答番号 30

ア　息を吹き返して

イ　乳母の役割を自覚して

ウ　何かに取りつかれて

エ　正気を取り戻して

問5　C に当てはまるものとして最もよいものを記号で答えなさい。　解答番号 31

ア　奪はれじ（奪われないようにしよう）

イ　我が子にあらまほし（私の子どもであってほしい）

ウ　かどはかさむ（連れ去ってしまおう）

エ　人の子なんめり（人の子であるようだ）

問6　この話から得られる教訓として最もよいものを記号で答えなさい。　解答番号 32

ア　親が自分の子どもに抱くのと同じように人に愛情を注ぐべきだ。

イ　子どもをかわいがりすぎると他人が奪いたくなるので注意する必要がある。

ウ　幼い子どもを人から離れたところで遊ばせておくことは危険である。

エ　親は子どもの世話を他人任せにしてはならない。

問7　この作品は、「源雅通」という実在した人物を登場人物として設定しています。このことが作品にもたらす効果の説明として最もよいものを記号で答えなさい。　解答番号 33

ア　人々を縛っていた身分制度への批判を込めている。

イ　描かれている不思議な話に現実味を持たせている。

ウ　説明のつかない事象が見られたのは昔のことであると示唆《しさ》している。

エ　取り上げられていることが身近な問題であることを強調している。

問8　――線Xとありますが、この表現についてクラスで話し合いをしました。会話内の Y に当てはまるものとして最もよいものを記号で答えなさい。　解答番号 34

先生　「掻き消つ様に失せにけり」という表現は、慣用的に用いられているものです。

Aさん　決まった状況の時に使われているということですか？

先生　そうですね。神仏の化身などが姿を消すときに使われることが多いようです。

Bさん　ということは、　Y　ということですね。

Cさん　確かに姿を消した様子からも、それは推測できそうだね。

先生　同様の表現は、『源氏物語』や『平家物語』にもみられます。関心のある人は調べてみましょう。

ア　奪われそうになった児は妖怪《ようかい》だった可能性がある

イ　残された乳母はうそをついているかもしれない

ウ　姿を消した乳母は人間ではなかった可能性が高い

エ　中将は人間ではないものを切ったかもしれない

問9　この作品は平安時代後期に成立したと推定される説話集ですが、同じ時代に成立したと考えられる作品を記号で答えなさい。　解答番号 35

ア　『新古今和歌集』　イ　『雨月物語』

ウ　『大鏡』　エ　『徒然草』

示通りにプレーすることができる技術力のある人物である。
イ　監督である畑は人一倍勝利に対する思いが強いために、生徒一人ひとりの悩みに思いがいたらない視野の狭い人物である。
ウ　越智はマネージャーとして、選手の悩みを即座に見抜いて解決に導くことができる頼りになる人物である。
エ　猿渡は冷静な判断をするだけではなく、どんなポジションでもこなすことができる器用な人物である。

三　次の文章を読んで、後の問いに答えなさい。出題の都合上、本文を変更した部分があります。

二歳ばかりの児《ちご》を※1乳母抱《いだ》きて南面《みなみおもて》なりけるところに、ただ一人①離れ居て児を遊ばせけるほどに、にはかに児のおびただしく泣きけるに、乳母もａののしる音《こゑ》のしければ、※2中将、太刀《たち》を提げて《ひっさげて》走り行きて見ければ、同じ形なる《顔立ちである》乳母二人が中にこの児を置きて、左右の手足を取りて引きしろふ《引っ張り合っている》。

Ａ中将あさましく思ひてよく守れば《見つめると》、共に同じ乳母の形にてあり。しかれば《そうであるならば》、「一人は定めて狐《きつね》などにこそはあらめ《あるだろう》」と思ひて、太刀をひらめかして《きらきらさせて》走りかかりける時に、一人の乳母Ｘ掻《か》き消つ様に失せにけり。

児も乳母も死にたるやうにて臥《ふ》したりければ、中将、加持せさせ《僧に神仏に祈らせ》などしければ《ておはらいをさせたところ》、乳母Ｂ例の心地になりて起き上がりたりけるに、中将、「いかなりつることぞ《どうしたことであるか》」と問ひければ、乳母のいはく、「若君を遊ばかし奉《たてまつ》りつるほどに、奥の方より知らぬ※3女房のにはかに出で来たりて、『これは我が子なり』と言ひて、奪ひ取りつれば、［　Ｃ　］と引きしろひつるに《引っ張り合っているところに》、殿のおはしまして《いらっしゃって》太刀をひらめかして走り懸からせ給ひつる時になむ、若君も②打ち捨て、その女房奥ざまへまかりつる《行ってしまった》」と③言ひければ、中将いみじく恐れけり。

（『今昔物語集』）

（注）※1　乳母《めのと》　実母に代わって、子どもを育てたり教育したりする女性。
2　中将　平安時代の貴族である 源雅通中将《みなもとのまさみちのちゅうじょう》のこと。
3　女房《にょうぼう》　貴族の家に仕える女性。

問1　═線ａの本文中での意味として最も良いものを記号で答えなさい。　解答番号［27］

ア　驚く　　イ　悪口を言う
ウ　恐れる　エ　大騒ぎする

問2　〰〰線①～③の主語の組み合わせとして最もよいものを記号で答えなさい。　解答番号［28］

ア　①乳母　②女房　③乳母
イ　①児　②女房　③女房
ウ　①乳母　②乳母　③児
エ　①児　②乳母　③殿

問3　──線Ａとありますが、「あさましく思ひて」とは「驚きあきれて」という意味です。中将が驚きあきれた状況として最もよいものを記号で答えなさい。　解答番号［29］

ア

イ

問6　——線Bの説明として最もよいものを記号で答えなさい。　解答番号22

ア　今までとは異なるミドルブロッカーという新たなポジションで、活躍できたことを喜んでいる気持ちが表れている。

イ　上級生のスパイクを一人ではなく、三村と二人で止めたという手応えを自分のものにしておきたいという気持ちが表れている。

ウ　エースのアタックを下級生ながらに止めることができた経験を、必ず今後に生かしていこうという気持ちが表れている。

エ　エースの三村一人ではなく自分の活躍もあって、上級生のアタックを止めて浮き立つ気持ちが表れている。

問7　——線Cの説明として最もよいものを記号で答えなさい。　解答番号23

ア　実力も十分にありエースに選ばれただけではなく、後輩の憧れの存在である三村が、さらに来年のチーム作りのことまで考えていることを知り、チーム内でのポジションにこだわっているだけの自分との違いにがく然とした。

イ　ふざけて監督や上級生から怒られたり、自分本位でチームメイトのことを一切考えていないように見えたりした三村が、チームの勝利のために人知れず練習に励んでいたことを知り、自分の努力不足を痛感し言葉につまった。

ウ　普段は軽々しい態度をとりながらもチームの絶対的エースとして存在している三村が、自分たちの代で全国大会で勝つという決意を率直に伝えようとする真摯な態度に触れ、その熱意に圧倒されて息をのんだ。

エ　三村は上級生をからかうような野次を飛ばすなどのふざけた態度で試合に臨んでおり勝利に対する執念を感じさせなかったが、その言動すべてが相手チームを油断させ勝つための演技だったことを知り、開いた口が塞がらなかった。

問8　——線Dの描写の説明として最もよいものを記号で答えなさい。　解答番号24

ア　三村の実力を認めていなかったが、普段とは異なるポジションで試合に臨んだことで技術だけではなく人間性にも優れているということを知り、尊敬の念を抱くようになったことを表現している。

イ　三村の試合中の言動から、三村と自分を比較し優劣にこだわっていたのは自分だけだったということに気がつき、これからは素直な気持ちで勝利を目指していくことを印象的に表現している。

ウ　どれだけ練習をしても思うように結果を出すことができない自分に嫌気がさしていたが、三村に励まされたことでもう一度努力をしてみようという気持ちを取り戻したことを表現している。

エ　ポジション争いに負けて卑屈になっていた自分に対して、三村が理解を示し歩み寄ったことで、わだかまりがすっかり解消されたことを表現している。

問9　本文の表現上の特徴として最もよいものを記号で答えなさい。　解答番号25

ア　登場人物の心情を詳細に述べるために、物語を語る視点を場面ごとにテンポよく変化させている。

イ　三村が異色の存在であることを目立たせるために、「前衛でもやろっせ」や「ほやけど」のような方言を三村のみが話している。

ウ　あたかも試合の場にいるかのような印象を与えるために、会話文を改行せずに本文の中にはさみこんだ箇所がある。

エ　思わぬ発見や展開が高杉の思考を停止させたことを示すために、「——」で文を中断させている。

問10　登場人物の説明として最もよいものを記号で答えなさい。　解答番号26

ア　掛川は三村の作戦を察して、チームが勝てるように三村の指溜《た》まりに一滴の透明な雫《しずく》が落ちて、王冠型の澄んだ波紋が広がっていった。

（『空への助走　福蜂工業高校運動部』　壁井《かべい》ユカコ）

（注）※1　リベロ・セッター　バレーボールのポジションのこと。
2　アウトサイドヒッター　攻撃の中心となるエースポジション。中学校時代、高杉と三村は二人ともこのポジションであった。高校バレー部で新ポジションを決めた時、三村が選ばれた。
3　ミドルブロッカー　ブロックとクイックのポジション。アウトサイドヒッターを外された高杉がついたポジション。
4　センターコート　ここでは全国大会での決勝で使用されるコートのことを指す。
5　赤緒《あかお》　高杉が中学生だった時の同級生の女子生徒。

問1　＝線①〜③と同じ漢字を書くものをそれぞれ記号で答えなさい。　解答番号 14〜16

①　コウギ
ア　キョギの申し立てをする。
イ　チキュウギを回す。
ウ　市議会で条例をシンギする。
エ　モギ試験を受験する。

②　セッパン
ア　ジセツ柄ご自愛ください。
イ　公共シセツを利用する。
ウ　バランスよく栄養素をセッシュする。
エ　敵と休戦のセッショウを開始する。

③　メイロウ
ア　多くのロウリョクを費やす。
イ　詩をロウドクする。
ウ　資源をロウヒする。
エ　ロウカを掃除する。

問2　～～線ａ・ｂの本文中での意味として最もよいものをそれぞれ記号で答えなさい。　解答番号 17・18

ａ　訝《いぶか》しんで
ア　納得のいかないところがあり、疑わしく思って
イ　話のつじつまが合わず、納得がいかなくて
ウ　あまりに意外なことで、驚きあきれて
エ　あれこれと心配し、落ち着かなくて

ｂ　あまつさえ
ア　程度がほんの少しであるさま
イ　あせってむきになるさま
ウ　その場かぎりのいい加減なさま
エ　悪いことがさらに加わるさま

問3　[Ⅰ] に当てはまる四字熟語として最もよいものを記号で答えなさい。　解答番号 19

ア　我田引水　イ　厚顔無恥
ウ　言語道断　エ　自画自賛

問4　次の文が入る箇所として最もよいものを本文中の【ア】〜【エ】から選び、記号で答えなさい。　解答番号 20

しれっと共犯にされて高杉は目を剝《む》いた。

問5　——線Ａの理由として最もよいものを記号で答えなさい。　解答番号 21

ア　三村の行動は実はすべて作戦だったにもかかわらず、そのことを敵にも味方にも感じさせなかったことに衝撃を受けたから。
イ　メンバーの意見には一切耳を傾けず、独断で作戦を立てている自分勝手な三村にはもう関わりたくないという嫌悪感を抱いたから。
ウ　他のメンバーでは決して思いつかないような作戦を考えつく三村との実力の差を痛感し、三村のバレーのセンスのよさに感服したから。
エ　目標の実現のためにはチームメイトを利用することも辞さない三村の姿勢に、不快感を覚えたから。

識せずにいられないのは相当なストレスだ。
本職は※1リベロだが今日は※1セッター対角に入っている猿渡のフローターサーブでプレーが再開した。前衛センターの高杉の右側に前衛ライトの三村がいるローテだが、レフトから主砲を放つ三村が素早く高杉の背後をまわって左側に動く。
二人とも同じレフトサイドのポジションだったらコート上では〝対角〟に入ることになる。対角はローテーション上で必ず前衛と後衛に分かれる。しかし※2アウトサイドヒッターと※3ミドルブロッカーであれば、前衛で並ぶローテが発生する。〝一番高いローテ〟を三村と組めるのだ。
高さの利が生きるのは、言うまでもなく攻撃時だけではない。
猿渡のサーブがネットの上端に軽く引っかかり、相手コートのネット際に落ちた。「ネットイン!」コートの内外からわあっと声があがった。前衛ミドルブロッカーが危うく突っ込んで拾ったが、この時点でミドルのクイックはなくなる。「統、ライト!」高杉が指をさして三村に指示を飛ばすと「あいよ!」と威勢のいい応答があった。ライトに開いたオポジットにトスがあがり、高杉と三村の二枚でブロックにつく。
掛川も決して劣ってはいないが、やはり三年の正セッターのトスは綺麗《きれい》だ。スパイカーの全身全霊の力でブロックの上から叩き込む、福蜂バレーのスタイルを思う存分発揮できる。
だが、ぴたりと呼吸をあわせて跳んだ二枚ブロックのど真ん中!
——三村の右手と高杉の左手が網を張り、スパイカーの真下に叩き落とした。
着地しながら雄叫《おたけ》びのような声が無意識に喉《のど》から飛びだした。
B左手に受けた無形の手応えを形にして摑《つか》まえるように、拳をぎゅっと握りしめた。
ネットの前で「っしゃあ!」とつい三村と声を揃《そろ》えて固い握手を交わしてから、我に返って微妙に気まずくなった。
「勝つぞ、潤五」
と言われて「そりゃ……」とごまかすように瞳《ひとみ》を揺らして答えかけたとき、
「全国で勝つぞ」
いつもメイ③ロウすぎるほどメイロウな三村の声がワントーン低く、重みを増した。Cまっすぐに見つめてくる三村のまなざしを受けて高杉は絶句した。
「おれたちの代で※4センターコート行くぞ。……絶対に」
普段表にだしている三村の軽薄なキャラクターとは違い、その言葉の裏には切実に勝利を欲する必死さがあった。
自分や※5赤緒と、三村も同じなのだ——いや、自分や赤緒以上にでかい舞台で、今まで何度も負けてきた奴《やつ》なんだ。三村だって決して〝一番〟ではない。
「頼むな」【エ】
痛いほどの力を一度入れて三村のほうから手を放した。
やはり越智から話は全部聞いていたのだろうと確信した。でも、こういうことで多くを語らない奴なんだな……。
高杉が予想していたどんな言葉も三村は口にしなかった。ポジション争いに負けた高杉に気を遣ったり、なにか遠慮するようなことを言ったり、bあまつさえ謝ってきたりしたら、高杉の心にはどこかしら三村を認めたくない感情がずっと残ったかもしれなかった。
余計なぐさめやフォローをするかわりに、ただ行動で、コートの中で説得してきた。
おれは〝戦力〟としてここに、このチームにいる。三村に負けたんじゃない。勝つために、こいつの隣にポジションがある。
三村は高杉を敗者にしなかった。だからこそ、
勝てねぇなあ、こういうところは……。
という素直な気持ちが、今はなんのつかえもなく、すとんと胸に落ちてきた。
この一年間、自分の中でこれ以上拡《ひろ》がらないように、水位があがらないようにと一人で必死に足掻《あが》いてきたDどす黒いタール状の水

二　次の文章を読んで、後の問いに答えなさい。

（ここまでのあらすじ）福蜂《ふくほう》工業高校男子バレーボール部二年の高杉潤五《たかすぎじゅんご》は、中学時代バレーボール部のエースとして活躍していた。しかし高校に入学すると、中学最後の試合の決勝で負けた相手校のエースで、絶対に勝つことができない三村統《みむらすばる》がおり、複雑な思いを抱え日々練習していた。ある日、監督である畑《はた》の提案で部内の練習試合を行い、終了後に花見へ行くことになっていた。

ローテが半周して高杉が前衛レフトにあがったところで、肩の後ろでこそっと掛川が言った。
「潤五先輩、次からあげます」
つい高杉はまばたきしてしまったが、相手コートにリアクションを気づかれないよう何食わぬ顔でネットのほうを向いていた。
「レフト持ってこ――い！」
三村が相変わらずやかましく自己主張してレフトにまわり込んでくる。ど真ん中でクイックに跳んだ高杉に目の前のブロッカーが一瞬反応しかけたが、足を踏ん張るようにして跳ぶのをこらえ、サイドから来る三村を目で追った――と、そのブロッカーの正面に掛川のトスがあがり、高杉の右手にふわりと入った。まじでこっちかよ、とトスをもらった高杉自身が驚いた。
視界を遮るブロックがない状態で、ぎょっとしたまま動けなかったブロッカーの真後ろにボールを落とした。
「……ってこら、統――!!　全部打っつっつったやろげぇ――!!」
【ア】
相手チームのみならずコートの周囲で審判係についていた一・三年Bチームからも怒濤《どとう》のブーイングがあがった。まあ当然の①コウギだなと高杉も異論はない。これには越智まであきれ顔をしていた。
「なに言ってんですか、こんなもん駆け引きでしょ、駆け引き」
三村は悪びれるどころか策が嵌《は》まってさも愉快そうににやにやしているという［　Ⅰ　］っぷりである。
「嘘《うそ》はついてませんって」
「どの口が⁉」
「約束どおり奢《おご》る気でやったんで。潤五と②セッパンで奢ります」
「ちょっと待て、巻き込むなや⁉」【イ】
「おまえら私語いい加減にせえや！　花見やめんするぞ！」
畑の怒声が飛んできて全員慌てて真面目《まじめ》な顔を繕って口をつぐんだ（花見のために）。
サイドアウトを一往復挟んでサーブ権を取り返し、こっちのローテがまた一つまわって掛川が前衛にあがる。このローテまでは三村と高杉がまだ前衛で並ぶ。セッターが前衛にいるときは前衛で打てるスパイカーが二枚になるため普通なら弱いローテになる。
「潤五。さっきのダブルバックアタックみたいなん、前衛でもやろっせ」
三村が顔を寄せて耳打ちしてきた。ネット前で両手を軽くあげて構えながら高杉はa訝しんでその耳もとに囁《ささや》き返した。
「時間差でなくてか？」
「次から潤五にもブロックついてくるやろ。ほやけどサイドと同じ助走取って跳べば潤五やったらブロックの上から打てる。ブロック打ち抜くスパイカーが前衛に二人いるんは向こうの守備にとって単純に脅威や。おれと潤五が前衛んときが、一番強いローテになる」
ネットのほうを見据えて不敵な顔で三村が言い切った――その台詞《せりふ》に、A全身の産毛がざわっと逆立った。
掛川に無言で視線をやる。掛川が肩を竦《すく》めて小さく笑った。
「ここまでは統先輩が囮《おとり》でした」【ウ】
そういうことだったんだろう。あれだけコート中で動きまわって声だしまくってる奴が一番の囮じゃなくてなんなんだ。味方も引っ張られたが、それ以上に相手チームにとって目にも耳にも三村の存在感は煩《うるさ》くてしょうがなかったはずだ。全ローテで三村の動きを意

イ　自然に耳を傾けて、自然の移ろいゆくままに身を任せるという知恵。

ウ　自然の恵みに感謝して、自然由来のものを使って生きるという知恵。

エ　自然を常に敬い、科学技術や機械の利用を控えて生きるという知恵。

問8　――線Cの理由として最もよいものを記号で答えなさい。　解答番号［10］

ア　数学的な関係を当てはめて考える建築士は、工業製品を組み立てただけの建物は魅力がないものだと考えているから。

イ　身ひとつの勘と技で仕事をする建築士は、不可能を可能にすることが大事であるということを理解していないから。

ウ　科学の進歩ですべてが可能になると考える建築士は、現場の大工の話を聞くことなく計画を進めるべきだと考えているから。

エ　知識と計算で物事を考える建築士は、物が持つ自然から与えられた性質に従うとできないこともあることを理解していないから。

問9　――線Dの説明として最もよいものを記号で答えなさい。　解答番号［11］

ア　科学を学んだ上で正しく活用しなければ、大きな損失を被ってしまうということ。

イ　科学の飛躍的な進歩の裏には、学問に真剣に向き合った人たちがいるということ。

ウ　対象そのものに没入しなければ、できることの範囲が分からないということ。

エ　新しいことに挑戦するときは、対象に専念する心構えが肝要であるということ。

問10　……線Xとありますが、筆者が考えている「独学する心」に当てはまる例として最もよいものを記号で答えなさい。　解答番号［12］

ア　趣味で始めた焼き物に熱中し、粘土の状態や乾燥時間、焼くときの温度による色あいを活かした作品づくりをした。

イ　高校入学を機に友達をたくさん作ろうと思い、雑誌やインターネットなどの情報媒体で調べ、独自の方法を事前に編み出した。

ウ　デジタルカメラを祖父から譲ってもらったため、一日も早くよい写真が撮れるようにカメラの使い方を研究した。

エ　博物館の職員に土器の話を聞いて興味が深まり、本物を手に入れたいと思って近所の河原で発掘調査をした。

問11　この文章を読んで生徒が会話をしています。本文の主旨と**異なる発言**として最もよいものを記号で答えなさい。　解答番号［13］

ア　Aさん　自分の体を使って技術を身につけたことで、高橋さんは素材の適材適所が分かるんだね。やっぱり建築は現場の人の感覚が大事なんだなあ。

イ　Bさん　そうかもしれないね。実際の素材に触れてみないと、それが正しいのかどうか分からないってことはあると思うよ。

ウ　Cさん　そうかなあ。最近の科学技術では実際の素材に似せて、においや感触を他の素材で再現できるみたいだから、一概にそうは言えないんじゃないかな。

エ　Dさん　でも、あくまでもそれは再現されたものであって、それが今後どうやって変化したり、劣化したりするかは分からないから、実物を知るというのは大事ではないかな。

3　えらく　思いがけなく、とんでもなく。
4　合板《ごうはん》　薄い板を何枚か貼り合わせ一枚の板としたもの。
5　儒学《じゅがく》　孔子《こうし》が始めた政治・道徳の学問。

問1　══線①・②と同じ漢字を書くものをそれぞれ記号で答えなさい。　解答番号 1 ・ 2

①　シンチョウ
ア　ケイチョウに値する意見だ。
イ　新学期に備えてテチョウを買う。
ウ　誘いをテイチョウに断る。
エ　キョウチョウして物事にあたる。

②　ニナう
ア　土地をタンポにする。
イ　キョクタンに簡略化する。
ウ　脱タンソを目標に掲げる。
エ　キョウタンの声を上げる。

問2　〜〜線a・bの本文中での意味として最もよいものをそれぞれ記号で答えなさい。　解答番号 3 ・ 4

a　腕を上げて（腕を上げる）
ア　人よりも優れること　　イ　意見を主張すること
ウ　技術を磨くこと　　エ　独自性を発揮すること

b　無垢《むく》
ア　整えられていること　　イ　品質が低下しないこと
ウ　正しく清らかなこと　　エ　手が加えられていないこと

問3　Ⅰ〜Ⅳに当てはまる語の組み合わせとして最もよいものを記号で答えなさい。　解答番号 5

ア　Ⅰ　しかし　　Ⅱ　むろん
　　Ⅲ　例えるなら　　Ⅳ　けれども
イ　Ⅰ　ところが　　Ⅱ　もちろん
　　Ⅲ　つまり　　Ⅳ　もし
ウ　Ⅰ　けれども　　Ⅱ　しかし
　　Ⅲ　むろん　　Ⅳ　例えるなら
エ　Ⅰ　もちろん　　Ⅱ　もし
　　Ⅲ　ところが　　Ⅳ　つまり

問4　次の段落が入る箇所として最もよいものを本文中の【ア】〜【エ】から選び、記号で答えなさい。　解答番号 6

このことを、※二宮尊徳は「水車」の喩《たと》え話でとてもうまく語っている。水車は水の流れに沿って回っている。それが回るのは、半分は水が落ちる力によるが、あとの半分は水を押し上げて上って来る水車の働きによる。人が自然の助力を得るのは、こんなふうにしてである。

（注）※二宮尊徳《にのみやそんとく》　江戸時代後期の農村復興政策の指導者。通称、金次郎。

問5　〈ⅰ〉・〈ⅱ〉に当てはまる語の組み合わせとして最もよいものを記号で答えなさい。　解答番号 7

ア　ⅰ　友情　ⅱ　敬意　　イ　ⅰ　友情　ⅱ　信頼
ウ　ⅰ　愛情　ⅱ　敬意　　エ　ⅰ　愛情　ⅱ　信頼

問6　──線Aの理由として最もよいものを記号で答えなさい。　解答番号 8

ア　大工は教育されるのではなくて自分で試すことで、技術を向上させるものだから。
イ　大工は身をもっておもしろさに気づくことで、技術を向上させるものだから。
ウ　大工は長い時間をかけて親方の技術を観察することで、技を身につけるものだから。
エ　大工は自分の体で対象と道具の関係を発見することで、技を身につけるものだから。

問7　──線Bの説明として最もよいものを記号で答えなさい。　解答番号 9

ア　自然に対して逆らわずに寄り添い、自然の力を借りて生きるという知恵。

しまった。
話は変わるけれども、昔の※5儒学では「天を敬する」ということが一番重んじられた。「天」は神さまのことだと言ってもいい。最も深い意味での「自然」のことだと言ってもいい。身ひとつでX独学する心は、おのずと「天」に通じている。「天」が助けてくれなければ、独学は実を結ばない。

人は自然に逆らっては何もできない。大工の高橋さんにしても、すべては生きた木との相談ずくでしか仕事はできない。木の命に入りこみ、木に協力してもらうのだ。これは学問でも同じである。対象への〈 i 〉がないところに学問というものは育たないと私は思う。対象を愛する気持ちは、結局は「天を敬する」気持ちから来る。神さまに従うように自然のありようにシン①チョウに従う。

【ア】

西洋の近代とは、自然を科学の力でねじ伏せようとしてきた時代ではないか。むろん、そんなことはできないのだが、できる気になってしまっている。

【イ】

科学は、あらゆるものを数の関係に置き換えて、〈物に有用に働きかける〉ことを目的にしている。[Ⅲ]、自分の都合に合わせて、自然を利用するわけだ。だから、物にも自然にも、おのずと〈 i 〉や〈 ii 〉を持たなくなる。口では持っているようなことも言うが、物とつき合う体も技も欠いているのだから、〈 i 〉は育ちようがない。

【ウ】

建築もそうで、工業生産品を組み立ててつくる建物は、全部数学的な関係をあてはめて考えられたものだ。それを考える人を建築士というのだが、建築士は図面を引くだけで、木にも石にもじかに触れるということがない。触れたって、そこから何かを掴《つか》む技を持っていない。何でも数のうえの計算で済ませる。この計算がどんなに高いビルをどれほど建てたかはだれでも知っている。でも、そういうやり方に、人間が自然の中で、言い換えるとB天のもとで生きる知恵というものがあるだろうか。これがないと人類は大変なことになってしまう。

【エ】

これは、高橋さんに聞いた話だが、大工と建築士の間では、柱一本立てるのにもたびたび意見が食い違う。知識と計算で物事を考える人と、身ひとつの勘と技で仕事をする人とではそうなるだろう。それから、高橋さんはこんなことも言う。「仕事にはできることとできねえことがある。C素人《しろうと》はそこんところがわからねえから困るんだ」と。できないことがあるのは、自然が与える物の性質に従っているからである。[Ⅳ]、できないことがなくなったら、仕事は成り立たなくなる。水のないプールでは泳げないようなものだ。建築士はそうは考えない。できないことは、そのうち科学技術の進歩で可能になる、できないことを放っておくのは恥だと思っている。私たち素人もだいたいそういう考えでいる。これじゃ、人間に大事なことが、何もわからなくなるのではないか。

学問でもほんとうは同じである。考えられないことがあるということは、学問が可能になるための大切な条件である。我が身を離れた空想はいくらでもできる。が、それは空想でしかない。学問はしっかりとした対象を持たなくてはならない。その対象の性質にうまく、深く入り込まなくてはならない。身ひとつ、心ひとつで入り込む。その中でできることがどんなにわずかなことか、ほんとうの学問で苦労した人は、皆知っている。社会に出て②ニナう仕事も、多くはそうなのではないだろうか。ただ、科学技術の発達に目を奪われて、たくさんの人がこのDごくあたりまえのことを忘れているように思う。

（「独学する心」『何のために「学ぶ」のか〈中学生からの大学講義〉1』前田《まえだ》英樹《ひでき》）

（注）※1 鉋《かんな》 木材の表面を削ってなめらかにする大工道具。
2 奉公 店などに住み込み、そこに携わること。

二〇二四年度
星野高等学校（単願）

【国　語】（五〇分）〈満点：一〇〇点〉

（注意）一、解答はすべて一つ選び、解答用紙の所定の欄にマークする。
二、出題に際し、一部本文を改めたところがある。

一　次の文章を読んで、後の問いに答えなさい。

（ここまでの内容）独学する心は学問だけにあるのではなく、人が生きるために学ぶ行為のすべてで必要とされている。それを体現した人物である高橋さんに筆者がインタビューをした。高橋さんは子どもの頃、一人親元を離れ、大工の親方に弟子入りした。しかし、現場で仕事の指示を出されないために何をしたらよいかわからず、つらい思いをしていた。

でも、現場にしばらく通っていくうちに、自分が何をすればいいのかが段々とわかってきた。そうすると、親方と自分の差というものが、おのずと見えてくる。親方の※1鉋から出る削り屑《くず》を見て、びっくりする。「どうやったらこんな具合に削れるんだろうか」と考える。夜、皆の仕事が終わり、後片付けもすませてから、一人で鉋を手に取って不用な木材を削ってみる。見よう見まねだ。そうするうちに仕事がだんだんとおもしろくなってきたという。※2奉公に入ってから一年くらいでそうなった。大した進歩、大した教育じゃないか。

大工の奉公働きには、給料なんかない。もらえるのは、何百円かのこづかいだけ。まだ見習いだから、とにかく仕事以外にすることがない。気がついたら、※3えらくa腕を上げていた。働きはじめて五年目に、親方がいきなり「お前はもう一人前だから給料を出す」と言った。一人前の職人に払う給料をいきなりくれたそうだ。年功序列なんかじゃない。これもまた、ため息の出るほどすばらしいシステムである。

ここで君たちに考えてもらいたいのは、Aなぜ、親方は高橋さんに何も教えなかったのか？ということである。もちろん、意地悪をしているのでも、技術を隠しているわけでもない。口で教えることで死んでしまう技が大工の技だからだ。言葉で教えられたものは、すぐに忘れてしまう。それはただの知識だから。自分の体を使って発見したものは忘れない。そういうものは知識じゃなく、身についた自分の技になっている。

人間の体は、手も足も一人ひとり違う。大工が木を削るにしても、そのときの感覚、高橋さんの言葉では「勘」は、人によって異なる。木と体と鉋、この三つの間にできる関係は、一〇〇人いたら一〇〇とおりある。これを口先で教える方法は絶対にない。これは職人ならだれでも知っていることだろう。だから各々が独自に身につける必要がある。自分なりにあれこれと取り組んでみて、わかる以外にはない。それから大工というものは、自分の扱う木がどう育ってきて、これからどういうふうに変化するか、どう反って、どう縮むか、木を持っただけでじかに感じられるようになる。でないと、生きたいくつもの木をどう組み合わせたらいいかはわからない。

［Ⅰ］、電気鉋しか使わない現代の大工さんは、もうそうした感覚を失っている。感覚なしでも、機械が全部やってくれるから。それからb無垢の木を扱うことがほとんどなくなった。工業製品の※4合板は、死んでいて、変化しない。部品として組み立てるだけでいい。これじゃ、木を読むなんて技が育つわけがない。鉋をかける技もなく、木を読むことのできない大工は、高橋さんのような職人からするともう大工とは言えない。建設会社の社員である。

［Ⅱ］、これは大工の世界に限らない。近代以降、人間が自然を相手に身につけてきた大切な技はどんどん失われてきた。私たちは、機械の便利さに慣れきって、身ひとつの「勘」でしか磨かれない技を持てなくなってきている。独学する心は、ここでも失われて

英語解答

1	(1) イ	(2) ウ	(3) ア	(4) エ		4	(18) イ	(19) エ	(20) イ
	(5) イ	(6) ウ				5	(21) エ	(22) ウ	(23) ウ
2	(7) ウ	(8) エ	(9) エ	(10) ア		6	(24) ウ	(25) ア	(26) イ
	(11) ア	(12) エ				7	(27) ウ	(28) ア	
3	(13) エ	(14) イ	(15) ア	(16) イ		8	(29) イ	(30) エ	
	(17) ウ								

1 〔長文読解総合―物語〕

≪全訳≫❶昔，オーストラリアでは，カンガルーは赤ちゃんを入れるポケットを持っていなかった。この話は，カンガルーがどうやってそれらを手に入れたかについてのものだ。❷ある日，１匹のカンガルーとその赤ちゃんが川のそばで休んでいると，年老いたウォンバットを見かけた。ウォンバットは小さなコアラに似ているが，地面の穴の中で暮らしている。ウォンバットは弱って具合が悪そうだったので，母カンガルーは彼を助けるため，ぴょんぴょん跳んでいった。❸母カンガルーは彼が泣いているのを見た。「どうして泣いているのですか？」と彼女は尋ねた。彼は言った。「私は年を取って弱っている。もう誰も私の面倒をみてくれないんだ」　母カンガルーは優しい心を持っていたので，このかわいそうなウォンバットを放っておくことができなかった。「心配しないで。私の赤ちゃんと私が，あなたの友達になります」と彼女は言った。母カンガルーはウォンバットを，一番いい草と一番きれいな水のある場所に連れていった。❹そのとき，母カンガルーは自分の赤ちゃんがいないことに気づいた。「ああ，なんてこと！　また１人で走っていってしまったんだわ！」　彼女は走り回り，大きな木の下で彼を見つけた。彼は眠っていた。彼女は彼を起こしたくなかったので，そのままにした。❺ウォンバットのところへ戻る途中，彼女は猟師がウォンバットを捕まえようとしているのを見た。彼女はウォンバットを守らなければならなかった。彼女はウォンバットに向かって「逃げて！」と叫んだ。猟師はそれを聞き，カンガルーを見た。今度は，猟師は母カンガルーを追いかけようとしていた。母カンガルーはジャンプして逃げ始めた。そのとき彼女は大きな洞窟を見つけ，中に入った。猟師が洞窟を走り過ぎていったので，彼女は無事だった。しばらくして，彼女は木の下にいる赤ん坊のところに走って戻った。彼らは一緒にウォンバットを捜したが，どこにも見つけることができなかった。❻彼らがウォンバットを見つけることができなかったのは，年老いたウォンバットが本当は神様だったからだ。彼は一番優しい動物を見つけるため，地上にいた。そして彼はその動物を見つけたのだ！　彼は彼女に贈り物をしたいと思った。そこで彼は木の精霊にこう言った。「木で大きなポケットのついたエプロンをつくり，カンガルーにおやりなさい」❼彼らはそうした。そして母カンガルーがそのエプロンを身につけると，それは彼女の体の一部になったのだ！　「なんてすばらしい！」と彼女は言った。「これで，どこに行くにも赤ちゃんを運べるポケットができたわ！」❽彼女はこのポケットがとてもうれしかったが，やがてほほ笑むのをやめて，こう言った。「私の友人たちもこのポケットがもらえたらいいな」　神様は彼女の優しい心をたいそう気に入り，彼女の願いをかなえてあげることに決めた。こういうわけで，今日のカンガルーにはポケットがついているのだ。

⑴＜指示語＞下線部は「彼らはそれらをどのように手に入れたのか」という意味。they は直前の文の主語，them は直前の文の目的語を指している。

⑵＜文脈把握＞直前の so に着目。so は「だから」の意味で，その前後には‘理由’→‘結果’という関係が成り立つので，下線部の理由は文前半の内容に当たる。

⑶＜適語句選択＞直後の母カンガルーのセリフと行動から，赤ちゃんがいなくなったことがわかる。

⑷＜適語選択＞look for ～で「～を捜す〔探す〕」という意味。

⑸＜語句解釈＞直後で，神様は木の精霊に頼んでカンガルーに贈り物をしようとしていることから，「一番優しい動物」とは，年老いたウォンバットを助けたイ．「母カンガルー」のことである。

⑹＜内容真偽＞ア．「母カンガルーと彼女の赤ちゃんは，川の近くでウォンバットのような小さなコアラを見つけた」…×　第２段落第１，２文参照。年老いたウォンバットを見つけた。　イ．「猟師がカンガルーの赤ちゃんを捕まえようとしたが，母カンガルーはそれに気づき，赤ちゃんに逃げるように言った」…×　第５段落第１～３文参照。カンガルーの赤ちゃんではなくウォンバット。　ウ．「神様は，世界で一番優しい動物を見つけたいと思ったので，地上にいた」…○　第６段落第２文に一致する。　エ．「たくさんポケットのあるエプロンが木の精霊によってつくられ，カンガルーたちに与えられた」…×　第６段落最終文参照。大きなポケットが１つあるエプロンである。

2〔長文読解総合―説明文〕

≪全訳≫❶「マンガ」は今や英単語であることをご存じだっただろうか。日本由来のアイデアや物事を表現するために使われる多くの日本の言葉が，今や英語に翻訳されることなく使われている。ほんの20年，30年前は，ほとんどの英語話者が，「枝豆」と言う代わりに green soy beans(緑の大豆)という語句を使った。同様に多くの人が，「豆腐」や「酒」ではなく bean curd(豆の凝固状のもの)や rice wine(米のワイン)の話をしていた。これらの言葉は今や全て，アメリカでもイギリスでも，ほとんどの新しい主要な辞書で見ることができる。❷実は，これはそんなにまれなことではない。長い間，英語では「空手」，「柔道」，「剣道」，「将棋」といった伝統的なスポーツやゲームを表現するのに，日本の言葉を使ってきた。もちろん，発音は少し違うが，意味は同じである。食文化においては，多くの日本の言葉が英語で使われている。今では多くの人が「寿司」や「ラーメン」，そして「菜っ葉」や「しいたけ」，「大根」などのさまざまな野菜を食べて楽しんでいる。また，多くの子どもたちが「折り紙」の折り方を習っており，同様に「カラオケ」は世界中の多くの国で人気の娯楽である。❸最近，人々はなぜこんなに多くの日本の言葉を使うのだろうか。日本文化ではありふれているが，説明するのが難しい独特のアイデアや物事がたくさんある。もとの日本の言葉を使う方が，簡単で早いのだ。「オタク」や「カワイイ」といった言葉が英語に加えられ，ヨーロッパでは「コスプレ」のイベントがよく開催されている。人々は自分のお気に入りの「アニメ」キャラクターの格好をするのだ。❹もしその言葉が何か新しいことやユニークなことを表現するなら，もとの言葉を使うのがよい考えのようだ。例えば「ロボット」という言葉は，チェコ語で書かれた劇の中で初めて登場したのだが，今ではほとんどの国がこの言葉を使っている。同様に，「弁当」という言葉も，フランス語とドイツ語で見つけられる。言語の進化はとても興味深い。

⑺＜語句解釈＞直後の are が文の述語動詞なので，下線部は主語に当たる部分。過去分詞 used で始

まる語句が，「～される」という意味で前の名詞 Many Japanese words を修飾している(過去分詞の形容詞的用法)。to describe 以下は「～するために」と‘目的’を表す副詞的用法の to不定詞。that 以下は直前の ideas or things を修飾する関係代名詞節である。

⑻＜適語選択＞直前の this は前の段落で述べられた，日本語の言葉がそのまま英語で使われているという状況を指す。この後，さらに多くの同様の例が紹介されていることから判断できる。unusual「まれな，普通ではない」

⑼＜適語(句)選択＞‘逆接’の but でつながれた部分なので，２つの空所には対照的な内容が入る。日本の言葉が英語で使われる際には，「発音は少し違うが，意味は同じ」であると考えられる。

⑽＜要旨把握＞第４段落第２文参照。robot はチェコ語由来の言葉である。

⑾＜適語(句)選択＞空所を含む文は，直前の文で述べられている「もとの言葉を使った方がよい」ことの具体例になっている。

⑿＜内容真偽＞ア…×　　イ…×　　ウ…×　　エ…○　最終段落の内容に一致する。

3〔長文読解総合─対話文〕

≪全訳≫**1**ポールは西海岸行きの航空券について，旅行代理店に尋ねている。**2**ポール(Ｐ)：こんにちは。ワシントンＤＣから西海岸への航空券を予約したいのですが。**3**スタッフ(Ｓ)：かしこまりました。⑬—A 手配可能です。どちらに行かれますか？**4**Ｐ：サンディエゴに行く必要があるのです。**5**Ｓ：サンディエゴへの空港がカールスバッドと呼ばれているのはご存じですよね。サンディエゴの真北にあります。カールスバッドへのフライトをお探しします。**6**Ｐ：すばらしい。私はサンディエゴ・オープンというテニスの大会でプレーするために，そこへ行く予定です。今度の土曜日に始まるので，水曜日に到着したいのです。**7**Ｓ：ということは，あなたはプロのテニスプレーヤーなんですね。それはわくわくするに違いありませんね。**8**Ｐ：そうなんですけど，大会は大きなストレスでもありますよ。**9**Ｓ：おっしゃることはわかります。大きな大会なのですか？**10**Ｐ：そうですね。サンディエゴ・オープンは，全米オープンに向けたウォームアップ大会なんです。**11**Ｓ：ニューヨークの全米オープンですか？　わあ！　それはとても有名です。**12**Ｐ：でも，ニューヨークでプレーする前に，テキサス州ダラスでの別の大会にも出なきゃいけないんです。**13**Ｓ：⑬—B それは大変なスケジュールですね。さて，コンピュータを見ると，カールスバッドへの直行便はないことがわかったのですが，選択肢がたくさんございます。**14**Ｐ：わかりました。**15**Ｓ：まず，何時にそこに到着されたいですか？**16**Ｐ：可能なら，午後の早い時間がいいです。午後の遅い時間に２，３時間練習したいので。**17**Ｓ：午後２時までにそこへ到着するには，午前８時頃にワシントンＤＣを出発する必要があります。ワシントンには３つの空港がありますが，朝のラッシュ時は空港への道路が混雑し，交通渋滞することがよくあります。そのため，お客様がフライトに遅れてしまうかもしれません。早朝ラッシュの時間帯に出発するフライトには乗らないことをお勧めします。**18**Ｐ：アドバイスありがとうございます。午前中の遅い時間に出発するフライトはありますか？**19**Ｓ：もちろんです。ワシントンナショナル空港発の 11 時 15 分のフライトがございます。ロサンゼルス経由で，目的地には午後遅くの４時 40 分に到着します。**20**Ｐ：よさそうですね。**21**Ｓ：⑬—C もしくは，もう１つございます。ワシントン国際空港発の 11 時 30 分のフライトで，こちらもロサンゼルス経由，到着は４時 50 分です。**22**Ｐ：うーん。⑮ それらのフライトの間に大した差はないですね。どちらに乗るべきか決められないな。料金はいくらですか？**23**Ｓ：ワシントンナショナルからのフライトの方が50ドルお安いです。24P：じゃあ，それにします。

⒀＜適文選択＞A．航空券を予約したいというポールに対してSureと返答し，空所の後で実際に航空券を手配しようとしている。arrangeには「～の手はずを整える」という意味がある。　B．ポールのこれからの予定を聞いた感想が入る。　C．直後で，別のフライトの説明をしている。

⒁＜英文解釈＞直前のThat must be exciting.という発言を受けている。

⒂＜適文選択＞2つのフライトを提示されたポールの発言。直後の「どちらに乗るべきか決められない」という発言から判断できる。なお，ウはdeparture time「出発時間」については10分差ではなく15分差なので不適切。

⒃＜英問英答＞「スタッフがポールに早朝のフライトを選ぶことを勧めないのはなぜか」―イ．「早朝は道路が混雑し，交通渋滞に巻き込まれるかもしれないから」　第17段落参照。

⒄＜内容真偽＞ア．「ポールはサンディエゴでのテニスの大会が開催される3日前に，サンディエゴ行きの航空券を手に入れる予定だ」…×　第6段落参照。3日前に現地に到着する予定である。　イ．「直行便がないので，ポールはカールスバッドまで飛行機で行き，サンディエゴへ行くフライトに乗り換える必要がある」…×　第13，19段落参照。カールスバッドへの直行便がないため，ロサンゼルスで乗り換える。　ウ．「サンディエゴでのウォームアップ・イベントの後，ポールはニューヨークでプレーする前にダラスに移動する」…○　第10，12段落に一致する。　エ．「ポールはワシントンナショナル空港からのフライトを選ぶことに決めた。というのも，それなら50ドル割引してもらえるからだ」…×　最後の2つの段落参照。2つのフライトを比べたときに値段が50ドル安いだけで，割引ではない。

4〔整序結合〕

⒅「これまでに～した中で最も…な―」は，‘the＋最上級＋名詞(＋that)＋主語＋have/has ever＋過去分詞’で表せる。　She is the best student I've ever taught.

⒆was，composed，byが与えられていることから，受け身形の文をつくると判断し，「この交響曲は誰によって作曲されたのですか」と読み換える。疑問詞としてwhoを文頭に置き，受け身形の疑問文の形(‘be動詞＋主語＋過去分詞’)を続ける。「誰によって」なので，前置詞byが文末に残ることに注意。　Who was this symphony composed by?

⒇「～してはいけません」は文頭にYouが与えられているので，‘禁止’のmust not ～で表す。「運転中」は‘while＋主語＋動詞…’「～している間」の形で表せる。　You must not use your phone while you are driving.

5〔長文読解―英問英答―表を見て答える問題〕

≪全訳≫冬の映画祭／情報／タイトル／『私の友達』／『火星への旅』／ジャンル／ラブストーリー／冒険もの／時間／午前10時40分～午後12時40分／午前9時35分～午前11時50分／午後1時5分～午後3時5分／午後2時20分～午後4時35分／午後3時30分～午後5時30分／午後6時～午後8時15分／場所／シネマ1／シネマ2／タイトル／『第一次世界大戦』／『賢明な男』／ジャンル／歴史／コメディ／時間／午後12時10分～午後1時55分／午前10時～午前11時30分／午後4時55分～午後6時40分／午後1時～午後2時30分／午後7時30分～午後9時15分／午後4時30分～午後6時／場所／シネマ3／シネマ4／●入場料／子ども(4歳～15歳)…9ドル／大人(16歳以上)…12ドル

／3歳以下のお子様は無料／【注】このお祭りの最終日はスペシャルデーです。4歳～15歳の子どもの入場料は5ドル，大人の入場料は8ドルになります。

＜解説＞(21)「たくさん笑いたいならどの映画を見るだろうか」―エ．「『賢明な男』」　ジャンルがコメディのものを選ぶ。　(22)「夕方6時30分の後に映画をフルで見たい場合，どの映画館に行くだろうか」―ウ．「シネマ3」　開始時刻が午後6時30分以降のものは，『第一次世界大戦』のみ。　(23)「最終日に，大人1人と13歳の子ども3人のグループが映画祭に行くつもりだ。入場料はいくらになるだろうか」―ウ．「23ドル」　【Notice】参照。最終日の入場料は，4歳から15歳は5ドル，大人は8ドルになるので，合計で8×1＋5×3＝23(ドル)になる。

6〔適語選択〕

(24)外で野球をするのは晴れた場合と考えられるので，if「もし～なら」が適切。‘条件’や‘時’を表す副詞節の中では，未来のことも現在形で表す。　「明日晴れなら，私たちは外で野球をする予定だ」

(25)‘buy＋物＋for＋人’で「〈人〉に〈物〉を買う」。　「彼女は姉〔妹〕にお土産を買った」

(26)Why don’t you ～？は「～しませんか」という‘勧誘’の表現。　「私たちと一緒にバスケットボールをしませんか」

7〔正誤問題〕

(27)ア…○　begin to ～で「～し始める」。　do ～’s homework「宿題をする」　「彼は宿題をやり始めた」　イ…○　‘What a/an＋形容詞＋名詞(＋主語＋動詞)!’の形の感嘆文。なお，感嘆文には‘How＋形容詞〔副詞〕(＋主語＋動詞)!’の形もある。　「なんてすばらしいアイデアなんだ！」　ウ…×　it’sはit isの短縮形なので，動詞の後には続かない。所有格のits「それの」が正しい。「そのネコは自分のしっぽをきれいにした」　エ…○「〈人〉に〈物〉を見せる」は‘show＋人＋物’の語順で表せる。　「私は彼に自分の写真を見せた」

(28)ア…×　manyは‘数えられる名詞’について，「たくさんの」という意味を表す。waterは‘数えられない名詞’なので，ここではmanyでなくmuchが正しい。　「プールに水が多すぎる」　イ…○　‘paint＋物＋色’で「〈物〉を〈色〉に塗る」。　「姉〔妹〕は壁を青く塗った」　ウ…○　fishは複数形でも同じ形。　several「いくつかの」　「川の中に数匹の魚が見える」　エ…○　-thingで終わる語を修飾する形容詞は，その語の後ろに置く。　「彼女は何か温かい〔暖かい〕物が欲しい」

8〔書き換え―適語句選択〕

(29)「母は私に『外で遊びなさい』と言った」→「母は私に外で遊ぶように言った」　上は引用符を使って発言内容を直接的に示す直接話法の文。これを‘tell＋人＋to ～’「〈人〉に～するように言う」を使って間接話法に書き換える。

(30)「彼がスペイン語を話す必要はない」→「彼はスペイン語を話さなくてよい」　上は‘It is ～ for … to ―’「…にとって〔…が〕―することは～だ」という形式主語構文の否定文。これを下では，don’t/doesn’t have to ～「～する必要はない」を使って表す。

数学解答

1 (1) (イ)　(2) (オ)　(3) (ア)　(4) (ウ)
(5) (カ)　(6) (エ)　(7) (カ)　(8) (ウ)
(9) (イ)

2 (10) (ア)　(11) (オ)

3 (12) (エ)　(13) (ア)　(14) (カ)

4 (15) (ア)　(16) (ウ)　(17) (イ)

5 (18) (ウ)　(19) (オ)　(20) (エ)

1〔独立小問集合題〕

(1)＜数の計算＞与式＝$-\frac{5}{3}+(-8)\times\left(-\frac{1}{6}\right)\times\frac{3}{4}=-\frac{5}{3}+\frac{8\times1\times3}{6\times4}=-\frac{5}{3}+1=-\frac{5}{3}+\frac{3}{3}=-\frac{2}{3}$

(2)＜数の計算＞与式＝$\sqrt{6^2\times2}-2\sqrt{3^2\times3}-\frac{8\times\sqrt{2}}{\sqrt{2}\times\sqrt{2}}+\sqrt{2^2\times3}=6\sqrt{2}-2\times3\sqrt{3}-\frac{8\sqrt{2}}{2}+2\sqrt{3}=6\sqrt{2}-6\sqrt{3}-4\sqrt{2}+2\sqrt{3}=2\sqrt{2}-4\sqrt{3}$

(3)＜連立方程式＞$x+3y=15$……①，$3x+2y=-4$……②とする。xの値を求めるので，yの係数をそろえる。①×2より，$2x+6y=30$……①′　②×3より，$9x+6y=-12$……②′　①′−②′より，$2x-9x=30-(-12)$，$-7x=42$　∴$x=-6$

(4)＜二次方程式＞左辺を因数分解して，$(x+6)(x-4)=0$　∴$x=-6,\ 4$

(5)＜式の計算＞$x^2-y^2=(x+y)(x-y)$となる。$x+y=(-2a+3b)+(3a-b)=a+2b$，$x-y=(-2a+3b)-(3a-b)=-2a+3b-3a+b=-5a+4b$だから，$x^2-y^2=(a+2b)(-5a+4b)=-5a^2+4ab-10ab+8b^2=-5a^2-6ab+8b^2$となる。

(6)＜確率—数字のカード＞1，2，3，4，5の5枚のカードから2枚のカードを引いて並べて2けたの整数をつくるので，十の位の数は1，2，3，4，5の5通りあり，それぞれについて，一の位の数は，十の位の数以外の4通りある。よって，2けたの整数は全部で5×4＝20(通り)できる。このうち，30以上の奇数は31，35，41，43，45，51，53の7通りだから，求める確率は$\frac{7}{20}$となる。

(7)＜連立方程式の応用＞1冊80円のノートAをx冊，1冊120円のノートBをy冊買ったとする。合計40冊買ったから，$x+y=40$……①が成り立つ。また，代金の合計は3840円だったから，$80x+120y=3840$が成り立ち，$2x+3y=96$……②となる。①×3−②でyを消去して，$3x-2x=120-96$　∴$x=24$　よって，買ったノートAの冊数は24冊である。

(8)＜平面図形—角度＞右図1で，線分ACと線分OBの交点をDとする。$\overset{\frown}{AB}$に対する円周角より，∠DCB＝$\frac{1}{2}$∠AOB＝$\frac{1}{2}$×60°＝30°である。また，△AODで内角と外角の関係より，∠ADB＝∠AOD＋∠OAD＝60°＋25°＝85°となる。よって，△BCDで内角と外角の関係より，∠OBC＝∠ADB−∠DCB＝85°−30°＝55°となる。

図1

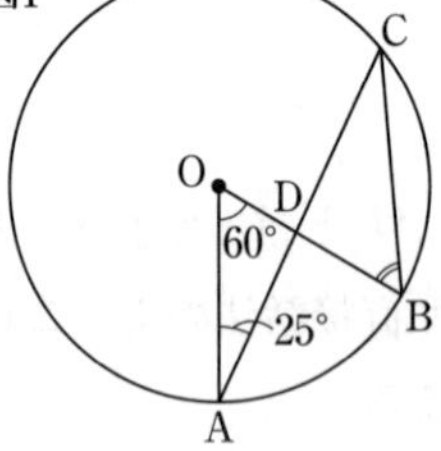

図2

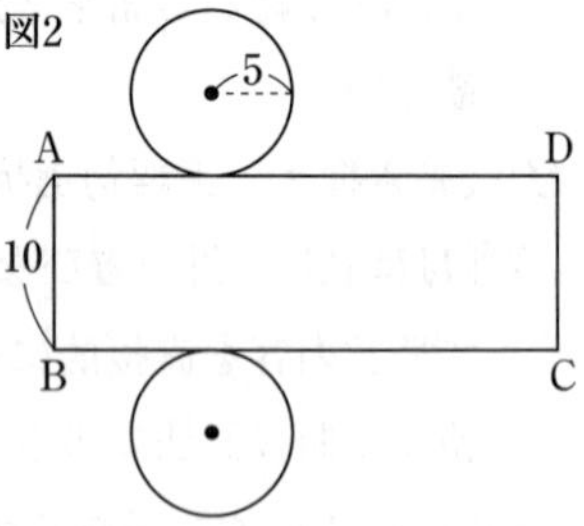

(9)＜空間図形—面積＞底面の半径が5，高さが10の円柱を展開すると，上図2のようになる。底面の円の面積は，$\pi\times5^2=25\pi$である。また，側面を展開した長方形ABCDは，縦が10であり，横は底面の周の長さと等しくAD＝$2\pi\times5=10\pi$だから，〔長方形ABCD〕＝AB×AD＝$10\times10\pi=100\pi$となる。よって，表面積は，$25\pi\times2+100\pi=150\pi$である。

2〔数と式—連立方程式の応用〕

⑽＜立式＞xに16を加えて2倍した値から，xとyの和をひくと44になるから，$(x+16)\times2-(x+y)=44$が成り立つ。これを整理すると，$2x+32-x-y=44$より，$x-y=12$……①となる。

⑾＜xの値＞xを3倍してから14を加えた値をyでわると5になるから，$(x\times3+14)\div y=5$より，$3x+14=5y$，$3x-5y=-14$……②となる。⑽の①，②から，xの値を求める。①×5−②でyを消去して，$5x-3x=60-(-14)$，$2x=74$，$x=37$となる。

3 〔関数—関数$y=ax^2$と一次関数のグラフ〕

≪基本方針の決定≫⒀，⒁　点Dを通りy軸に平行な直線で2つの三角形に分ける。

⑿＜直線の式＞右図で，直線ABは2点A(0，4)，B(6，8)を通るので，傾きは$\frac{8-4}{6-0}=\frac{2}{3}$，切片は4である。よって，直線ABの式は$y=\frac{2}{3}x+4$である。

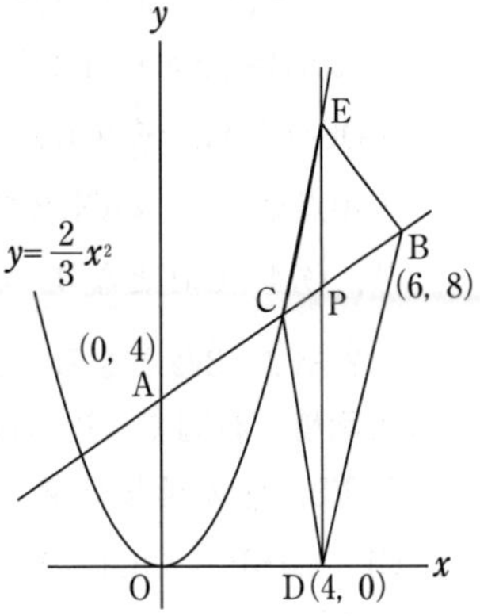

⒀＜面積＞右図で，⑿より，点Cは放物線$y=\frac{2}{3}x^2$と直線$y=\frac{2}{3}x+4$の交点となる。2式からyを消去して，$\frac{2}{3}x^2=\frac{2}{3}x+4$より，$x^2-x-6=0$，$(x+2)(x-3)=0$　$\therefore x=-2, 3$　よって，点Cのx座標は3である。点Dを通りy軸に平行な直線と直線ABの交点をPとすると，△BCD＝△BDP＋△CDPとなる。また，△BDP，△CDPは，底辺をDPと見ると，3点B，D，Cのx座標より，高さは，それぞれ，$6-4=2$，$4-3=1$となる。点Pは直線$y=\frac{2}{3}x+4$上にあり，x座標が4なので，y座標は$y=\frac{2}{3}\times4+4=\frac{20}{3}$となる。これより，$\mathrm{DP}=\frac{20}{3}$だから，$\triangle\mathrm{BCD}=\frac{1}{2}\times\frac{20}{3}\times2+\frac{1}{2}\times\frac{20}{3}\times1=10$となる。

⒁＜面積＞右上図で，△BCE＝△BEP＋△CEPである。点Eは放物線$y=\frac{2}{3}x^2$上にあり，x座標が4だから，$y=\frac{2}{3}\times4^2=\frac{32}{3}$より，$\mathrm{E}\left(4,\ \frac{32}{3}\right)$である。⒀より，$\mathrm{P}\left(4,\ \frac{20}{3}\right)$だから，$\mathrm{PE}=\frac{32}{3}-\frac{20}{3}=4$となる。これを底辺と見ると，△BEPの高さは2，△CEPの高さは1だから，$\triangle\mathrm{BCE}=\frac{1}{2}\times4\times2+\frac{1}{2}\times4\times1=6$である。

4 〔平面図形—円〕

≪基本方針の決定≫⒄　△DBEと△ACEに着目する。

⒂＜面積＞右図で，線分ABの中点をOとし，2点O，Cを結び，点Cから線分ABに垂線CHを引く。△ACEは，CA＝CEの二等辺三角形だから，点Hは線分AEの中点となり，$\mathrm{AH}=\mathrm{EH}=\frac{1}{2}\mathrm{AE}=\frac{1}{2}\times4=2$となる。また，線分ABが円の直径より，点Oは円の中心なので，$\mathrm{CO}=\mathrm{AO}=\mathrm{BO}=\frac{1}{2}\mathrm{AB}=\frac{1}{2}\times6=3$となる。よって，$\mathrm{OH}=\mathrm{AO}-\mathrm{AH}=3-2=1$だから，△OCHで三平方の定理より，$\mathrm{CH}=\sqrt{\mathrm{CO}^2-\mathrm{OH}^2}=\sqrt{3^2-1^2}=\sqrt{8}=2\sqrt{2}$となる。これより，$\triangle\mathrm{ACE}=\frac{1}{2}\times\mathrm{AE}\times\mathrm{CH}=\frac{1}{2}\times4\times2\sqrt{2}=4\sqrt{2}$である。

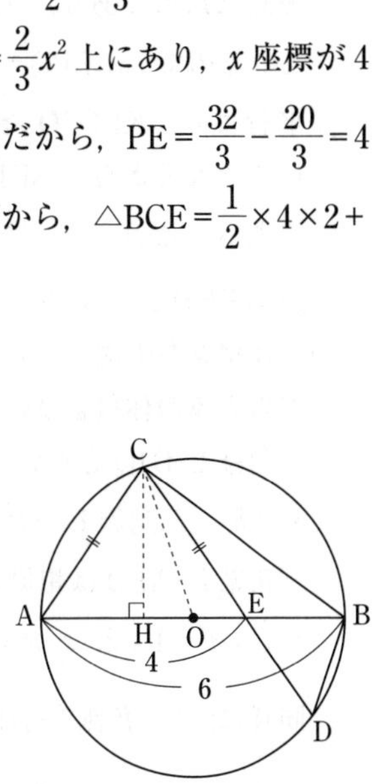

⒃＜長さ＞右上図で，⒂より，$\angle\mathrm{CHB}=90^\circ$，$\mathrm{CH}=2\sqrt{2}$，$\mathrm{BH}=\mathrm{AB}-\mathrm{AH}=6-2=4$となる。よって，△BCHで三平方の定理より，$\mathrm{BC}=\sqrt{\mathrm{CH}^2+\mathrm{BH}^2}=\sqrt{(2\sqrt{2})^2+4^2}=\sqrt{24}=2\sqrt{6}$である。

⒄＜長さ＞右上図で，∠BED＝∠CEAであり，$\overset{\frown}{\mathrm{AD}}$に対する円周角より，∠DBE＝∠ACEだから，△DBE∽△ACEである。これより，DE：AE＝BE：CEとなる。△CEHで三平方の定理より，CE

$=\sqrt{\mathrm{EH}^2+\mathrm{CH}^2}=\sqrt{2^2+(2\sqrt{2})^2}=\sqrt{12}=2\sqrt{3}$である。また，BE＝AB－AE＝6－4＝2だから，DE：4＝2：$2\sqrt{3}$が成り立ち，DE×$2\sqrt{3}$＝4×2より，DE＝$\frac{4\sqrt{3}}{3}$となる。よって，CD＝CE＋DE＝$2\sqrt{3}+\frac{4\sqrt{3}}{3}$＝$\frac{10\sqrt{3}}{3}$である。

5〔空間図形―直方体〕

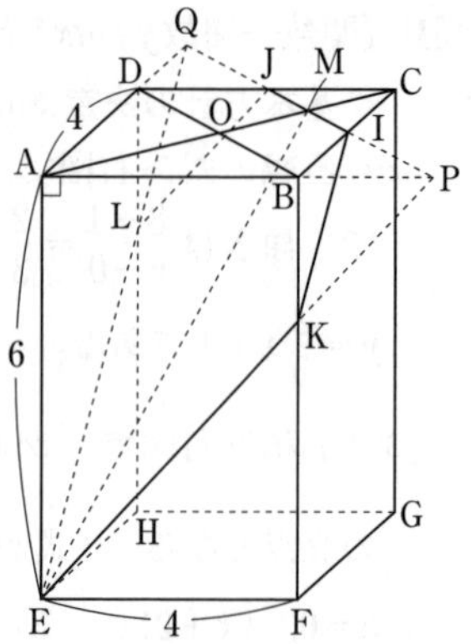

⒅＜長さ＞右図で，AE⊥〔面ABCD〕より，∠EAM＝90°だから，△AEMで三平方の定理より，EM＝$\sqrt{\mathrm{AE}^2+\mathrm{AM}^2}$となる。AB＝AD＝4より，四角形ABCDは正方形だから，△ABCは直角二等辺三角形であり，AC＝$\sqrt{2}$AB＝$\sqrt{2}\times4=4\sqrt{2}$となる。線分AC，BDの交点をOとすると，OA＝OC＝$\frac{1}{2}$AC＝$\frac{1}{2}\times4\sqrt{2}=2\sqrt{2}$となる。2点I，Jはそれぞれ辺BC，辺CDの中点なので，△CDBで中点連結定理より，IJ∥BDとなる。BI＝CIより，OM＝CMとなり，OM＝$\frac{1}{2}$OC＝$\frac{1}{2}\times2\sqrt{2}=\sqrt{2}$，AM＝OA＋OM＝$2\sqrt{2}+\sqrt{2}=3\sqrt{2}$となる。よって，EM＝$\sqrt{6^2+(3\sqrt{2})^2}=\sqrt{54}=3\sqrt{6}$である。

⒆＜面積＞右図で，辺AB，線分EK，JIの延長の交点をP，辺AD，線分EL，IJの延長の交点をQとすると，〔五角形EKIJL〕＝△EPQ－△KPI－△LJQである。BI＝CI，∠IBP＝∠ICJ＝90°，∠BIP＝∠CIJより，△IBP≡△ICJだから，BP＝CJ＝$\frac{1}{2}$CD＝$\frac{1}{2}\times4=2$となり，AP＝AB＋BP＝4＋2＝6となる。同様に，AQ＝6となるから，AE＝AP＝AQ＝6であり，△APQ，△AEP，△AEQは合同な直角二等辺三角形である。よって，PQ＝EP＝EQ＝$\sqrt{2}$AP＝$\sqrt{2}\times6=6\sqrt{2}$であり，△EPQは正三角形である。また，∠APM＝∠PAM＝45°より，△APMも直角二等辺三角形であり，AM⊥PQとなるから，点Mは線分PQの中点である。したがって，EM⊥PQとなるので，△EPQ＝$\frac{1}{2}$×PQ×EM＝$\frac{1}{2}\times6\sqrt{2}\times3\sqrt{6}=18\sqrt{3}$である。次に，面AEHDと面BFGCが平行より，KI∥EQだから，△KPI∽△EPQである。BF∥AEより，KP：EP＝BP：AP＝2：6＝1：3となるから，△KPIと△EPQの相似比はKP：EP＝1：3であり，△KPI：△EPQ＝$1^2:3^2$＝1：9である。これより，△KPI＝$\frac{1}{9}$△EPQ＝$\frac{1}{9}\times18\sqrt{3}=2\sqrt{3}$である。同様に，△LJQ＝$2\sqrt{3}$だから，〔五角形EKIJL〕＝$18\sqrt{3}-2\sqrt{3}-2\sqrt{3}=14\sqrt{3}$となる。

⒇＜体積＞右上図で，点Gを含む方の立体の体積は，直方体ABCD-EFGHの体積から，点Aを含む方の立体の体積をひいて求められる。点Aを含む方の立体は，三角錐E-APQから三角錐K-BPIと三角錐L-DJQを除いたものと見ることができる。〔直方体ABCD-EFGH〕＝AB×AD×AE＝4×4×6＝96，〔三角錐E-APQ〕＝$\frac{1}{3}$×△APQ×AE＝$\frac{1}{3}\times\frac{1}{2}\times6\times6\times6=36$である。また，三角錐K-BPIと三角錐E-APQは相似であり，相似比はBP：AP＝1：3だから，〔三角錐K-BPI〕：〔三角錐E-APQ〕＝$1^3:3^3$＝1：27となる。これより，〔三角錐K-BPI〕＝$\frac{1}{27}$〔三角錐E-APQ〕＝$\frac{1}{27}\times36=\frac{4}{3}$である。同様に，〔三角錐L-DJQ〕＝$\frac{4}{3}$となる。よって，点Aを含む方の立体の体積は$36-\frac{4}{3}-\frac{4}{3}=\frac{100}{3}$となるから，点Gを含む方の立体の体積は，$96-\frac{100}{3}=\frac{188}{3}$である。

＝読者へのメッセージ＝

放物線は，英語でパラボラ(parabola)といいます。パラボラアンテナは放物線の形を利用してつくられています。

国語解答

一 問1 ①…ウ ②…ア
問2 a…ウ b…エ 問3 イ
問4 ア 問5 ウ 問6 エ
問7 ア 問8 エ 問9 ウ
問10 ア 問11 ウ

二 問1 ①…ウ ②…エ ③…イ
問2 a…ア b…エ 問3 イ
問4 イ 問5 ア 問6 イ
問7 ウ 問8 イ 問9 ウ
問10 ア

三 問1 エ 問2 ア 問3 イ
問4 エ 問5 ア 問6 ウ
問7 イ 問8 ウ 問9 ウ

一〔論説文の読解―哲学的分野―哲学〕出典：前田英樹「独学する心」（『何のために「学ぶ」のか〈中学生からの大学講義〉1』所収）。

≪本文の概要≫近代以降，人間は自分たちの都合ばかりを優先し，科学の力で強引に自然を利用するようになってしまった。しかし人間は本来，自然の力をうまく借りていくためのさまざまな知恵や技術を持っている。例えば昔ながらの大工職人は，自分の扱う木がこれまでどのように育ち，これからどう変化するのかを手で感じ取ったうえで，その材木に適した組み合わせ方を見つけていくことができる。これは，自分の扱う木に対して愛情や敬意を持っているからこそ成せる技である。こうした，対象を敬愛し，自分にできないことを知る姿勢は，学問においても重要である。学問をする人は，自分の考えを身勝手な空想で終わらせるわけにはいかない。探求する対象に愛情や敬意を持ち，その対象の性質に入り込んだとしても，自分ができることはわずかでしかないのである。

問1＜漢字＞①「慎重」と書く。アは「傾聴」，イは「手帳」，ウは「丁重」，エは「協調」。　②「担（う）」と書く。アは「担保」，イは「極端」，ウは「炭素」，エは「驚嘆」。

問2＜語句＞a．「腕を上げる」は，技術を上達させる，という意味。　b．「無垢」は，材質に混じり物がなく純粋で，加工されていないこと。

問3＜接続語＞Ⅰ．大工職人は，「木を持っただけでじかに」材木の性質を読み取ることができるが，「現代の大工」は，機械や工業製品に頼り，そのような鋭い感覚を失っている。　Ⅱ．感覚を磨くことによって身につける技術が失われているのは，言うまでもなく，「大工の世界」に限った話ではない。　Ⅲ．科学は，あらゆるものを数値化し，〈物に有用に働きかける〉ことを目的としているのであり，言い換えれば，「自分の都合に合わせて，自然を利用」しようとするのである。　Ⅳ．「自然が与える物の性質」に従うからこそ，仕事には可能なことと不可能なことが生じるのであり，仮に，不可能なことがないという状況があるとしたならば，それは物の性質に従っていないということになり，「仕事が成り立たなく」なってしまう。

問4＜文脈＞人間は，自然を敬愛し，「神さまに従うように自然のありように慎重に従う」ことによってさまざまな物事を実現することができる。二宮尊徳は，その例として，水という「自然の助力」によって回る水車を挙げている。

問5＜文章内容＞ⅰ．対象への愛情がなければ，物事を深く探求する学問は成立しない。　ⅱ．対象への愛情は，「天を敬する」気持ちから生じる。

問6＜文章内容＞大工職人の技術は，自分の身体，材木，鉋などの道具という三者の関係を，個々人の身体感覚によって把握することによって成り立っている。そのため，大工は，言葉を通じて学ぶのではなく，「自分なりにあれこれと取り組んで」みて，技術を「独自に身につける必要」がある。

問7＜文章内容＞「天を敬する」心を持ち，自然のあり方に従いつつ，「自然の助力」を得る謙虚な姿勢こそが，人間にとって重要な知恵である。

問８＜文章内容＞大工職人は，身体的な勘と技術によって「自然が与える物の性質」をとらえるため，仕事には不可能なことも生じると理解している。一方で，建築士は，「何でも数のうえの計算で済ませる」ため，身体的に「自然が与える物の性質」をとらえることができず，仕事に不可能なことはないという勘違いをしてしまうのである。

問９＜文章内容＞私たちは，「できないことを放っておくのは恥だ」と思っている。しかし，学問においては，探求する対象に深く入り込んだとしても，「その中でできることがどんなにわずかなこと」であるかを，「ほんとうの学問で苦労した人」は知っている。対象に深く入り込むことで何ができないかを知るのは，学問でも仕事でも同様であるはずなのに，多くの人が忘れているようである。

問10＜文章内容＞「独学する心」とは，便利な知識や機械に頼ることなく，自ら身体を動かし，感覚を磨くことで，対象の性質を深く理解しようとする姿勢のことである。

問11＜要旨＞現代の人々は，便利な科学技術に頼りすぎているため，実際に触れることで物事の性質を身体的に理解し，自然から力を借りることの重要性を，今一度見直すべきである(ウ…×)。

二〔小説の読解〕出典：壁井ユカコ『空への助走　福蜂工業高校運動部』。

問１＜漢字＞①「抗議」と書く。アは「虚偽」，イは「地球儀」，ウは「審議」，エは「模擬」。　②「折半」と書く。アは「時節」，イは「施設」，ウは「摂取」，エは「折衝」。　③「明朗」と書く。アは「労力」，イは「朗読」，ウは「浪費」，エは「廊下」。

問２＜語句＞a．「訝しむ」は，物事がはっきりしないことを不審に思う，という意味。　b．「あまつさえ」は，好ましくない状態が重なるさま。

問３＜四字熟語＞「厚顔無恥」は，厚かましくて恥を知らないこと。「我田引水」は，自分に都合がよいように物事を運ぶこと。「言語道断」は，言葉では表現できないほどにひどいこと。「自画自賛」は，自分自身を褒めること。

問４＜文脈＞高杉は，三村が仕掛けた駆け引きとは無関係であった。しかし「潤五と折半で奢ります」という三村の発言によって共犯者のように扱われてしまい，高杉は困惑した。

問５＜文章内容＞三村は，コート中を動き回って声を出し続け，うるさい印象を周囲に与えていた。しかしそれは，相手チームの意識を自分に集中させ，高杉と三村の二人が前衛になるローテーションを最大限に生かすための行動であった。それを知った高杉は，敵にも味方にも狙いを悟らせないまま作戦を進めていた三村のすごみを感じ，驚いた。

問６＜心情＞「ぴたりと呼吸をあわせて跳んだ二枚ブロック」の真ん中に打たれた相手チームのスパイクは，「三村の右手と高杉の左手」にたたき落とされた。高杉は，三村との見事な連携によって成功した守備に充実感を覚え，スパイクを受けた左手の感触をしみじみと味わった。

問７＜心情＞低く重みのある声で「全国で勝つぞ」と言った三村からは，ふだんの「軽薄なキャラクター」とは異なり，「切実に勝利を欲する必死さ」が感じられた。そのすごみに高杉は言葉を失ったが，全国大会での勝利を目指す真剣な思いを知ることで，三村への印象を改めた。

問８＜表現＞中学時代の試合やポジション争いで敗北をしてきた高杉は，三村に対して強い劣等感と対抗意識を持っていた。しかし三村は，下手に気を遣うことなく，高杉を頼れる戦力として扱い，チームとしての勝利を純粋に目指していた。そのことを知った高杉は，三村に「勝てねぇなあ」と思いながらも，チームとしてともに勝利に向かっていく決意をした。

問９＜表現＞通常の会話文では改行がなされるが，「統，ライト！」や「あいよ！」といった声の掛け合いは，文中に挿入されている。この工夫により，コート上の動きが途切れのない一連の流れとして表現されている。

問10＜文章内容＞「ここまでは統先輩が囮でした」と言った掛川は，相手チームの意識を自分に集中させようとする三村の狙いを察しており，その作戦に合わせて高杉にトスを上げるなどのサポートをしていた。

三 〔古文の読解―説話〕出典：『今昔物語集』巻第二十七ノ第二十九。

≪現代語訳≫二歳くらいの子どもを乳母が抱いて家の南側の辺りで，たった一人離れた状態で子どもを遊ばせていたところ，突然子どもが激しく泣き，乳母も大騒ぎする声がしたので，中将が，太刀を引っ提げて走っていって見たところ，同じ顔立ちである乳母二人が真ん中にこの子どもを置いて，左右の手足を取って引っ張り合っている。

中将が驚きあきれてよく見つめると，どちらも同じ乳母の姿である。そうであるならば，「一人はきっと狐などであるだろう」と思い，太刀をきらきらさせて走りかかったときに，一人の乳母はかき消えるようにいなくなった。

子どもも乳母も死んでいるように倒れていたので，中将が，僧に神仏に祈らせておはらいをさせたところ，乳母は正気を取り戻して起き上がったので，中将が，「どうしたことであるか」と尋ねたところ，乳母は「若君を遊ばせ申し上げていたのですが，奥の方から見知らぬ女房がいきなり出てきまして，『これは私の子だ』と言って，奪い取っていこうとするので，〈奪われないようにしよう〉と引っ張り合っているところに，殿がいらっしゃって太刀を光らせて走りかかりなさったとたん，若君を打ち捨て，その女房は奥の方へ行ってしまったのです」と言ったので，中将は大変恐ろしいと思った。

問１＜古語＞「ののしる」は，大声で騒ぐ，という意味。

問２＜古文の内容理解＞①乳母は，他の人から離れたところで子どもを遊ばせていた。　②突然現れた見知らぬ女房は，子どもの手を取って乳母と引っ張り合っていた。しかし太刀を持った中将が走りかかってきたので，子どもを打ち捨てて姿を消した。　③正気を取り戻した乳母は，子どもをさらおうとした怪しい女房のことを中将に説明した。

問３＜古文の内容理解＞中将が太刀を提げて駆けつけてみると，同じ姿をした乳母が二人で，子どもの手を取って引っ張り合っていた。その不可思議な様子を見て，中将は驚き，片方の乳母は狐などが化けているのではないかと考えた。

問４＜古文の内容理解＞乳母と子どもは死んでしまったように倒れていたが，僧が神仏に祈りをささげると，ふだんどおりの様子に戻り，起き上がった。「例の」は，ふだんの，いつもの，という意味。

問５＜古文の内容理解＞見知らぬ女房が子どもを奪い取ろうとしてきたため，乳母はそれを防ごうと，子どもの引っ張り合いをしたのである。

問６＜古文の内容理解＞子どもは，乳母と二人で他の人から離れた場所で遊んでいたときに，さらわれそうになっている。幼い子どもを，人目につきにくい状態にすることの危険性が示されている。

問７＜古文の内容理解＞人ではない何者かが子どもをさらおうとしたという奇怪な内容ではあるものの，実在した源雅通が中将という人物として登場することで，話にリアリティが持たされている。

問８＜古文の内容理解＞「掻き消つ様に失せにけり」は，神仏などの，人間ではない存在に用いられる慣用表現である。この表現が用いられていることをふまえると，子どもをさらおうとした者は，人間ではないと考えられる。

問９＜文学史＞『大鏡』は，平安時代後期に成立した歴史物語。『新古今和歌集』は，鎌倉時代初期に成立した勅撰和歌集。『雨月物語』は，江戸時代後期に成立した上田秋成の読本。『徒然草』は，鎌倉時代末期に成立した兼好法師の随筆。

2024年度 星野高等学校(併願第１回)

〔注〕 この問題は，１月25日に実施された併願受験者用のものです。

【英　語】 (50分)〈満点：100点〉

(注意) 解答はすべて一つ選び，解答用紙の所定の欄にマークすること。

1 次の英文を読んで，下の問いに答えなさい。

*Secret codes can he used to send secret messages. However, using codes is not the only way to ①do so. People often hide their messages in other ways. For example, in *Greece one leader wrote a message to a different leader on the *shaved head of a slave. After the slave's hair grew back, he traveled to see the other leader. That leader shaved the slave's head and read the message. This was an unusual way to send a message and it was not very fast.

②(　　　) way to send a hidden message is to write an ordinary message but mark certain letters. Many years ago, it was cheaper to send newspapers in England that it was to send letters. People found an interesting way to save money. They drew short lines under certain letters in a newspaper. You only needed a story with all the letters in the right order for your message. For example,

> **What Do You Do at a Train Station That Has No Ticket Barrier?**
>
> In European movies, you often see scenes of people seeing someone off on a train. You might wonder if these people bought a platform ticket — as you would in Japan — but they did not, since on European railroads, anybody can walk through the ticket gate.
>
> You might also ask where they get their ticket punched. Besides ticket inspectors on the trains, there are also machines on the platforms that will stamp your ticket.

When the underlined letters are taken out and spaces and *capital letters are added, the message becomes clear: [　③　].

Secrets were hidden in many different places, even in ④(　　　)! In the year 1279, *Kublai Khan and the *Mongols became the rulers of China. [　　　　⑤　　　　]
These were called "*mooncakes" and were served during the August Moon festivals. Only the Chinese ate mooncakes — not the Mongols. There was a piece of paper with the message inside each mooncake, "Fight against the Mongols!" The Chinese people started a war and won. With this message, they became the rulers of their country again.

(注) Secret codes：暗号　　Greece：ギリシャ
shaved head of a slave：奴隷の剃《そ》った頭　　capital letters：大文字
Kublai Khan：フビライ・ハン　　Mongols：モンゴル人
mooncakes：月餅《げっぺい》(中国の伝統的な丸い焼き菓子)

(1) 下線①の内容を表すものとして最も適するものを選びなさい。
ア．use secret codes　　イ．send secret messages
ウ．hide secrets in Greece　　エ．write a secret to a leader

(2) 下線②の(　)に入れるのに最も適するものを選びなさい。
ア．Other　　イ．Another　　ウ．Many other　　エ．Any other

(3) [③] に入れるのに最も適するものを選びなさい。

ア．Meet me in London　　イ．London meets you

ウ．See you in the train　　エ．Hidden writing appears

(4) 下線④の(　)に入れるのに最も適するものを選びなさい。

ア．newspapers　　イ．food　　ウ．pictures　　エ．letters

(5) 本文の流れに合うように，次の英文の順番を並べかえて ⑤ に入れるとき，最も適する順番を選びなさい。

(a) To share their plans, they asked all their bakers to hide messages in special cakes.

(b) The Chinese became their slaves.

(c) In 1368, the Chinese decided to fight back.

ア．(a)→(b)→(c)　　イ．(b)→(a)→(c)　　ウ．(b)→(c)→(a)　　エ．(a)→(c)→(b)

(6) 本文の内容と一致するものを選びなさい。

ア．Greek leaders used secret codes to fight against a Chinese leader.

イ．The leader read the secret message written on a head of a slave, but he couldn't understand what it meant.

ウ．In 1279, the Mongols became the slaves of China.

エ．The Chinese won the war against the Mongols by sharing the message hidden in mooncakes.

2　次の英文を読んで，下の問いに答えなさい。

Olive was a nurse in a big hospital. Christmas was coming, and most of the nurses were hoping ⑦[(1) to　(2) be　(3) lucky　(4) they　(5) would　(6) enough　(7) that] *have a few days off, in order to spend part of the holidays with their families. But it is impossible for all the nurses to be away from the hospital at the same time, ⑧(A) patients need attention all the time. For the patients, nurses are always needed.

So Olive was a little disappointed when she found that she had to be at the hospital most of the Friday before Christmas.

"It's ⑨(A) luck," she said to her mother, "but I'm afraid I can't get out of it. It's fair that nurses who have children at school should have time off during the holiday period *rather than single people like me." Her mother listened to her quietly and said to her, "Do your best at work. I'm sure something ⑨(B) will happen to you."

Friday came, and Olive left for the hospital. She knew that the first thing she would have to do that morning would be to take *X-rays of some of the older people in the hospital ⑩(　　) had lung trouble. After she washed her hands, she went to the *X-ray department and saw one of her close *colleagues there.

The colleague could see that Olive felt depressed, so she said to her, "Cheer up! Imagine this. You slip on the ice on the way here this morning. You might need an X-ray." Olive laughed, ⑧(B) she did not feel much better. Then she began *X-raying the older patients' chests. She was not enjoying the job at first, but when she examined an old man's chest, the words MERRY CHRISTMAS suddenly appeared on her screen. She was very surprised to see the words.

Before coming to the X-ray room, the patient made the words out of wire and then *stuck them on his chest under his shirt. That greatly changed Olive's feelings. She felt a sudden wave of happiness when she realized that these people were really grateful for all her care for them, though they were sometimes too ⑪(　　) to say so to her face.

Just as her mother told her, it was a wonderful and memorable day for her.

（注） have a few days off：２，３日の休みをとる
… rather than ～：～よりはむしろ…　X-rays：レントゲン写真
X-ray department：Ｘ線科　colleagues：同僚
X-raying：～のレントゲン写真を撮ること
stuck them on his chest：それらを彼の胸に貼り付けた

(7) 下線⑦において意味が通るように[　]内の(1)～(7)を並べかえたときの最も適する順序を選びなさい。

ア．(1)→(2)→(3)→(6)→(7)→(4)→(5)
イ．(1)→(2)→(6)→(3)→(7)→(4)→(5)
ウ．(7)→(4)→(5)→(2)→(3)→(6)→(1)
エ．(7)→(4)→(5)→(2)→(6)→(3)→(1)

(8) 下線⑧の（A）（B）に入れる組み合わせとして最も適するものを選びなさい。

ア．{A：as / B：although}　イ．{A：unless / B：while}　ウ．{A：when / B：as long as}　エ．{A：though / B：so that}

(9) 下線⑨の（A）（B）に入れる組み合わせとして最も適するものを選びなさい。

ア．{A：good / B：good}　イ．{A：good / B：bad}　ウ．{A：bad / B：bad}　エ．{A：bad / B：good}

(10) 下線⑩の（　）に入れるのに最も適するものを選びなさい。

ア．who　イ．which　ウ．they　エ．it

(11) 下線⑪の（　）に入れるのに最も適するものを選びなさい。

ア．friendly　イ．shy　ウ．ideal　エ．noisy

(12) 本文の内容と一致するものを選びなさい。

ア．Olive needed to go to work suddenly though she had the Friday before Christmas off.
イ．Olive was not looking forward to Christmas at first, but thanks to her colleague, she had a nice day.
ウ．Olive regretted working on Christmas and asked her mother for advice about quitting her job.
エ．Olive was happy because she discovered how much the patients appreciated her support.

3　次の会話文を読んで，下の問いに答えなさい。

Mr. Sato is an English teacher in this school.　He is talking with his student Tadashi.

Mr. Sato：Hi, Tadashi.　How are you？
Tadashi：Oh, I'm doing OK.　I just don't know *if I can finish writing my speech on time.
Mr. Sato：Are you going to ⑬<u>participate in</u> the speech contest this month？
Tadashi：Yeah.　I'm *in the middle of writing my speech now.
Mr. Sato：Great.　How's it going so far？
Tadashi：I've only finished part of it.　Could you look over it for me？
Mr. Sato：Sure.　Do you have it with you now？
Tadashi：Yeah.　Here it is.
Mr. Sato：OK.　There's no title－what's the ⑭(　　　)？
Tadashi：I'm going to talk about what we can learn from traveling abroad.　I'm going to try to

tell people that it is good to travel abroad when they're young.

Mr. Sato : That's certainly a good thing to do.

*Mr. Sato looked over Tadashi's *draft of his speech.*

Mr. Sato : . . . OK. In the first sentence here, why don't you write "get to know" instead of "know"?

Tadashi : OK.

Mr. Sato : And next you have a question — it sounds a little strange. In general, asking the audience a question is not effective.

Tadashi : I wanted to catch the audience's attention.

Mr. Sato : Yeah. I know that. But I don't think you need it here.

Tadashi : OK. I'll cross it out.

Mr. Sato : And why don't you add "actually" here?

Tadashi : In front of "I stayed"?

Mr. Sato : No. In front of "I went to Seattle." And put a comma after "Actually."

Tadashi : OK.

Mr. Sato : And . . . you could also put these two sentences together so that you have ". . . I went to Seattle last summer and stayed with an American family."

Tadashi : And drop the subject, "I", before "stayed"?

Mr. Sato : Yes. It's grammatically correct to keep the second "I," but you don't really need it there.

Mr. Sato looked over the draft again and found something.

Mr. Sato : Oops. You missed an *article here, before "major league".

Tadashi : ⑮Again? I always do that! It should be "a major league game," shouldn't it?

Mr. Sato : That's right.

Tadashi : Got it.

Mr. Sato : OK. Now why don't you read it aloud once to check how it sounds?

Tadashi : OK.

（注） if：～かどうか　in the middle of：～の途中で　draft：原稿
article：冠詞（a, the など）

⒀ 下線⑬の意味に最も近いものを選びなさい。

ア．join　イ．cancel　ウ．hold　エ．enjoy

⒁ 下線⑭の（　）に入れるのに最も適するものを選びなさい。

ア．problem　イ．hobby　ウ．time　エ．topic

⒂ 下線⑮の発言の意図として最も適するものを選びなさい。

ア．Tadashi was happy that Mr. Sato checked his draft again.

イ．Tadashi was disappointed that he forgot an article again.

ウ．Tadashi was surprised that Mr. Sato told him the importance of an article again.

エ．Tadashi was glad to hear that Mr. Sato would watch a major league game again.

⒃ 本文の内容と一致するものを選びなさい。

ア．Tadashi has just finished writing his speech.

イ．Tadashi has been abroad many times and learned a lot from the experiences.

ウ．After checking Tadashi's draft, Mr. Sato started to read it aloud.

エ. Tadashi accepted Mr. Sato's advice and made his draft better.

(17) 次の原稿を本文の内容通りに修正したものとして最も適するものを選びなさい。

元の原稿

You should go abroad because you can learn new things that you would never know in Japan. Have you been abroad? I went to Seattle last summer. I stayed with an American family. One day my host brother took me to major league baseball game. ...(以下省略)

ア.

You should go abroad because you can learn new things that you would never know in Japan. Actually, I went to Seattle last summer and stayed with an American family. One day my host brother took me to major league baseball game. ...(以下省略)

イ.

You should go abroad because you can learn new things that you would never get to know in Japan. Have you been abroad? Actually, I went to Seattle last summer and stayed with an American family. One day my host brother took me to a major league baseball game. ...(以下省略)

ウ.

You should go abroad because you can learn new things that you would never get to know in Japan. I went to Seattle last summer and actually I stayed with an American family. One day my host brother took me to a major league baseball game. ...(以下省略)

エ.

You should go abroad because you can learn new things that you would never get to know in Japan. Actually, I went to Seattle last summer and stayed with an American family. One day my host brother took me to a major league baseball game. ...(以下省略)

4 次の領収書と問い合わせのメールを読んで,下の問いに答えなさい。

Hoshino's Clothing

Order number: 21E **Date of *purchase: 15 October, 2023**

Quantity	Size	Item		Price
1	M	Women's coat, brown		$100.00
1	M	Men's sweater, red/white		$70.00
1	L	Women's socks, black 3-pack		$15.00
Paid by credit card XXXX XXXX XXXX 3457			Total	$185.00

From:	hanaito@mymail.co.nz
To:	orders@hoshinosclothing.co.nz
Subject:	Order 21E
Date:	22 October, 2023

*To whom it may concern:

I am writing about order 21E. When I received the package, the coat was missing. The *invoice included in the package shows that I paid for this item when I made the order. I also checked with my bank and received *confirmation that I was charged for the full amount shown on the invoice.

I hoped to take this coat with me on a trip in just a few days, so please cancel the item and *issue a refund.

Hana Ito

（注） purchase：購入　To whom it may concern：担当者様　invoice：領収書
confirmation：確認　issue a refund：返金する

⒅ What is the price of the item that Ms. Ito did not receive？
ア．$15.00　イ．$70.00　ウ．$85.00　エ．$100.00

⒆ What did Ms. Ito do before e-mailing customer service？
ア．She contacted her bank.　イ．She visited a nearby store location.
ウ．She sent a damaged item back.　エ．She ordered the missing item again.

⒇ What do we know about Ms. Ito from her e-mail？
ア．She often buys clothes from Hoshino's Clothing.
イ．She is waiting to receive a new credit card.
ウ．She is going to travel out of town soon.
エ．She will change her e-mail address.

5 日本文とほぼ同じ意味になるように(　)内の語を並べかえて正しい英文を作るとき，[　]に示された語は(　)内で何番目に来ますか。ア～エの中から選びなさい。ただし，文頭の語も小文字で示されています。

(21) トムはこの学校の中で一番速く走れます。[fastest]
(fastest, Tom, school, can, this, run, in, the).
ア．３番目　イ．４番目　ウ．５番目　エ．６番目

(22) 私の弟は昨日から風邪をひいています。[since]
My brother (had, since, has, a, yesterday, cold).
ア．３番目　イ．４番目　ウ．５番目　エ．６番目

(23) トムによって書かれたその小説は面白いです。[by]
(interesting, novel, is, Tom, the, written, by).
ア．３番目　イ．４番目　ウ．５番目　エ．６番目

⑷ 私は英語を話せる男性を探しています。［who］

I (for, am, man, speak, looking, who, English, can, a).

ア．３番目　　イ．４番目　　ウ．５番目　　エ．６番目

6 次のそれぞれ４つの英文について，文法上の誤りを含む文を１つ選びなさい。

⑸ ア．When have you bought your mobile phone ?
イ．How many times have you seen this movie ?
ウ．I can't meet her because she has gone to America.
エ．You had better wait for her here until she comes.

⑹ ア．They hope that I am possible to finish the job.
イ．It is important that we have our own goals.
ウ．He is kind to help me with my homework.
エ．It is difficult to solve all the problems.

⑺ ア．I hear that they studied English very hard when they were young.
イ．I'll call you after my mother comes home.
ウ．He was eating breakfast with his son when I visited at him.
エ．I know she likes cooking with her mother.

7 次の⑻～⑽の各文が意味の通る文になるように下線部にそれぞれ適する単語を入れたとき，各下線部が正しいつづりになるように①，②に入れるのに最も適する組み合わせを選びなさい。

［例］
A： What are you planning to do during the summer vacation ?
B： I'm planning to study a□□□①□. I have wanted to live in a fo□□②□□ country.
ア．①：u　イ．①：o　ウ．①：a　エ．①：d
　　②：g　　　②：h　　　②：i　　　②：e
答え：本文の内容から下線部に入る単語はabroadとforeignになり，「ウ」が正解。

⑻ A： What did you do last w□①□□nd ?
B： I went to a c□□②□□t of my favorite singer on Sunday.
ア．①：e　イ．①：a　ウ．①：e　エ．①：a
　　②：c　　　②：c　　　②：s　　　②：s

⑼ A： Is e□□□□①□□□g ready for our trip ?
B： No. I need to go s□□□②□□g to buy socks.
ア．①：t　イ．①：t　ウ．①：s　エ．①：s
　　②：i　　　②：p　　　②：p　　　②：i

⑽ A： Which season do you like ?
B： I think s□①□□g is nice. It's warm and the flowers come out.
A： I like w②□□□r. I like playing in the snow.
ア．①：l　イ．①：l　ウ．①：r　エ．①：r
　　②：i　　　②：e　　　②：i　　　②：e

【数　学】（50分）〈満点：100点〉

（注意）解答はすべて一つ選び，解答用紙の所定の欄にマークすること。

1　次の各問いに答えなさい。

(1)　$ab^2 \div \frac{3}{2}ab \times (2a^3b)^2$ を計算しなさい。

解答群　(ア)　$\frac{1}{6a^6b}$　　(イ)　$\frac{1}{6a^9b}$　　(ウ)　$6a^8b^9$

　　　　(エ)　$\frac{8}{3}a^6b^3$　　(オ)　$\frac{8}{3}a^9b^3$　　(カ)　$\frac{8}{3}a^{11}b^5$

(2)　$\sqrt{18} - \frac{2}{\sqrt{2}} - \frac{\sqrt{8}}{3}$ を計算しなさい。

解答群　(ア)　$\frac{4\sqrt{2}}{3}$　　(イ)　$\frac{8\sqrt{2}}{3}$　　(ウ)　$\frac{22\sqrt{2}}{3}$

　　　　(エ)　$\frac{5\sqrt{2}}{6}$　　(オ)　$\frac{13\sqrt{2}}{6}$　　(カ)　$\frac{19\sqrt{2}}{6}$

(3)　$x = 3 + 2\sqrt{2}$ のとき，$x^2 - 6x$ の値を求めなさい。

解答群　(ア)　$-1-24\sqrt{2}$　　(イ)　$-1+12\sqrt{2}$　　(ウ)　-1

　　　　(エ)　$1+24\sqrt{2}$　　(オ)　$1-12\sqrt{2}$　　(カ)　1

(4)　連立方程式 $\begin{cases} 3x+y=-3 \\ 2x-\frac{1}{3}y=4 \end{cases}$ を解き，y の値を答えなさい。

解答群　(ア)　$y=-9$　　(イ)　$y=-7$　　(ウ)　$y=-6$

　　　　(エ)　$y=-4$　　(オ)　$y=-3$　　(カ)　$y=0$

(5)　2次方程式 $(x-2)(x+3)=2x$ を解きなさい。

解答群　(ア)　$x=-6,\ 1$　　(イ)　$x=-1,\ 6$　　(ウ)　$x=-6,\ -1$

　　　　(エ)　$x=-3,\ 2$　　(オ)　$x=-2,\ 3$　　(カ)　$x=-3,\ -2$

(6)　大小2つのさいころを投げる。大きいさいころの出た目を a，小さいさいころの出た目を b とするとき，$a<2b$ となる確率を求めなさい。

解答群　(ア)　$\frac{23}{36}$　　(イ)　$\frac{11}{18}$　　(ウ)　$\frac{7}{12}$　　(エ)　$\frac{5}{9}$　　(オ)　$\frac{5}{6}$　　(カ)　$\frac{3}{4}$

(7)　Aさんは筆箱を定価の20％引きで買い，Bさんは同じ筆箱を定価の500円引きで買った。このとき，BさんはAさんよりも180円安く買うことができた。筆箱の定価を求めなさい。

解答群　(ア)　1300円　　(イ)　1400円　　(ウ)　1500円

　　　　(エ)　1600円　　(オ)　1700円　　(カ)　1800円

(8)　右図において，△ABCは∠A＝36°，AB＝ACの二等辺三角形である。また，点Dは∠Bの二等分線とACの交点である。CD＝1のとき，ACの長さを求めなさい。

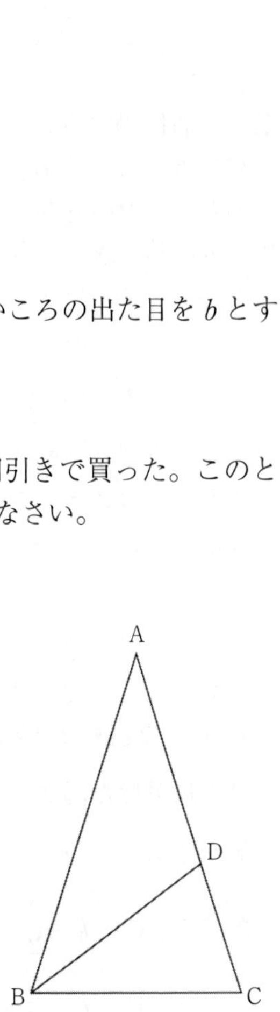

解答群　(ア)　$\frac{1+\sqrt{5}}{2}$　　(イ)　$\frac{1+\sqrt{5}}{3}$

　　　　(ウ)　$\frac{5-\sqrt{2}}{3}$　　(エ)　$\frac{5+\sqrt{2}}{3}$

　　　　(オ)　$\frac{3-\sqrt{5}}{2}$　　(カ)　$\frac{3+\sqrt{5}}{2}$

⑼　右図のように，円周上に5点A，B，C，D，Eがあり，線分CDの長さは円の半径と同じである。
　∠AED＝74°のとき，∠ABCの大きさを求めなさい。

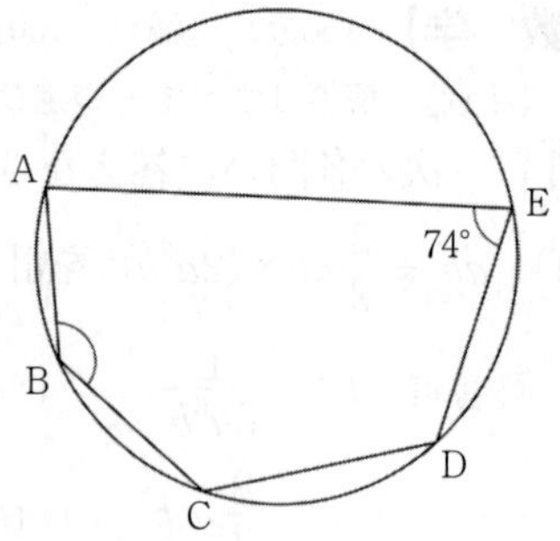

解答群
㈠ 134°
㈡ 136°
㈢ 138°
㈣ 140°
㈤ 142°
㈥ 144°

2　昨年の文化祭でドーナツとケーキを合わせて400個販売した。今年の文化祭では，ドーナツの個数は昨年の2倍にし，ケーキの個数は昨年よりも50個減らして販売したところ，合わせて500個販売することができた。昨年も今年も売れ残りはなかったものとして，次の各問いに答えなさい。

⑽　昨年の文化祭で販売したドーナツの個数を求めなさい。
解答群　㈠ 130個　㈡ 135個　㈢ 140個　㈣ 145個　㈤ 150個　㈥ 155個

⑾　今年のドーナツとケーキの値段はそれぞれ昨年と同じであり，売上の合計金額も昨年と変わらなかった。ドーナツ1個の値段とケーキ1個の値段の比を求めなさい。
解答群　㈠ 1：2　㈡ 1：3　㈢ 1：4
　　　　㈣ 2：3　㈤ 2：5　㈥ 3：4

3　右図のように，放物線 $y=x^2$ と直線 $y=ax+b$ の交点をA，Bとする。Aの x 座標が−1，Bの x 座標が3のとき，次の各問いに答えなさい。

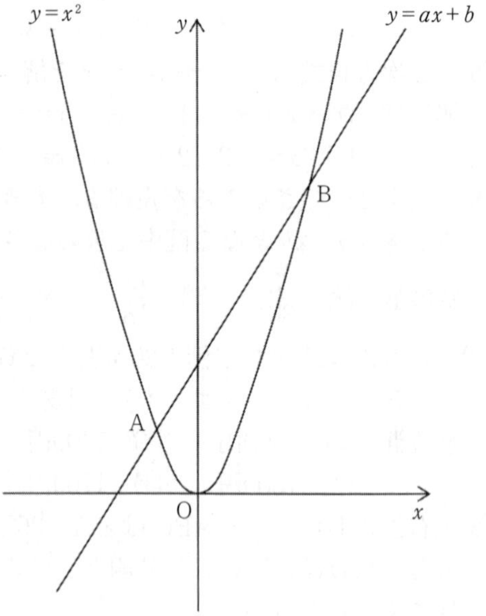

⑿　b の値を求めなさい。
解答群　㈠ $b=6$　㈡ $b=5$
　　　　㈢ $b=4$　㈣ $b=3$
　　　　㈤ $b=\frac{5}{2}$　㈥ $b=\frac{9}{4}$

⒀　点Aを通り x 軸に平行な直線と直線OBの交点をCとする。このとき，△ACBの面積を求めなさい。
解答群　㈠ 8　㈡ 6　㈢ $\frac{15}{2}$
　　　　㈣ $\frac{13}{2}$　㈤ $\frac{16}{3}$　㈥ $\frac{8}{3}$

⒁　⒀のとき，2つの線分AB，BCと交わるように y 軸と平行な直線 $x=k$ を引き，△ACBを2つに分ける。
2つに分けた図形のうち，点Bを含む方の三角形の面積が△ACBの面積の $\frac{1}{6}$ 倍となるとき，k の値を求めなさい。

解答群　㈠ $k=\frac{3}{2}$　㈡ $k=\frac{5}{2}$　㈢ $k=\frac{4}{3}$
　　　　㈣ $k=\frac{5}{3}$　㈤ $k=\frac{5}{4}$　㈥ $k=\frac{7}{4}$

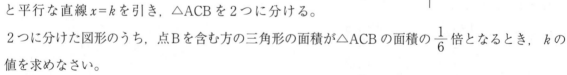

4 右図のように，AB＝8，BC＝12，CA＝10の△ABCがある。辺AB上にAD：DB＝1：3となる点Dをとり，辺ACの中点をEとする。このとき，次の各問いに答えなさい。

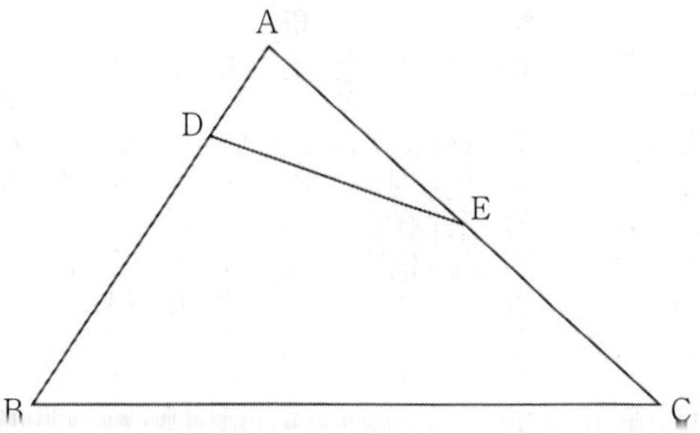

⒂ △ADEの面積は△ABCの面積の何倍になるか求めなさい。

解答群 (ア) $\frac{1}{10}$ (イ) $\frac{1}{9}$ (ウ) $\frac{1}{8}$

(エ) $\frac{1}{7}$ (オ) $\frac{1}{6}$ (カ) $\frac{1}{5}$

⒃ 線分BC上にBF＝4となる点Fをとる。△DEFの面積は△ABCの面積の何倍になるか求めなさい。

解答群 (ア) $\frac{7}{24}$ (イ) $\frac{7}{18}$ (ウ) $\frac{3}{10}$ (エ) $\frac{3}{8}$ (オ) $\frac{1}{6}$ (カ) $\frac{1}{4}$

⒄ ⒃のとき，点Aを通り，DFと平行な直線と辺BCとの交点をGとする。AGの長さを求めなさい。

解答群 (ア) 8 (イ) 7 (ウ) 6 (エ) $\frac{28}{5}$ (オ) $\frac{25}{4}$ (カ) $\frac{20}{3}$

5 右図のように，AB＝AD＝6，AE＝9の直方体ABCD-EFGHがある。辺AE上にAP：PE＝2：1となる点Pをとる。

この直方体を3点D，P，Gを通る平面で切ったときの切り口と辺EFの交点をQとする。また，辺AE上にDR＋RQが最も小さな値となるように点Rをとる。このとき，次の各問いに答えなさい。

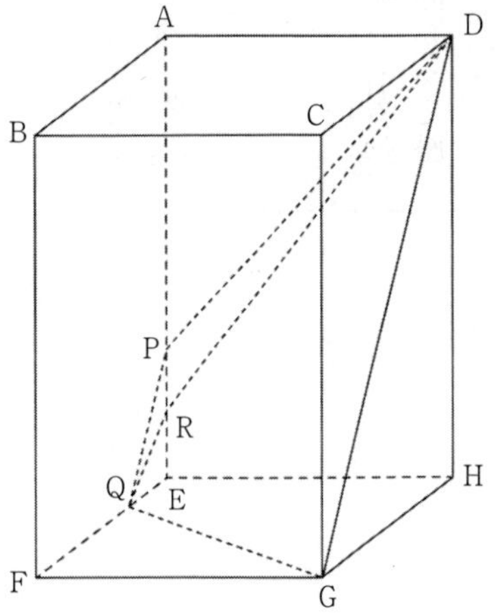

⒅ 線分EQの長さを求めなさい。

解答群 (ア) 2 (イ) 3 (ウ) 4

(エ) $\frac{3}{2}$ (オ) $\frac{5}{2}$ (カ) $\frac{7}{2}$

⒆ 線分PRの長さを求めなさい。

解答群 (ア) $\frac{1}{3}$ (イ) $\frac{2}{3}$ (ウ) $\frac{5}{3}$

(エ) $\frac{1}{4}$ (オ) $\frac{3}{4}$ (カ) $\frac{5}{4}$

⒇ 線分PGと線分RCの交点をSとする。四面体PQRSの体積を求めなさい。

解答群 (ア) $\frac{15}{52}$ (イ) $\frac{3}{26}$ (ウ) $\frac{5}{18}$ (エ) $\frac{1}{12}$ (オ) $\frac{1}{8}$ (カ) $\frac{1}{5}$

で答えなさい。　解答番号 30

ア ① 後醍醐天皇 ② その母 ③ 成就房律師
イ ① 後醍醐天皇 ② 成就房律師 ③ 後醍醐天皇
ウ ① 二人の童子 ② 成就房律師 ③ 成就房律師
エ ① 二人の童子 ② その母 ③ 後醍醐天皇

問3 ――線Aの「頼もしく」は「心強く」という意味ですが、そのように思った理由として最もよいものを記号で答えなさい。　解答番号 31

ア 忠実な部下から、夢の内容を読み解いてもらうことができたから。
イ 夢の内容から、自分が世の中を治める存在になれるのだと考えたから。
ウ 日光菩薩や月光菩薩が、夢を通してこれからも自分を導いてくれるから。
エ 夢の中に出た二人の童子が、将来強力な援軍になると分かったから。

問4 ――線Bの読み方を現代仮名遣いで表したものとして最もよいものを記号で答えなさい。　解答番号 32

ア まだうけりおよばずたまう
イ いまだうけたまわりおよばずそうろう
ウ まだはべりおよばずさうらふ
エ いまだうけたまはりおよばずたまふ

問5 [C] に当てはまる人物名として最もよいものを記号で答えなさい。　解答番号 33

ア 河内《かわち》頼信《よりのぶ》　イ 足利尊氏《あしかがたかうじ》
ウ 立花宗茂《たちばなむねしげ》　エ 楠木《くすのき》正成《まさしげ》

問6 本文の内容として最もよいものを記号で答えなさい。　解答番号 34

ア 夢の中で二人の童子は、後醍醐天皇に木陰で南に向かって座るようにと指示した。
イ 後醍醐天皇は自分が見た夢の内容を占い師に話し、何を意味するのか判断してもらった。
ウ 後醍醐天皇の問いかけに対して、成就房律師は思い当たるところがまったくなかった。
エ 毘沙門に百日詣でることで生まれた赤ん坊は、特別な存在として大切に育てられた。

問7 本文の出典として最もよいものを記号で答えなさい。　解答番号 35

ア 『古事記』　イ 『義経記』
ウ 『太平記』　エ 『方丈記』

号で答えなさい。　解答番号[26]

ア　草児の視点から情けない「男」と自分の共通点が語られることで、草児の暗い行く末を暗示することに成功している。

イ　「タイムマシン」を作中に登場させることで、草児と「男」がエディアカラ紀を訪れるという幻想的な場面を演出している。

ウ　「うまい棒」や「チップスター」といった具体的な商品名を出すことによって、草児が細部にこだわる性格であることを表現している。

エ　本文中で倒置法を繰り返し用いることで、動作や状態についての補足や説明を強調する描き方になっている。

三

次の文章は、鎌倉時代の終わりから南北朝の動乱を描いた作品の一節である。元弘《げんこう》元年（一三三一）、後醍醐《ごだいご》天皇が鎌倉幕府を打ち倒そうとしていることが発覚してしまい、幕府は天皇を捕えようとした。しかし天皇は京を脱出し、笠置寺《かさぎでら》に身を隠した。自身への援軍が少なく不安な中、天皇はうたた寝に夢を見るのだった。これを読んで、後の問いに答えなさい。

※1主上、これは天の※2朕に告げたまへるところの夢なりと思し召して《お思いになって》、文字に付けて御料簡あるに《思いめぐらしなさるときに》、「木に南と書きたるは、楠《くすのき》といふ字なり。その陰に南に向かふて座せよと、二人の童子の教へつるは、朕、再び南面の徳《君主としての位》を治めて、天下の士を朝せしめん《全国の武士を自分のもとに仕えさせ》ずるところを《ようとするところを》、※3日光・月光の示されけるよ」と、自ら御夢を①合はせられて《判断なさって》、A頼もしくこそ思し召されけれ。

夜明けければ、当寺の衆徒《僧侶である》、成就房律師を召され《お呼びになって》、「a若しこの辺に楠といはるる武士や有る」と御尋ね有りければ、「近き傍《あた》りに、左様《そのような》の名字付きたる者ありとも、B未だ承り及ばず候ふ。※4河内国金剛山の西にこそ、[　C　]とて、弓矢取つてb名を得たる者は候ふなれ。これは、敏達《びだつ》天皇四代の孫、※5井手左大臣橘諸兄公の※6後胤たりといへども、民間に下つてc年久し。その母若かりし時、志貴《信貴山》の※7毘沙門に百日②詣でて、夢想を感じて設けたる子にて候ふとて、稚名《幼名》を多聞とは申し候ふなり《申しております》」とぞ③答へ申しける。

（注）※1　主上《しゅじょう》　後醍醐天皇。
2　朕《ちん》　天皇の一人称。
3　日光《にっこう》・月光《がっこう》　日光菩薩《ぼさつ》と月光菩薩。
4　河内国《かわちのくに》　現在の大阪府の大部分を占めた旧国名。
5　井手左大臣《いでのさだいじん》　橘 諸兄公《たちばなのもろえこう》　奈良時代の公卿《くぎょう》で、敏達天皇の子孫。
6　後胤《こういん》　子孫。
7　毘沙門《びしゃもん》　信貴山《しぎさん》の本尊である毘沙門天。のちの「多聞《たもん》」も同じ。

問1　〰線a～cの意味として最もよいものをそれぞれ記号で答えなさい。　解答番号[27]～[29]

a　若《も》し
ア　しかし　　イ　まさしく
ウ　ういういしく　　エ　ひょっとして

b　名を得たる者
ア　評判が高い武士
イ　名付けられた侍
ウ　名を与えられた兵
エ　評価されない武将

c　年久し
ア　しばらく会っていない
イ　だんだんと年老いる
ウ　長年の経験を活かしている
エ　長い月日が経っている

問2　‖線①～③の主語の組み合わせとして最もよいものを記号

問4　――線Bの原因として**適切でないもの**を一つ選び、記号で答えなさい。　解答番号[21]

ア　文ちゃんにお小遣いの百円をたかられたのに、嫌だと言うことができなかったこと。

イ　いつも家に帰ると母親が疲れた様子で構ってもらえず、祖母からも愛されていないこと。

ウ　算数の授業でわからなかったところを、先生にうまく質問することができなかったこと。

エ　博物館の閉館日を忘れたり、ガムの蓋を閉め忘れたりして自分の不注意が重なったこと。

問5　――線Cと答えた理由として最もよいものを記号で答えなさい。　解答番号[22]

ア　博物館に何度も足を運んでいる男に対して自分が物知りであるということを知ってもらいたくて、あえて恐竜の話題を挙げて受け答えをしているから。

イ　取り立てて恐竜が好きというわけでもないが、博物館をしきりに訪れている理由としてこの答えが一番合理的だと感じているから。

ウ　エディアカラ紀の説明をしても周囲の大人に理解されなかったことがあり、変わった子どもと思われないようにこのように返答しているから。

エ　博物館に通う理由はとくにないのだが、「男」を含めた大人にその理由を説明するときにわかりやすいためこのように答えているから。

問6　――線Dとありますが、草児は「もっと前の時代のいろんな生きもの」のどのような点を魅力に感じていますか。説明として最もよいものを記号で答えなさい。　解答番号[23]

ア　生物が互いに危害を加えることなく生活をしていた点。

イ　多様な生物がともに支え合って生きていた点。

ウ　生物がつらい現実を直視していなかった点。

エ　多様な生物が特徴を生かして生存競争を勝ち抜いていた点。

問7　――線Eの理由として最もよいものを記号で答えなさい。　解答番号[24]

ア　「男」がかつてどのような生活を送っていたとしても、草児にとってとても大切な存在であることに変わりはないため、過去について聞く必要を感じなかったから。

イ　バスの運転手時代に「男」が苦労したことを草児は推測することができたため、「男」が自分にしてくれたようにつらい過去に触れるのはやめておこうと考えたから。

ウ　草児自身が大人の事情によって引っ越しをして大変な思いをしているため、きっと「男」がバスの運転手をやめたということにも深い理由があるに違いないと思ったから。

エ　草児がガムを地面にばらまいて泣いてしまったとき、「男」がその理由を詳細に聞かなかったようにわからないことをさぐるのはやめておこうと判断したから。

問8　――線Fの心情の説明として最もよいものを記号で答えなさい。　解答番号[25]

ア　タイムマシンが壊れて、大好きな母と再会できなくなってしまうことは嫌ではあるものの、自分の大好きな男と一緒に行ってみたい気持ちもあってまよっている。

イ　母親が悲しむことは理解しているので戻るべきだと思うけれど、タイムマシンでエディアカラ紀に行ってつらい現実から目を背けていたいとも思っていて葛藤《かっとう》している。

ウ　過去に映画で見たタイムマシンを踏み壊されてしまう場面がトラウマになってしまっており、エディアカラ紀に行きたいという思いよりも恐怖がまさってしまっている。

エ　仲良くなった「男」とタイムマシンでエディアカラ紀に行ってしまいたいという気持ちはあるのだが、男とずっと一緒に暮らすのは面倒が多そうでためらわれている。

問9　本文の表現上の特徴についての説明として最もよいものを記

「だって、えっと……戻ってこなかったら、心配するだろうから」

草ちゃんがどこにでも行けるように、と母は言ってくれるが、タイムマシンで原生代に行って二度と帰ってこなかったら、きっと泣くだろう。

「そうか。だいじな人がいるんだね」

おれもだよ、と言いながら、男はゆっくりと、草児から視線を外した。

「タイムマシンには乗れないんだ。仕事をさぼって博物館で現実逃避するぐらいがセキノヤマなんだ、おれには」

「さぼってるの？」

男は答えなかった。意図的に無視しているとわかった。そのかわりのように「ねえ、だいじな人って、たまにやっかいだよね」と息を吐《つ》いた。

「なんで？」

「やっかいで、だいじだ」

空は藍《あい》色の絵の具を足したように暗く、公園の木々は、ただの影になっている。きみもう帰りな、とやっぱりへんな、すくなくとも草児にはへんだと感じられるアクセントで言い、男が立ち上がる。うまい棒のかけらのようなものが空中にふわりと舞い散った。

（『タイムマシンに乗れないぼくたち』寺地《てらち》はるな）

（注）※1　蒲《かば》焼きさん太郎　駄菓子の一種。この場面の直前に「男」が草児にあげようとしていた。

2　文《ぶん》ちゃん　草児の同級生の文太。非力な草児をかばってくれていた反面、草児のお小遣いを使ってお菓子や惣菜《そうざい》を食べていた。

3　エディアカラ紀　地質時代の一つ。今から約六億年前を指す。

4　たかられ（たかられる）　ここでは、お小遣いを文ちゃんのものにされたこと。

5　カルニオディスクス
6　ディッキンソニア　｝ともにエディアカラ紀に生息した生物。

7　白亜紀　地質時代の一つ。一億四千五百万年前から六千六百万年前を指す。

問1　＝線①・②と同じ漢字を書くものをそれぞれ記号で答えなさい。　解答番号 14 ・ 15

①　コンワク
ア　駅までの道にマヨう。
イ　新聞記事からバッスイした。
ウ　あの峠にはユウスイ池がある。
エ　消費者をマドわす広告。

②　ソウジュウ
ア　ヤワらかい布団。　イ　川越にスみたい。
ウ　タテ書きの原稿用紙。　エ　監督の指示にシタガう。

問2　〜〜線a〜cの本文中での意味として最もよいものをそれぞれ記号で答えなさい。　解答番号 16 〜 18

a　非常食然とした
ア　非常食に違いない　イ　非常食にすぎない
ウ　非常食のような　エ　非常食であった

b　拍子に
ア　はずみに　イ　からだろう
ウ　ことによって　エ　だけで

c　奇異な
ア　悪意に満ちた　イ　珍しそうな
ウ　調子に乗った　エ　恥ずかしそうな

問3　A について以下の問いに答えなさい。

(1)　A に入る本文中の語として最もよいものを記号で答えなさい。　解答番号 19
ア　うまい棒　イ　安心感　ウ　命綱　エ　蓋

(2)　「A のような」に使われている表現技法を何といいますか。最もよいものを記号で答えなさい。　解答番号 20
ア　体言止め　イ　擬人法　ウ　隠喩　エ　直喩

「いろいろある」
草児が繰り返すと、男は食べ終えたうまい棒の袋を細長く折って畳みはじめる。
「ところできみは、なんでいつも博物館にいるの？」
「だよね、いつもいるよね？」と質問を重ねる男は、草児がいつもいるとわかるほど頻繁に博物館を訪れているのだ。
「C恐竜とかが、好きだから」
大人に好きなものについて訊かれたら、かならずそう答えることにしている。嘘《うそ》ではないが、太古の生物の中でもとりわけ恐竜を好むわけではない。にもかかわらずそう言うのは「そのほうがわかりやすいだろう」と感じるからだ。そう答えると、大人は「ああ、男の子だもんね」と勝手に納得してくれる。
「あと、Dもっと前の時代のいろんな生きものにも、いっぱい、いっぱい興味がある」
他の大人の前では言わない続きが、するりと口から出た。
※3エディアカラ紀、海の中で、とつぜんさまざまなかたちの生物が出現しました。
体はやわらかく、目やあし、背骨はなく、獲物《えもの》をおそうこともありませんでした。
エディアカラ紀の生物には、食べたり食べられたりする関係はありませんでした。
図鑑を暗誦《あんしょう》した。
草児は、そういう時代のそういうものとして生まれたかった。同級生に百円を※4たかられたり、喋っただけでc奇異な目で見られたり、こっちはこっちでどう見られているか気にしたり、そんなんじゃなく、静かな海の底の砂の上で静かに生きているだけの生物として生まれたかった。
「行ってみたい？　エディアカラ紀」
唐突な質問に、うまく答えられない。この男は「エディアカラ紀」を観光地の名かなにかだと思っているのではないか。
「タイムマシンがあればなー」
でもソウ②ジュウできるかな。ハンドルを左右に切るような動作をしてみせる。
「バスなら運転できるんだけどね。おれむかし、バスの運転手だったから」
男の言う「むかし」がどれぐらい前の話なのか、草児にはわからない。わからないので、E黙って頷いた。むかしというからには今は運転手ではなく、なぜ運転手ではないのかという理由を、草児は訊《たず》ねない。男が「いろいろ」の詳細を訊かなかったように。
男がまた、見えないハンドルをあやつる。
一瞬ほんとうにバスに乗っているような気がした。バスが、長い長い時空のトンネルをぬけて、しぶきを上げながら海に潜っていく。いくつもの水泡が、窓ガラスに不規則な丸い模様を走らせる。
視界が濃く、青く、染まっていく。
海の底から生えた巨大な葉っぱのような※5カルニオディスクス。楕円《だえん》形にひろがる※6ディッキンソニア。ゆったりとうごめく生きものたち。自分はそれらをいちいち指さし、男は薄く笑って応じるだろう。バスは音も立てずに進んでいく。砂についたタイヤの跡はやわらかいカーブを描き、その上を、図鑑には載っていない小さな生きものが横断する。
そこまで想像して、でも、と呟《つぶや》いた。
「もし行けたとしても、戻ってこられるのかな？」
タイムマシンで※7白亜紀に行ってしまうアニメ映画を、母と一緒に観たことがある。その映画では、途中でタイムマシンが恐竜に踏み壊されていた。その場面は強烈に覚えているのに、主人公が現代に戻ってきたのかどうかは覚えていない。
男が「さあ」と首を傾げる。さっきと同じ、他人事のような態度で。
「戻ってきたいの？」
そりゃあ、と言いかけて、F自分でもよくわからなくなる。

二　次の文章を読んで、後の問いに答えなさい。

（ここまでのあらすじ）
小学六年生の草児《そうじ》は、家庭の事情で母と一緒に祖母のマンションへと引っ越してきた。転校先の学校では、前にいた地域のなまりを級友に笑われて以来うまくなじめていない。草児は放課後に近隣の博物館に通いつめており、そこで一人の中年の「男」と出会う。ある日、博物館が閉館の日に締めだされた草児は、同じく博物館を締めだされた男と話をしている。

「あの、なんで、そんなにいっぱいお菓子持ってるの」
おそるおそる問う。この男は草児が知っているどの大人とも違う。男はすこし考えてから「さあ？」と首を傾《かし》げた。自分自身のことなのに。
「安心するから、かな」
うまい棒を齧《かじ》りながら、男は「何年か前に出張した時に」と喋《しゃべ》り出した。帰りの新幹線が事故で何時間もとまったまま、という体験をしたのだという。いつ動き出すのかすらまったくわからなくて、不安だった。でも、新幹線に乗る前に売店で買ったチップスターの筒を握りしめていると、なぜか安心した。その時、思いもよらないものが気持ちを支えてくれることもあるんだな、と知った。あれは単純に「食料がある」という安心感ではなかった、たとえば持っていたのが乾パンなどのa非常食然としたものだったらもっと違った気がする、だからお菓子というものは自分の精神的な［A］のようなものだと思ったのだ、というようなことをのんびりと語る男に手招きされて、草児もベンチに座った。いつでも逃げられるように、すこし距離をとりつつ。
草児が背負っていたリュックからオレンジマーブルガムのボトルを出すと、男は「なんだよ、持ってるじゃないか」とうれしそうな顔をする。自分のガムはただのおやつであって、命綱なんかではない。
やっぱへんなやつだ、と身を引いたb拍子に、手元が狂った。容器の蓋《ふた》が開いてガムがばらばらと地面にこぼれ落ちる。草児は声を上げなかった。男もまた。映画館で映画を観るように、校長先生の話を聞くように、唇を結んだまま、丸いガムが土の上を転がっていくのを見守った。
気づいた時にはもう、B涙があふれ出てしまっていた。頬《ほお》を伝っていく滴《しずく》は熱くて、でも顎《あご》からしたたり落ちる頃には冷たくなっていた。
どうして泣いているのか自分でもよくわからなかった。ガムの容器の蓋をちゃんとしめていなかったこと。博物館の休みを忘れていたこと。男が※1蒲焼きさん太郎を差し出した時に蘇《よみがえ》った、※2文ちゃんと過ごした日々のこと。
楽しかった時もいっぱいあった。
それなのに、どうしても文ちゃんに嫌だと言えなかったこと。嫌だと言えない自分が恥ずかしかったこと。別れを告げずに引っ越ししてしまったこと。
父が手紙をくれないこと。自分もなにを書いていいのかよくわからないこと。
今日も学校で、誰とも口をきかなかったこと。算数でわからないところがあったこと。でも先生に訊《き》けなかったこと。
母がいつも家にいないこと。疲れた顔をしていること。祖母から好かれているのか嫌われているのかよくわからないこと。
いつも自分はここにいていいんだろうかと感じること。
男は泣いている草児を見てもおどろいた様子はなく、コン①ワクするでもなく、かといって慰めようとするでもなかった。ただ「いろいろ、あるよね」とだけ、言った。
「え」と訊きかえした時には、涙はとまっていた。
いろいろ、と言った男は、けれども、草児の「いろいろ」をくわしく聞きだそうとはしなかった。

ア　一言で意味伝達が可能な「火」という言葉を最初から使わずに、他人から教えられたという形式がとられることで、より深く火の呼吸を感じられるから。

イ　はじめて見た「火」というものに対する不思議な感覚が、「火」という言葉を用いずに表現されることで、まじまじと火そのものが思い出されるから。

ウ　聞き慣れた言葉や見慣れたものが、独自の言葉で置き換えて表現されることで、今まさにそのものと対面しているような実感を得られるから。

エ　非日常的な物事であっても、自分の言葉ではじめて見たもののように表現されることで、そのものが今まさに存在しているように感じられるから。

問8　――線Cの説明として最もよいものを記号で答えなさい。　解答番号 11

ア　既成の季語を見慣れたものとして描写することで、そのものの実態をありありと表現すること。

イ　既成の季語に寄り添うことで、知識のみならず、人々の感情にも訴えるように表現すること。

ウ　既成の季語の本質を見失ってしまう前に、改めてその言葉の本当の意味を丁寧に表現すること。

エ　既成の季語に頼るだけではなく、事物の実態を描くことによって感覚や感動を表現すること。

問9　――線Dに関連する語を列挙しているものとして最もよいものを記号で答えなさい。　解答番号 12

ア　芸術家・ルポタージュ・明視

イ　作家・短歌・感じとること

ウ　新聞記者・俳句・認め知ること

エ　輸入商社の人間・小説・実在

問10　次の会話は本文について先生と生徒で話し合ったものです。この会話の中で、本文の趣旨と**異なる**発言をしている生徒の組み合わせとして最もよいものを記号で答えなさい。　解答番号 13

先生　文章(Ⅰ)と(Ⅱ)では、ともにシクロフスキーの理論を踏まえた文学論が展開されています。それぞれの文章でどのような説明がなされているのか話し合ってみましょう。

生徒A　文章(Ⅰ)も(Ⅱ)も、文学において大切なのは、通常使われるような言葉で意味を伝達することではなく、自分自身の言葉を使ってものの実在を感じさせることだと言っているね。

生徒B　確かにそうだね。そういう意味では、文章(Ⅱ)で述べられている小説の方が、より自分自身の言葉を使えるという点で、俳句や短歌よりは文学的に優れているということが言えそうだね。

生徒C　そうかなあ。文章(Ⅰ)にあるように、はじめて見たもののように記述することによって実感が宿り、詩が生まれるとすると、むしろ、俳句や短歌のような定型詩の方が可能性に満ちていると思うよ。

生徒D　ちょっと待って。文章(Ⅰ)と(Ⅱ)のどちらも芸術としての文学について論じているのであって、その中でどのジャンルが優れているというようなことは述べられていないと思うよ。むしろ、文学はどれでも意味内容を伝達することに重きをおいた言葉や文章よりも優れているということだと思う。

生徒E　それは言い過ぎじゃないかな。文章(Ⅰ)にあるように、あくまでも人間の生の感覚を呼び起こすような魅力があるところが文学の優れた点なのであって、文章(Ⅱ)にある新聞記事のような簡潔で正確な意味伝達を重視する文章が必ずしも劣っているということではないと思うよ。

ア　生徒Aと生徒E　　イ　生徒Bと生徒Cと生徒E

ウ　生徒Bと生徒D　　エ　生徒Bと生徒Cと生徒D

さい。

① フヨ　　解答番号 1 ～ 3

ア 天気ヨホウの通りになる。　イ 少しはヨブンがある。

ウ 優勝のエイヨに輝く。　エ 国政にカンヨする。

② ケツジョ

ア チツジョが乱れる。　イ ジョセキ処分になる。

ウ トツジョ立ち上がる。　エ 発育をジョチョウする。

③ ヘイイ

ア カンイ書留で願書を送る。

イ 子どもの数のスイイを調べる。

ウ この夏はイジョウに暑い。

エ イケン判決がトされる。

問2 〰〰線a・bの本文中での意味として最もよいものをそれぞれ記号で答えなさい。　解答番号 4 ・ 5

a 牽引《けんいん》する

ア 安全な方へ教え導くこと

イ 難題を協力して解決すること

ウ 魅力で人をひきつけること

エ 先頭に立って率いること

b 難渋な

ア 難しすぎていやになるさま

イ 物事がはかどらないさま

ウ 不満があってうまくいかないさま

エ 苦々しい思いで見送るさま

問3 Ⅰ～Ⅴに入る語の組み合わせとして最もよいものを記号で答えなさい。　解答番号 6

ア Ⅰ やはり　Ⅱ したがって　Ⅲ 要するに　Ⅳ 一方で　Ⅴ つまり

イ Ⅰ たしかに　Ⅱ だから　Ⅲ いいかえれば　Ⅳ ところが　Ⅴ たとえば

ウ Ⅰ やはり　Ⅱ つまり　Ⅲ しかし　Ⅳ そして　Ⅴ たとえば

エ Ⅰ たしかに　Ⅱ それゆえ　Ⅲ そして　Ⅳ しかし　Ⅴ つまり

問4 次の一文が入る箇所として最もよいものを本文中の【ア】～【エ】から選び、記号で答えなさい。　解答番号 7

かれはそれと認め知ることをさせる。

問5 《X》に入る語句として最もよいものを記号で答えなさい。　解答番号 8

ア 俳諧は寛容な大人にさせよ

イ 俳諧は五尺の大人ぞうまき

ウ 俳諧は三尺の童にさせよ

エ 俳諧は賢き童ぞうまき

問6 ――線Aとありますが、筆者はこの俳句のどのようなところがよいと考えていますか。最もよいものを記号で答えなさい。　解答番号 9

ア 「星座」という言葉を使わずに、「ほしむすぶふしぎのかたち」と表現することで、星座をはじめて知った人のように、初々しい驚きを込めているところ。

イ 「キャンプの夜」に生まれてはじめて「星座」をまじまじと見上げた経験の喜びを、難しい言葉を使うことなく、素直に表現しているところ。

ウ 「ほしむすぶふしぎのかたち」と、謎を含んだ言い方をすることで、「キャンプの夜」に「星座」を見て昔の人に思いをはせていることを想像させるところ。

エ 「白鳥座」「オリオン座」などと具体的な「星座」の名前を出さずに、いろいろな星座に関係する神話を鮮やかにイメージさせるところ。

問7 ――線Bの理由として最もよいものを記号で答えなさい。　解答番号 10

※2芭蕉の「《　X　》」も、知識に※3泥み常識にとらわれる大人を批判する語だった。知らないという子どもの無垢を取り戻すことが、芸術にとって重要な技巧だと、芭蕉も分かっていたのだろう。

【ア】

一つ根に離れ浮く葉や春の水　高浜虚子《たかはまきょし》

虚子のこの句も、「蓮浮葉《はすうきは》」などと既成の季語を使えば済むところを、丁寧に「一つ根に離れ浮く葉」と表すことで、ありありとその実態を描き出している。【イ】

季語もまた、俳人にとっては見慣れた事物だ。季語に慣れ、頼りすぎては、知識に訴えるだけの感覚ケツ②ジョの句になる。C季語の姿を取り戻すため、生きているこの世界を記述するため、私たちはよく知ることだけでなく、「知らない」に立ち返ることもまた、忘れてはならないのだ。

（『もう泣かない電気毛布は裏切らない』神野紗希《こうのさき》）

文章（Ⅱ）

芸術の目的は、認知つまりそれと認め知ることとしてではなく、明視することとして、ものを感じさせることだ、という考え。それをシクロフスキーのいう、包装されたものというい方につらねて、具体的に考えてみよう。ヨーロッパから輸入した古家具が、倉庫に十個おいてある。倉庫に品物がちゃんと届いているかどうか、輸入商社の人間が確かめに来る。かれは伝票の数値にしたがって――つまり※4代数学によって――、十個の包装されたものがあることを、それと認め知ることができれば、目的を達する。

Ⅳ　芸術家は、数量などは二の次に――もとより数があるかどうか、それと認め知ることも格別邪魔にはなるまいが――、倉庫に入りこみ包装を解いて、古家具のいちいちをはっきり眼におさめ、さわってみもするのでなければ、満足しない。自分の眼で明視し、ものを感じとることをするまでは、伝票の数値とか、ここに梱《こん》包《ぼう》が十個あるじゃないか、というような挨拶《あいさつ》では、ものを見たとは感じることができぬと、倉庫番にむけていいはるはずである。Dこのような人間においてはじめて、輸入された古家具は、伝票の数値でもなく、単なる商品十個というのでもなく、いちいちが個性をもったものとして実在しはじめる。

芸術の手法が、知覚をむずかしくし、長びかせるb難渋な形式の手法である、ということ。小説の文章が、※5ルポルタージュを得意とする新聞記者の文章にくらべて、読みにくく、わかりにくいと批判されることがある。Ⅴ　※6ガラパゴス島のゾウガメの生存の条件が、いまや困難なのらしい。現地へ出かけて、ゾウガメの生態をヘイ③イに描写し、明快にその生存の条件を語ることは新聞記者がやるだろう。【ウ】読者は情報をえる。情報の伝達のために、知覚をむずかしくし、長びかせる難渋な形式の手法は使われない。

ところが芸術家は、このようになめらかな情報伝達とはちがったことをやるものなのだ。【エ】ひとりの作家がガラパゴス島を訪れるとしよう。かれはゾウガメをいかに独自なものとして読み手の心にきざむか、いかにゾウガメの描写がものの実在感を発揮しうるかに、表現の苦心をかたむけるだろう。文章に眼を走らせていた読み手が、つい立ちどまるように、文章の一節に釘づけになる。そしてあらためて、今度はゆっくりした注意深い仕方で活字をたどりはじめる。そうした効果を期待しつつ、作家は文章を書くのである。

（『新しい文学のために』大江健三郎《おおえけんざぶろう》）

（注）※1　無垢《むく》な　心身に汚れがなく、清らかなさま。
2　芭蕉　松尾芭蕉《まつおばしょう》のこと。
3　泥《なず》み（泥む）　慣れ親しむ。
4　代数学　方程式などのように、個々の数字の代わりに文字を用いる数学。
5　ルポルタージュ　現地に行って取材した内容を報告すること。
6　ガラパゴス島のゾウガメ　ガラパゴス島は東大西洋の赤道直下にある島。ゾウガメはガラパゴスゾウガメのこと。

問1　══線①～③と同じ漢字を書くものをそれぞれ記号で答えな

二〇二四年度 星野高等学校（併願第一回）

【国　語】（五〇分）〈満点：一〇〇点〉

（注意）一、解答はすべて一つ選び、解答用紙の所定の欄にマークする。
二、出題に際し、一部本文を改めたところがある。

一　次の文章（Ⅰ）（Ⅱ）を読んで、後の問いに答えなさい。

文章（Ⅰ）

Aほしむすぶふしぎのかたちキャンプの夜

数年前、ＮＨＫの俳句大会で入選した小学生の句だ。「ほしむすぶふしぎのかたち」とは、何のことか分かるだろうか。キャンプの夜、テントで眠りにつく前に、ひととき空を仰ぐ。ふだんは決して見られない、自然の中の満天の星空。ほら、あれが白鳥座だよ、オリオン座だよ。ああ昔の人は、この星々を結び、夜空に神話を描いたのだなあ。

一言「星座」といえば済むところを、その名を用いず表現することで、星座をはじめて知った人のような、初々しい驚きのこもった句となった。彼はこのとき、本当に生まれてはじめて、星座をまじまじと見上げたのかもしれない。子どもにとって世界は「生まれてはじめて」に満ちている。

批評家シクロフスキーは、芸術の目的は、日常の「非日常化」にあるといった。「知ることとしてではなしに見ることとして事物に感覚を与えることが芸術の目的であり、日常的に見慣れた事物を奇異なものとして表現する《非日常化》の方法が芸術の方法」（シクロフスキー『散文の理論』）。私たちの「知識」を「感触」に変え、生《なま》の感覚を回復するために、芸術があるという考え方だ。

トルストイの非日常化の方法は、彼が事物を通常用いられている名前で呼ばずに、事物をはじめて見たもののように記述し、（略）広く認められている事物の部分の名称を使用せずに、ほかの事物と対応する部分の名称で事物を名づけているという点に存在する。（『散文の理論』）

小説家トルストイは、たとえばオペラについて、その慣習化された儀式――会話の途中でいきなり歌いだしたり、いつの間にか衣《い》裳《しょう》チェンジしていたり――を、オペラをはじめて見たような視点から、奇異なものとして描き出した。オペラという名前で私たちが知った気になっている出来事を、もう一度、※1無垢な目で見つめ直したのである。聞き慣れた言葉、見慣れたものを、自分の言葉で置き換えることで、芸術性がフ①ヨされ、今まさに事物と対面しているような、生の実感が帰ってくる。

呼吸する色の不思議を見ていたら「火よ」と貴方《あなた》は教えてくれる

現代短歌をa牽引する穂《ほ》村弘《むらひろし》の代表歌だ。「呼吸する色の不思議」とは何だろう、と読み下してゆくと、私ではなく貴方により、それが火だという知識がもたらされる。［Ⅰ］、火は呼吸しながら刻々色を変えてゆく、不定形の不思議な存在だ。

はじめから「火」といえば一言で意味伝達は可能だが、では冒頭いきなり「火を見ていたら」と書かれたら、私たちは本当に火を思い浮かべられるだろうか。「火ね」とすぐ知識として了解してしまい、まじまじと火そのものを思い出しはしないだろう。Bでも「呼吸する色の不思議」という情報を先に与えられることで、私たちはまぼろしの火を、その呼吸を、眼前にあらためて感じることができる。

見慣れた「星座」「火」という名前を使わず、「はじめて見たもののように記述」することによって、実感が宿り、詩が生まれる。生まれてはじめてのものを見つめるとき、人はそれを指し示す名前を知らない。［Ⅱ］、手持ちの言葉で工夫し自分なりに表現しようとする。

［Ⅲ］、よく対象を知った大人でも、その名をあえて使わぬことで「生まれてはじめて」の感動を取り戻すのも可能なのだ。

英語解答

1 (1) イ　(2) イ　(3) ア　(4) イ
　(5) ウ　(6) エ
2 (7) ウ　(8) ア　(9) エ　(10) ア
　(11) イ　(12) エ
3 (13) ア　(14) エ　(15) イ　(16) エ
　(17) エ
4 (18) エ　(19) ア　(20) ウ
5 (21) ウ　(22) ウ　(23) イ　(24) エ
6 (25) ア　(26) ア　(27) ウ
7 (28) ア　(29) イ　(30) ウ

1〔長文読解総合―説明文〕

≪全訳≫❶秘密のメッセージを送るために，暗号は使われる。しかしながら，暗号を使うことだけがそうするための唯一の方法ではない。人々はしばしば他の方法でもメッセージを隠す。例えば，ギリシャではある指導者は，他の指導者宛に奴隷のそった頭にメッセージを書いた。奴隷は髪がもとどおり生えそろってから，その指導者に会いに行った。その指導者は奴隷の髪をそってメッセージを読んだ。これはメッセージを送る１つの変わった方法であって，あまり迅速ではなかった。❷隠されたメッセージを送る別の方法に，普通のメッセージを書いて特定の文字に印をつけるというものがある。何年も前は，イングランドでは手紙を送るよりも新聞を送る方が安かった。人々はお金を節約するおもしろい方法を思いついた。新聞の特定の文字に下線を引いたのだ。メッセージのために必要なのは全ての文字が正しい順序で並んだ記事だけだった。例えば以下のとおり。❸改札のない鉄道の駅ではどうすればよいか／ヨーロッパの映画ではしばしば，人々が列車に乗った誰かを見送るシーンがある。あなたはこれらの人たちは，日本でそうするように，ホームの入場券を買ったのだろうかと不思議に思うかもしれない。しかし彼らは買ってはいない。なぜなら，ヨーロッパの鉄道では誰でも改札を通過することができるからだ。❹また，どこで切符を切られるのか尋ねるかもしれない。列車内の検札係のほかにも，ホーム上には切符に刻印する機械もある。❺下線を引いた文字を取り出し，スペースと大文字を加えれば，次のメッセージが明らかになる：「③ロンドンで会いましょう」❻秘密はあらゆる場所に隠された，食べ物の中にさえも。1279年にフビライ・ハンとモンゴル人は中国の支配者となった。／→(b)中国人は彼らの奴隷になった。／→(c)1368年に，中国人は反撃することを決めた。／→(a)彼らは計画を共有するために，全てのパン屋に特別なケーキの中にメッセージを隠すように頼んだ。／これらは「月餅」と呼ばれ，８月の月祭りの期間に提供された。中国人だけが月餅を食べ，モンゴル人は食べなかった。それぞれの月餅の中には「モンゴル人と戦おう！」というメッセージつきの紙切れが仕込まれていた。中国人は戦争を始め，そして勝利した。このメッセージによって，彼らは再び自分たちの国の統治者となった。

(1)<指示語>下線を含む文は「しかし，暗号を使うことだけがそうするための唯一の方法ではない」という意味。直前の文より，暗号はsend secret messages「秘密のメッセージを送る」方法である。

(2)<適語(句)選択>この後，メッセージを送る方法として，前の段落とは別の方法が説明されている。anotherは名詞の単数形について「別の」という意味を表せる。

(3)<適文選択>新聞記事内の下線を引いた文字を取り出し，スペースと大文字を加えた文を選ぶ。

(4)<適語選択>この後に，中国人が月餅にメッセージを隠したという例が挙げられている。

(5)<文整序>モンゴル人が中国を統一したという内容に続く部分。直前のKublai Khan and the

Mongolsをtheirで受け，中国人がその奴隷となったという(b)がまず入る。その後，中国人が反撃を決意したという(c)を置くと，その考えを共有するための手段について述べた文として(a)がつながる。

(6)＜内容真偽＞ア.「ギリシャの指導者たちは中国の指導者と戦うために暗号を用いた」…×　このような記述はない。　イ.「指導者は奴隷の頭に書かれた秘密のメッセージを読んだが，それが何を意味しているか理解できなかった」…×　第1段落最後から2文目に「読んだ」ことは書かれているが，「何を意味しているか理解できなかった」という記述はない。　ウ.「1279年にモンゴル人は中国の奴隷になった」…×　最終段落第2，3文参照。中国人がモンゴルの奴隷になった。　エ.「中国人は月餅に隠されたメッセージを共有することで，モンゴル人との戦いに勝利した」…○　最終段落後半の内容に一致する。

2〔長文読解総合―物語〕

≪全訳≫❶オリーブは大きな病院の看護師だった。クリスマスが近づいて，ほとんどの看護師は家族とともにクリスマスの休日の何日かを過ごすために，2，3日の休暇を取れるほど幸運であることを願っていた。しかし，患者には常に注意が必要なので，全ての看護師が同時に病院から離れるということは不可能である。患者は常に看護師を必要としているのだ。❷それで，クリスマスの前の金曜日のほとんどを病院で過ごさなければならないとわかったとき，オリーブは少しがっかりした。❸「ついてないわ」と彼女は母親に言った。「でもしかたのないことだと思うわ。私みたいな独身の人間よりも，学校に通う子どもがいる看護師が休暇期間に休みを取る方が理にかなってるわよね」　母親は静かに耳を傾け，彼女に言った。「仕事をがんばりなさい。きっと何かいいことがあなたに起きるわ」❹金曜日がやってきて，オリーブは病院に向かった。彼女は，その日の朝最初にやらなければならないことは，肺に問題を抱える何人かの高齢の入院患者のレントゲン写真を撮ることだとわかっていた。彼女は手を洗うとX線科に行き，そこで親しい同僚の1人に会った。❺同僚は，オリーブが落ち込んでいるとわかったので，彼女に言った。「元気出して！　これを想像してみてよ。今朝ここに来る途中，氷の上で滑って転ぶの。あなたにレントゲンが必要かもしれないわよ」　あまり気分が晴れたわけではないけれども，オリーブは笑った。そして高齢の患者たちの胸のレントゲン写真を撮り始めた。彼女は最初その作業を楽しんではいなかったが，ある高齢男性の胸を調べたときに，「メリークリスマス」の文字が突然彼女の画面に現れた。彼女はその文字を見てとても驚いた。❻X線室に来る前に，その患者はワイヤーで文字をつくってそれらをシャツの下の自分の胸に貼りつけたのだ。それはオリーブの気分を大きく変えた。恥ずかしがって面と向かっては言えないこともあるけれども，この人たちは彼らに対するオリーブの世話の全てに本当に感謝しているのだと気づいたとき，彼女は突然幸福な気分に満たされた。❼母親が言ったとおり，その日は彼女にとってすばらしくて忘れがたい1日になった。

(7)＜整序結合＞文の動詞were hoping「～を望んでいた」の目的語として「～ということ」という意味を表すthat節(‘that＋主語＋動詞...’)をつくる。‘主語’になるのはthey。‘動詞’部分は，主節に合わせて過去形にするのでwillの過去形wouldを使ってwould beとし，この後に‘形容詞〔副詞〕＋enough to ～’「～するほど十分…」の形を続ける。　... that they would be lucky enough to have a few days off ...

(8)＜適語(句)選択＞A.空所後の「患者は常に注意が必要だ」は文前半の内容の‘理由’を表している。　B.空所後の「彼女はあまり気分がよくならなかった」は文前半の「オリーブは笑った」

と‘逆接’の関係になっている。

(9)＜適語選択＞A．この直前でオリーブは，クリスマスの前の金曜日が出勤日とわかってがっかりしている。　B．クリスマス前の金曜日が仕事であることをこぼす娘に母親がかけた言葉である。something good で「何かよいこと」という意味。

(10)＜適語選択＞直前が some of the older people in the hospital「何人かの高齢の入院患者」という‘人’を表す語句であること，直後に had lung trouble と‘動詞…’の形が続いていることから，‘人’を先行詞とする主格の関係代名詞 who を選ぶ。

(11)＜適語選択＞空所を含む部分は‘too ～ to …’「…するには～すぎる，～すぎて…できない」の形。オリーブに面と向かってそう(本当に感謝していると)言えないのは，「恥ずかしい」からだと考えられる。　ideal「理想的な」　noisy「騒がしい，やかましい」

(12)＜内容真偽＞ア．「オリーブはクリスマス前の金曜日は休みだったが，急に出勤しなければならなかった」…×　第２段落参照。もともと出勤日だった。　イ．「オリーブは最初クリスマスが楽しみではなかったが，同僚のおかげですてきな日になった」…×　第４段落第１文および第５～７段落参照。患者のおかげでクリスマス前の金曜日がすてきな日になった。　ウ．「オリーブはクリスマスに働いたことを後悔し，母親に仕事をやめるためのアドバイスを求めた」…×　このような記述はない。　エ．「オリーブは，患者がいかに彼女のサポートに感謝しているかに気づいてうれしかった」…○　第６段落第３文に一致する。

3〔長文読解総合―対話文〕

≪全訳≫❶サトウ先生はこの学校の英語の教師である。彼は生徒のタダシと話している。❷サトウ先生(Ｓ)：やあ，タダシ。調子はどう？❸タダシ(Ｔ)：ええ，うまくやっています。ただ，時間どおりにスピーチを書き終えることができるかはわかりませんが。❹Ｓ：今月のスピーチコンテストに参加する予定なの？❺Ｔ：はい。今，スピーチを書いている途中なんです。❻Ｓ：すばらしい。だいぶ進んだかい？❼Ｔ：一部分が終わっただけです。目を通していただけますか？❽Ｓ：もちろん。今持ってる？❾Ｔ：はい，これです。❿Ｓ：オーケー。タイトルがないね，話題は何かな？⓫Ｔ：海外旅行から何を学ぶことができるかについて話そうと思います。僕は若いときに海外を旅するのはいいことだと伝えようとするつもりです。⓬Ｓ：それは確かにいいことだね。⓭サトウ先生はタダシのスピーチ原稿を点検した。⓮Ｓ：...よし。ここの最初の文は know の代わりに get to know と書いてみたらどうかな？⓯Ｔ：わかりました。⓰Ｓ：そして次に君は質問をしているが，少し奇妙に感じるよ。一般的に，聴衆に質問するのは効果的ではないな。⓱Ｔ：聴衆の注意を引きたかったんです。⓲Ｓ：うん。それはわかるよ。でもここでは必要ないと思うよ。⓳Ｔ：わかりました。削除します。⓴Ｓ：そしてここには actually をつけ加えたらどう？㉑Ｔ：I stayed の前にですか？㉒Ｓ：いいや。I went to Seattle. の前だよ。そして Actually の後にはコンマを打つようにね。㉓Ｔ：わかりました。㉔Ｓ：それから…この２文をつなげて，... I went to Seattle last summer and stayed with an American family. とするといいよ。㉕Ｔ：stayed の前の主語Ｉは省くのですね？㉖Ｓ：そうだね。２番目のＩを残しても文法的には正しいけれど，そこには実際は必要ではないよ。㉗サトウ先生は原稿にもう一度目を通して，何かに気づいた。㉘Ｓ：おっと。ここの major league の前に冠詞を忘れているよ。㉙Ｔ：また？　僕はいつも忘れてしまうんです！　そこは a major league game とするべきですよね。㉚Ｓ：そのとおりだよ。㉛

T：わかりました。32 S：よし。さて，どんなふうに聞こえるか確かめるために，一度声に出して読んでみたらどうかな。33 T：わかりました。

(13)＜熟語＞participate in ～≒join ～「～に参加する」

(14)＜適語選択＞「タイトルがない」に続く部分である。　topic「話題」

(15)＜文脈把握＞下線は，冠詞を忘れているというサトウ先生の指摘に対するタダシの発言。直後で「僕はいつもそうしてしまう(冠詞を忘れてしまう)」と言っているので，適切なのはイ．「タダシはまた冠詞を忘れてしまってがっかりした」。

(16)＜内容真偽＞ア．「タダシはスピーチ原稿を書き終えたところだ」…×　第３～５段落参照。書いている途中である。　イ．「タダシは何度も外国に行ったことがあり，その経験からたくさんのことを学んでいる」…×　このような記述はない。　ウ．「タダシの原稿を点検した後，サトウ先生はそれを声に出して読み始めた」…×　第32段落参照。タダシに声に出して読むように勧めた。　エ．「タダシはサトウ先生の助言を受け入れて，原稿をより良いものにした」…○　第14段落以降の内容に一致する。

(17)＜要旨把握＞≪全訳≫日本では決して知ることのない新しいことを学ぶことができるので，皆さんは外国に行くべきです。外国に行ったことはありますか？　僕は昨年の夏，シアトルに行きました。僕はアメリカ人の家族の所に滞在しました。ある日，僕のホストブラザーがメジャーリーグの試合に連れていってくれました。

＜解説＞第14段落以降のサトウ先生の指摘を反映しているものを選ぶ。指摘は，第１文のknowをget to knowに変更する(第14段落)，第２文の質問文は削除する(第16～19段落)，I went to Seattleの前にActually，を入れる(第20～22段落)，I went to ...の文とI stayed ...の文を１文にし，stayedの前のIを省略する(第24～26段落)，major league gameの前に冠詞をつける(第28～30段落)の５つ。

4〔長文読解―英問英答―領収書・Eメール〕

≪全訳≫星野衣料／注文番号：21E／購入日：2023年10月15日／数量／サイズ／商品名／価格／1／M／女性用コート，茶色／100ドル／1／M／男性用セーター，赤・白／70ドル／1／L／女性用靴下，黒３足組／15ドル／クレジットカード払い　XXXX XXXX XXXX 3457／合計／185ドル

送信者：hanaito@mymail.co.nz／宛先：orders@hoshinosclothing.co.nz／件名：注文番号21E／日付：2023年10月22日／担当者様／注文番号21Eについて問い合わせます。荷物を受け取りましたが，コートが入っていませんでした。荷物に同封されていた領収書によれば，私は注文したときにこの商品の支払いをしています。銀行にも問い合わせましたが，領収書に記載された全額を支払ったことを確認しました。／数日後の旅行にこのコートを持っていきたかったので，この商品はキャンセルして返金してください。／ハナ・イトウ

＜解説＞(18)「イトウさんが受け取っていない商品の価格はいくらか」―エ．「100ドル」　領収書とメール本文第２文参照。受け取っていないのは女性用コート。　(19)「イトウさんはカスタマーサービスにメールをする前に何をしたか」―ア．「銀行に連絡した」　メール本文第４文参照。　check with ～「～に相談する，問い合わせる」　(20)「イトウさんのメールからわかることは何か」―ウ．「彼女はもうすぐ旅行に出かけ，留守にする予定だ」　メール本文第５文参照。　in just a few days「数日後に」

5〔整序結合〕

(21)「トムは走れます」なのでTom can runで始める。「1番速く」はfastの最上級the fastestで表す。「この学校の中で」はin this school。　Tom can run the fastest in this school.

(22)「ずっと～している」は現在完了('have/has＋過去分詞')を使って表せる('継続'用法)。「風邪をひく」はhave a cold。「～から」はsince ～。　My brother has had a cold since yesterday.

(23)「その小説は面白いです」→The novel is interestingが文の骨組み。「その小説」を修飾する「トムによって書かれた」はwritten by Tomとし，名詞the novelの後ろに置く(過去分詞の形容詞的用法)。　The novel written by Tom is interesting.

(24)まず「私は男性を探しています」をI am looking for a manと組み立てる。「男性」を修飾する「英語を話せる」は語群から，whoを主格の関係代名詞として用いてwho can speak Englishとまとめ，先行詞a manの後に置く。　I am looking for a man who can speak English.

6〔正誤問題〕

(25)ア…×　疑問詞whenは「いつ～したか」と'過去の一時点'について尋ねるので，現在完了形ではなく過去形にする。When did you buy your mobile phone?が正しい。　「あなたはいつ携帯電話を買いましたか」　イ…○　'回数'を尋ねる現在完了形の疑問文。　「あなたはこの映画を何回見たことがありますか」　ウ…○　have/has gone to ～で「～に行ってしまった(今はここにいない)」という意味になる。　「彼女はアメリカに行ってしまったので，私は彼女に会うことができない」　エ…○　'had better＋動詞の原形'「～する方がいい」　「彼女が来るまで，あなたはここで待つ方がよい」

(26)ア…×　possible「可能な」は'人'を主語にとらない。I am able to ～などとするのが正しい。「彼らは私がその仕事を終えられることを望んでいる」　イ…○　'It is ～ that …'で「…するのは～だ」を表せる。　「私たちは自分たち自身の目標を持つことが大切だ」　ウ…○　be kind to ～で「～するとは親切だ」。　「私の宿題を手伝ってくれるとは彼は親切だ」　エ…○　'It is ～ to …'「…することは～だ」の構文。　「全ての問題を解決するのは難しい」

(27)ア…○　「私は彼らは若い頃，とても一生懸命に英語を勉強したと聞いている」　イ…○　'時'や'条件'を表す副詞節の中では，未来のことでも現在形で表す。　「母が帰ってきてからあなたにお電話します」　ウ…×　visitは「～を訪れる」の意味の他動詞なので，前置詞atは不要。「私が彼を訪ねたとき，彼は息子と一緒に朝食を食べていた」　エ…○　「私は彼女が母親と一緒に料理をするのが好きだと知っている」

7〔単語の綴り〕

(28)A：あなたは先週末何をしましたか？／B：私は日曜日に大好きな歌手のコンサートに行きました。//①weekend「週末」　②concert「コンサート」

(29)A：旅行の準備は全部そろった？／B：いいえ。靴下を買いに買い物に行かなくちゃ。//①everything「全てのもの」　②go shoppingで「買い物に行く」。

(30)A：あなたはどの季節が好き？／B：私は春がすてきだと思うな。暖かいし，花も咲くからね。／A：私は冬が好き。雪遊びが好きなの。//①spring「春」　②winter「冬」

数学解答

1 (1) (エ)　(2) (ア)　(3) (ウ)　(4) (ウ)
(5) (オ)　(6) (カ)　(7) (エ)　(8) (カ)
(9) (イ)

2 (10) (オ)　(11) (イ)

3 (12) (エ)　(13) (オ)　(14) (エ)

4 (15) (ウ)　(16) (ア)　(17) (カ)

5 (18) (ア)　(19) (オ)　(20) (イ)

1〔独立小問集合題〕

(1)＜式の計算＞与式 $=ab^2\times\frac{2}{3ab}\times4a^6b^2=\frac{ab^2\times2\times4a^6b^2}{3ab}=\frac{8}{3}a^6b^3$

(2)＜数の計算＞与式 $=\sqrt{3^2\times2}-\frac{2\times\sqrt{2}}{\sqrt{2}\times\sqrt{2}}-\frac{\sqrt{2^2\times2}}{3}=3\sqrt{2}-\frac{2\sqrt{2}}{2}-\frac{2\sqrt{2}}{3}=3\sqrt{2}-\sqrt{2}-\frac{2\sqrt{2}}{3}=\frac{9\sqrt{2}}{3}-\frac{3\sqrt{2}}{3}-\frac{2\sqrt{2}}{3}=\frac{4\sqrt{2}}{3}$

(3)＜数の計算＞与式 $=x(x-6)=(3+2\sqrt{2})(3+2\sqrt{2}-6)=(2\sqrt{2}+3)(2\sqrt{2}-3)=(2\sqrt{2})^2-3^2=8-9=-1$

(4)＜連立方程式＞$3x+y=-3$……①，$2x-\frac{1}{3}y=4$……②とする。②×3より，$6x-y=12$……②′
yを求めるので，①×2−②′でxを消去して，$2y-(-y)=-6-12$，$3y=-18$，$y=-6$である。

(5)＜二次方程式＞$x^2+x-6=2x$，$x^2-x-6=0$，$(x+2)(x-3)=0$　$\therefore x=-2,\ 3$

(6)＜確率―さいころ＞大小２つのさいころを投げるとき，それぞれ６通りの目の出方があるから，目の出方は全部で$6\times6=36$(通り)あり，a，bの組は36通りある。このうち，$a<2b$となるのは，$a=1$のとき，$1<2b$だから，$b=1$，2，3，4，5，6の６通りある。$a=2$のとき，$2<2b$だから，$b=2$，3，4，5，6の５通りある。$a=3$のとき，$3<2b$だから，$b=2$，3，4，5，6の５通りある。以下同様にして，$a=4$のとき$b=3$，4，5，6の４通り，$a=5$のとき$b=3$，4，5，6の４通り，$a=6$のとき$b=4$，5，6の３通りある。よって，$a<2b$となる場合は$6+5+5+4+4+3=27$(通り)だから，求める確率は$\frac{27}{36}=\frac{3}{4}$である。

(7)＜一次方程式の応用＞筆箱の定価をx円とする。Aさんは定価の20%引きで買ったので，代金は$x\times\left(1-\frac{20}{100}\right)=\frac{4}{5}x$(円)となり，Bさんは定価の500円引きで買ったので，代金は$x-500$円となる。Bさんは Aさんより180円安く買っているので，$x-500=\frac{4}{5}x-180$が成り立つ。これを解くと，$\frac{1}{5}x=320$より，$x=1600$(円)となる。

(8)＜平面図形―長さ＞右図１で，△ABCはAB＝ACの二等辺三角形なので，$\angle ABC=\angle ACB=(180^\circ-\angle BAC)\div2=(180^\circ-36^\circ)\div2=72^\circ$となる。BDは∠ABCの二等分線だから，$\angle ABD=\angle DBC=\frac{1}{2}\angle ABC=\frac{1}{2}\times72^\circ=36^\circ$である。よって，$\angle BAC=\angle DBC=36^\circ$，$\angle ACB=\angle BCD=72^\circ$より，△ABC∽△BDCとなり，AC：BC＝BC：DCとなる。△ABCがAB＝ACの二等辺三角形より，△BDCはBC＝BDの二等辺三角形であり，$\angle BAD=\angle ABD=36^\circ$より，△ABDもAD＝BDの二等辺三角形である。これより，AC$=x$とすると，BC＝BD＝AD＝AC−CD$=x-1$となる。したがって，$x:(x-1)=(x-1):1$が成り立ち，$(x-1)^2=x\times1$より，$x^2-3x+1=0$となる。解の公式を用いて，$x=\frac{-(-3)\pm\sqrt{(-3)^2-4\times1\times1}}{2\times1}=\frac{3\pm\sqrt{5}}{2}$となり，$x>1$

図１

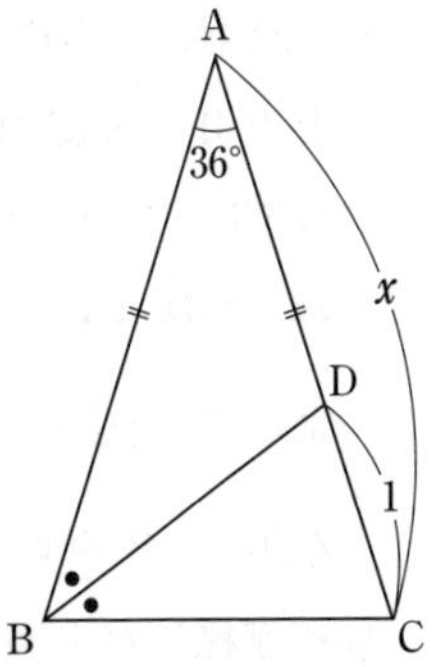

より，$x=\frac{3+\sqrt{5}}{2}$だから，$\mathrm{AC}=\frac{3+\sqrt{5}}{2}$である。

⑼＜平面図形―角度＞右図2で，円の中心をOとし，点Oと3点A，C，Dをそれぞれ結ぶ。CD＝OC＝ODより，△OCDは正三角形だから，∠COD＝60°である。また，$\overset{\frown}{\mathrm{AD}}$に対する円周角と中心角の関係より，∠AOD＝2∠AED＝2×74°＝148°である。よって，∠AOC＝∠AOD－∠COD＝148°－60°＝88°となる。これより，点Eを含む$\overset{\frown}{\mathrm{AC}}$に対する中心角は360°－∠AOC＝360°－88°＝272°だから，この$\overset{\frown}{\mathrm{AC}}$に対する円周角と中心角の関係より，∠ABC＝$\frac{1}{2}$×272°＝136°となる。

図2

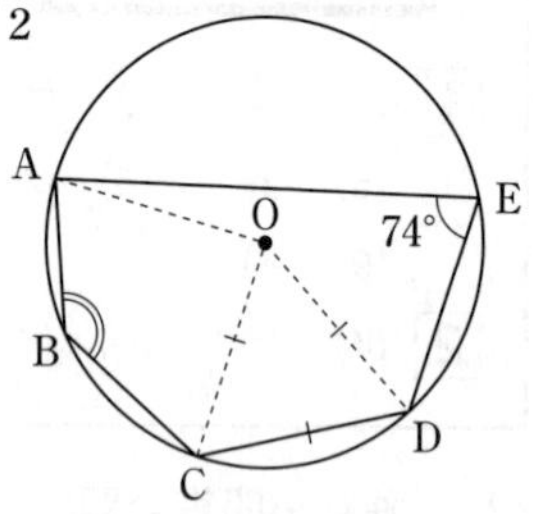

2〔数と式―連立方程式の応用〕

⑽＜連立方程式の応用＞昨年の文化祭で販売したドーナツの個数をx個，ケーキの個数をy個とする。昨年は合わせて400個販売したから，$x+y=400$……①が成り立つ。また，今年は，ドーナツの個数は2倍にし，ケーキの個数は50個減らして，合わせて500個販売したので，$2x+(y-50)=500$が成り立ち，$2x+y=550$……②となる。②－①でyを消去して，$2x-x=550-400$，$x=150$となるから，昨年販売したドーナツの個数は150個である。

⑾＜値段の比＞⑽より，昨年販売したドーナツの個数は150個，ケーキの個数は，$x=150$を①に代入して，$150+y=400$，$y=250$(個)となる。また，今年販売したドーナツの個数は$2x=2\times150=300$(個)，ケーキの個数は$y-50=250-50=200$(個)である。ドーナツ1個の値段をa円，ケーキ1個の値段をb円とすると，昨年の売上の合計金額と今年の売上の合計金額が等しいことから，$150a+250b=300a+200b$が成り立つ。これより，$50b=150a$，$b=3a$となるので，$a:b=a:3a=1:3$となり，ドーナツ1個の値段とケーキ1個の値段の比は1：3である。

3〔関数―関数$y=ax^2$と一次関数のグラフ〕

≪基本方針の決定≫⒀　底辺を辺ACと見る。　⒁　点Bを含む方の三角形の面積をkを用いて表す。

⑿＜切片＞右図で，2点A，Bは放物線$y=x^2$上にあり，x座標はそれぞれ－1，3だから，$y=(-1)^2=1$，$y=3^2=9$より，A(－1，1)，B(3，9)である。直線$y=ax+b$は2点A，Bを通るので，$x=-1$，$y=1$を代入して，$1=a\times(-1)+b$，$-a+b=1$……①となり，$x=3$，$y=9$を代入して，$9=a\times3+b$，$3a+b=9$……②となる。①×3＋②でaを消去して，$3b+b=3+9$，$4b=12$，$b=3$となる。

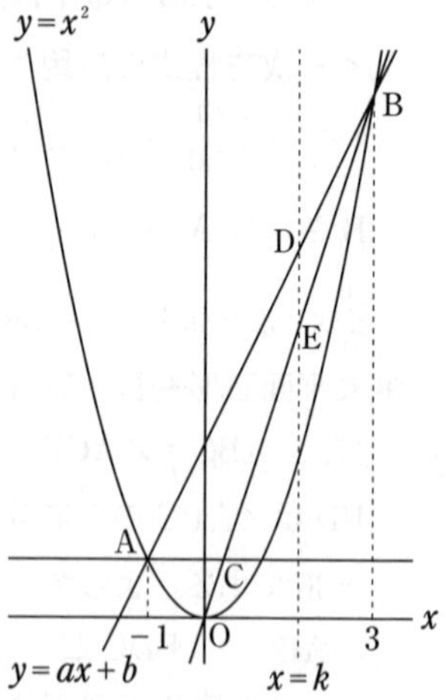

⒀＜面積＞右図で，⑿より，B(3，9)だから，直線OBの傾きは$\frac{9}{3}=3$となり，直線OBの式は$y=3x$である。また，直線ACはx軸に平行で，点Aのy座標は1だから，点Cのy座標も1である。点Cは直線$y=3x$上にあるので，$1=3x$より，$x=\frac{1}{3}$となり，$\mathrm{C}\left(\frac{1}{3},\ 1\right)$である。よって，$\mathrm{AC}=\frac{1}{3}-(-1)=\frac{4}{3}$となる。△ACBの底辺を辺ACとすると，2点A，Bのy座標の差から，高さは$9-1=8$となるので，$\triangle\mathrm{ACB}=\frac{1}{2}\times\frac{4}{3}\times8=\frac{16}{3}$である。

⒁＜座標＞右上図で，⑿の①に$b=3$を代入すると，$-a+3=1$，$a=2$となるから，直線ABの式は$y=2x+3$である。⒀より，直線OBの式は$y=3x$である。直線$x=k$と直線AB，直線OBの交点

をそれぞれD，Eとすると，2点D，Eのx座標はともにkだから，$y=2k+3$，$y=3k$となり，D(k，$2k+3$)，E(k，$3k$)である。これより，DE$=(2k+3)-3k=3-k$である。△BDEの底辺を辺DEと見ると，2点B，Dのx座標の差より，高さは$3-k$となるので，△BDE$=\frac{1}{2}\times(3-k)\times(3-k)=\frac{1}{2}(3-k)^2$と表せる。また，(13)より，△ACB$=\frac{16}{3}$だから，△BDE$=\frac{1}{6}$△ACB$=\frac{1}{6}\times\frac{16}{3}=\frac{8}{9}$となる。よって，$\frac{1}{2}(3-k)^2=\frac{8}{9}$が成り立ち，$(3-k)^2=\frac{16}{9}$，$3-k=\pm\frac{4}{3}$となる。$3-k=\frac{4}{3}$より，$k=\frac{5}{3}$となり，$3-k=-\frac{4}{3}$より，$k=\frac{13}{3}$となる。直線$x=k$は線分BCと交わるから，$\frac{1}{3}\leqq k\leqq 3$であり，$k=\frac{5}{3}$である。

4 〔平面図形—三角形〕

《基本方針の決定》(17)　△FBD∽△ABCに気づきたい。

(15)＜面積比＞右図で，2点C，Dを結ぶ。AD：DB=1：3より，△ACD：△DCB=1：3だから，△ACD$=\frac{1}{1+3}$△ABC$=\frac{1}{4}$△ABCとなる。また，AE=CEだから，△ADE=△CDEであり，△ADE$=\frac{1}{2}$△ACD$=\frac{1}{2}\times\frac{1}{4}$△ABC$=\frac{1}{8}$△ABCとなる。よって，△ADEの面積は△ABCの面積の$\frac{1}{8}$倍である。

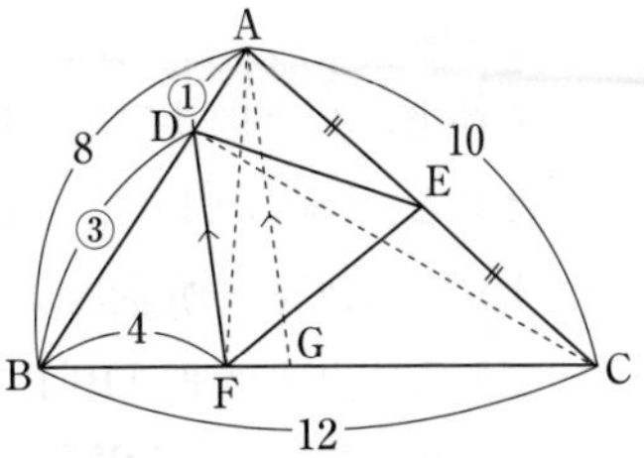

(16)＜面積比＞右上図で，△DEF=△ABC−△ADE−△FBD−△CFEである。(15)と同様に考えて，△DCB$=\frac{3}{1+3}$△ABC$=\frac{3}{4}$△ABCとなり，BF：BC=4：12=1：3より，△FBD：△DCB=1：3だから，△FBD$=\frac{1}{3}$△DCB$=\frac{1}{3}\times\frac{3}{4}$△ABC$=\frac{1}{4}$△ABCとなる。また，2点A，Fを結ぶと，FC：BC=(12−4)：12=2：3より，△CAF：△ABC=2：3だから，△CAF$=\frac{2}{3}$△ABCとなる。AE=CEより，△AFE=△CFEだから，△CFE$=\frac{1}{2}$△CAF$=\frac{1}{2}\times\frac{2}{3}$△ABC$=\frac{1}{3}$△ABCである。(15)より，△ADE$=\frac{1}{8}$△ABCなので，△DEF=△ABC$-\frac{1}{8}$△ABC$-\frac{1}{4}$△ABC$-\frac{1}{3}$△ABC$=\frac{7}{24}$△ABCとなり，△DEFの面積は△ABCの面積の$\frac{7}{24}$倍である。

(17)＜長さ—相似＞右上図で，AD：DB=1：3より，DB$=\frac{3}{1+3}$AB$=\frac{3}{4}\times8=6$だから，DB：CB=6：12=1：2である。BF：BA=4：8=1：2だから，DB：CB=BF：BA=1：2となる。また，∠FBD=∠ABCなので，△FBD∽△ABCとなる。よって，DF：CA=DB：CB=1：2だから，DF$=\frac{1}{2}$CA$=\frac{1}{2}\times10=5$となる。次に，∠GBA=∠FBDであり，AG∥DFより，∠BAG=∠BDFだから，△GBA∽△FBDである。したがって，AG：DF=AB：DB=(1+3)：3=4：3となるから，AG$=\frac{4}{3}$DF$=\frac{4}{3}\times5=\frac{20}{3}$となる。

5 〔空間図形—直方体〕

《基本方針の決定》(18)　PQ∥DGである。　(19)　DR，RQを含む2つの面を展開して考える。

(20)　△PQRを底面と見たときの高さを考える。

(18)＜長さ＞次ページの図1で，面ABFEと面DCGHは平行だから，3点D，P，Gを通る平面で直方体ABCD-EFGHを切ったとき，この2つの平面上の切り口は平行であり，PQ∥DGとなる。

2点A，Fを結ぶと，AF∥DGだから，AF∥PQである。よって，FQ：QE＝AP：PE＝2：1となるから，$\mathrm{EQ}=\frac{1}{2+1}\mathrm{EF}=\frac{1}{3}\times 6=2$となる。

⒆＜長さ＞右図1で，DR，RQを含む2つの面，面DAEHと面ABFEを右下図2のように展開する。図2で，DR＋RQが最も小さな値になるとき，3点D，R，Qは一直線上の点となる。AE∥DHより，△RQE∽△DQHである。⒅より，EQ＝2だから，HQ＝EQ＋EH＝2＋6＝8である。よって，RE：DH＝EQ：HQ＝2：8＝1：4となるので，$\mathrm{RE}=\frac{1}{4}\mathrm{DH}=\frac{1}{4}\times 9=\frac{9}{4}$である。また，AP：PE＝2：1より，$\mathrm{PE}=\frac{1}{2+1}\mathrm{AE}=\frac{1}{3}\times 9=3$である。したがって，$\mathrm{PR}=\mathrm{PE}-\mathrm{RE}=3-\frac{9}{4}=\frac{3}{4}$となる。

⒇＜体積＞右下図3で，四面体PQRSを，△PQRを底面とする三角錐と見る。⒅，⒆より，$\triangle\mathrm{PQR}=\frac{1}{2}\times\mathrm{PR}\times\mathrm{EQ}=\frac{1}{2}\times\frac{3}{4}\times 2=\frac{3}{4}$である。次に，△PQRを底面と見たときの高さは，点Sと面ABFEとの距離である。点Sと面ABFEとの距離をh_1，点Sと面DCGHとの距離をh_2とすると，〔面ABFE〕∥〔面DCGH〕より，$h_1:h_2$＝PS：GSとなる。AE∥CGより，△PRS∽△GCSだから，$\mathrm{PS}:\mathrm{GS}=\mathrm{PR}:\mathrm{GC}=\frac{3}{4}:9=1:12$である。よって，$h_1:h_2=1:12$となる。$h_1+h_2$＝AD＝6なので，四面体PQRSの高さは$h_1=\frac{1}{1+12}\times 6=\frac{6}{13}$であり，四面体PQRSの体積は$\frac{1}{3}\times\triangle\mathrm{PQR}\times h_1=\frac{1}{3}\times\frac{3}{4}\times\frac{6}{13}=\frac{3}{26}$となる。

図1

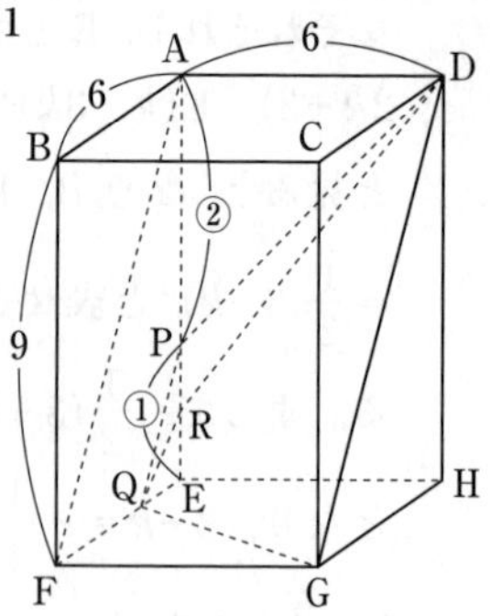

図2

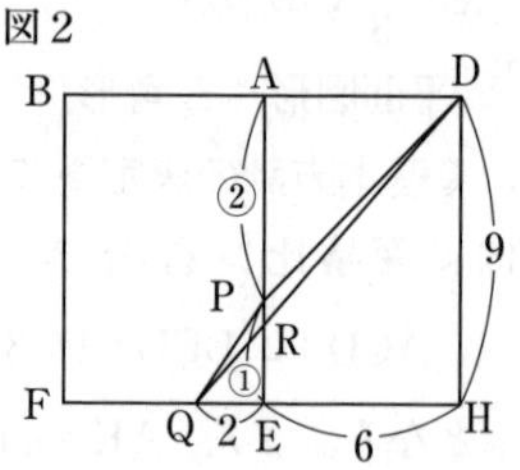

図3

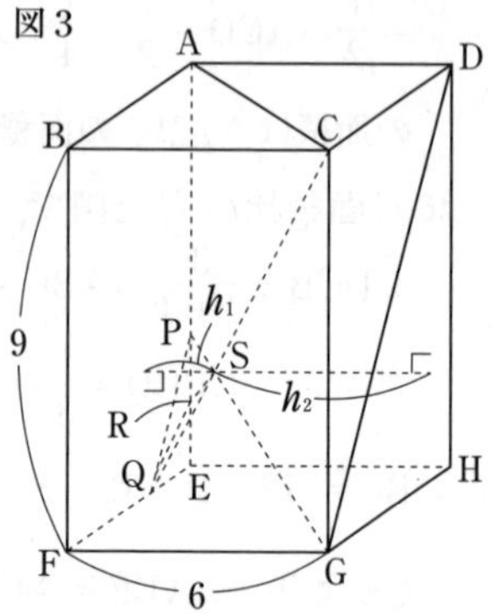

＝読者へのメッセージ＝

関数では座標を用いることがよくありますが，この座標を発明したのは，フランスの哲学者，数学者のルネ・デカルト(1596～1650)です。彼は，部屋にいるハエの位置を表すのに座標を思いついたといわれています。

2024年度／星野高等学校(併願第1回)

国語解答

一　問1　①…エ　②…ウ　③…ア
　問2　a…エ　b…イ　問3　イ
　問4　ウ　問5　ウ　問6　ア
　問7　ウ　問8　エ　問9　イ
　問10　エ

二　問1　①…エ　②…ウ
　問2　a…ウ　b…ア　c…イ
　問3　(1)…ウ　(2)…エ　問4　イ
　問5　イ　問6　ア　問7　エ
　問8　イ　問9　エ

三　問1　a…エ　b…ア　c…エ
　問2　ア　問3　イ　問4　イ
　問5　エ　問6　ア　問7　ウ

一〔論説文の読解─芸術・文学・言語学的分野─文学〕出典：神野紗希『もう泣かない電気毛布は裏切らない』／大江健三郎『新しい文学のために』。

≪本文の概要≫文章(Ⅰ)シクロフスキーによると，芸術とは，日常的に見慣れたものを非日常的なものとして表現する行為である。これはもちろん，文学にも当てはまる考えである。人間は，使い慣れた単語や言い回しを通じて目の前のものを知覚すると，その事物をただの情報として受け取ってしまう。しかし，文学の言葉は，そういった単純な情報伝達を目指すのではなく，事物そのものと対面しているかのような，生々しい実感を生み出すことを目的としている。そのため，文学においては，日常的な事物が，そのまま言い表されるのではなく，まるで初めて見た奇異なものであるかのように描写されることが多い。私たちは，よく知ることだけでなく，「知らない」に立ち返ることもまた，忘れてはならない。

文章(Ⅱ)芸術においては，文章をあえて読みにくくしたり，長引かせたりする手法がとられることがある。こうした表現上の工夫や苦心により，読み手の心にものの実在感を刻みつけ，読み手がつい目を止めて注意深く読み進めるようになることを，作家は期待する。

問1＜漢字＞①「付与」と書く。アは「予報」，イは「余分」，ウは「栄誉」，エは「関与」。　②「欠如」と書く。アは「秩序」，イは「除籍」，ウは「突如」，エは「助長」。　③「平易」と書く。アは「簡易」，イは「推移」，ウは「異常」，エは「違憲」。

問2＜語句＞a.「牽引」は，先頭に立って物事を行い，ほかの人や集団を引っ張っていくこと。　b.「難渋」は，難しくて物事がなかなか進まないこと。

問3＜接続語＞Ⅰ.「呼吸する色の不思議」とは火のことだとわかると，「火は呼吸しながら刻々色を変えてゆく，不定形の不思議な存在」というのは，そのとおりだと思える。　Ⅱ.生まれて初めて見たものを，人は一言で表現することができないので，「手持ちの言葉で工夫し自分なりに表現しよう」と試みる。　Ⅲ.初めて見たものに対しては，「手持ちの言葉で自分なりに表現しようとする」ということは，見方を変えると，対象をよく知っている場合でも，使い慣れた単語や言い回しを用いずに表現すれば，「生まれてはじめて」の感動を取り戻せるということでもある。　Ⅳ.輸入商社の人間であれば，倉庫の古家具を見たとしても，数を「認め知る」だけで済ませてしまうが，芸術家は，数を重視せず，一つ一つの品物を「感じる」までは満足しない。　Ⅴ.新聞記者の文章と小説の文章の性質の違いの例として，「ガラパゴス島のゾウガメ」を記述する文章を挙げる。

問4＜文脈＞新聞記者は，ガラパゴス島のゾウガメの生態や生存の条件などを読者に「認め知ること」をさせ，読者は，「情報をえる」ことができる。

問5＜文章内容＞知識が増え，常識にとらわれやすくなってしまった大人よりも，ものを知らない幼い子どもの方が新鮮な感覚で表現をすることができる。そのため，芭蕉は「俳諧は三尺の童にさせよ」と言ったのである。

問６＜文章内容＞星座を「星座」という日常で使い慣れた一言で表すのではなく，「ほしむすぶふしぎのかたち」と表現することで，生まれて初めて星座を見たときのような，新鮮な感動が伝わる句となっている。

問７＜文章内容＞「火を見ていたら」という言い回しでも情報伝達は可能だが，「火」という単語が日常的に使い慣れたものであるため，印象に残らない表現になってしまう。そこで，火を「呼吸する色の不思議」と言い換えることで，火がゆらめいている様子を想像させ，実際に火を目の前にしているような臨場感を演出することができる。

問８＜文章内容＞高浜虚子の「一つ根に～」の句は，「蓮浮葉」という既成の季語を使わず，あえて「一つ根に離れ浮く葉」という表現を用いることで，水に浮いている蓮の葉の様子をていねいに描写することに成功している。季節を実感させる表現を生み出すためには，使い慣れた季語に頼るのではなく，情景を丹念に描き出すよう心がけることが重要である。

問９＜文章内容＞芸術家は，倉庫の古家具の数を知っても満足することはなく，一つ一つがどのような品物であるかをしっかり感じ取ろうとする。小説の作家や短歌のよみ手もまた，目の前の物事を感じ取ることを重視し，その実感を独自の言葉で言い表そうと努力するのである。

問10＜要旨＞ありふれた物事を独特な言語表現によって描写し，日常を奇異なものとして読者に実感させるという点で，小説と定型詩は，同様のはたらきをする(生徒Ａ…○，生徒Ｂ・生徒Ｃ…×)。ただし，文学の言葉は，新聞記事などのわかりやすい文章とは全く性質が異なり，意味伝達を重視したものではないため，ときに難解になる場合もある(生徒Ｄ…×，生徒Ｅ…○)。

二〔小説の読解〕出典：寺地はるな『タイムマシンに乗れないぼくたち』。

問１＜漢字＞①「困惑」と書く。アは「迷(う)」，イは「抜粋」，ウは「遊水」，エは「惑(わす)」。②「操縦」と書く。アは「柔(らかい)」，イは「住(みたい)」，ウは「縦」，エは「従(う)」。

問２＜語句＞ａ．「～然」は，いかにもそれらしい様子，という意味。　ｂ．「拍子」は，何かが行われたちょうどそのときのこと。　ｃ．「奇異」は，普通とは様子が異なっていること。

問３⑴＜文章内容＞「男」は，うまい棒をかじりながら，自分にとってお菓子は不安を紛らわしてくれる「精神的な命綱」だと語った。しかし，そのとき草児もガムを持ってはいたものの，「男」の話にはそれほど共感できず，「自分のガムはただのおやつであって，命綱なんかではない」と思った。　⑵＜表現技法＞「～のようだ」「～みたい」などの形を使い，ほかのものにたとえる表現技法を「直喩」という。「体言止め」は，文の末尾を名詞または代名詞で終わらせる表現技法。「擬人法」は，人間ではないものを人間にたとえて表現する方法。「隠喩」は，「～のようだ」などの形を使わずに，ほかのものにたとえる表現技法。

問４＜文章内容＞草児は，ガムが落ちたことをきっかけにさまざまなことを思い浮かべ，涙を流した。そのうちの一つが「母がいつも家にいないこと。疲れた顔をしていること。祖母から好かれているのか嫌われているのかよくわからないこと」であった(イ…×)。

問５＜文章内容＞草児は，本当はエディアカラ紀の生物が好きだった。しかし，一般的には聞き慣れない言葉であるため，恐竜が好きと言っておいた方が大人には「わかりやすい」と考えていた。

問６＜文章内容＞周囲とうまくなじめずにいた草児にとっては，「食べたり食べられたりする関係」がないエディアカラ紀の生物が，すばらしいものに思えた。

問７＜文章内容＞草児が日々のさまざまな悩みを思い出して涙を流したとき，「男」は，「いろいろ，あるよね」とだけ言い，詳細な事情を聞き出そうとはしなかった。草児は，それが一種の配慮だと感じていたため，「男」からかつてバスの運転手だったという話を聞いても，余計な質問をしないように心掛けた。

問８＜心情＞草児は，タイムマシンでエディアカラ紀に行けば，さまざまな生物たちに囲まれ，日々の嫌なことを忘れられると想像した。しかし，エディアカラ紀から戻らなければ，母親は「きっと泣くだろう」と思ったため，自分でも本当の願いがわからなくなって困惑した。

問９＜表現＞「男はすこし考えてから～首を傾げた。自分自身のことなのに」や，「草児は訊ねない。男が『いろいろ』の詳細を訊かなかったように」といった倒置法により，登場人物の描写に余韻を持たせ，深い印象を与えるように工夫されている。

三〔古文の読解—物語〕出典：『太平記』。

≪現代語訳≫後醍醐天皇は，これは天が私に告げなさっているところの夢だとお思いになって，文字に書いて思い巡らしなさるときに，「木に南と書くのは，楠という字である。その陰に南に向かって座れと，二人の童子が教えたのは，私が，再び君主としての位を治めて，全国の武士を自分のもとに仕えさせようとするところを，日光菩薩と月光菩薩がお示しになったということなのだ」と，ご自身で夢を判断なさって，心強く思われた。／夜が明けたので，この寺の僧侶である，成就房律師をお呼びになって，「ひょっとしてこの辺りに楠といわれている武士はいるか」とお尋ねになったところ，「この近くには，そのような名字がついている者がいるとも，まだ聞いたことがございません。河内国金剛山の西には，〈楠木正成〉という，弓矢を取って評判が高い武士がございます。この者は，敏達天皇から四代目の孫，井手左大臣橘諸兄公の子孫であるといいますけれども，民間に下って長い月日がたっております。その母が若かった頃，信貴山の毘沙門天に百日間お参りをし，夢のお告げを感じて授かった子であるということで，幼名を多聞と申しております」と答え申し上げた。

問１＜古語＞ａ.「若し」は，もしかして，という意味。　ｂ.「名」は，ここでは，名声，評判，という意味。「弓矢取つて」とあるため，「者」は武士のことを指す。　ｃ.「久し」は，期間や時間が長い，という意味。

問２＜古文の内容理解＞①後醍醐天皇は，自分自身で夢の内容を解釈した。　②「その母」は，信貴山の毘沙門天に百日間お参りをし，夢のお告げを感じて子を産んだ。　③成就房律師は，楠の字を持った武士について知っていることを，後醍醐天皇に伝えた。

問３＜古文の内容理解＞後醍醐天皇は，楠に関する夢を，自分が君主として全国の武士を治めることになるお告げなのだと解釈した。そのため，自分には天が味方しているという自信を持つことができたのである。

問４＜歴史的仮名遣い＞「いまだうけたまはりおよばずさふらふ」と読む。現代仮名遣いでは，語頭以外のハ行音は原則として「わいうえお」となる。また，「au」は「ou」となるので，「さふらふ」は「そうろう」となり，全体で「いまだうけたまわりおよばずそうろう」となる。

問５＜古文の内容理解＞成就房律師は，近くには楠という名字の武士はいないが河内国金剛山の西には「楠木正成」という有力な武士がいることを後醍醐天皇に伝えた。

問６＜古文の内容理解＞二人の童子は，楠の陰に南に向かって座れ，と夢の中で後醍醐天皇に告げた。これは「南面の徳」を治め，全国にいる武士たちを従えることになるというお告げであると，後醍醐天皇は自分で解釈した。

問７＜文学史＞『太平記』は，室町時代に成立した軍記物語で，後醍醐天皇の即位後から南北朝時代中期までの動乱を描いている。『古事記』は，奈良時代に成立した日本最古の歴史書。『義経記』は，南北朝時代から室町時代初期にかけて成立した軍記物語で，源義経とその主従について描いている。『方丈記』は，鎌倉時代に成立した鴨長明の随筆。

2024年度 星野高等学校（併願第２回）

〔注〕 この問題は，１月26日に実施された併願受験者用のものです。

【英　語】（50分）〈満点：100点〉

（注意） 解答はすべて一つ選び，解答用紙の所定の欄にマークすること。

1 　次の英文を読んで，下の問いに答えなさい。

Different cultures measure time ①(A) different ways. I still remember the first experience with the Japanese sense of time.

An American friend and I decided to go sightseeing. We found a cheap bus tour that included all the major sights. We were the only foreign tourists on the tour. All the others were Japanese.

The first stop was a local temple. "We'll be here for 15 minutes," explained the bus driver. "Come back to the bus at 10 a.m." My friend and I walked around the temple and got back on time as requested.

Surprisingly, the Japanese tourists were already on the bus, sitting in their seats. Most of them were waiting angrily. I looked at my watch. It was 3 minutes past 10. "That's strange!" I thought. "The driver said 10 a.m. Here we are. [②]"

Then we went to visit the next sight — a local museum. "We'll be here for 20 minutes," the driver said. "Come back at 10:45." This time, my friend and I were determined not to be late. Every few minutes, we checked our ③(　　). We hurried around the museum, but couldn't enjoy it because ①(B) the time pressure. We got back to the bus at exactly 10:45. Right on time!

[④], just like before, everybody was already on the bus, sitting in their seats. Most of them were waiting angrily. "That's not fair!" I said to my friend. "It's exactly 10:45. Why are we still late?"

Something was strange! For the rest of the tour, we carefully observed the other Japanese tourists. Slowly, we began to understand the Japanese time system. When the driver said, "Come back at 10:45," this was a secret sign. ⑤It really meant "Come back 5 minutes early at 10:40." Being on time in Japan was much stricter than our approach in the U.S. and Canada!

A great book on this topic is *A *Geography of Time*. The writer, Robert Levine, did a cross-cultural survey of 31 nations. To compare time in each country, he carried out three experiments.

First, he measured the average walking speed of local people. Second, he measured how long it took to buy a stamp in a local post office. Third, he looked at public clocks to see how accurate they were.

Finally, he added up these three things (walking speed + post office speed + clock accuracy) to get a final score for each nation. The results? The countries with the fastest pace of life were Switzerland, Germany and Japan. The countries with the slowest pace of life were Mexico, Indonesia and Brazil.

It's exciting to live in a fast-paced country like Japan. But sometimes I *yearn for a slower life where people aren't constantly checking their ③(　　)!

（注） Geography：地理学　　yearn for ～：～を切望する

(1) 下線①（A）（B）に入れる語の組み合わせとして最も適するものを選びなさい。

ア．A：with　B：of　　イ．A：in　B：of　　ウ．A：with　B：for　　エ．A：in　B：for

(2) ② に入れるのに最も適するものを選びなさい。

ア．There's no need to worry.　　イ．How's everything ?

ウ．Sounds good !　　エ．What's the problem ?

(3) 下線③の(　)に共通して入れるのに最も適するものを選びなさい。

ア．maps　　イ．problems　　ウ．watches　　エ．reports

(4) ④ に入れるのに最も適するものを選びなさい。

ア．By the way　　イ．In addition　　ウ．For example　　エ．However

(5) 下線⑤が指す内容として最も適するものを選びなさい。

ア．"come back at 10:45"　　イ．the rest of the tour

ウ．the Japanese time system　　エ．being on time in Japan

(6) 本文の内容と一致するものを選びなさい。

ア．When the author and his friend got back to the bus, all the other tourists were very angry.

イ．The author was confused when he went sightseeing.

ウ．The author couldn't understand the Japanese sense of time at all.

エ．According to *A Geography of time*, people in Brazil walk faster than people in Japan.

2　次の英文を読んで，下の問いに答えなさい。

One day, a little chicken said to his mother *hen, "Mommy, I want to eat some cake." But the mother hen said, "I can't make it now. I don't have enough firewood."

"I'll go and get some !" said the little chicken.

But the mother hen said, "I heard the old cat walking nearby. You can't go out right now."

The little chicken really wanted to eat some cake. So, he asked again and again, and the mother hen finally let him go outside to get some firewood. But soon after, the little chicken was caught by the old cat. The cat said happily, "Meow. A delicious-looking little chicken."

"Oh, Mr. Cat, please don't eat me. I am so thin that I am only bones and feathers," cried the little chicken.

"I'm sorry, but I'm really hungry right now !" said the cat. The little chicken was very scared, but he had an idea. "　⑦-A　" said the little chicken.

"Meow. I love cakes. ⑧(　　　) is it ?"

"My mother is making it right now. I will bring it to you when it is ready," said the little chicken.

⑨The cat let the little chicken go. At home, the little chicken told his mother everything. The mother hen was very surprised and said, "Don't worry. I will make you a big cake. Then, you can share it with the old cat."

The mother hen made a big cake and put it on a plate. The little chicken cut the cake in half and started to eat it. But it was so delicious that he ate the other half, too.

Just then, they heard the old cat knock on the door. "⑧(　　　) is my cake, Little chicken ?"

The mother hen said, "⑧(　　　) is the cake ?"

"I ate it."

"Hide !" she said. They jumped into a big flower vase. "　⑦-B　" said the mother hen.

The cat was getting angry, so he opened the door and came in. "Meow! ⑧(　　　) is my cake, Little chicken?" And the old cat started to look around the house.

The little chicken was scared, and he knew he had to be quiet in ⑩there. But he really had to sneeze. So, he said very quietly to his mother, "Mommy, I have to sneeze." But the mother hen said, "[⑦-C]"

The little chicken tried, but he couldn't wait any more. So, he said, "I really have to sneeze."

"Okay, but do it very quietly," said the mother hen.

The little chicken sneezed. But he sneezed so hard that the vase broke with a big bang! The old cat was so surprised and scared by the big noise that he ran out of the house and never came back again.

（注） hen：メスの鶏

(7) [⑦-A]～[⑦-C] に入るセリフとして最も適する組み合わせを選びなさい。

ア．
A：If you're hungry, I have something much better than me. A cake!
B：If we are very quiet, the old cat will not find us.
C：If you do, the cat will find us. Can you wait?

イ．
A：If you're hungry, I have something much better than me. A cake!
B：If you do, the cat will find us. Can you wait?
C：If we are very quiet, the old cat will not find us.

ウ．
A：If you do, the cat will find us. Can you wait?
B：If we are very quiet, the old cat will not find us.
C：If you're hungry, I have something much better than me. A cake!

エ．
A：If you do, the cat will find us. Can you wait?
B：If you're hungry, I have something much better than me. A cake!
C：If we are very quiet, the old cat will not find us.

(8) 下線⑧の(　)に共通して入れるのに最も適するものを選びなさい。

ア．When　　イ．Where　　ウ．What　　エ．Who

(9) 下線⑨の理由として最も適するものを選びなさい。

ア．猫が鶏の子どもの提案を受け入れたから。
イ．猫が満腹になったから。
ウ．鶏の子どもがケーキを作るから。
エ．鶏の子どもがやせていて骨と羽だけだから。

(10) 下線⑩が指すものとして最も適するものを選びなさい。

ア．the plate　　イ．the flower vase　　ウ．the door　　エ．the cake

(11) The old cat の感情の変化の順番として最も適するものを選びなさい。

ア．happy → angry → surprised　　イ．scared → surprised → happy
ウ．surprised → happy → scared　　エ．happy → scared → angry

(12) 本文の内容と一致するものを選びなさい。

ア．The mother hen didn't make the cake because she didn't want to make it.
イ．The mother hen told the little chicken to go outside to see the old cat.
ウ．The old cat went back again to the little chicken's house to eat the cake.
エ．The little chicken ate all the cake the mother hen made because it tasted so good.

3 次の会話文を読んで，下の問いに答えなさい。

Sophia : Recently I went to the supermarket with my father and mother. ⑬-A The store has replaced *cashiers with *self-service checkout machines! More and more stores are starting using them.

Saori : That's the reason why it has become easier to shop there.

Matt : ⑬-B Machines make the checkout process much faster. Checkout lines at the supermarket were much longer when cashiers were checking out each customer.

Saori : I agree with you, Matt. For supermarkets, it is difficult to find new workers. Using a self-checkout system could solve ⑭that problem too.

Kevin : But Saori, I have an experience that I want to share with you. When I go to my favorite supermarket, I enjoy having small talk with the cashier staff there. When I was new to Japan and had just begun studying Japanese, there was a kind supermarket staff member who helped me a lot.

Matt : Oh, I've had a similar experience, Kevin. ⑮

Kevin : Yes, that is what I want to say. The switch from cashiers to self-service checkouts will impact people who don't go out very often and have few chances to make conversation.

Sophia : I recently saw an elderly woman standing at a self-checkout machine looking confused.

Matt : There weren't any staff to help her?

Sophia : No. So I went over to help.

Saori : ⑬-C

Sophia : Thanks, but supermarkets with self-checkout systems need floor staff to support shoppers. Self-checkout systems can really be hard for some people.

Kevin : That's right, Sophia. Staff must be in the store for security reasons as well. Imagine entering a store at night with only one or two employees. It would be dangerous.

Matt : I hope those issues will be solved so that more people can accept self-checkouts.

Saori : Again. I agree with you, Matt.

(注) cashiers：レジ　self-service checkout machines：セルフレジ機

(13) ⑬-A ～ ⑬-C に入るセリフとして最も適する組み合わせを選びなさい。

ア. A：Don't worry. B：Good for you. C：That's true.

イ. A：Guess what? B：Don't worry. C：Good for you.

ウ. A：Guess what? B：That's true. C：Good for you.

エ. A：That's true. B：Guess what? C：Don't worry.

(14) 下線⑭の表す内容として最も適するものを選びなさい。

ア．スーパーマーケットのレジを待つ列がとても長いこと。

イ．新しい働き手を見つけるのに苦労すること。

ウ．レジのスタッフが客とおしゃべりをしてしまうこと。

エ．日本に来たばかりの人にとって，セルフレジの扱いが難しいこと。

(15) ⑮ にあてはまるMattの経験として最も適するものを選びなさい。

ア．One day, I went to a restaurant. The food that I ordered was carried by a machine. I was happy because I didn't have to talk with any staff.

イ．Last spring vacation, I visited Kyoto and stayed at a hotel where the staff was all machines. It was my third time to go there because I liked machines.

ウ．I went to the city library last Tuesday. One of the staff members talked to me and recommended many kinds of Japanese books. That was a good chance to understand Japan more.

エ．This morning, my brother and I walked our dog. My brother said that he wanted a machine to walk our dog. We were very busy studying then, so I agreed with him.

⒃ 本文の内容と一致するものの数を選びなさい。

a．The number of machines working in supermarkets is increasing.

b．Saori thinks that it is dangerous to use self-service checkout machines.

c．Kevin learned Japanese only from the staff at his favorite supermarket.

d．Sophia helped an elderly woman and told her how to use a self-checkout machine.

e．Recently, there are only one or two staff members at stores in Japan.

ア．1つ　　イ．2つ　　ウ．3つ　　エ．4つ

⒄ 会話文の中の４人は，自分の考えをもとに学校の授業でプレゼンテーションを行った。会話文と以下の発表の内容をもとに，A～Dがそれぞれ誰なのかを示すものとして最も適する組み合わせを選びなさい。

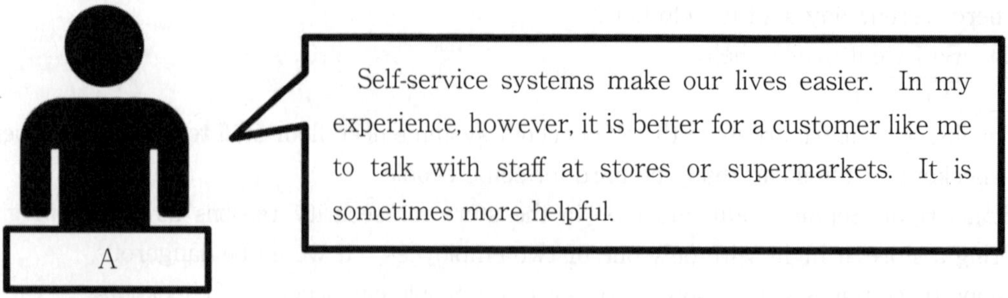
Self-service systems make our lives easier. In my experience, however, it is better for a customer like me to talk with staff at stores or supermarkets. It is sometimes more helpful.
A

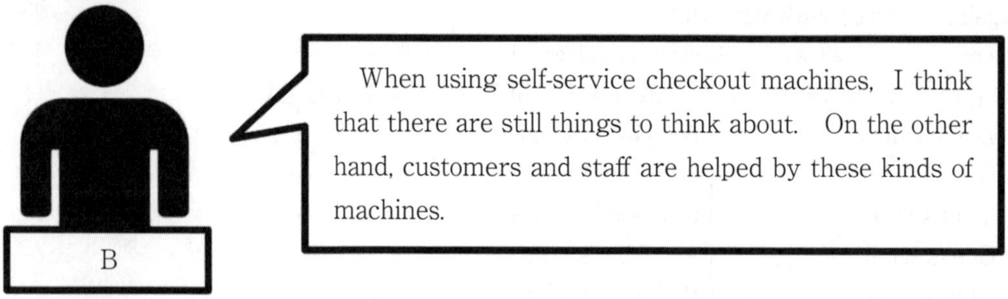
When using self-service checkout machines, I think that there are still things to think about. On the other hand, customers and staff are helped by these kinds of machines.
B

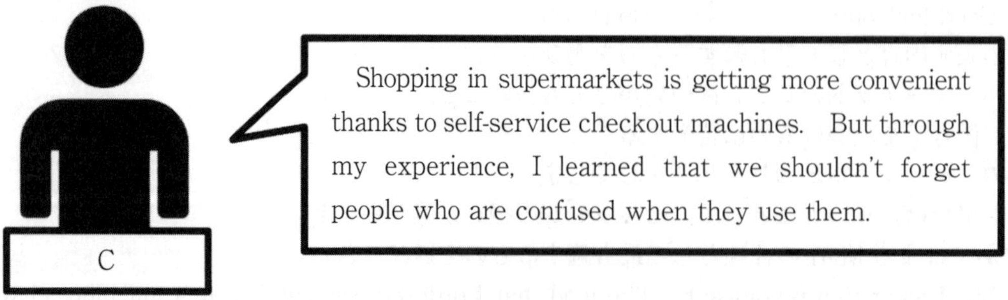
Shopping in supermarkets is getting more convenient thanks to self-service checkout machines. But through my experience, I learned that we shouldn't forget people who are confused when they use them.
C

D

Basically, I want staff to be at stores because I can speak to them. However, checkout lines are becoming shorter than since before people started using self-checkout machines.

ア．A：Kevin　B：Saori　C：Sophia　D：Matt
イ．A：Kevin　B：Saori　C：Matt　D：Sophia
ウ．A：Sophia　B：Kevin　C：Matt　D：Saori
エ．A：Saori　B：Kevin　C：Sophia　D：Matt

4　次の文章と表を読んで，下の問いに答えなさい。

You are traveling abroad and trying to find places to eat on the Internet. You are reading the reviews of some restaurants by people who have visited them.

★★★★☆ by Taro (7 months ago)

Noodle Paradise

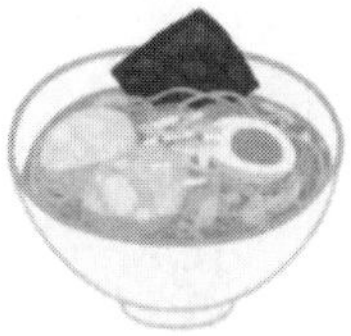

This is not a stylish restaurant, but the service is good, and the food comes quickly. There are just 3 different kinds of noodles, but they all taste good. I especially like *Miso ramen*. This is a great place to visit if you are looking for a cheap restaurant.

★★★★★ by Kate (1 year ago)

BB (Best Burger)

My friend recommended this place to me. The hamburgers here were simply the best I have ever tasted! The meat was first class and the locally grown vegetables were fantastic. The best thing was the original sauce! Wow! Just thinking about the taste now makes me hungry.

★★☆☆☆ by Paul (2 weeks ago)

Steak House Jane

The food at Steak House Jane was good but my friends and I thought it was a little expensive. The staff were very polite, but the service was a little slow ; it took 30 minutes for my steak to arrive. We were expecting a little more for the price we paid.

Restaurant	Open Time	Regular Holiday
Noodle Paradise	10:00 – 13:00	Saturday and Sunday
BB (Best Burger)	9:15 – 22:00	Monday
Steak House Jane	16:00 – 25:00	Friday

(18) Best Burger would be a good place to go if [18].

ア．you want to eat vegetables from countries across the world

イ．you want to enjoy yourself alone in a quiet place

ウ．you like fresh soft bread

エ．you are looking for a delicious burger sauce

(19) If you are interested in Steak House Jane, [19].

ア．you should go there when you have enough time

イ．you can enjoy special steak cheaply

ウ．you have to go there with your friends

エ．you will go there with an empty stomach

(20) If you want to go to Noodle Paradise, you can go there [20].

ア．at 10 a.m. on Saturday　　イ．at 12 p.m. on Sunday

ウ．at 6 p.m. on Monday　　エ．at 11 a.m. on Friday

5　日本文とほぼ同じ意味になるように(　)内の語を並べかえて正しい英文を作るとき，[　]に示された語は(　)内で何番目に来ますか。ア～エの中から選びなさい。ただし，文頭の語も小文字で示されています。

(21) 私は試験に合格するのに十分なくらい一生懸命勉強した。[pass]

(hard, pass, to, I, examination, enough, the, studied).

ア．4番目　　イ．5番目　　ウ．6番目　　エ．7番目

(22) この本を読んだおかげで，フランスの生活がいくぶんわかった。[some]

(some, France, idea, life, gave, book, of, me, in, this).

ア．4番目　　イ．5番目　　ウ．6番目　　エ．7番目

(23) いくつの椅子をここに運ばなければいけませんか。[be]

(many, be, here, must, brought, how, chairs)?

ア．3番目　　イ．4番目　　ウ．5番目　　エ．6番目

(24) 私が読んでいる手紙は父から送られたものです。[reading]

(the, I, sent, was, letter, am, father, reading, my, by).

ア．４番目　イ．５番目　ウ．６番目　エ．７番目

6　次の(25)～(27)のそれぞれ４つの英文のうち，文法上の誤りを含む文を１つ選びなさい。

(25) ア．His speech was boring.

イ．He was disappointing at the news.

ウ．The results of the exam were surprising to me.

エ．I'm interested in going to the school Halloween party.

(26) ア．Every boy in this village love baseball.

イ．My family lives in Tokyo.

ウ．Writing letters is fun.

エ．One of the girls is good at playing the guitar.

(27) ア．I can't swim as fast as my brother.

イ．Tom is studying right now, doesn't he?

ウ．I asked him to teach my son English.

エ．There is a little water in the bottle.

7　下の(28)～(30)の各文が意味の通る文になるように下線部にそれぞれ適する単語を入れたとき，各下線部が正しいつづりになるように①，②に入れるのに最も適する組み合わせを選びなさい。

> [例]
>
> A：How is the w□①□□□r, today?
>
> B：It's cloudy, but it'll be rainy. We need to have um□□□②□a.
>
> ア．①：a　②：r　イ．①：e　②：r　ウ．①：a　②：l　エ．①：i　②：l
>
> 答え：本文の内容から下線部に入る単語は weather と umbrella になり，「ウ」が正解。

(28) A：Would you tell me where the movie t□□□□①r is?

B：Oh, just go s□□②□□□t ahead.

ア．①：e　②：i　イ．①：o　②：i　ウ．①：a　②：e　エ．①：e　②：a

(29) A：Your cl□□①□s are very nice.

B：Thank you! I b□□②□t this jacket yesterday.

ア．①：e　②：g　イ．①：i　②：u　ウ．①：h　②：g　エ．①：h　②：u

(30) A：I have had a t□□□□□①he s□□□② yesterday.

B：You should visit the dentist.

ア．①：k　②：o　イ．①：c　②：u　ウ．①：k　②：e　エ．①：c　②：e

【数　学】（50分）〈満点：100点〉

（注意）　解答はすべて一つ選び，解答用紙の所定の欄にマークすること。

1　次の各問いに答えなさい。

(1)　$(3xy^2)^3 \div 12x^4y^5 \times 4x^2y^3$ を計算しなさい。

解答群　(ア)　$3xy^4$　(イ)　$3x^2y^2$　(ウ)　$3y^3$

(エ)　$9xy^4$　(オ)　$9x^2y^2$　(カ)　$9y^3$

(2)　$(\sqrt{3}-4)(2\sqrt{3}+2)+\dfrac{12}{\sqrt{3}}$ を計算しなさい。

解答群　(ア)　$-2-2\sqrt{3}$　(イ)　$-2+6\sqrt{3}$　(ウ)　$-5-2\sqrt{3}$

(エ)　$2+2\sqrt{3}$　(オ)　$2-6\sqrt{3}$　(カ)　$5+2\sqrt{3}$

(3)　連立方程式 $\begin{cases} \dfrac{x}{4}-\dfrac{y}{3}=1 \\ y=\dfrac{1}{2}x+5 \end{cases}$ を解き，x の値を答えなさい。

解答群　(ア)　$x=2$　(イ)　$x=4$　(ウ)　$x=6$

(エ)　$x=8$　(オ)　$x=16$　(カ)　$x=32$

(4)　２次方程式 $3x^2+4x-1=0$ を解きなさい。

解答群　(ア)　$x=\dfrac{-2\pm\sqrt{7}}{3}$　(イ)　$x=\dfrac{-2\pm2\sqrt{7}}{3}$　(ウ)　$x=-1,\ -\dfrac{1}{3}$

(エ)　$x=\dfrac{2\pm\sqrt{7}}{3}$　(オ)　$x=\dfrac{2\pm2\sqrt{7}}{3}$　(カ)　$x=\dfrac{1}{3},\ 1$

(5)　１次関数 $y=ax+b$…①と２次関数 $y=2x^2$…②があり，①のグラフは点$(-2,\ 1)$を通る。また，x の値が -1 から３まで増加したとき，①と②の変化の割合が等しい。このとき，b の値を求めなさい。

解答群　(ア)　$b=11$　(イ)　$b=-9$　(ウ)　$b=-7$

(エ)　$b=9$　(オ)　$b=17$　(カ)　$b=-15$

(6)　４枚の硬貨を同時に投げるとき，表が２枚以上出る確率を求めなさい。

解答群　(ア)　$\dfrac{1}{4}$　(イ)　$\dfrac{1}{2}$　(ウ)　$\dfrac{9}{16}$　(エ)　$\dfrac{5}{8}$　(オ)　$\dfrac{11}{16}$　(カ)　$\dfrac{3}{4}$

(7)　異なる２つの２桁の正の整数がある。２つとも，十の位の数は一の位の数より３だけ大きく，十の位の数と一の位の数の積は，もとの整数より42小さい。その２つの２桁の整数の和を求めなさい。

解答群　(ア)　95　(イ)　108　(ウ)　116

(エ)　124　(オ)　137　(カ)　148

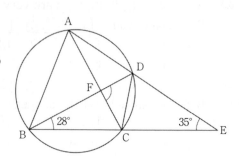

(8)　右図のように，円に接している四角形ABCDがあり，２直線AD，BCの交点をE，対角線ACとBDの交点をFとする。$\angle DBC=28^\circ$，$\angle AEB=35^\circ$ のとき，$\angle DFC$ の大きさを求めなさい。

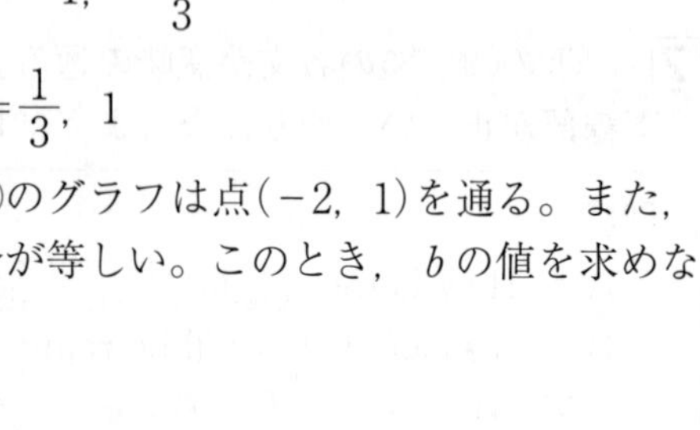

解答群　(ア)　87°

(イ)　91°

(ウ)　93°

(エ)　95°

(オ)　98°

(カ)　101°

(9)　右図のように，母線の長さが８，底面の円の半径が２の円錐がある。母線ABの中点をＰとし，Ｐから側面に沿って点Ｂまで糸を巻きつける。このとき，糸の最短の長さを求めなさい。

解答群　(ア)　$4\sqrt{3}$
　　　　(イ)　$6\sqrt{2}$
　　　　(ウ)　$3\sqrt{7}$
　　　　(エ)　$4\sqrt{5}$
　　　　(オ)　$2+4\sqrt{3}$
　　　　(カ)　$4+2\sqrt{2}$

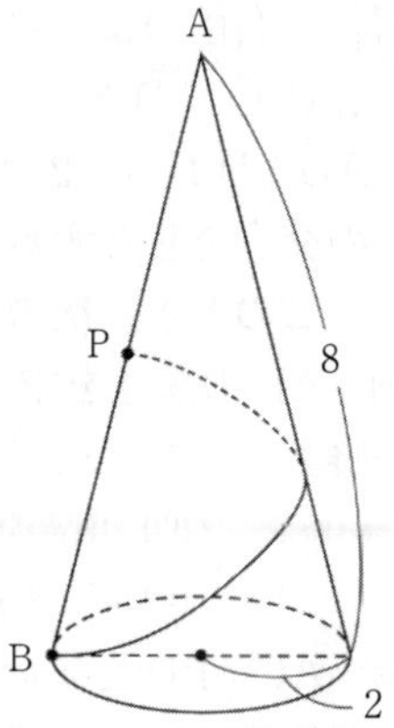

2　濃度が８％，７％，４％の３種類の食塩水がある。８％の食塩水90ｇに，７％の食塩水xｇと，４％の食塩水yｇを加えて，420ｇの食塩水Ａをつくった。このとき，次の各問いに答えなさい。

(10)　食塩水Ａに含まれる食塩の量をxとyを用いて表しなさい。

解答群　(ア)　$0.07x+0.04y+7.2$　　(イ)　$0.7x+0.4y+72$
　　　　(ウ)　$7x+4y+720$　　(エ)　$0.07x+0.04y+0.72$
　　　　(オ)　$0.7x+0.4y+7.2$　　(カ)　$7x+4y+72$

(11)　食塩水Ａの濃度が６％のとき，yの値を求めなさい。

解答群　(ア)　120　　(イ)　150　　(ウ)　170　　(エ)　180　　(オ)　200　　(カ)　210

3　右図のように，放物線$y=ax^2$…①と２直線l，mがある。直線lは放物線①と原点Ｏ，点Ａ(2，2)で交わっている。直線mは傾きが-1で，放物線①上のx座標が-3である点Ｂを通る。また，直線mとx軸との交点をＣ，直線lとの交点をＤとする。

このとき，次の各問いに答えなさい。

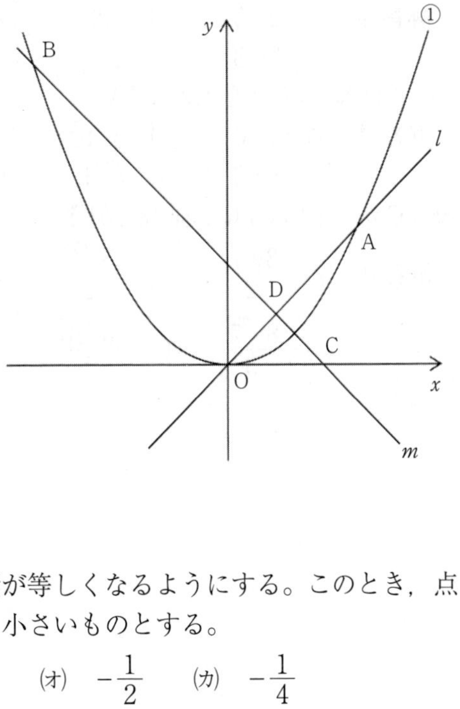

(12)　aの値を求めなさい。

解答群　(ア)　$\frac{1}{4}$　　(イ)　$\frac{1}{2}$　　(ウ)　$\frac{4}{9}$
　　　　(エ)　1　　(オ)　2　　(カ)　4

(13)　△ADCの面積を求めなさい。

解答群　(ア)　$\frac{1}{2}$　　(イ)　$\frac{27}{8}$　　(ウ)　$\frac{9}{16}$
　　　　(エ)　$\frac{15}{16}$　　(オ)　$\frac{45}{16}$　　(カ)　$\frac{9}{32}$

(14)　放物線①上に点Ｐをとり△ADCの面積と△ADPの面積が等しくなるようにする。このとき，点Ｐのx座標を求めなさい。ただし，点Ｐのx座標は２より小さいものとする。

解答群　(ア)　$-\frac{3}{2}$　　(イ)　$-\frac{5}{4}$　　(ウ)　-1　　(エ)　$-\frac{3}{4}$　　(オ)　$-\frac{1}{2}$　　(カ)　$-\frac{1}{4}$

4　右図のように，AB を直径とする半円の周上に 2 点 C，D をとったところ，$AC=5$，$BC=15$，$AD:DB=1:2$ となった。また，2 直線 AB，CD の交点を E とすると $AE=\sqrt{10}$ となった。

このとき，次の各問いに答えなさい。

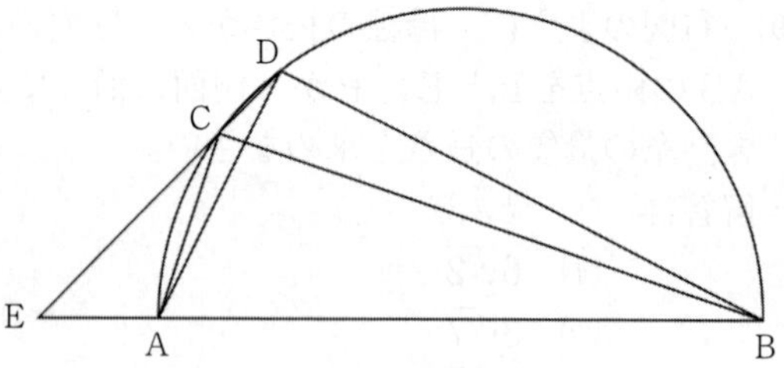

(15)　AB の長さを求めなさい。

解答群　(ア)　$8\sqrt{2}$　　(イ)　$10\sqrt{2}$
　　　　(ウ)　$6\sqrt{5}$　　(エ)　$8\sqrt{5}$
　　　　(オ)　$5\sqrt{10}$　　(カ)　$8\sqrt{10}$

(16)　AC：BD を求めなさい。

解答群　(ア)　$2:3$　　(イ)　$1:2\sqrt{5}$　　(ウ)　$2:3\sqrt{5}$
　　　　(エ)　$1:\sqrt{2}$　　(オ)　$1:2$　　(カ)　$1:2\sqrt{2}$

(17)　CD の長さを求めなさい。

解答群　(ア)　$\sqrt{2}$　　(イ)　$\sqrt{3}$　　(ウ)　$\sqrt{5}$　　(エ)　$\sqrt{6}$　　(オ)　$\sqrt{7}$　　(カ)　$2\sqrt{2}$

5　右図のように，すべての辺の長さが 6 の正四角錐 OABCD がある。辺 AB 上に $AP:PB=2:1$ となる点 P を，辺 AD 上に $AQ:QD=2:1$ となる点 Q をとる。

このとき，次の各問いに答えなさい。

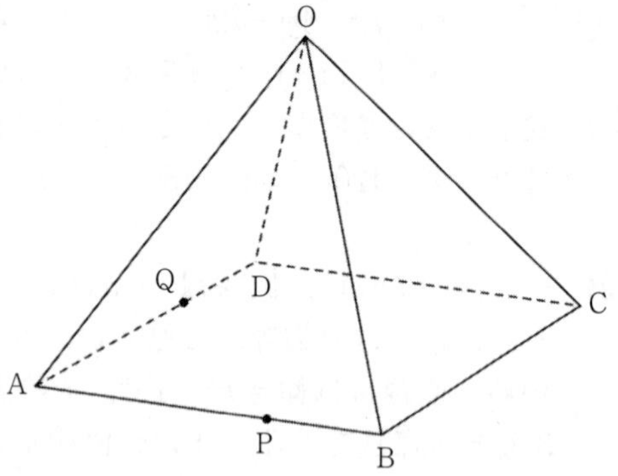

(18)　OP の長さを求めなさい。

解答群　(ア)　$2\sqrt{5}$　　(イ)　$\sqrt{21}$　　(ウ)　$\sqrt{26}$
　　　　(エ)　$3\sqrt{3}$　　(オ)　$2\sqrt{7}$　　(カ)　$4\sqrt{2}$

(19)　△OPQ の面積を求めなさい。

解答群　(ア)　$4\sqrt{6}$　　(イ)　$4\sqrt{10}$　　(ウ)　$7\sqrt{2}$
　　　　(エ)　$8\sqrt{3}$　　(オ)　$6\sqrt{5}$　　(カ)　$9\sqrt{3}$

(20)　C から平面 OPQ に垂線を引き，その交点を R とする。線分 CR の長さを求めなさい。

解答群　(ア)　$\dfrac{3\sqrt{7}}{2}$　　(イ)　$\dfrac{5\sqrt{3}}{2}$　　(ウ)　$\dfrac{4\sqrt{5}}{3}$
　　　　(エ)　$\dfrac{8\sqrt{7}}{3}$　　(オ)　$\dfrac{6\sqrt{10}}{5}$　　(カ)　$\dfrac{12\sqrt{5}}{5}$

問6　本文の内容として最もよいものを記号で答えなさい。　解答番号 33

ア　筆者は小貝を拾うために種の浜へ徒歩で向かった。
イ　天屋なにがしは案内のためにしもべを舟に乗せた。
ウ　筆者は法花寺で茶を飲み、酒を温めた。
エ　等栽は、自身が感じたことを寺に書き残した。

問7　本文の筆者である松尾芭蕉と同じ時代に活躍した人物と作品の組み合わせとして最もよいものを記号で答えなさい。　解答番号 34

ア　鴨《かもの》長明《ちょうめい》『無名抄』　　イ　井原西鶴『玉勝間』
ウ　小林一茶『おらが春』　　エ　紀貫之《きのつらゆき》『土佐日記』

三　次の文章を読んで、後の問いに答えなさい。

十六日、空はれたれば《空が晴れたので》、※1ますほの小貝拾はんと、※2種の浜に舟を走《は》す。海上※3七里あり。※4天屋なにがしといふ者、※5破籠・※6小竹筒などA細やかにしたためさせ、僕《しもべ》あまた舟に取り乗せて、※7追ひ風ときの間に吹き着きぬ。浜は僅《わづ》かなる海人《あま》の小家にて、侘《わび》しきB※8法花寺あり。ここに茶を飲み、酒を温めて、夕暮れの寂しさ、C感に堪へたり。

D　寂しさや※9須磨にかちたる浜の秋

E　波の間や小貝にまじる萩《はぎ》の塵《ちり》

その日のあらまし、※10等栽に筆を取らせて寺に残す。

（『奥の細道』松尾芭蕉《まつおばしょう》）

（注）※1　ますほの小貝　淡い黄褐色に紅のさした小貝で色浜の特産。作者が憧れた西行の『山家集』にも汐《しお》染むるますほの小貝を色の浜で拾った時の歌がある。
2　種の浜　現在の福井県敦賀《つるが》市色浜。
3　七里　距離の単位。一里は約四キロメートル。
4　天屋なにがし　天屋五郎衛門。敦賀の海運業者。
5　破籠《わりご》　破子。「わりこ」ともいう。薄い檜《ひのき》の白木を曲げて作った入れ物。
6　小竹筒《ささえ》　竹筒で作った携帯用の酒入れ。
7　追い風ときの間に吹き着きぬ　「ときの間」はほんの少しの時間。『源氏物語』須磨巻にも同様に追い風が吹いて早く到着する場面がある。
8　法花寺《ほけでら》　現在の日蓮《にちれん》宗の寺、本隆寺。
9　須磨《すま》　現在の兵庫県神戸市須磨区。『源氏物語』須磨巻に「寂しい秋といえば須磨だ」とある。
10　等栽　福井の俳人。松尾芭蕉の旅の同行人。

問1　――線A・Cの解釈として最もよいものをそれぞれ記号で答えなさい。　解答番号[27]・[28]

A　細やかにしたためさせ
ア　丁寧に折りたたませて
イ　細部までこだわらせて
ウ　心をこめて用意させて
エ　必要なものを書かせて

C　感に堪へたり
ア　感動に値するものではなかった
イ　格別心に迫るものだった
ウ　我慢できそうなものであった
エ　耐えられるものではなかった

問2　――線Bの様子として最もよいものを記号で答えなさい。　解答番号[29]

ア　趣深い　　イ　厳か
ウ　親しみやすい　　エ　もの寂しい

問3　Dの俳句の内容として最もよいものを記号で答えなさい。　解答番号[30]

ア　種の浜の秋は須磨の秋よりも寂しい。
イ　寂しさや奥ゆかしさは須磨にこそふさわしい。
ウ　種の浜は秋の夕暮れにこそ価値がある。
エ　浜というものは夏よりも秋に風情がある。

問4　Eの俳句と同じ季節を詠んだ句として最もよいものを記号で答えなさい。　解答番号[31]

ア　牡丹《ぼたん》散りて打ちかさなりぬ二三片
イ　古池や蛙《かわず》飛びこむ水の音
ウ　旅に病んで夢は枯野をかけ廻《めぐ》る
エ　名月をとつてくれろとなく子かな

問5　D・Eの俳句に共通して用いられている表現技法として最もよいものを記号で答えなさい。　解答番号[32]

ア　擬人法　　イ　体言止め
ウ　倒置法　　エ　対句法

ア　病気の妻のために書いたのではなく、あくまで仕事として利益を得るためだけに小説を書いたから。
イ　病気の妻のために書いたことは事実であるものの、妻以外の不特定多数が読むことを前提として小説を書いたから。
ウ　病気の妻のためではあるものの、同じ境遇で苦しむ人が読むであろうことを念頭において小説を書いたから。
エ　病気の妻を意識するのではなく、多くの人に受け入れられるおもしろさだけを意識して小説を書いたから。

問6　――線Dの説明として最もよいものを記号で答えなさい。　解答番号22

ア　妻の心理や好みを理解していたつもりだったので、どの作品も妻の好みに寄せたものにしたのだが、かえってそれが妻を不快にさせてしまうことがあったということ。
イ　その時々の妻の心境を熟知してそれに合わせて書いたつもりだったので、どの作品も楽しんでもらえると思っていたが、実際には期待していた反応が得られないこともあったということ。
ウ　その日の妻の感情や体調も考慮して作品を書いたつもりであったが、実際には妻の様子を正確には把握できておらず、作品によっては喜んでもらえないこともあったということ。
エ　妻以外の読者からも受け入れられるように書いたつもりであったが、実際には妻からの支持は得られた一方で、大衆からは良い反響は得られなかったということ。

問7　――線Eとはどのようなものですか。説明として最もよいものを記号で答えなさい。　解答番号23

ア　最初は喧嘩した理由もわからない間柄であったとしても、長い年月のうちにいさかいもなくなっていくという行程。
イ　共に過ごす時間を重ねて徐々に互いのことを理解し合い、考えも察することができるようになるという行程。
ウ　どんな夫婦も喧嘩や言い争いを経てこそ、互いのことを理解し合い、その考えも窺《うかが》い知れるようになるという行程。
エ　どんなに長い年月を共に過ごしても互いのことは理解し合えず、ある程度のところで妥協《だきょう》するようになるという行程。

問8　F に当てはまる筆者の感情を表す語として最もよいものを記号で答えなさい。　解答番号24

ア　憤り　イ　動揺　ウ　切なさ　エ　悔い

問9　――線Gとは筆者にとってどのような時期でしたか。説明として最もよいものを記号で答えなさい。　解答番号25

ア　今まで知らなかった妻の一面を見出す時間であったと同時に、何の決まり事もなく、ただ自分の書きたい内容だけを書くという理想に至ることができた時期。
イ　様々な決め事のなかで小説を書くことで自身の目指すべき夫婦像を見出しただけでなく、これまでと異なる作風に挑んで発見を得られた特別な時期。
ウ　夫婦のあり方について考え直す時間であったと同時に、今までの「仕事」ではない、特定の誰かのために書く小説というものの魅力を見出すことができた時期。
エ　様々な決め事はあったが、妻とともに過ごす時間のありがたみを実感する時間でもあり、「仕事」ではない小説を書く楽しさを味わうことができた時期。

問10　本文中における表現の特徴を説明したものとして最もよいものを記号で答えなさい。　解答番号26

ア　口語表現を多用することで、生前の妻との日常的なやり取りを読者に想起させている。
イ　「――」や「……」を多用することで、現在に至っても解決できない悩みがあることを示している。
ウ　時折現在の視点から描写することで、過去の自分を顧みることを可能にしている。
エ　逆接の接続詞を多用することで、自身の思考が二転三転していたことを表している。

※1アバウトにはわかっていても、思わぬところで違っているのかもしれない、と感じたりしたのである。元来が、共に暮らす夫婦といっても、実際はそういうものであろう。それが、こうしたぎりぎりの状況になってきたために、目に見えてきた、ということであろうか。

一日一話にしても、実のところ妻には迷惑だったのではないか？　一日一話のことのみならず、ひとつひとつ記憶がよみがえるたびに、あのとき、ああすればよかったのではないか、こうすればよかったのではないか、との［F］が出てきて、しかも、何が正解だったのか、いまだにわからないのである。そして今となっては、たしかめるすべもない。

だが。

私は癌《がん》になった当人ではなかった。

その私が、妻の心境をいくら推察しようとしても、本当のところがわかるはずがないのだ。

そして……私は思うのである。人と人とがお互いに信じ合い、共に生きてゆくためには、何も相手の心の隅から隅まで知る必要はないのだ。生きる根幹、めざす方向が同じでありさえすれば、それでいいのである。私たちはそうだったのだ。それでいいのではないか。

間もなく妻の三回忌だ。

毎日短い話を書いたことについても、自分にはそれしかできなかったのだ、と現在の私は考えることにしている。

そしてその五年間は、私たち夫婦にとっても、また私自身の物書きとしての生涯《しょうがい》の中でも、G画然とした一個の時期であり、ただの流れ行く年月ではなかったのである。

妻へ——読んでくれて、ありがとう。

（『妻に捧《ささ》げた1778話』眉村《まゆむら》卓《たく》）

（注）※1　アバウト　おおよそ。だいたい。大部分。

問1　＝＝線①・②と同じ漢字を書くものをそれぞれ記号で答えなさい。　解答番号［14］・［15］

①　セイヤク

ア　幕藩タイセイを確立する。　イ　キセイ品の衣類。

ウ　石油をセイセイする。　エ　肌をセイケツに保つ。

②　シテキ

ア　病院でテンテキを打つ。　イ　テキセツな対応をとる。

ウ　悪事をテキハツする。　エ　タンテキにまとめる。

問2　〰〰線a～cの本文中の意味として最もよいものをそれぞれ記号で答えなさい。　解答番号［16］～［18］

a　殊勝な

ア　ひどく薄情な　イ　未練がましい

ウ　そっけない　エ　けなげで感心な

b　なるほど

ア　おそらく　イ　確かに

ウ　もっとも　エ　どうして

c　ことにする

ア　別にする　イ　特別にする

ウ　複雑にする　エ　同等にする

問3　［A］に当てはまる四字熟語として最もよいものを記号で答えなさい。　解答番号［19］

ア　一日千秋　イ　十中八九

ウ　千差万別　エ　千載一遇

問4　——線Bとありますが、筆者が考える妻の心情として最もよいものを記号で答えなさい。　解答番号［20］

ア　自分だけのために書かれる小説を読むことを遠慮する気持ち。

イ　仕事から逃れるために書かれた小説を忌避する気持ち。

ウ　病気で苦しんでいるなかで何かを読むのは面倒だという気持ち。

エ　自分のせいで夫の仕事に影響が出ることを嫌がる気持ち。

問5　——線Cの理由として最もよいものを記号で答えなさい。　解答番号［21］

そんなことをして、どうなるのだ？

暇な奴《やつ》なのだ。

はた迷惑なことをする。

その他もろもろ、［A］であろう。私に面と向かってそう言うかどうかは、別の話としてである。だが、どう思われようと、私の知ったことではなかった。こっちが勝手にしていることで、他人の思惑を気にしている余裕などなかったのだ。

しかし、このことについて、「妻ひとりだけのために」をあまりに強調されると、私は複雑な気分になってしまう。たしかにその通りだけれども、気持ちの上ではそれだけではなかったからである。

bなるほど、私は毎日書きつづけた。読み手がそういう状態の妻だということで、内容には自分で①セイヤクも設けた。

しかし妻にしてみれば、Bかたちだけの、どこにでもあるような、内輪《うちわ》の自分たちのためだけの作品など、読みたくなかったに違いない。小説書きである私が、外から来る仕事を最小限にして原稿用紙に向かっている以上、出てくるものは外部にも通用するちゃんとした作品でなければならない、そのつもりで書かれたものだから読む――ということでなければならなかったのである。〝慰《なぐさ》め〟ではなく〝仕事〟であるべきだったのだ。だから、これでは他の人にわからないのではないか、というような話が出てくると、文句をつけた。シ②テキを受けた私は、新しく想を練ったり表現を変えたりして、書き直したのである。

その意味で、C「妻ひとりのために」は事実ながら、事実のすべてではないのだ。

とはいうものの、現実には、まず読んでくれるのは妻ひとりであった。長いこと一緒に暮らしてきた妻と私の間には、暗黙の合意もあれば意見をcことにする事柄もある。それらを承知の上で、妻を標的にして書くとなれば、当然ながら他の人の誰にも面白いものになるとは限らない。元来が、小説や物語なんて、読者一人ひとり受けとめ方が違うものだ。その上にさらに、妻を意識して書いたとなると（もともと私の書くもの自体に癖《くせ》があるのだから）他人様《ひとさま》の受けとめ方の差異は、うんと広がるわけである。

実際、書いたものが本になり、いろんな方が目を通して下さる段になって、私はそのことを今更ながら思い知らされることになった。

パンチが弱いとか、日常的で飛躍性に乏《とぼ》しい――との感想を述べた人も、何人かいた。

しかし逆に、ああいうのがいいとよろこんでくれた人が結構いたのも、本当である。これまでの私の読者で積極的に支持してくれた例も少なくなかったけれども、それだけではなく、新しく関心を持ってくれる人も出てきたのだ。その多くは、私や妻に近いか、それより上の年齢で、しかも文芸とはあまりかかわりがなく実生活の中に生きている人々だった。自分の経験を通じての所感、実生活の中での気持ちをもとに、うんうんと頷《うなず》いてくれたようである。

右は、妻以外の、妻の後で読むことになった人々についてである。

その当の妻がどうであったかとなると、Dこちらの思惑通りに運んだわけではなかったのだ。

書いたものに対しての妻の反応が、必ずしも予期した通りではなかった――とは、すでにしるしたが、妻に読んでもらうために、妻の心理も考えながら書いたのに、しばしば外れたのである。

私たちの結婚生活は長かった。初期にはしょっちゅう喧嘩《けんか》をしたものの、年月のうちに、ああそうか、あれはそういうことだったのかと思い当たったり、あれを言い出すかなと思っているとその通りになったり、で、だんだんお互いにわかるようになっていった。

E世の夫婦がおおむねたどるであろう道のりを、私たちもたどっていたようである。従って、ある程度は気持ちも察することができるようになっていた……そのつもりであった。

それが、毎日一話書いて読んでもらっているうちに、本当にそうだったのかなあ、と、ときどき思うようになったのだ。たしかに、れの価値観をすり合わせてお互いの価値観が対立しないようにしていくべきだと考えている。

エ　様々な文化や言語・歴史等を踏まえて多様な価値観が認められるようになった場合は、価値観の相違から争いが生まれることはないと考えている。

問8　――線Cとありますが、ここで言う「倫理」にのっとった行動として最もよいものを記号で答えなさい。　解答番号 11

ア　一人だけ作業が遅い子がいたので、何も言わずに優しく見守った。

イ　電車の中で足をケガしていた人を見つけるたびに、席を譲るよう心掛けた。

ウ　万引きをしようとしていた友人を、皆で説得してやめさせた。

エ　文化祭の出し物で意見が割れたが、話し合いを続け解決策を模索した。

問9　次の会話文は、【文章1】【文章2】を読んで、「さわる／ふれる」というテーマで話し合ったものです。会話文を読んで、後の設問に答えなさい。

Aさん　【文章2】では、「ふれる」は相互的で、「さわる」は一方的なものということだよね。

Bさん　そうだね。【文章1】とあわせて考えてみると、「ふれる」は a 、「さわる」は b ということになるね。

Cさん　でも、相手が人間だからといって、必ずしもかかわりが人間的であるとは限らないよね。

Aさん　たとえば、医師が診察のために人間の体を「さわる」のは、相互的なかかわりであるとは言えないよ。

Bさん　つまり、人間の体を物のように扱っているということだけど、それは「悪」ではない。

Cさん　同じように、相手が人間でないからといって、かかわりが必ずしも非人間的であるとは限らないよね。

Aさん　つまり、「ふれる」は容易に「さわる」に転じうるし、逆に「さわる」のつもりだったものが「ふれる」ことになることもあるということだね。

設問1　a ・ b に当てはまるものの組み合わせとして最もよいものを記号で答えなさい。　解答番号 12

ア　a　非人間的なかかわり　　b　人間的なかかわり

イ　a　人間的なかかわり　　b　物的なかかわり

ウ　a　非対物的なかかわり　　b　人間的なかかわり

エ　a　物的なかかわり　　b　非人間的なかかわり

設問2　――線の理由として最もよいものを記号で答えなさい。　解答番号 13

ア　医師が傷口に「さわる」のが思いやりに欠けているのは、それが一方的で、さわられる側の心情を無視しているから。

イ　「さわる」が想定される場面で過剰に「ふれる」が入ってきたときは、かえって患者が不快感を覚えるかもしれないから。

ウ　医師が診察をするときは専門的な知識を前提とし、患者の体を科学の対象として客観的に見ているだけだから。

エ　接触をする場合、否応《いやおう》なく相手に影響を与えることになるという点で、倫理的な善悪を超越した行為であるから。

二

次の文章を読んで、後の問いに答えなさい。

病気の妻に読んでもらうために、毎日ひとつ短い話を書く――ということに対して、人はどう考えるだろうか。

a 殊勝な心がけだ。

愛妻家。

ロマンチック。

お気の毒に。

大変だねえ。

エ　敵に対してカンダイな処置をとる。

③　ケイキ

ア　本を読んで自己ケイハツにつとめる。

イ　直情ケイコウとはまさに彼のことだ。

ウ　書面でケイヤクを結ぶ。

エ　そこで、イッケイを案じた。

問2　〰〰線a・bの本文中での意味として最もよいものをそれぞれ記号で答えなさい。　解答番号 4・5

a　止むを得ず

ア　思わず　　イ　気軽に

ウ　そうするより仕方なく　　エ　意味を気にせず

b　免罪符

ア　責任を逃れるための言い訳

イ　他人に責任をなすりつけるための正当性

ウ　罪を逃れるために払う代償

エ　罪を帳消しにするほど積み重ねた善行

問3　Ⅰ～Ⅳに当てはまる語の組み合わせとして最もよいものを記号で答えなさい。　解答番号 6

ア　Ⅰ もちろん　Ⅱ それでも　Ⅲ とはいえ　Ⅳ また

イ　Ⅰ そして　Ⅱ やはり　Ⅲ ただし　Ⅳ 加えて

ウ　Ⅰ あるいは　Ⅱ もちろん　Ⅲ しかし　Ⅳ むしろ

エ　Ⅰ やはり　Ⅱ それこそ　Ⅲ だが　Ⅳ あるいは

問4　〈X〉に当てはまる語句として最もよいものを記号で答えなさい。　解答番号 7

ア　アレルギー　　イ　ニーズ

ウ　リテラシー　　エ　キャンペーン

問5　〈Y〉に当てはまるものとして最もよいものを記号で答えなさい。　解答番号 8

ア　なんとかして協調していけるよう道を探らねばならない

イ　どうしても皆が分かり合えるような社会を目指さねばならない

ウ　そのうえで協働して一つの目標に向かう社会を作らねばならない

エ　なおかつ皆が団結して幸せになる道を歩まねばならない

問6　――線Aの説明として最もよいものを記号で答えなさい。　解答番号 9

ア　「多様性」という言葉が本質的に持つ他者への不干渉や分断の免罪符としての性質に気づかなかったために、言葉の流行が社会全体を排他的な方向に動かしてしまったということ。

イ　「多様性」という言葉が互いに認め合い違いを尊重する方向ではなく、不干渉の言い訳として社会で用いられているために、お互い無関心な状況を進行する方向に動いてしまったということ。

ウ　「多様性」という言葉が持つ互いの尊重という意味合いが、意味と向き合わないままに社会の中で濫用されたために、言葉自体が変質していたことに気づく機会がなかったということ。

エ　「多様性」という言葉に本来持たない意味までも勝手に背負わせ、社会で起きている分断を解決しようと試みたために、それだけでお互いの違いを受容したと錯覚《さっかく》するようになったということ。

問7　――線Bとありますが、この文章における「相対主義」の捉え方を説明したものとして最もよいものを記号で答えなさい。　解答番号 10

ア　様々な文化や言語・歴史等を踏まえたそれぞれの価値観が培われた状況においては、たった一つの真理が存在することはないと考えている。

イ　様々な文化や言語・歴史等を比較しながら評価し、より多くの人が納得することのできる客観性を持った解答を探していくべきだと考えている。

ウ　様々な文化や言語・歴史等を普遍的な立場から捉え、それぞけではない。社会全体が関わってくる問題の場合には、そこにおいてどれほど意見が異なっていようとも、なお理を尽くして、お互いを尊重しつつ、（　Ｙ　）のに、この決まり文句によって、そこから目をそらしてしまうのだ。（……）倫理とは、「他人のことに口を出すべからず」が問題解決として役に立たない――どれほど意見が分かれていようとも、一緒に問題を解決していかなければどうしようもない――、まさにそのような問題に照準を当てたものだということになる。私たちは、ともに生きていかねばならない。だから、なおも考え続け、語り続けねばならない。これこそが、C倫理そのものであり、倫理的にふるまうことにほかならない。

つまり、多様性という言葉に安住することは、それ自体はまったく倫理的なふるまいではない。そうではなく、いかにして異なる考え方をつなぎ、違うものを同じ社会の構成員として組織していくか、そこにこそ倫理があると言うのです。

※2これに対し、さわる／ふれることは、物理的な接触ですから、その接触面に必ず他者との交渉が生じます。物理的であるからこそ、さわる／ふれることは、避けようもなく「他人のことに口を出す」行為なのです。他者を尊重しつつ距離をとり、相対主義の態度を決め込むことは不可能。この意味でさわる／ふれることは、本質的に倫理的な行為だと言うことができます。

ただし、倫理は単に具体的な状況に埋没するものではない、という点にも注意が必要です。確かに、先に確認したように「一般」を前提にしないことが、倫理を道徳から区別する重要な特徴です。けれども、ただひたすらその状況の内部から価値を主張することもまた、倫理的ではありません。状況の複雑さに分け入り、不確実な状況に創造的に向き合うことで、「善とは何か」「生命とは何か」といった普遍的な問いが問いなおされる。あるいは異なる複数の立場のあいだにも、実は共通の価値があることが見えてくる。倫理的な営みとはむしろ、具体的な状況と普遍的な価値のあいだを往復すること、そうすることで異なるさまざまな立場をつなげていくことであると言うことができます。

（『手の倫理』伊藤《いとう》亜紗《あさ》）

【文章２】

一言でいえば、ふれるという体験にある相互※3嵌入の③ケイキ、ふれることは直ちにふれ合うことに通じるという相互性のケイキ、あるいはまたふれるということが、いわば自己を超えてあふれ出て、他者のいのちにふれ合い、参入するというケイキが、さわるということの場合には抜け落ちて、ここでは内―外、自―他、受動―能動、一言でいってさわるものとさわられるものの区別がはっきりしてくるのである。

（『「ふれる」ことの哲学』坂部《さかべ》恵《めぐみ》）

（注）※1　ウエストン　アメリカの著作家。哲学に関しての著述が多い。

２　これに対し　この章では、「倫理」とは何か、ということを手の働きを絡《から》めて論じている。この前の部分で、「倫理」とは具体的な状況をふまえたものである、としている。

３　嵌入《かんにゅう》　はめこむこと。はまりこむこと。

問１　――線①～③と同じ漢字を書くものをそれぞれ記号で答えなさい。　解答番号1～3

①　エンキ

ア　貴族はショウエンから利益を得た。

イ　試合は悪天候のためジュンエンになった。

ウ　親類エンジャをさがす。

エ　文献をエンヨウする。

②　カンヨウ

ア　勝利のエイカンを得る。

イ　売上金のカンジョウをする。

ウ　カンダン差が大きい季節だ。

二〇二四年度 星野高等学校（併願第二回）

【国語】（五〇分）〈満点：一〇〇点〉

（注意）一、解答はすべて一つ選び、解答用紙の所定の欄にマークする。
二、出題に際し、一部本文を改めたところがある。

一　次の文章を読んで、後の問いに答えなさい。なお、【文章1】は、人間関係を考えるうえで、その具体的な状況における手の働きに注意しながら、そこにある触覚ならではの関わりの形を明らかにすることをテーマとし、【文章2】は、「さわる」「ふれる」の間にある微妙な違いを哲学的な立場から論じたものである。

【文章1】

言葉に寄りかからず、具体的な状況の中で考える。私が強くそう念じる背景にあるのは、実際に、気になって警戒しているある言葉があるからです。

それは「多様性」という言葉です。［Ⅰ］「ダイバーシティ」「共生」といった言葉もそう。①エンキになった東京オリンピックの大会ビジョンに始まり、企業の広告や大学のパンフレットなど、いまあらゆるところでこの言葉が使われています。便利で、私自身もa止むを得ず使ってしまうことがあるのですが、この氾濫《はんらん》ぶりは異常だと思います。

［Ⅱ］、人が一人ひとり違っていて、その違いを尊重することは重要です。「多様性」の名の下に行われている取り組みには、こうした違いを尊重し生かすことに貢献するものもあるでしょう。［Ⅲ］、「多様性」という言葉そのものは、別に多様性を尊重するわけではない。［Ⅳ］逆の効果すら持ちうるのではないかと感じています。

重度障害を持つ国会議員に対する批判、あいちトリエンナーレの企画展に対する抗議・脅迫と展示中止、冷え切る日韓関係。現実の日本で進んでいるのは、A多様性の尊重とは真逆の、分断の進行です。

そこにいったいどんな②カンヨウの精神や生きた優しさがあると言うのでしょうか。私は二〇一九年の半年間、在外研修でボストンに暮らしていたのですが、帰国して一番違和感を覚えたのはそのことでした。街中を覆う「多様性〈 X 〉」と、実態として進む分断。誰もが演技をしているように見えてゾッとしたことを覚えています。

もしかすると、「多様性」という言葉は、こうした分断を肯定する言葉になっているのかもしれない、とそのとき思いました。多様性を象徴する言葉としてよく引き合いに出される「みんなちがって、みんないい」という金子みすゞの詩は、一歩間違えば、「みんなやり方が違うのだから、それぞれの領分を守って、お互い干渉しないようにしよう」というメッセージになりかねません。

つまり、多様性は不干渉と表裏一体になっており、そこから分断まではほんの一歩なのです。「多様性」という言葉に寄りかかりすぎると、それは単に人々がバラバラである現状を肯定するためのb免罪符のようなものになってしまいます。

※1ウエストンは、「相対主義は反社会的な態度になりうる」と言います。「相対主義」とは、「多様性」という言葉が用いられるときの背景にあるような、「人間一般」「身体一般」「他者一般」のような絶対的なものを疑い、さまざまな価値の違いを尊重しようとする考え方のこと。すでに述べたように、多様性の尊重そのものは大前提として重要であり、Bその意味では相対主義は不可欠な視点です。けれどもそれが「他人のことには干渉しないようにしよう」という自己弁護につながるとき、ウエストンはそれが反社会的なものになると言うのです。

相対主義の決まり文句「他人のことに口を出すべからず」は、それゆえ、反社会的な態度となる。思考を停止させるだ

2024年度／星野高等学校（併願第２回）

英語解答

1 (1) イ　(2) エ　(3) ウ　(4) エ
(5) ア　(6) イ

2 (7) ア　(8) イ　(9) ア　(10) イ
(11) ア　(12) エ

3 (13) ウ　(14) イ　(15) ウ　(16) イ
(17) ア

4 (18) エ　(19) ア　(20) エ

5 (21) ウ　(22) イ　(23) ウ　(24) イ

6 (25) イ　(26) ア　(27) イ

7 (28) エ　(29) ウ　(30) エ

数学解答

1 (1) (エ)　(2) (ア)　(3) (カ)　(4) (ア)
(5) (エ)　(6) (オ)　(7) (カ)　(8) (イ)
(9) (エ)

2 (10) (ア)　(11) (ウ)

3 (12) (イ)　(13) (エ)　(14) (ウ)

4 (15) (オ)　(16) (カ)　(17) (ウ)

5 (18) (オ)　(19) (イ)　(20) (カ)

国語解答

一 問１　①…イ　②…エ　③…ウ
問２　a…ウ　b…ア　問３　ウ
問４　エ　問５　ア　問６　イ
問７　ア　問８　エ
問９　設問１…イ　設問２…ウ

二 問１　①…ア　②…ウ
問２　a…エ　b…イ　c…ア
問３　ウ　問４　エ　問５　イ
問６　イ　問７　イ　問８　エ
問９　イ　問10　ウ

三 問１　A…ウ　C…イ　問２　エ
問３　ア　問４　エ　問５　イ
問６　ウ　問７　ウ

2023年度 星野高等学校（単願）

〔注〕 この問題は，1月22日に実施された単願受験者用のものです。

【英　語】（50分）〈満点：100点〉

（注意） 解答はすべて一つ選び，解答用紙の所定の欄にマークすること。

1　次の英文を読んで，下の問いに答えなさい。

Imagine you are hungry and you are in a restaurant. Delicious-looking dishes are served in front of you. What do you do first? Many years ago, people started eating *immediately.

Today, many people act differently. They pick up their smartphones and take pictures of the food in front of them before eating it. Why do they do that? Probably they do that ①(　　　) the pictures with others through *SNS, or just to remember the moment. If their *objective is the *latter, taking pictures may not be a good way.

Recent research shows that people do not remember things very well when they take pictures of them. One day, in a museum, one group of university students took pictures of the *exhibits while another group just *observed them. The next day, both groups took a memory test. The observing group remembered better than the picture-taking group. The picture-taking group depended on their cameras so much that they didn't remember their experiences very well. The researcher said, "People often take pictures, but they ②(　　　　) what is happening just in front of them."

③(あ have　い more　う smartphones　え been　お getting) and more popular everywhere. In fact, too often we take pictures with them even when we do not really ④have to. But if we do not remember our experiences well by doing that, then what is the point of taking pictures?

⑤(　　　　) forget about your smartphone for a while? It will be better to enjoy dishes in front of you and *treasure the *occasion in your memory. Such a moment may never come again!

（注） immediately：すぐに　SNS：ソーシャルネットワーキングサービス
objective：目的　latter：後者　exhibits：展示されたもの
observed：～を観察した　treasure：～を大事にする　occasion：機会

(1) 下線①の(　)に入れるのに最も適するものを選びなさい。
ア．to share　イ．shares　ウ．share　エ．shared

(2) 下線②の(　)に入れるのに最も適するものを選びなさい。
ア．are giving　イ．were giving　ウ．are missing　エ．were missing

(3) 下線③が「スマートフォンはますます人気になりつつある」という意味になるように(　)内のあ～おの語を並べかえたとき，(　)内で2番目と4番目に来るものの組み合わせとして最も適するものを選びなさい。ただし，文頭に来る語も小文字になっている。
ア．{2番目：あ　4番目：え}　イ．{2番目：あ　4番目：お}　ウ．{2番目：う　4番目：お}　エ．{2番目：う　4番目：え}

(4) 下線④の have to の後ろに省略されているものとして最も適するものを選びなさい。
ア．remember our experiences　イ．take pictures　ウ．enjoy pictures　エ．say it

(5) 下線⑤の(　)に入れるのに最も適するものを選びなさい。
ア．Why don't you　イ．Do they have to　ウ．Shall I　エ．Must you

(6) 本文の内容と一致しないものを選びなさい。

ア．Many years ago, people usually ate immediately after food was served.

イ．Today, many people take pictures of food with their smartphones before eating it.

ウ．Recent research shows that people remember things better when they don't take pictures of them.

エ．The author thinks that we should take pictures to remember things and to treasure the moment.

2 次の３人の話を読んで，下の問いに答えなさい。

＜Kim＞

I'm a nine-year-old girl. One Sunday, early in April, I went for a walk and reached a *vacant lot. I had ⑦a secret plan. I chose a place behind a *rusty refrigerator, *dug six holes in the ground with a spoon, and put a bean in each of the holes. I wanted to grow plants there.

＜Anna＞

I'm old, and I can't walk very well, so I watch the world from my apartment window.

The other day I saw something strange. A girl *was burying something down in the vacant lot. At first I thought it was drugs or money. I saw her there again the next day.

Later, I took my *cane and walked down there after she left. I dug, but found only white beans. They had roots. I thought, "Have I done something wrong ?" So I carefully put those beans back in the holes. That afternoon I bought a pair of *binoculars to watch her.

＜Wendell＞

One morning I got a phone call from Anna, an old woman who lives on the floor above me.

"Get up here !" she shouted on the phone. I hurried up there, ⑧(　　　) she looked fine. Then she took me to the window.

"They're dying !" she said.

"Who ?" I asked.

"The plants !" she said. Then she told me about the girl who buried the beans. Anna gave me her binoculars. I saw the sick plants. "They were planted too early," I said. I know that ⑨(　　　　　).

"We have to save them," Anna said. "The girl hasn't come recently. I can't go down the stairs because I *twisted my ankle a few days ago !"

So I went down there ⑩(　　　) her.

I made a ring of *dirt around one of the plants to hold the water. Then I heard some noise. The girl was standing there and she looked afraid. I showed her that I was just giving her plants some water. But this just surprised her. So I slowly walked away. We never spoke a word.

That evening I walked back there. I found a new ring of dirt around each of the other plants. "Did ⑪she make those rings ?" I thought. Then I smiled. I decided to get a *shovel and do some gardening there.

（注） vacant lot：空き地　rusty refrigerator：さびた冷蔵庫　dug：～を掘った
was burying：～を埋めていた　cane：杖　binoculars：双眼鏡
twisted my ankle：足首をひねった　dirt：土　shovel：シャベル

(7) 下線⑦の内容を表すものとして最も適するものを選びなさい。

ア．日曜日に外出すること　　イ．寒い日に散歩をすること
ウ．駐車場を探しに行くこと　　エ．植物を育てること

(8) 下線⑧の(　)に入れるのに最も適するものを選びなさい。
ア．so　イ．but　ウ．if　エ．when

(9) 下線⑨の(　)に入れるのに最も適するものを選びなさい。
ア．because I threw away the refrigerator there
イ．because I gave her a pair of binoculars
ウ．because I made a phone call
エ．because I was a farmer

(10) 下線⑩の(　)に入れるのに最も適するものを選びなさい。
ア．with　イ．beside　ウ．toward　エ．instead of

(11) 下線⑪が指すものとして最も適するものを選びなさい。
ア．Kim　イ．an old woman　ウ．Anna　エ．Wendell

(12) 本文の内容と一致するものを選びなさい。
ア．Kim is nine years old and good at growing plants.
イ．Anna is an old woman living on the floor below Wendell.
ウ．Wendell talked with Kim when they met for the first time.
エ．Wendell decided to grow plants in the lot after he met Kim.

3 次の会話文を読んで，下の問いに答えなさい。

Mari : Hi, I'm Mari. I'm here with Ron. Ron is from Hawaii. So Ron, what is so special about Hawaii?

Ron : Well, Hawaii is my home. But to people not from Hawaii, I think Hawaii is ⑬(　　) for its nice weather. It's warm all year round, and it's known for its beaches. The beaches are very nice. And it's also known for its warm *hospitality. The people are very nice.

Mari : So can you tell me more about the weather? It's always sunny? It never rains?

Ron : It rains, but often it rains and is sunny ⑭(　　) the same time, so we have a lot of rainbows. Hawaii is also ⑬(　　) for rainbows.

Mari : That's nice. Can you tell me more about the beaches?

Ron : We have beaches on all our islands. There are many beaches to choose from. Some beaches often have big waves, some beaches have small waves, and you can choose ⑮(to / beach / want / which / go / you) to.

Mari : Can you tell me about nature in Hawaii?

Ron : We have forests, so there are lots of animals like birds, and small animals like wallabies. We have Hawaiian wallabies and they live in the forest.

Mari : What's a wallaby?

Ron : Wallabies are little *mammals from Australia, and they were brought to Hawaii. Now they're wild in Hawaii and have become their own *species.

Mari : [　⑯　]

Ron : Little kangaroos, I think.

Mari : Interesting. Any other interesting animals in Hawaii?

Ron : We have a lot of pigs — wild pigs. We like to go hunting for them.

Mari : Are there any animals that live in the sea ?

Ron : We have nice *coral reefs, so there are lots of beautiful fish. Many people like to go *snorkeling to look at our reefs. We also have turtles and seals in Hawaii.

Mari : Wow, there are a lot of animals that live in Hawaii. It's a great place to visit.

(注) hospitality：おもてなし　mammals：哺《ほ》乳類　species：種《しゅ》
coral reefs：サンゴ礁　snorkeling：シュノーケリング

⒀ 下線⑬の( )に共通して入れるのに最も適するものを選びなさい。

ア．different　イ．interested　ウ．necessary　エ．famous

⒁ 下線⑭の( )に入れるのに最も適するものを選びなさい。

ア．at　イ．from　ウ．for　エ．in

⒂ 下線⑮が「あなたがどのビーチに行きたいか」という意味になるように並べかえたとき，you は( )内で何番目に来るか。最も適するものを選びなさい。

ア．1番目　イ．2番目　ウ．3番目　エ．4番目

⒃ [⑯] に入れるのに最も適するものを選びなさい。

ア．What do you think of them ?　イ．Which do you like better ?

ウ．What do they look like ?　エ．What are they called ?

⒄ 本文の内容と一致しないものを選びなさい。

ア．It is warm all year in Hawaii.

イ．We don't see big waves in Hawaii.

ウ．People can see a lot of animals in the forest in Hawaii.

エ．People can enjoy looking at coral reefs in the sea in Hawaii.

4 日本文とほぼ同じ意味になるように( )内の語を並べかえて正しい英文を作るとき[ ]に示された語は( )内で何番目に来ますか。ア～エの中から選びなさい。ただし，文頭の語も小文字で示されています。

⒅ 昨日は今年一番の暑さだった。[hottest]

(day, was, of, hottest, yesterday, the) the year.

ア．2番目　イ．3番目　ウ．4番目　エ．5番目

⒆ ケイコはオーストラリア人の女の子と友達になった。[with]

Keiko (an, friends, girl, with, made, Australian).

ア．2番目　イ．3番目　ウ．4番目　エ．5番目

⒇ あなたは彼がどのくらいアメリカにいたのか知っていますか。[long]

(was, in, how, he, America, do, you, long, know) ?

ア．2番目　イ．3番目　ウ．4番目　エ．5番目

5 次の(21)～(23)の( )に入れるのに最も適するものを選びなさい。

(21) Her father keeps in touch ( ) his daughters in France.

ア．at　イ．in　ウ．to　エ．with

(22) I met a lady ( ) sister is a teacher.

ア．whose　イ．whom　ウ．who　エ．which

(23) The man was ( ) to the hospital.

ア．take　イ．taken　ウ．took　エ．taking

6

次の(24)(25)のそれぞれ4つの英文について，文法上の誤りを含む文を1つ選びなさい。

(24) ア．I had a good time in New York.
イ．I have seen him yesterday.
ウ．He told me the story.
エ．My room isn't as large as yours.

(25) ア．Shall we go for a drive ?
イ．I succeeded in losing weight.
ウ．These meat is very delicious.
エ．He spoke too fast for me to understand.

7

次の(26)～(28)の語について，下線部の発音が他の3つと異なるものを選びなさい。

(26) ア．cook　イ．moon　ウ．pool　エ．soon
(27) ア．bag　イ．plate　ウ．stamp　エ．wrap
(28) ア．desert　イ．easy　ウ．useful　エ．these

8

次の(29)(30)の語について，最も強く発音する部分の位置が他の3つと異なるものを選びなさい。

(29) ア．al-low　イ．hap-pen　ウ．jun-ior　エ．lit-tle
(30) ア．im-por-tant　イ．rec-om-mend　ウ．to-geth-er　エ．va-ca-tion

【数　学】（50分）〈満点：100点〉

（注意）　解答はすべて一つ選び，解答用紙の所定の欄にマークすること。

1　次の各問いに答えなさい。

(1)　$-3-0.4\times(-2)\div(-0.5)^2$ を計算しなさい。

解答群　(ア)　$-\frac{1}{5}$　(イ)　$-\frac{6}{5}$　(ウ)　$-\frac{14}{5}$　(エ)　$\frac{1}{5}$　(オ)　$\frac{4}{5}$　(カ)　$\frac{14}{5}$

(2)　$(2\sqrt{5}+3)(2\sqrt{5}-4)-\frac{5}{\sqrt{5}}$ を計算しなさい。

解答群　(ア)　$8-\sqrt{5}$　(イ)　$8+3\sqrt{5}$　(ウ)　$8-3\sqrt{5}$

(エ)　$7-\sqrt{5}$　(オ)　$7+3\sqrt{5}$　(カ)　$7-3\sqrt{5}$

(3)　2次方程式 $2x^2-6x+3=0$ を解きなさい。

解答群　(ア)　$x=\frac{3\pm\sqrt{3}}{2}$　(イ)　$x=\frac{6\pm\sqrt{3}}{2}$　(ウ)　$x=\frac{3\pm2\sqrt{3}}{2}$

(エ)　$x=\frac{3\pm\sqrt{3}}{4}$　(オ)　$x=\frac{6\pm\sqrt{3}}{4}$　(カ)　$x=\frac{3\pm2\sqrt{3}}{4}$

(4)　連立方程式 $\begin{cases}2x+3y=4\\3x+4y=1\end{cases}$ を解き，x の値を答えなさい。

解答群　(ア)　$x=-9$　(イ)　$x=-11$　(ウ)　$x=-13$

(エ)　$x=9$　(オ)　$x=11$　(カ)　$x=13$

(5)　$(x+8)^2-3x-24$ を因数分解しなさい。

解答群　(ア)　$(x+5)(x+8)$　(イ)　$(x-5)(x+8)$　(ウ)　$(x-5)(x-8)$

(エ)　$(x+11)(x+8)$　(オ)　$(x+11)(x-8)$　(カ)　$(x-11)(x+8)$

(6)　大小2個のさいころを同時に投げるとき，出た目の数の積が3の倍数になる確率を求めなさい。

解答群　(ア)　$\frac{1}{6}$　(イ)　$\frac{11}{36}$　(ウ)　$\frac{1}{3}$　(エ)　$\frac{4}{9}$　(オ)　$\frac{5}{9}$　(カ)　$\frac{7}{12}$

(7)　長さ180mの電車が時速90kmで走っている。この電車が長さ x mのトンネルに入り始めてから出終わるまでに2分40秒かかった。このとき，x の値を求めなさい。

解答群　(ア)　3420　(イ)　3600　(ウ)　3820

(エ)　4000　(オ)　4250　(カ)　4320

(8)　右図のように，$\angle A=150^\circ$ の三角形ABCと3点A，B，Cを通る円Oがある。BCの延長線上にBC＝CDとなる点Dをとる。Dと中心Oを通る直線と円との交点のうち，Dから遠い点をEとする。このとき，$\angle BED$ の大きさを求めなさい。

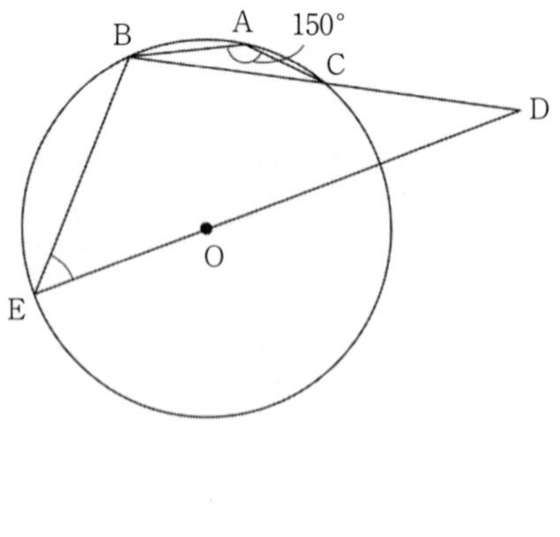

解答群　(ア)　30°

(イ)　35°

(ウ)　38°

(エ)　40°

(オ)　45°

(カ)　50°

(9) 右図のように，半径２の球を中心Oを通る平面で２回切って４等分した。このとき１つの立体の表面積を求めなさい。

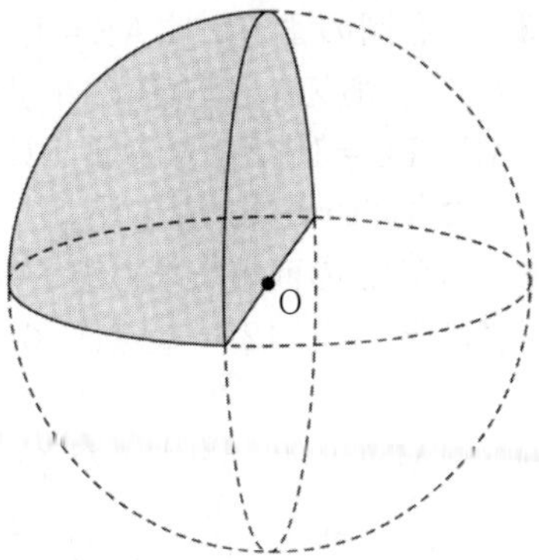

解答群 (ア) 8π
(イ) 10π
(ウ) 12π
(エ) 14π
(オ) 16π
(カ) 18π

2 貯金箱に500円玉が x 枚，100円玉が y 枚入っている。ここに50円玉を何枚か入れると，硬貨は全部で40枚となった。このとき，次の各問いに答えなさい。

(10) 40枚すべての硬貨の合計金額を x と y の式で表しなさい。

解答群 (ア) $450x+150y+1000$ (イ) $550x+50y+1000$
(ウ) $550x+150y+1000$ (エ) $400x+50y+2000$
(オ) $400x+150y+2000$ (カ) $450x+50y+2000$

(11) 貯金箱の100円玉の枚数は500円玉の枚数の３倍であった。40枚すべての硬貨の合計金額が6200円のとき，50円玉の枚数を求めなさい。

解答群 (ア) ７枚 (イ) 12枚 (ウ) 14枚 (エ) 18枚 (オ) 21枚 (カ) 24枚

3 右図のように，放物線 $y=ax^2$ と直線 l が２点 A $(-2,\ 8)$，Bで交わり，直線 l と x 軸は点Cで交わっている。AB：BC＝3：1のとき，次の各問いに答えなさい。

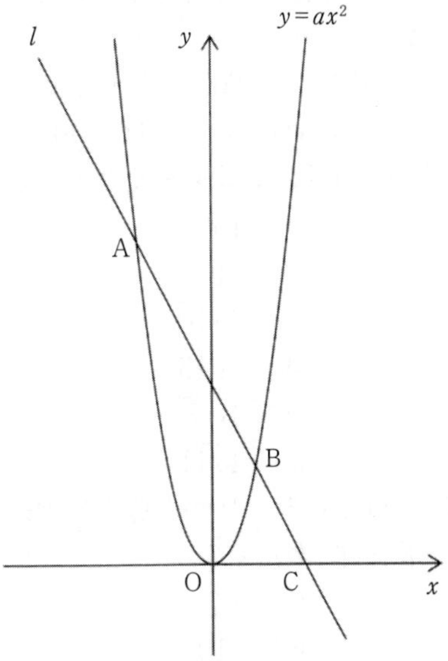

(12) a の値を求めなさい。

解答群 (ア) $\frac{1}{2}$ (イ) 1
(ウ) $\frac{3}{2}$ (エ) 2
(オ) $\frac{5}{2}$ (カ) 3

(13) 直線 l の傾きを求めなさい。

解答群 (ア) -1 (イ) $-\frac{3}{2}$ (ウ) $-\frac{5}{3}$
(エ) -2 (オ) $-\frac{5}{2}$ (カ) $-\frac{7}{3}$

(14) 点Bを通り△AOCの面積を２等分する直線の式を求めなさい。

解答群 (ア) $y=\frac{1}{2}x+\frac{3}{2}$ (イ) $y=\frac{2}{5}x+\frac{8}{5}$ (ウ) $y=\frac{2}{7}x+\frac{12}{7}$
(エ) $y=-x+3$ (オ) $y=-\frac{1}{2}x+\frac{5}{2}$ (カ) $y=-\frac{2}{5}x+\frac{12}{5}$

4 右図のように，AB＝4，AC＝6，∠B＝90°の直角三角形ABCがある。辺ABの中点をDとし，辺AC上に点EをAE：EC＝1：2となるようにとる。BEとCDの交点をFとし，次の各問いに答えなさい。

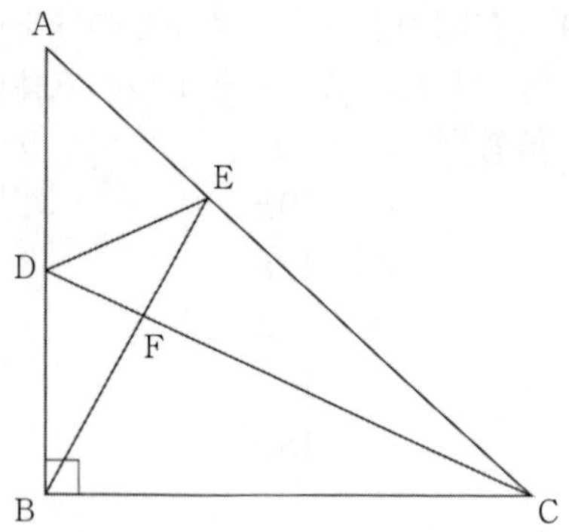

⒂ △ABCの面積を求めなさい。

解答群 ㈠ 12　㈡ $6\sqrt{5}$　㈢ $4\sqrt{3}$
　　　 ㈣ $8\sqrt{3}$　㈤ $4\sqrt{5}$　㈥ $2\sqrt{13}$

⒃ △ADEの面積を求めなさい。

解答群 (ア) $\dfrac{3\sqrt{5}}{7}$　(イ) $\dfrac{2\sqrt{5}}{3}$　(ウ) $\dfrac{2\sqrt{3}}{5}$
　　　 (エ) $\dfrac{3\sqrt{3}}{4}$　(オ) $\dfrac{4\sqrt{13}}{3}$　(カ) $\dfrac{4\sqrt{13}}{5}$

⒄ DF：FCを求めなさい。

解答群 (ア) 3：5　(イ) 3：7　(ウ) 2：5
　　　 (エ) 2：7　(オ) 1：3　(カ) 1：4

5 右図のように，母線ABの長さが12，底面の円の半径が1の円錐がある。この円錐の点Bから円錐の側面を1周して線分AB上の点Pを通り，さらにもう1周して線分AB上の点Qまで糸を2周巻きつけた。AQ＝4であるとき，次の各問いに答えなさい。

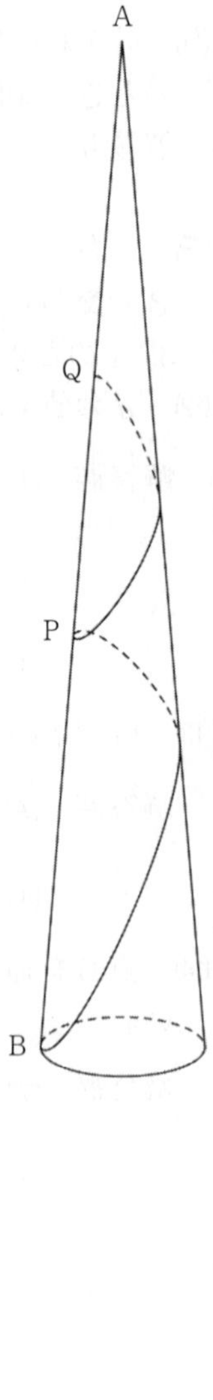

⒅ この円錐の展開図をかいたときにできる側面のおうぎ形の中心角の大きさを求めなさい。

解答群 (ア) 20°　(イ) 25°　(ウ) 30°
　　　 (エ) 35°　(オ) 40°　(カ) 45°

⒆ 糸の長さが最も短くなるとき，BからQまでの糸の長さを求めなさい。

解答群 (ア) 10
　　　 (イ) 11
　　　 (ウ) $3\sqrt{10}$
　　　 (エ) $3\sqrt{13}$
　　　 (オ) $4\sqrt{7}$
　　　 (カ) $4\sqrt{11}$

⒇ ⒆のとき，PからQまでの糸の長さを求めなさい。

解答群 (ア) $\sqrt{5}$
　　　 (イ) $\sqrt{7}$
　　　 (ウ) $\sqrt{10}$
　　　 (エ) $2\sqrt{3}$
　　　 (オ) $2\sqrt{5}$
　　　 (カ) $2\sqrt{7}$

b　乞うて

ア　外して　　イ　制して

ウ　望んで　　エ　祈って

問2　═線①・②が示している人物の組み合わせとして最もよいものを記号で答えなさい。　解答番号 29

ア　①　凡兆　②　芭蕉　　イ　①　凡兆　②　凡兆

ウ　①　去来　②　芭蕉　　エ　①　芭蕉　②　去来

問3　――線Aの俳句の切れ字を記号で答えなさい。　解答番号 30

ア　の　　イ　に　　ウ　て　　エ　かな

問4　［B］に当てはまる語として最もよいものを記号で答えなさい。　解答番号 31

ア　まじる　　イ　かけり　　ウ　珍し　　エ　出でん

問5　――線Cの説明として最もよいものを記号で答えなさい。　解答番号 32

ア　あまのやの住人が「いとど」を発見した感動を詠んだ点が新しいうえに、「病雁」の句と比べても良い句だ、と大層感心している。

イ　近年流行している「小海老」という言葉を用いつつ、さらに「いとど」も付け加えて詠んだこの句は新味があり、別格だと位置づけている。

ウ　句に詠まれた情景がはっきりとしているうえに、海辺にある「小海老」と「いとど」を組み合わせて詠んだ点が、斬新だと高く評価している。

エ　「いとど」というありふれた言葉を用いながらも、普段は句に詠まれない「小海老」と取り合わせた点が新しい、と大変称賛している。

問6　――線Dは「とてもこの句は思いつかない」という意味ですが、なぜこのように感じたのですか。説明として最もよいものを記号で答えなさい。　解答番号 33

ア　「小海老」の句と同様に「病雁」の句も凡兆が詠んだ斬新な秀句で、去来はそれより良い句を詠めないと感じたから。

イ　「病雁」の句は芭蕉が俳句以外のことに悩んでいるときに詠んだもので、句の表現の奥深さが大変素晴らしかったから。

ウ　「小海老」の句の発想は芭蕉にもできるかもしれないが、「病雁」の句のように品格のある句は凡兆にしか詠めないから。

エ　「小海老」の句は去来が俳句を作るときに思いつくかもしれないが、「病雁」の句の格調高さは芭蕉にしか詠めないから。

問7　――線Eとありますが、なぜ笑ったのですか。説明として最もよいものを記号で答えなさい。　解答番号 34

ア　目新しい「小海老」の句と伝統的な「病雁」の句を、同じ基準で議論したから。

イ　「病雁」と「小海老」という全く関係の無いものを、一緒に議論していたから。

ウ　猿蓑に入れる句は一句にするように命じていたにもかかわらず、二句とも選んだから。

エ　「小海老」と「病雁」は同じようなものなのに、句の優劣をつけようとしたから。

問8　本文に登場する松尾芭蕉の詠んだ俳句を記号で答えなさい。　解答番号 35

ア　菜の花や月は東に日は西に

イ　閑《しづか》さや岩にしみ入る蟬《せみ》の声

ウ　柿くへば鐘が鳴るなり法隆寺

エ　雪とけて村いっぱいの子どもかな

が、幼い頃に体験したように生き物と直接ふれあい、自然の中で遊ぶことによって童心にかえっていくことができる幸せ。

イ　年を重ねると人との交流が減り、新しい出会いにも期待ができなくなるものだが、子どもの頃から親しんでいた自然が相手ならば、幼なじみのように隔てなく接することができ、自然を通して若い人とも気負わずに心を通わせることができるという幸せ。

ウ　老年期に入ると古い友人たちとの別れも多くなり、人と接することに臆病になってしまうものだが、自然の中で暮らし、父にかわいがってもらった時の記憶が、自分の中に確かな宝物のように残っており、それが生きる上での支えになっているという幸せ。

エ　老境に差し掛かると様々なことに頓着するようになってしまい、なかなか物事に対しても積極的になれなくなるものだが、年の功という言葉の通り、無理を重ねているうちに若い人たちにはいたわってもらえるようになるという幸せ。

問10　――線Fにおける心情の説明として最もよいものを記号で答えなさい。　解答番号 26

ア　からすとの掛け合いを通じて、自然の風物と気の置けない関係性を築いていた幼い頃のことを振り返る一方で、生きる上で大切なことはすべて父から教わっていたのだと思い至り、改めて父のことを恋しく思っている。

イ　童心にかえってからすと交歓をしていたが、娘に笑われたことによって、自身の老いを改めて思い知らされるとともに、父もこんな思いをしたのだろうかと晩年の父の心境に思いを馳《は》せ、自分の老後の在り方を見つめ直している。

ウ　自然と交歓する楽しみを娘がおのずと感じ取っているさまを目にして、自分も父と同じように人生を豊かにするものを娘に渡せるのかもしれないとほのかに期待し、自分自身が父から受け継いだものに思いを馳せている。

エ　心を許せる存在は自然しかないように思っていたが、ふと気づくと自分の傍らにはいつでも無邪気な娘の存在があり、その天真爛漫《らんまん》な姿に、自分が老いていくことに伴う哀《かな》しみが少しは浄化されていくようにも感じている。

三

次の文章を読んで、後の問いに答えなさい。

A※1病雁の夜寒《よさむ》に落ちて※2旅寝かな　芭蕉

あまのや《漁師の家》は小海老に　B　※3いとどかな　同

※4猿蓑撰の時、「この内一句入集すべし」となり。※5凡兆は「病雁はさる事なれど、小海老にまじるいとどは、※6句のかけり、C事あたらしさ、誠に秀逸の句なり」と乞ふ。去来は「小海老の句は珍しといへど、その物を案じたる時は、①予が口にも出でん。病雁は格高く趣かすかにして、Dいかでかここを案じつけん」と論じ、aつひに両句ともにb乞うて入集す。その後、②先師曰く「病雁を小海老などと同じごとく論じけり」とE笑ひ給ひけり。

（『去来抄』向井去来）

（注）※1　病雁《びょうがん》　病気にかかった雁。秋の季語。
2　旅寝《たびね》　旅先で寝ること。古来より和歌にも用いられる言葉。
3　いとど　「かまどうま」という昆虫の異名。
4　猿蓑《さるみの》　芭蕉《ばしょう》などの作品を集めた俳諧集。凡兆《ぼんちょう》と去来《きょらい》が編集した。
5　凡兆　芭蕉の門人。なお、本文の作者である去来も同様に芭蕉の門人。
6　句のかけり　目ざましい働きのある句であること。

問1　～～線a・bの意味として最もよいものをそれぞれ記号で答えなさい。　解答番号 27・28

a　つひに
ア　最終的に　　イ　段階的に
ウ　感覚的に　　エ　決定的に

ア　ガラスが透明だということが理解できないカラスは、建物の中に入れないことを不思議に感じているのではないかと思ったから。

イ　カラスは何かを考えて建物の中を見ているのかと思ったが、実際には自分の姿をガラスに映して自惚れているだけだったから。

ウ　カラスは頭がいいとされていることを踏まえると、首を傾けている姿はまるで物事を深く考えているように見えたから。

エ　カラスも時代に合わせて変化しており、枯れ枝に止って渋く決めるのは流行らないと自分の見せ方を工夫していると気づいたから。

問6　――線Bにおける心情の説明として最もよいものを記号で答えなさい。　解答番号 22

ア　カラスの美しい姿に心を奪われていたことを見抜かれ、感心されたために恐縮してしまい、居心地が悪くなっている。

イ　周りが見えなくなるほどカラスに注目していた自分に、呆れ果てた様子の相手の顔を見て、申し訳なさを感じている。

ウ　待ち人が来たのにも気づかないほど、カラスを観察することに夢中になっていたことを指摘されて恥ずかしく思っている。

エ　相手を待たせてしまった原因はカラスに見とれていたことにあるが、遠回しに非難されたことに不快感を示している。

問7　――線Cとありますが、「私の母」がこのようにカラスを見つめる行為の元には、幼い頃の体験を通して得たものがあります。それはどのようなものですか。《文章Ⅱ》を踏まえた説明として最もよいものを記号で答えなさい。　解答番号 23

ア　父親に遊んでもらいながら学び得た、からすや目高、土などと会話をするかのように打ち解けて交流するという自然とのかかわり方。

イ　からすの鳴き方や土の温《ぬく》もりなどの自然の実感を、父との遊びを通して獲得したように、何かを教える時には楽しさを主体にするということ。

ウ　からすに呼びかけてこたえが返ってきた経験で気づいた、鳥や動物をはじめとする自然のあらゆるものと交歓することのおもしろさ。

エ　からすのような動物との交流や、花や月などの景物との会話を通して知った、自然の声に耳を傾けることへのいいようのない喜び。

問8　――線Dの説明として最もよいものを記号で答えなさい。　解答番号 24

ア　季節の変化を自然の風物を通して学んでいた幼い頃に、詩を作り歌い上げることの楽しさを父から教えてもらっていた「私」だが、大人になるとその余裕は失われてしまったため、思い出すたびに感傷的な気持ちになってしまうということ。

イ　土を直に手にとって温もりを感じるという体験を詩的に表現することで、父は自分に豊かな表現力を授けてくれていたことに思い至った「私」だが、それを知らず知らずのうちに享受していた昔を思い、父への感謝の意を新たにしているということ。

ウ　五感を使って植物を存分に味わい尽くし、絵画のように表現していた父の才能に嫉妬するようになってしまった「私」だが、何も考えずに無邪気に父に憧れていた子どもの頃の記憶を大人になった今になって呼び覚ましているということ。

エ　自然の中に直接入ってたわむれるという体験が父の文学の根幹をなしていたということに、大人になってから気づいた「私」だが、それを素直に受け入れて楽しむことのできる純粋さを備えていた幼い頃のことを思い起こしているということ。

問9　――線Eにおける「仕合わせ」とは「幸せ」と同じ意味を示しますが、ここでの「幸せ」とはどのようなものですか。説明として最もよいものを記号で答えなさい。　解答番号 25

ア　年を取るとなぜか昔のことばかり懐かしく思い出されるようになってしまい、新しいことに挑戦する勇気も失われてしまうめる気もなくなった。自分の淋《さび》しさを若い人に押しつけるのもb憚かられるし、いたわられればそれはそれで、気がねもする。どっちへ向いても、無理がつきまとうのが老いというものだった。そんな時、幼い日に勝手気ままに、c随時随所で会話して楽しんだ、自然という友だちのことを思った。公害はあっても日も月も明るく、風は風の姿、雨は雨の形であって、改めて更になつかしかった。数は減ったが、裸木にはやはりからすも来て、からすと私の距離には、木の肌がずっと伸びていることは昔と変りない。この黒いやつはカアと鳴く。私は思わず若返って、カアと声をあげる。カア公は首をかしげて、下をみてくれる。わあい、やっぱり昔なじみだい、と気がいさむ。そばにいる若い家人が、びっくり呆《あき》れて、笑いこける。そこに若い人との、気がねもなにもないつきあいが生まれている。

F私のまぶたには、父がうかぶのである。

親と子の間柄は、もちろんいろんな面で、いろんなつながり方をしている。が、教えも遊びも、その子一代のやしないになるものを贈り、そして受けるなら、これはまずはまあ、よきつながりというものだろうか。

（『幸田文　しつけ帖《ちょう》』幸田　文）

（注）※　浮世談義　世間話のこと。

問1　～～線a～cの本文中での意味として最もよいものをそれぞれ記号で答えなさい。　解答番号14～16

a　見るともなしに見ていた
ア　特に意識して見たわけではなく、なんとなく見ていた。
イ　何か面白いものはないかと、周囲に注意を向けて見た。
ウ　物事の真相を見極めようと、食い入るように見ていた。
エ　ただならぬ気配を感じ、相手に気づかれないように見た。

b　憚《はば》かられる
ア　昔を振り返って罪悪感にかられる。
イ　自信をなくして気持ちが滅入《めい》る。
ウ　差し障りを覚えてためらわれる。
エ　ふがいなさを自覚して怖気《おじけ》づく。

c　随時随所
ア　どんな時でも侵されない聖域。
イ　気の向いた時、気の向いた所。
ウ　いつも安らぎを感じられる憩いの場所。
エ　辛い時に、自分を支えてくれるより所。

問2　‖線①・②と同じ漢字を書くものをそれぞれ記号で答えなさい。　解答番号17・18

①　ショッカン
ア　疑惑をフッショクする。
イ　不ショクフのマスクを着ける。
ウ　シンショクを共にする。
エ　ショクバイの研究をする。

②　ハズみ
ア　失策をダンガイする。
イ　ダンコとして抗議する。
ウ　カクダンに上達した。
エ　サイダンに供物をささげる。

問3　X・Yに当てはまる語の組み合わせとして最もよいものを記号で答えなさい。　解答番号19

ア　X　小豆《あずき》色・Y　鈍《にび》色　　イ　X　濡《ぬ》れ羽色・Y　玉虫色
ウ　X　薄墨色・Y　七色　　エ　X　群青《ぐんじょう》色・Y　極彩色《ごくさいしき》

問4　次の文が入る箇所として最もよいものを《文章Ⅰ》の【ア】～【エ】から選び、記号で答えなさい。　解答番号20

恐れるカラスは哀れだった。

問5　――線Aについて、「子細らしく」とは「事情があるように感じられるさま」を意味しますが、ここで筆者がこのように表現するのはなぜですか。理由として最もよいものを記号で答えなさい。　解答番号21

その後、近くの公園でまた逢った。肩に止っている鳥は、少し細身だが、[X]とほめられるだけあって首の回りの羽毛は、動くたびに[Y]に光る。
「カラスですか。よく馴れておとなしいんですね」
と、声をかけると、
「小さい時に巣から落ちて、目がね、見えないんですよ」
　飼主と私が話しているのが気に入らないらしく、人見知りをして腕に下りて体をぴったり胸に寄せた。【イ】
「お天気がいいと、外、連れてってくれって、せがむんですよ。そのくせ怖がりで、ほかのカラスの声におびえて大変ですよ」
　そういう間も、絶えず首の回りをそっと撫《な》でてやる。巣からは落ちたか落とされたか、恐《おそろ》しい目にあったのだろう。【ウ】
「さあ、行こうかね」
日溜《ひだま》りのベンチから立上ったその人に、あなたも、カラスさんもお大事にと思わず言った。【エ】
　別れてから気が付いた。しまった、あのカラスの口、見せて貰《もら》えば良かった。

（『なんでもない話』青木　玉）

《文章Ⅱ》

　学問ともつかず、文学ともいえないと思うが、※浮世談義とも少しおもむきのちがう、そしてこれもまた私の一生の根になっている教えがある。それはごく幼いころに吹きこんでおいてくれた、自然への手引である。なにしろ幼くて、一緒に遊んでもらっているうちにおぼえたことだから、楽しさが主体になっている教えである。
　からすが裸木に止っている。鳴く。ただ口をあけて鳴くだけではない。首をかしげたり、あちこち見たりしつつ鳴く。あいつは何を考えて、文句いってるのかな。そうだ、きいてやろうじゃないか。おい、かあ公、おまえなにいってるんだ、カーア、といった調子で父は木の下で鳴真似をする。時によるとからすは頭をさげて、父のほうを見る。その交歓のおもしろさを知ると、子供は自分もカアと鳴く。父はもっとやれもっとやれという。私はカアカア鳴く。からすと自分との距離は、木の高さであり、その高さをつなぐものは木の肌であり、梢《こずえ》の上には空の色があり、からすは実にくっきりして目におさまっていた。だからからすに次いで、百舌《もず》も鳶《とび》も会話の対象にするし、同様に目高《めだか》にも鮒《ふな》にも語りかけ、牛にも馬にも木にも花にも親密になった。
　父はまた雨風や月や雲も、私へ近々と結んでくれ、石ころや溝川のうす氷にも引合わせてくれた。春のまひるの畑へ行き、十分に日を吸って、暖気を含んだその黒い土を手にとり、ほうこのぬくぬくしているのが、おてんとう様のおつかいさんだ、土はおつかいさんと上機嫌でおはなししているのだ、だからそらごらん、さらさらとたのしがっているだろ、という。土の機嫌を私は①ショッカンで知るのだが、これらの遊びには一種特別な、いいようのない喜びがあった。のちに思えば、これは心にしみこむ、ひどく快い②ハズみ、のようなものがあった。もしかすれば父は幼いものを相手に、みずからもたのしんで、詩をうたっていたのかもしれない。とすればこの教えは、あるいは父の文学の一部分なのだったかとも思うし、私もまだ幼くて無垢《むく》で、D父のそういう詩を受入れることのできる清さをもっていたのかとおもう。大根の花が白からうす紫に変《かわ》っていくのを、毎日父としらべにいく張切りよう、脚立に登って、みかんの花をとっては、花の座の蜜をなめ、あくことなくあとからあとから取ってはなめ、取ってはなめ、さてやっと脚立をおりようとしたら、まわりじゅうに白い星形の花が乱れ散っていて、しきりに心いたんだことなど、自然とたわむれて尽くした哀歓は、いまもって私に宝もののような記憶となって残っている。
　しかもこれら自然への手引は、私もようやく老いてきたこの十年ほどに至って、この上ないE老後の仕合わせにつながったのである。老いれば子にかえるという。老いてくれば自然に人と交わることも減ってくるし、親しかった人とも追々に別離がふえ、新しい友を求

エ　能・狂言の舞台を鑑賞して古典に興味を持つようになり、原典を研究すること。

問9　——線Eの説明として最もよいものを記号で答えなさい。　解答番号12

ア　人間は苦痛を避けて自分の好きなことだけをしようとする存在である。

イ　人間は多種多様な生き物について調べないと満足できない存在である。

ウ　人間は自分に関係することであるならば率先して行動に移す存在である。

エ　人間は生活に必要ではないことも取り入れずにはいられない存在である。

問10　この文章を読んで、次の選択肢のように生徒が意見を述べています。本文の主旨に沿ったものとして最もよいものを記号で答えなさい。　解答番号13

ア　Aさん「筆者はナマコの研究に限らず、一見役に立たなそうな情報でも、学んでいれば自分の知識の幅を広げることにつながるということを言いたいんだと思うな。」

イ　Bさん「自分の可能性を広げるためには『三つのパン』が必要だと言っているね。人はパンだけでなく、他の食べ物も食べないと精神的に満足いかないということだね。」

ウ　Cさん「ナマコの研究のような、必要のなさそうなものも取り入れることは、抽象的にものを考えることにつながって、社会で役立つ人間に近づくんだね。」

エ　Dさん「ナマコを研究することで、ナマコの生態について詳しく知ることはできるが、結局ナマコを研究していても、特に自分の人生には関係はないということだね。」

二　次の《文章Ⅰ》・《文章Ⅱ》を読んで、後の問いに答えなさい。なお、《文章Ⅰ》の筆者である青木玉は《文章Ⅱ》の筆者、幸田文《こうだあや》の一人娘である。幸田文は明治から昭和の時代にかけて活躍した小説家、幸田露伴《ろはん》の娘でもある。

《文章Ⅰ》

まだ新しい総ガラス張りのビルの玄関に、磨き込んだ銀色のプレートが立ててある。連れと二人、人を待つ間、a見るともなしに見ていたら、カラスがひょいと銀板に止《とま》った。A子細らしく首を傾けてガラスの向《む》うを見ている。向うが見えているのに、中へ入れないのが不思議なのだろうと思っていた。ところが、このカラス、右向いてちょん、左向いてちょん、舞台の上でタップを踏んでいる気分で、自分の姿を映して遊んでいるらしい。待っていた人が来たのも気付かず、自惚《うぬぼ》れカラスに気を取られて、連れに、

「あなた、よっぽどカラスがお好きなんですね」

と言われ、Bえらくきまりが悪かった。

カラスの仲間は頭がいい、という。レールの上に置き石はする。固い胡桃《くるみ》は教習所の車にひかせて中身を食べる。面白半分に動物園のヒヒの毛をむしったりするそうだ。今時、枯れ枝なんぞに止って渋く決めるのは流行《はや》らない。メタリックな舞台でミラーボールの光でなきゃ恰好《かっこう》がつかないというものだ。

（中略）

C私の母は妙なことが気になる人で、あまりまじまじとカラスを見ていたら、向うも何か言うことがあってか、カァーと鳴いた。その後でふと、カラスの口の中が赤かったか、黒かったか思い出せないのが残念だと言う。そんなことを気にされれば、私だって何とか見ようと思うが、奴は大抵、私より高い所に止っている。そうそううまい具合に見せてはくれない。【ア】

この間、自転車の前かごにカラスを入れて押している、年配の人を見かけた。あまりじっと動かないので剝製かと思った。

問3 [I]～[IV]に当てはまる語の組み合わせとして最もよいものを記号で答えなさい。 解答番号[6]

ア I そして II しかし III つまり IV すると
イ I 例えば II そこで III すなわち IV しかし
ウ I そして II しかし III すなわち IV つまり
エ I 例えば II そこで III しかし IV すると

問4 [X]～[Z]に当てはまる「三つの知識」の組み合わせとして最もよいものを記号で答えなさい。 解答番号[7]

ア X 生活の必要のための知 Y 芸術的な知 Z 快楽のための知
イ X 学問的な知 Y 快楽のための知 Z 生活の必要のための知
ウ X 快楽のための知 Y 学問的な知 Z 芸術的な知
エ X 生活の必要のための知 Y 快楽のための知 Z 学問的な知

問5 ――線Aの理由として最もよいものを記号で答えなさい。 解答番号[8]

ア 貧困による飢餓や温暖化による農作物生産量の変動について考えると、ナマコを食べられるようにする研究は不可欠であるから。
イ ナマコを研究する人がいなければ、誰もナマコについて知ることができず、生物学の研究が発展していかないから。
ウ ナマコという生物について少しでも知ることで、生物である人間が自分自身について詳しく知ることにつながるから。
エ 人間とナマコは見た目が違っても同じ生物であり、仲間のことをよく理解しておかないと共存することができないから。

問6 ――線Bの理由として最もよいものを記号で答えなさい。 解答番号[9]

ア 計算をしながら作った役立つものをお金で買うことで、経済を活性化することができるから。
イ 自分の中に「数」という概念があるのとないのとでは、人間らしさに違いが出てきてしまうから。
ウ 私たちが生物学を含む科学を学ぶ上では、数式を使って計算をすることが必要になってくるから。
エ 現代社会で生きていく上では、あらゆる事象を抽象化して考える基礎となる数学が不可欠だから。

問7 ――線Cとありますが、筆者はその理由をどのように考えていますか。説明として最もよいものを記号で答えなさい。 解答番号[10]

ア 人間は楽しく生きるという理想を生まれつき抱いており、それを実現するための便利で快適な生活を追い求めて、多くのことを学ぼうとしている生き物だから。
イ 人間は本来的に知識を得ることに楽しさを見出し、それと同時に世界と自分自身のつながりを知ることで、安心を手にすることもできる生き物だから。
ウ 人間はそれぞれ天性の才知を備えており、世の中の事象を見聞することで、より多くの知識を身につける快楽を得ることができる生き物だから。
エ 人間は生まれた時から数々の難問に取り組むことを強いられており、それを解決できた時にはこの上ない喜びを感じることができる生き物だから。

問8 ――線Dの具体例として最もよいものを記号で答えなさい。 解答番号[11]

ア 聖書の有名な言葉に感銘を受け、人々のためにパン作りの方法を学ぶこと。
イ コンサートでオーケストラの演奏を聴いて、気持ちが穏やかになること。
ウ 難しい計算問題を解くことができるようになり、テストの成績が上がったこと。

知」がある。アリストテレスの著書『形《けい》而上学《じじょうがく》』の冒頭には「Cすべての人は生まれながらにして知ることを欲する」と記されている。知ることは楽しみなんですね。知ることは安心への道でもある。自分がこの世の中でどういう位置を占めているのかを知ると安心できるが、逆に知らなければ不安が募る。知る楽しさをもとに、世界を知り、自分自身を知り、それによって世界の中での自分の位置を知る。これが学問の楽しさだ。

　では次に、なぜ生物学を含む科学を学ぶ必要があるのかをわかりやすく説明しよう。

　私たちが生きていくためには、三つのパンが必要だと私は思っている。「体のパン」「D心のパン」「脳のパン」だ。

　聖書に「人はパンのみにて生きるにあらず」という有名な言葉がある。パンをキョウ③キュウするための農学や経済学などを実学と呼ぶ。これが「体のパン」である。

　しかし、私たちはパンがなければ生きていけないが、それだけでは満たされない。体だけでなく、心にもパンを与えなければ心が干からびてしまうだろう。［Ⅱ］宗教や芸術といったものが「心のパン」に当たる。

　三つめの「脳のパン」が理学部や文学部で行う学問だ。私たちの生活を便利にするためでもなく、たくさん食べ物をつくるためでもない。例えば、食べられないナマコを研究していてもあまり役に立たないが、このような学問を「虚学」という。

　虚しい学問なんてひどい呼び方だが、なぜこんな生き物が存在するのかを研究したりして、世のさまざまな物事について知ることは、［Ⅲ］自分の世界を広げることになる。これによって脳みそが快感を覚えるのだ。

　虚学とは霞《かすみ》を食って生きる学問である、と常々私は公言しているが、ほんとうに虚学なんかやっていてもお金はなかなか稼げない。［Ⅳ］、霞がなければ脳みそは枯れてしまう。君たちだって生きることとは関係なくても、音楽が聴きたくなったり、絵画を見たくなったりするだろう。Eそれが人間という存在だ。

　理科なんて将来の自分の職業に関係ないから……なんて思ったら脳みそが偏った人間になってしまう。君たちは成長期なのだから食べ物と同様に偏食せず、いろいろな勉強をすべきだ。

（「生物学を学ぶ意味」本川達雄）

問1　〰〰線a・bの本文中での意味として最もよいものをそれぞれ記号で答えなさい。　解答番号［1］・［2］

a　かけがえのない

ア　特に間違いがない　　イ　非常にめずらしい

ウ　他に代わりのものがない　　エ　永遠に続く

b　祖

ア　家系の最初の人　　イ　最も優れた人

ウ　教えを説く先人　　エ　ある物事を始めた人

問2　‖線①～③と同じ漢字を書くものをそれぞれ記号で答えなさい。　解答番号［3］～［5］

①　ホウシ

ア　今年はぶどうがホウサクだ。

イ　ホウソウ部に所属する。

ウ　大政ホウカンを行う。

エ　彼の作品をモホウする。

②　コウキ

ア　新聞キジを作成する。

イ　平安キゾクについて調べる。

ウ　野球部に入部をキボウする。

エ　この化石が見つかるのはキセキだ。

③　キョウキュウ

ア　真相をキュウメイする。

イ　キュウキュウ車のサイレンが鳴る。

ウ　三年生にシンキュウする。

エ　特別手当をシキュウする。

二〇二三年度
星野高等学校（単願）

【国語】〈五〇分〉〈満点：一〇〇点〉

（注意）一、解答はすべて一つ選び、解答用紙の所定の欄にマークする。
二、出題に際し、一部本文を改めたところがある。

一 次の文章を読んで、後の問いに答えなさい。

自分で言ってしまうけれど、私は世界一のナマコ研究家だ……などと自慢しても、実は世界に一〇人くらいしかナマコの研究者はいない。ナマコなど研究していると、よくこう聞かれる。「そんなもの研究してなんの意味があるの？」と。まさにおっしゃるとおり。私が研究しているのは食べるナマコではないし、ナマコの研究者がいなくなっても、私も君たちも、そして世の中も、そんなには困らない。

Aでも、やっぱり世界に一〇人くらいはナマコ研究家がいなくてはならない。ナマコは生物。私も生物、君たちも生物。生物を知るためにはほかの生物も知らなければいけない。「皆さんもぜひ生物学者になろう！」などとは言わないが、生物学を学ぶ意味はもちろんある。

君たちは今いろいろな科目を習っている。けれど、それが将来なんの役に立つのか？　なんて考えたら、直接は役に立たないかもしれないし、数学者にならないから数学は勉強しない、と開き直る人もいるだろう。しかしB「数」という概念はとても重要なものだ。

[Ⅰ]、人間は一人ひとり個性が異なるaかけがえのない存在だが、数えるとあなたと君と私で「三人」となる。だから手は六本。「三」を普遍的に考えると3×2＝6という数式が成り立ち、それに則《のっと》っていろいろなことを考えることができる。手が二本と六本とでは、やれることに違いが出てくる。数式化できれば、とても便利で、リンゴが落ちるのも、月が地球の周りを回るのも、同じように抽象化して考えて、ニュートンの運動方程式に則って計算できるのだ。計算できるからこそ、りっぱな建物が建てられるし、ロケットを打ち上げることもできる。

お米も牛乳も鉛筆もまったく異なる物質だけれど、お金＝貨幣で買うことができる。鉛筆が一本一〇〇円、お米が一〇キロで三〇〇〇円と値段を付ければ、お金という抽象的なもので交換が利《き》く。そうでなければ経済学が成り立たない。「万物《ばんぶつ》は数である」と言ったのは古代ギリシャの哲学者ピタゴラスだが、すべてを抽象的な数で考えたからこそ、貨幣経済が可能になったのだ。君たちがお金を出してものを買うことの背景には数学がある。今の社会でまともな人間として生きるには数学を勉強しなければならない理由はここにある。

同じように、君たちがまともな生き物として生きていくには生物学を学ばなければならない。自分自身を知るには、生物について勉強しなければいけないのだ。

なぜ勉強するのか？　という問いに対して、ギリシャの偉大な哲学者であり生物学者のb祖でもあるアリストテレスは「三つの知識」を考えた。[X]（実用の知）、[Y]、[Z]である。

「[X]」とは、交通ルールを知らなければ自動車にひかれてしまうし、稲の生態や天候、そして水をどう引いてくるかという土木の知識がなければお米をつくることもできない。お金を稼ぐにはなんらかの専門家にならなければいけないが、そのためには勉強しなければならない。これらはすべて生活に必要な、実用の知だ。

また、勉強は「快楽」につながるものでもある。スポーツを楽しむにはルールを学ぶことが必要だ。さらに、現代社会のさまざまな技術は、よりおいしく、より便利に、より快適に、という私たちの快楽に①ホウシするものでもある。

そして、アリストテレスが「コウ②キなる知」と呼ぶ「学問的な

2023年度／星野高等学校（単願）

英語解答

1 (1) ア　(2) ウ　(3) イ　(4) イ
(5) ア　(6) エ

2 (7) エ　(8) イ　(9) エ　(10) エ
(11) ア　(12) エ

3 (13) エ　(14) ア　(15) ウ　(16) ウ
(17) イ

4 (18) ウ　(19) イ　(20) エ

5 (21) エ　(22) ア　(23) イ

6 (24) イ　(25) ウ

7 (26) ア　(27) イ　(28) ウ

8 (29) ア　(30) イ

1〔長文読解総合―説明文〕

≪全訳≫❶おなかがすいていて，レストランにいると想像してみてほしい。おいしそうに見える料理があなたの目の前に置かれる。最初にあなたは何をするだろうか。何年も前なら，人々はすぐに食べ始めた。❷今日では，多くの人々が違ったように行動する。彼らは食べる前に自分のスマートフォンを手に取って，目の前にある食べ物の写真を撮るのだ。なぜ彼らはそうするのだろうか。おそらく彼らはSNSを通じて他の人と写真を共有するために，あるいはただその瞬間を覚えておくためにそうするのだ。もし彼らの目的が後者なら，写真を撮ることはよい方法ではないかもしれない。❸最近の研究では，人は写真を撮ると，物事をあまりよく覚えていないということが示されている。ある日美術館で，大学生の1グループが展示されたものの写真を撮り，他のグループはただそれらを観察した。翌日，両方のグループが記憶のテストを受けた。観察したグループは写真を撮ったグループよりよく覚えていた。写真を撮ったグループは自分たちのカメラに依存しすぎており，自分たちの経験をあまりよく覚えていなかった。その調査をした人は「人々はよく写真を撮りますが，彼らは自分の目の前で起こっていることを見落としています」と述べた。❹スマートフォンはどこでもますます人気になりつつある。実際，必ずしもそうする必要がないときでさえ，スマートフォンで写真を撮りすぎている。しかしもしそうすることによって自分たちの経験をよく覚えていないのであれば，写真を撮ることのポイントは何だろうか。❺しばらくの間，あなたのスマートフォンについて忘れてみてはどうだろうか。目の前の料理を楽しんで，その機会を大事に記憶の中に取っておくことの方がよいだろう。そのような瞬間は二度とくることはないかもしれないのだ！

(1)＜語形変化＞直前のWhy do they do that?「なぜそうする（＝食べる前に食べ物の写真を撮る）のか」という疑問の答えとなる部分。「なぜ」に対して，「～するために」と‘目的’を表すto不定詞の副詞的用法で答えている。後ろのto remember …とorで並列されていることからも正答にたどり着ける。

(2)＜適語句選択＞前にbutがあるので，「よく写真を撮る」という前半と対照的な内容となるものを選ぶ。このmissは「～を見落とす〔見逃す〕」という意味。前後の動詞に合わせて現在形のものを選ぶ。

(3)＜整序結合＞have/has been ～ingの現在完了進行形の文をつくればよい。　more and more「ますます」　‘get＋形容詞’「～になる」　Smartphones have been getting more and more popular everywhere.

(4)＜語句解釈＞「（～）する必要がないときでさえ写真を撮る」という文意から，前にあるtake

pictures「写真を撮る」が省略されているとわかる。このように，英語では次にくる内容が直前の内容から明らかにわかる場合，繰り返しを避けるために省略される。

(5)＜適語句選択＞Why don't you ～？は「～してはどうですか」と相手への'提案'を表す定型表現。

(6)＜内容真偽＞ア．「何年も前，人々はたいてい食事が提供された後すぐに食べた」…○　第１段落に一致する。　イ．「今日では，多くの人が食べる前にスマートフォンで食べ物の写真を撮る」…○　第２段落第１，２文に一致する。　ウ．「最近の研究は，写真を撮らないときの方が，人々はよくその物を覚えていることを示している」…○　第３段落第１文に一致する。　エ．「私たちは物事を覚えて，その瞬間を大切にするために写真を撮るべきだと筆者は考えている」…×　第５段落参照。

2〔長文読解総合―物語〕

≪全訳≫❶＜キム＞私は９歳の女の子。４月初めのある日曜日に散歩に行くと，空き地に着いた。私には秘密の計画があった。私はさびた冷蔵庫の後ろの場所を選んで，地面にスプーンで６つの穴を掘り，それぞれの穴の中に１粒の豆を入れた。そこで植物を育てたかった。❷＜アンナ＞私は年寄りで，あまりうまく歩けないので，アパートの部屋の窓から世界を観察している。❸先日，私は不思議な光景を目にした。女の子が空き地に何かを埋めていた。最初，私はそれがドラッグかお金だと思った。翌日，また彼女がそこにいるのを見た。❹その後，私は杖《つえ》を取って，彼女が去った後にそこへ歩いていった。地面を掘ってみたが，見つかったのは白い豆だけだった。それらには根が出ていた。「何か悪いことをしてしまったかしら？」と私は思った。だから私はそれらの豆を注意深く穴の中に戻した。その日の午後，彼女を観察するために双眼鏡を１つ買った。❺＜ウェンデル＞ある朝，私の上の階に住んでいるお年寄りの女性，アンナから電話がかかってきた。❻「ここへ上がってきて！」と彼女は電話で叫んだ。私はそこへ急いで上がっていったが，彼女は元気そうだった。すると彼女は窓のところへ私を連れていった。❼「あの子たち，死にそうなの！」と彼女は言った。❽「誰が？」と私は尋ねた。❾「植物よ！」と彼女は言った。それから彼女は私に豆を埋めた少女について話した。アンナは私に双眼鏡を渡した。私は元気のない植物を見た。「それらは植えられるのが早すぎたんだ」と私は言った。⑨私は農業従事者なのでそれがわかる。❿「私たちはそれらを救わなくてはならないわ」とアンナは言った。「女の子は最近来ていないの。私は数日前に足首をひねっちゃったから，階段を下りられないのよ！」⓫それで私が彼女の代わりにそこへ降りていった。⓬私はその植物の１つの周りに水をためておくために土の輪をつくった。そのとき物音が聞こえた。女の子がそこに立っていて，怖がっているようだった。私はただ彼女の植物に水をあげているだけだということを彼女に示した。しかしこれはただ彼女を驚かせただけだった。だから私はゆっくりと歩き去った。私たちは一言も話さなかった。⓭その日の夕方，私はそこに歩いて戻った。他の植物それぞれの周りに新しい土の輪を見つけた。「彼女がそれらの輪をつくったのかな？」と私は思った。それから私はほほ笑んだ。シャベルを持ってきて，そこで少しガーデニングをすることにした。

(7)＜語句解釈＞この後に続く内容がa secret planの具体的な内容になっている。

(8)＜適語選択＞空所前後が，相反する内容になっている。お年寄りのアンナを案じて駆け上がったが，彼女は元気そうだった。

(9)＜適語句選択＞直前のthatは，植物が枯れそうなのは植えられるのが早すぎたからだという，その前の内容を指す。そのことがわかる理由となるものを選ぶ。

(10)＜適語(句)選択＞ウェンデルは，足を痛めているアンナの代わりに下に降りたのである。　instead of ～「～の代わりに」

(11)＜指示語＞ウェンデルがつくった土の輪をまねて，他にも輪をつくったのは，そこにもともと植物を植えたキムだと考えられる。

(12)＜内容真偽＞ア．「キムは９歳で，植物を育てるのが上手だ」…×　第１段落第１文および第７，９段落参照。キムが植えた植物は枯れかかっている。　　イ．「アンナはウェンデルの下の階に住んでいるお年寄りの女性だ」…×　第５段落参照。below「～の下に」ではなく above「～の上に」。　　ウ．「最初に会ったとき，ウェンデルはキムと話した」…×　第12段落参照。話していない。　　エ．「キムと会った後，ウェンデルは空き地で植物を育てることを決めた」…○　第13段落最終文に一致する。

3〔長文読解総合―対話文〕

≪全訳≫❶マリ(M)：こんにちは，私はマリ。ここにはロンが一緒にいるの。ロンはハワイ出身なの。それじゃ，ロン，ハワイは何がそんなに特別なの？❷ロン(R)：ええと，ハワイは僕の故郷なんだ。でもハワイ出身じゃない人々にとっては，ハワイはいい天気で有名だと思う。一年中暖かくて，そのビーチでよく知られているんだ。ビーチはとてもすてきだよ。それに，温かいおもてなしでも知られているよ。人がとても親切なんだ。❸M：それじゃ，天気についてもっと教えてくれる？　いつも晴れてるの？　雨は全然降らないの？❹R：雨は降るよ，でも多くの場合，雨が降っているのと同時に晴れてもいるから，虹がたくさん出るんだ。ハワイは虹でも有名なんだよ。❺M：それはいいわね。ビーチについてもっと教えてくれる？❻R：全ての島にビーチがあるんだ。選べるビーチがたくさんある。大きな波がよく来るビーチもあるし，小さな波が来るビーチもあるし，どのビーチに行きたいか選ぶことができるよ。❼M：ハワイの自然についてもっと教えてくれる？❽R：森があるから，鳥のような動物がたくさんいるし，ワラビーみたいな小動物もいるよ。ハワイのワラビーがいて，それらは森で暮らしているんだ。❾M：ワラビーって何？❿R：ワラビーはオーストラリア在来の小さな哺乳類で，ハワイに持ち込まれたんだ。今はハワイで野生になっていて，固有の種になってるんだ。⓫M：(16)それらはどんな見た目をしているの？⓬R：小さなカンガルー，かな。⓭M：おもしろいわ。他に何かハワイのおもしろい動物はいる？⓮R：たくさんのブタ，野生のブタがいるよ。僕たちはブタを狩りに行くのが好きなんだ。⓯M：海の中にすむ動物はいる？⓰R：立派なサンゴ礁があるから，たくさんのきれいな魚がいるよ。たくさんの人々が(サンゴ)礁を見るためにシュノーケリングに行くのが好きなんだ。ハワイにはウミガメやアザラシもいるよ。⓱M：わあ，ハワイに生きる動物はたくさんいるのね。訪れるのにすばらしい場所だわ。

(13)＜適語選択＞be famous for ～「～で有名である」

(14)＜適語選択＞at the same time「同時に」

(15)＜整序結合＞「あなたがどのビーチに行きたいか」は choose の目的語になる部分なので，‘疑問詞＋主語＋動詞…’の間接疑問の語順にまとめる。‘疑問詞’は which beach「どのビーチ」。このように which は，‘which＋名詞’の形で１つの疑問詞になる。　… which beach you want to go to.

(16)＜適文選択＞ハワイのワラビーについて話している場面。直後の Little kangaroos, I think.「小さなカンガルー，かな」という返答を引き出すものを選ぶ。アは「どう思うか」を尋ねる文なので，ここでは不適切。　look like ～「～に似ている」

(17)＜内容真偽＞ア．「ハワイでは一年中暖かい」…○　第２段落第３文に一致する。　イ．「ハワイでは大きな波は見ない」…×　第６段落第３文参照。　ウ．「ハワイの森ではたくさんの動物を見られる」…○　第８段落に一致する。　エ．「ハワイの海ではサンゴ礁を見て楽しめる」…○　第16段落第１，２文に一致する。

4〔整序結合〕

(18)「今年一番の暑さ」は「１年の中で一番暑い日」ということなので，‘the＋最上級＋名詞＋of ～’「～の中で最も…な—」の形で表す。　Yesterday was the hottest day of the year.

(19)「友達になった」はmake friends with ～で表せる。友達になると２人以上になるので，friendsと複数形になることに注意。「オーストラリア人の女の子」はan Australian girl。　Keiko made friends with an Australian girl.

(20)「あなたは～知っていますか」なので，Do you knowで始め，knowの目的語になる「彼がどのくらいアメリカにいたのか」を‘疑問詞＋主語＋動詞...’の語順の間接疑問にまとめる。‘疑問詞’はhow long。　Do you know how long he was in America?

5〔適語選択〕

(21)keep in touch with ～「～と連絡を取り続ける」　「彼女のお父さんはフランスにいる娘たちと連絡を取り続けている」

(22)適切な関係代名詞を選ぶ。ladyとsisterの間に「女性の姉〔妹〕」という‘所有’の関係が成立するので，所有格の関係代名詞whoseを選ぶ。　「私は姉〔妹〕が先生である女性に会った」

(23)‘be動詞＋過去分詞’の受け身の文。　‘take＋人＋to＋場所’「〈人〉を〈場所〉へ連れていく」　take－took－taken　「その男性は病院に運ばれた」

6〔正誤問題〕

(24)ア…○　have a good time「楽しい時を過ごす」　「私はニューヨークで楽しい時を過ごした」
イ…×　yesterdayのような明確に過去を表す語(句)と現在完了形は一緒に使えない。have seenではなくsawが正しい。　ウ…○　‘tell＋人＋物事’「〈人〉に〈物事〉を言う，伝える」の形。「彼は私にその話をした」　エ…○　‘not as〔so〕… as ～’「～ほど…でない」の形。　「私の部屋はあなたのほど大きくない」

(25)ア…○　Shall we ～？「～しましょうか」　「ドライブに行きませんか？」　イ…○　succeed in ～ing「～することに成功する」　「私は体重を落とすことに成功した」　ウ…×　meat「肉」は通例‘数えられない名詞’で，動詞がisなので，theseではなくthisが正しい。　エ．‘too ～ for — to …’「—が〔にとって〕…するには～すぎる，～すぎて—には…できない」　「彼がとても速く話すので私には理解できなかった」

7〔単語の発音〕

(26)　ア．cook[u]　イ．moon[uː]　ウ．pool[uː]　エ．soon[uː]
(27)　ア．bag[æ]　イ．plate[ei]　ウ．stamp[æ]　エ．wrap[æ]
(28)　ア．desert[z]　イ．easy[z]　ウ．useful[s]　エ．these[z]

8〔単語のアクセント〕

(29)　ア．al-lów　イ．háp-pen　ウ．jún-ior　エ．lít-tle
(30)　ア．im-pór-tant　イ．rec-om-ménd　ウ．to-géth-er　エ．va-cá-tion

数学解答

1 (1) (エ)　(2) (ウ)　(3) (ア)　(4) (ウ)
(5) (ア)　(6) (オ)　(7) (ウ)　(8) (オ)
(9) (ア)

2 (10) (カ)　(11) (イ)

3 (12) (エ)　(13) (エ)　(14) (カ)

4 (15) (オ)　(16) (イ)　(17) (カ)

5 (18) (ウ)　(19) (オ)　(20) (イ)

1 〔独立小問集合題〕

(1)＜数の計算＞与式$=-3-\dfrac{4}{10}\times(-2)\div\left(-\dfrac{5}{10}\right)^2=-3-\dfrac{2}{5}\times(-2)\div\dfrac{1}{4}=-3-\dfrac{2}{5}\times(-2)\times4=-3+\dfrac{16}{5}=-\dfrac{15}{5}+\dfrac{16}{5}=\dfrac{1}{5}$

(2)＜数の計算＞与式$=(2\sqrt{5})^2-8\sqrt{5}+6\sqrt{5}-12-\dfrac{5\times\sqrt{5}}{\sqrt{5}\times\sqrt{5}}=20-2\sqrt{5}-12-\dfrac{5\sqrt{5}}{5}=8-2\sqrt{5}-\sqrt{5}=8-3\sqrt{5}$

(3)＜二次方程式＞解の公式より，$x=\dfrac{-(-6)\pm\sqrt{(-6)^2-4\times2\times3}}{2\times2}=\dfrac{6\pm\sqrt{12}}{4}=\dfrac{6\pm2\sqrt{3}}{4}=\dfrac{3\pm\sqrt{3}}{2}$となる。

(4)＜連立方程式＞$2x+3y=4$……①，$3x+4y=1$……②とする。②×3−①×4 より，$9x-8x=3-16$　$\therefore x=-13$

(5)＜式の計算—因数分解＞与式$=x^2+16x+64-3x-24=x^2+13x+40=(x+5)(x+8)$

(6)＜確率—さいころ＞大小２個のさいころを同時に投げるとき，出た目の組合せは全部で6×6＝36(通り)ある。このうち，出た目の積が３の倍数になるのは，少なくとも一方が３か６の目のときである。大きいさいころの目が３か６のときは，小さいさいころの目は１～６のどれでもよいので，2×6＝12(通り)ある。小さいさいころの目が３か６のときも同じだが，(大，小)＝(3，3)，(3，6)，(6，3)，(6，6)は大きいさいころの目が３か６のときでかぞえているので，積が３の倍数になる場合は12×2−4＝20(通り)ある。よって，求める確率は$\dfrac{20}{36}=\dfrac{5}{9}$となる。

(7)＜一次方程式の応用＞時速90kmは時速90000mであり，１時間は60×60＝3600(秒)だから，90000÷3600＝25より，時速90kmは秒速25mである。電車の長さが180mより，トンネルの長さをxmとするとき，電車がトンネルに入り始めてから出終わるまでに電車はx＋180m進み，２分40秒，つまり，60×2＋40＝160(秒)かかったから，$x+180=25\times160$が成り立つ。これを解くと，$x+180=4000$，$x=3820$(m)となる。

(8)＜平面図形—角度＞右図１のように点Fと$\angle a$を定める。点Eを含む方の$\overset{\frown}{BC}$に対する円周角と中心角の関係より，$\angle a=2\angle BAC=2\times150^\circ=300^\circ$だから，点Aを含む方の$\overset{\frown}{BC}$に対する中心角は，$\angle BOC=360^\circ-\angle a=360^\circ-300^\circ=60^\circ$となり，OB＝OCだから，△OBCは正三角形である。よって，$\angle OCB=60^\circ$，OC＝BCであるから，BC＝CDより，OC＝CDとなり，△CODは二等辺三角形である。$\angle OCD=180^\circ-\angle OCB=180^\circ-60^\circ=120^\circ$より，$\angle COD=(180^\circ-120^\circ)\div2=30^\circ$である。したがって，$\angle BOF=\angle BOC+\angle COD=60^\circ+30^\circ=90^\circ$となり，$\overset{\frown}{BF}$に対する円周角だから，$\angle BED=\dfrac{1}{2}\angle BOF=\dfrac{1}{2}\times90^\circ=45^\circ$となる。

図1
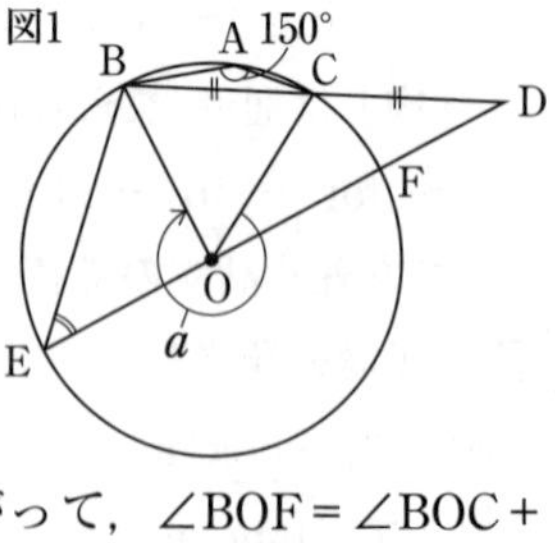

(9)＜空間図形—面積＞次ページの図２の色をつけた立体の曲面部分の面積は，球の表面積の$\dfrac{1}{4}$だから，$4\pi\times2^2\times\dfrac{1}{4}=4\pi$である。また，２つの平面部分は，どちらも球の中心を通る切断面の半分となる

半円で，合わせると半径2の円となるから，2つの平面部分を合わせた面積は，$\pi \times 2^2 = 4\pi$ である。よって，求める表面積は $4\pi + 4\pi = 8\pi$ である。

図2

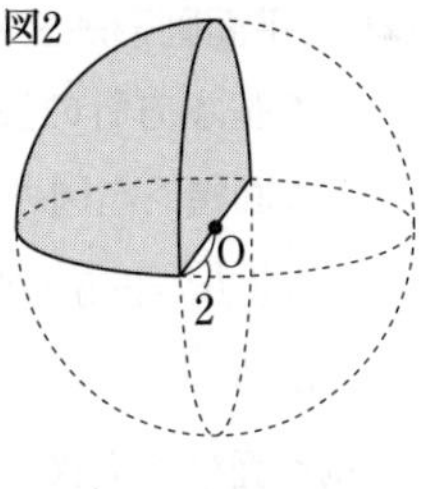

2 〔数と式―連立方程式の応用〕

⑽＜文字式の利用＞硬貨は全部で40枚だから，50円玉の枚数は $40-x-y$ 枚と表せる。よって，合計金額は $500x+100y+50(40-x-y)=500x+100y+2000-50x-50y=450x+50y+2000$（円）となる。

⑾＜連立方程式の応用＞100円玉の枚数は500円玉の枚数の3倍だから，$y=3x$……①である。また，合計金額が6200円だから，⑽より，$450x+50y+2000=6200$……②が成り立つ。①を②に代入して，$450x+50\times 3x+2000=6200$，$600x=4200$　$\therefore x=7$　これを①に代入して，$y=3\times 7$　$\therefore y=21$　よって，50円玉の枚数は $40-7-21=12$（枚）である。

3 〔関数―関数 $y=ax^2$ と一次関数のグラフ〕

≪基本方針の決定≫⒁　高さの等しい三角形の面積の比は底辺の比に等しいことを利用する。

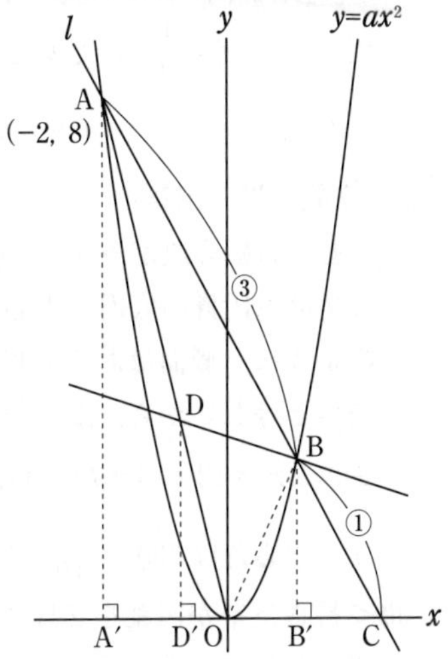

⑿＜比例定数＞右図で，A$(-2,\ 8)$ が放物線 $y=ax^2$ 上の点だから，$8=a\times(-2)^2$ より，$a=2$ となる。

⒀＜直線の傾き＞右図で，2点A，Bから x 軸に垂線AA′，BB′を引くと，AA′∥BB′だから，△AA′C∽△BB′Cとなり，AA′：BB′＝AC：BC＝(3＋1)：1＝4：1である。よって，点Aの y 座標より，AA′＝8だから，BB′$=\dfrac{1}{4}$AA′$=\dfrac{1}{4}\times 8=2$ となり，点Bの y 座標は2である。⑴で，$a=2$ より，点Bは放物線 $y=2x^2$ 上の点だから，$2=2x^2$，$x^2=1$　$\therefore x=\pm 1$　したがって，点Bの x 座標は1であり，B$(1,\ 2)$ だから，2点A，Bの座標より，直線 l の傾きは $\dfrac{2-8}{1-(-2)}=-2$ である。

⒁＜直線の式＞右図のように，2点O，Bを結び，△AOB，△BOCの底辺をそれぞれAB，BCと見ると，高さが等しいから，△AOB：△BOC＝AB：BC＝3：1となり，△AOB＞△BOCである。よって，点Bを通り，△AOCの面積を2等分する直線は，辺OAと交わり，その交点をDとする。△AOB$=\dfrac{3}{3+1}$△AOC$=\dfrac{3}{4}$△AOC，△ABD$=\dfrac{1}{2}$△AOCより，△AOB，△ABDの底辺をそれぞれOA，DAと見ると，高さは等しいから，OA：DA＝△AOB：△ABD$=\dfrac{3}{4}$△AOC：$\dfrac{1}{2}$△AOC＝3：2となり，OD：DA＝(3－2)：2＝1：2である。ここで，点Dから x 軸に垂線DD′を引くと，AA′∥DD′より，OD′：D′A′＝OD：DA＝1：2となるから，OA′＝2より，OD′$=\dfrac{1}{1+2}$OA′$=\dfrac{1}{3}\times 2=\dfrac{2}{3}$ であり，点Dの x 座標は $-\dfrac{2}{3}$ となる。点Aの座標より，直線OAの傾きは $-\dfrac{8}{2}=-4$ となり，直線OAの式は $y=-4x$ なので，$y=-4\times\left(-\dfrac{2}{3}\right)=\dfrac{8}{3}$ より，D$\left(-\dfrac{2}{3},\ \dfrac{8}{3}\right)$ である。以上より，△AOCの面積を2等分する直線は，点Dと，⒀よりB$(1,\ 2)$ を通る直線で，傾きは $\left(2-\dfrac{8}{3}\right)\div\left\{1-\left(-\dfrac{2}{3}\right)\right\}=-\dfrac{2}{5}$ となる。したがって，その式は $y=-\dfrac{2}{5}x+b$ とおけ，点Bを通ることより，$2=-\dfrac{2}{5}\times 1+b$，$b=\dfrac{12}{5}$ となるから，求める式は $y=-\dfrac{2}{5}x+\dfrac{12}{5}$ である。

4 〔平面図形―三角形〕

《基本方針の決定》(17)　平行線と比の定理が使えるように補助線を引く。

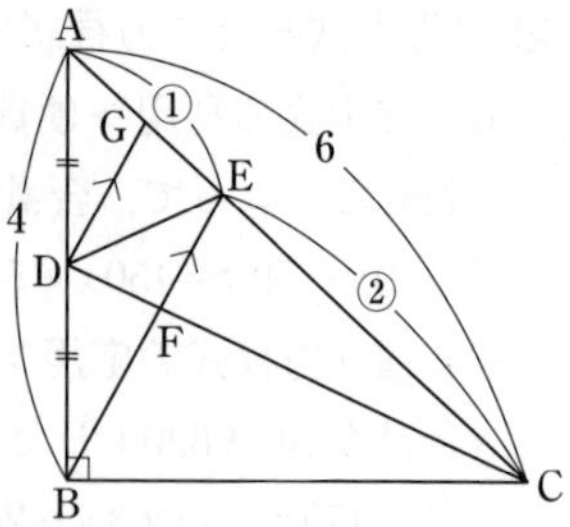

(15)＜面積＞右図の△ABCで三平方の定理より，$BC=\sqrt{AC^2-AB^2}=\sqrt{6^2-4^2}=\sqrt{20}=2\sqrt{5}$となるから，$\triangle ABC=\frac{1}{2}\times BC\times AB=\frac{1}{2}\times 2\sqrt{5}\times 4=4\sqrt{5}$である。

(16)＜面積＞右図で，AD＝DBだから，$\triangle ADC=\frac{1}{2}\triangle ABC$である。また，△ADE：△CDE＝AE：EC＝1：2だから，$\triangle ADE=\frac{1}{1+2}\triangle ADC=\frac{1}{3}\triangle ADC$である。よって，$\triangle ADE=\frac{1}{3}\times\frac{1}{2}\triangle ABC=\frac{1}{6}\times 4\sqrt{5}=\frac{2\sqrt{5}}{3}$となる。

(17)＜長さの比＞右上図のように，点Dを通り線分BEに平行な直線を引き，辺ACとの交点をGとする。DG∥FEより，DF：FC＝GE：ECである。また，DG∥BEより，AG：GE＝AD：DB＝1：1だから，$GE=\frac{1}{2}AE$である。さらに，AE：EC＝1：2だから，EC＝2AEである。よって，DF：FC$=\frac{1}{2}AE:2AE=1:4$となる。

5 〔空間図形―円錐〕

《基本方針の決定》(19)　糸は2周巻かれているので，側面の展開図を1周目と2周目の2つ考える。

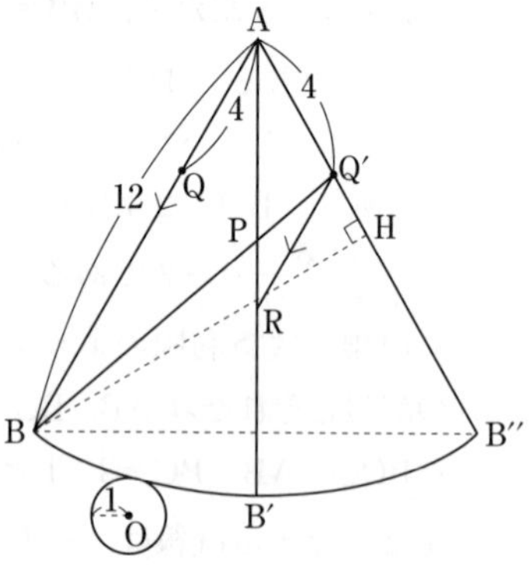

(18)＜角度＞円錐の底面の中心をOとする。円錐を展開すると，右図のように，側面はおうぎ形ABB′になり，弧の長さは円Oの周の長さと等しいから，$2\pi\times 1=2\pi$である。半径が12の円の周の長さは$2\pi\times 12=24\pi$だから，このおうぎ形は円の$\frac{2\pi}{24\pi}=\frac{1}{12}$であり，中心角は$360^\circ\times\frac{1}{12}=30^\circ$である。

(19)＜長さ＞糸が円錐を2周することから，右図のように，2周目の側面として，線分AB′の右側におうぎ形ABB′と合同なおうぎ形AB′B″を並べる。また，点Q′は，AQ′＝AQ＝4となる点である。糸を2周巻きつけたときに糸の長さが最も短くなるのは，図で，糸が2点B，Q′を結ぶ線分BQ′と重なるときである。2点B，B″を結ぶと，$\angle BAB''=30^\circ\times 2=60^\circ$だから，△ABB″は正三角形である。よって，点Bから辺AB″に垂線AHを引くと，点Hは辺AB″の中点になり，△ABHは3辺の比が$1:2:\sqrt{3}$の直角三角形である。よって，$AH=\frac{1}{2}AB=\frac{1}{2}\times 12=6$，$BH=\sqrt{3}AH=\sqrt{3}\times 6=6\sqrt{3}$となり，Q′H＝AH－AQ′＝6－4＝2だから，△BHQ′で三平方の定理より，$BQ'=\sqrt{BH^2+Q'H^2}=\sqrt{(6\sqrt{3})^2+2^2}=\sqrt{112}=4\sqrt{7}$となる。

(20)＜長さ＞右上図で，点Pは線分BQ′，AB′の交点である。点Q′から線分ABに平行な直線を引き，線分AB′との交点をRとすると，△PQ′R∽△PBAとなるから，PQ′：PB＝RQ′：ABである。また，∠ARQ′＝∠BAB′＝30°であり，∠RAQ′＝30°だから，△ARQ′は二等辺三角形である。よって，RQ′＝AQ′＝4であり，PQ′：PB＝4：12＝1：3だから，$PQ'=\frac{1}{3+1}BQ'=\frac{1}{4}\times 4\sqrt{7}=\sqrt{7}$となり，求める糸の長さは$\sqrt{7}$である。

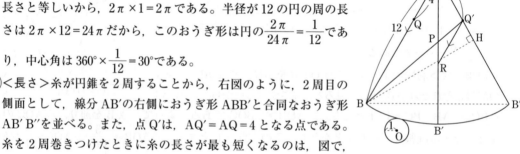

2023年度／星野高等学校（単願）

国語解答

一 問1　a…ウ　b…エ
問2　①…ウ　②…イ　③…エ
問3　イ　問4　エ　問5　ウ
問6　エ　問7　イ　問8　イ
問9　エ　問10　ア

二 問1　a…ア　b…ウ　c…イ
問2　①…エ　②…ア　問3　イ
問4　ウ　問5　ウ　問6　ウ
問7　ア　問8　エ　問9　イ
問10　ウ

三 問1　a…ア　b…ウ　問2　ウ
問3　エ　問4　ア　問5　ウ
問6　エ　問7　ア　問8　イ

一〔論説文の読解―自然科学的分野―科学〕出典；本川達雄「生物学を学ぶ意味」（桐光学園・ちくまプリマー新書編集部編『何のために「学ぶ」のか　中学生からの大学講義１』所収）。

≪本文の概要≫人間が勉強をする理由は三つある。それは，アリストテレスのいう「三つの知識」である。まず一つ目が，農業や経済をはじめとする，人間が実際に生活を送るうえで必要となる実用の知である。次に，生活をより快適に，心地よく送るための快楽の知がある。そして，最後に学問的な知が挙げられる。これは世界と自分自身を知り，世界の中での自分の立ち位置を理解しようとする知である。このように人間は，生活に必要かどうかだけではなく，精神的な快楽や純粋な知的好奇心も重視する存在だということができる。だから，たとえ実生活にあまり役に立たない学問であっても，人間が心身ともに豊かに生きていくために欠かせない。生物学もその一つである。生物学は，他の生物を知り，人間という生物自体を理解することに貢献する，立派な意義のある学問である。君たちは，食べ物と同様に偏らずに，いろいろな勉強をするべきである。

問一＜語句＞a.「かけがえのない」は，なくなった場合に他に代わりとなるものがない，という意味。　b.「祖」は，物事の始まりとなる人のこと。

問２＜漢字＞①「奉仕」と書く。アは「豊作」，イは「放送」，ウは「奉還」，エは「模倣」。　②「高貴」と書く。アは「記事」，イは「貴族」，ウは「希望」，エは「奇跡」。　③「供給」と書く。アは「究明」，イは「救急」，ウは「進級」，エは「支給」。

問３＜接続語＞Ⅰ．数の概念はとても重要であることの例として，「あなたと君と私」を「三人」と「三」という数で抽象化でき，抽象化して数式にのっとって考えることで，いろいろなことができることが挙げられる。　Ⅱ．人間には「体だけでなく，心にもパンを与えなければ心が干からびてしまう」というわけで，「宗教や芸術といったもの」が人の心を満たす「心のパン」の役割を果たす。　Ⅲ．世界の「さまざまな物事について知ること」は，言い換えれば「自分の世界を広げること」である。　Ⅳ．虚学ではお金は「稼げない」が，虚学が扱う霞のような知的な喜びがなければ「脳みそは枯れて」しまうのである。

問４＜文章内容＞アリストテレスが考えた三つの知の一つ目は，「生活に必要な，実用の知」である（…Ｘ）。二つ目の知は，快適さや心地よさを追い求めようとする「快楽」の知である（…Ｙ）。三つ目の知は，知的好奇心に基づき，世界や自分自身を知ろうとする「学問的な知」である（…Ｚ）。

問５＜文章内容＞ナマコの研究は，世の中の役に立たなさそうではあるが，ナマコも人間も生物であり，同じ生物であるナマコについて学ぶことで，人間のことを深く知るきっかけを得られるという点で，意味がある。

問6＜文章内容＞物事を抽象化し，数式によってさまざまな計算を行うことで，現代社会を支える多くの技術が成り立っている。また，全てを抽象的な数で考えることで貨幣経済が可能になった。そのため，現代社会には数学は不可欠なのである。

問7＜文章内容＞人間は，何かを知ることに喜びを覚える存在である。また「知ることは安心への道」でもあり，世界や自分自身について考え，自らの世界における位置づけを知ることで，人間は，安心感を得ようとするのである。

問8＜文章内容＞「心のパン」とは，生きるための実学だけからでは得られない精神的な充実感を得るためのものであり，「宗教や芸術」などが該当する。「オーケストラの演奏を聴いて，気持ちが穏やかになること」は，精神的な充実感を得ることである。

問9＜文章内容＞人間は，ただ生活を送るための実用的なものだけでは満足しない。ときには生活には関係のない芸術や学問などにふれ，精神的な心地よさや知的な喜びを得たいと考えるのである。

問10＜主題＞世の中のさまざまな物事について知ることは，たとえ直接的には生活の役に立たない知識であっても，世界や自分自身について知るきっかけとなるという点で有意義である。そのため，特に学生は，役に立つかどうかだけでえり好みせず，なるべく幅広く勉強をするべきである。

二〔随筆の読解―芸術・文学・言語学的分野―文学〕出典；青木玉『なんでもない話』／幸田文『幸田文　しつけ帖』。

問1＜語句＞a．「見るともなしに見る」は，特に意識して見るというわけではない様子で見る，という意味。　b．「憚(か)る」は，何かに気を遣って，ためらう，という意味。　c．「随時」は，好きなときにいつでも，という意味。「随所」は，いたる所，という意味。

問2＜漢字＞①「触感」と書く。アは「払拭」，イは「不織布」，ウは「寝食」，エは「触媒」。　②「弾(み)」と書く。アは「弾劾」，イは「断固」，ウは「格段」，エは「祭壇」。

問3＜語句＞X．「濡れ羽色」は，濡れて艶を帯びたカラスの羽のような黒のこと。　Y．「玉虫色」は，玉虫の羽のように，光の当たり方でさまざまな見え方をする光沢のある色のこと。

問4＜文脈＞目の見えないカラスがおびえている様子から，かつて「巣からは落ちたか落とされたか，恐しい目にあったのだろう」と想像され，「私」は「恐れるカラス」を「哀れ」に思った。

問5＜文章内容＞「私」は，「カラスの仲間は頭がいい」といわれているのもあり，カラスが首をかしげながらガラスの向こうを見ている様子から，何か事情があって物を考えているかのような，賢そうな印象を受けたのである。

問6＜心情＞「きまりが悪い」は，他に対して面目が立たない，恥ずかしい，という意味。「私」は，カラスに気を取られるあまり，「あなた，よっぽどカラスがお好きなんですね」と声をかけられるまで，待っていた人が来たことに気づかなかった。そのことを「私」は気恥ずかしく感じたのである。

問7＜文章内容＞「私の母」は，身の回りの動物や草花に対して親密に語りかけていくというような「自然への手引」を，父親から学んでいた。そのため，「私の母」は，カラスに対しても何かを語り合うかのような身近さをもって接していたのである。

問8＜文章内容＞身の回りの自然に親しみ，語り合っていく姿勢は「父の文学の一部分」だったのだと後になって理解し，「私」は，当時の自分は「幼くて無垢」で「清さをもっていた」からこそ，父親の姿勢に共感できたのだと考えているのである。

問9＜文章内容＞老いてくるにつれ，「人と交わることも減ってくる」し，新しい友人をつくる気もなくなってくるものであるが,「私」は,幼い頃から語り合ってきた「自然という友だち」と交流することで,老後の時間を楽しく送ることができるし,自然との交流を通して若い人と気兼ねもないつき合いができると考えている。

問10＜心情＞自分とカラスが語り合う姿に笑う娘を見て,「私」は,かつて父親が教えてくれた身近な自然とのつき合い方が「やしないになるもの」として,娘にもそれとなく伝わっていくのではないかと感じているのである。

三〔古文の読解―評論〕出典;向井去来『去来抄』。

≪現代語訳≫一羽の病気らしい雁が(秋の)夜寒に(耐えかねて)下りて,(その鳴き声を聞きながら,)私も一人旅寝をすることだ　芭蕉

漁師の家には小海老(が干してあるが,その中)に〈まじって〉かまどうまが跳びはねている　同

『猿蓑』にどの句を入れるか選んでいるとき,(芭蕉先生は)「この(二つの)中から一句を入集しなさい」とおっしゃった。凡兆は「病雁(の句)は言うまでもないことですけれども,小海老にまじるいとど(の句)は,(表現に)目ざましいはたらきがあり,斬新さが,本当に優れている句です」と(入集を)望んだ。

(私)去来は「小海老の句は珍しいと言うけれども,その場面を考えてみたときには,私の口からも出るかもしれません。病雁(の句)は格調高く幽玄の趣があり,どうしてこの句を思いつけるでしょうか(思いつけません)」と論じ,最終的に,両方の句ともに望んで入集することになった。

その後,芭蕉先生は「病雁(の句)を小海老(の句)などと同じように論じたのだな」と笑いなさった。

問1＜古語＞a.「つひに」は,最後には,という意味。　b.「乞ふ」は,願い求める,という意味。

問2＜古文の内容理解＞①去来は,小海老の句は珍しいが,自分でも考えつきそうだと評価した。②「師」である芭蕉先生は,病雁の句と小海老の句とを,凡兆と去来が同列にして論じたことを笑った。

問3＜俳句の技法＞「かな」は,主に俳句の末尾で用いられ,作者の感動などを表す切れ字。

問4＜古文の内容理解＞凡兆は,病雁の句もよいが,「小海老にまじるいとど」の句は斬新ですばらしいと評価した。

問5＜古文の内容理解＞表現が明確で,漁師の家で水揚げされた小海老にいとどがまじっているという情景がはっきりと想像できるうえ,小海老といとどを一緒によみ込む斬新さが,本当にすばらしいと,凡兆は賞賛した。

問6＜古文の内容理解＞去来は,小海老の句は斬新ではあるが,自分でも考えつきそうであると評価した。一方で,病雁の句はその格調の高さや趣深さがすばらしく,去来は,芭蕉先生でなければ生み出せない句だと感じたのである。

問7＜古文の内容理解＞斬新な小海老の句と,格調高い病雁の句は,方向性が全く異なる句であるにもかかわらず,凡兆と去来が同列にして比較しようとした点がおもしろいと思い,芭蕉は笑ったのである。

問8＜文学史＞ア.「菜の花や月は東に日は西に」は,与謝蕪村の句。　イ.「閑さや岩にしみ入る蟬の声」は,松尾芭蕉の句(…○)。　ウ.「柿くへば鐘が鳴るなり法隆寺」は,正岡子規の句。　エ.「雪とけて村いっぱいの子どもかな」は,小林一茶の句。

2023年度 星野高等学校（併願第1回）

〔注〕 この問題は，1月25日に実施された併願受験者用のものです。

【英　語】 (50分) 〈満点：100点〉

（注意） 解答はすべて一つ選び，解答用紙の所定の欄にマークすること。

1 次の英文を読んで，下の問いに答えなさい。

Imagine having everything you need ── health centers, supermarkets, parks ── just a few steps from home. It can make you healthier and build better relationships between you and your neighbors.

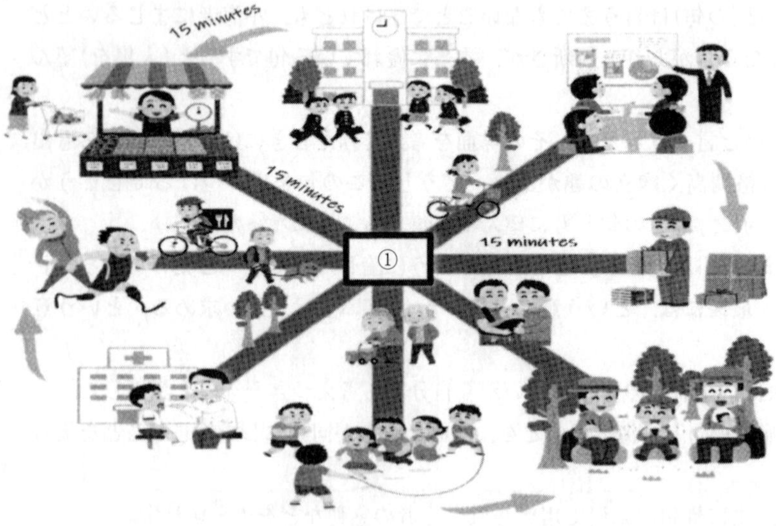

図1：*A Convenient City*

This is an idea for the 15-minute city. Here, people can get all the services they need within 15 minutes of home, ②(A) foot or ②(B) bike. This model is developed in cities around the world.

Carlos Moreno is a scientific director at France's business school. He's also a key person behind the 15-minute-city plan for Paris. "My vision is to give ideas for a *livable city that increases the quality of life," Moreno told a publishing company.

【 ③ 】

Moreno has been a champion of 15-minute cities for years. ④They were inspired by the need to fight climate change. In a 15-minute city, car travel is not a priority. The focus is on building more sidewalks and bike lanes. Moreno says walking or biking across the city "is a good way to basically reduce CO_2 *emissions."

Anne Hidalgo is the Mayor of Paris. She plans to develop 15-minute communities throughout the French capital. In part, that means removing 60,000 parking spaces by 2024, and creating bike lanes on every one of the city's streets.

This type of design *promotes not only *benefits for the earth, but also healthier way of life for us. Joe Zehnder is the head planner for a city in America. He's developing "20-minute neighborhoods." Having supermarkets close to home gives people "better access to healthy foods," Zehnder says, and "the ability to make healthier choices."

【Welcome Home】

Zehnder has another important goal as he builds 20-minute neighborhoods in Portland. He wants to make these places *inclusive.

As a neighborhood becomes more convenient, housing costs can increase. ⑤This is not good for a lot of people. Zehnder says his idea is "to try to create more housing of more types, so that people in different economic situations have an opportunity to live there."

（注） livable：住みやすい　emissions：排出　promotes：～を促進する

benefits：恩恵　inclusive：様々な人を受け入れている

(1) 図1の中心①に入れるのに最も適するものを選びなさい。

ア．PARK　イ．HEALTH CENTER　ウ．HOME　エ．SUPERMARKET

(2) 下線②の（A）（B）に入れる組み合わせとして最も適するものを選びなさい。

ア．{A：in / B：on}　イ．{A：on / B：by}　ウ．{A：with / B：by}　エ．{A：on / B：with}

(3) ③ に入れるタイトルとして最も適するものを選びなさい。

ア．Healthier Living　イ．Moreno, the Mayor of Paris

ウ．Increasing Parking Spaces　エ．Home for Rich People

(4) 下線④の表す内容として最も適するものを選びなさい。

ア．People in Paris　イ．People on the planet

ウ．Climate change　エ．15-minute cities

(5) 下線⑤の表す内容として最も適するものを選びなさい。

ア．Zehnderが掲げるもうひとつの目標。

イ．アメリカの新しい街の仕組み。

ウ．家の近隣が便利になるほど，家賃が高くなること。

エ．その場所に住む人の多様性に焦点をあてること。

(6) 本文の内容と一致するものとして最も適するものを選びなさい。

ア．15-minute cities make people build bad relationships with neighbors.

イ．15-minute cities were developed long ago, but they have already disappeared.

ウ．Hidalgo says having supermarkets close to home is good for health.

エ．Zehnder wants all kinds of people to live in 20-minute neighborhoods.

2 次の英文を読んで，下の問いに答えなさい。

Two men John and Frank, both seriously ill, shared a hospital room. John was allowed to sit ⑦(　　　) in his bed for an hour each afternoon to improve his breathing. His bed was next to the room's only window. Frank had to spend all his time *flat on his back.

The men talked for hours. They spoke of their wives and families, their homes, their jobs, and places they visited on vacation.

Every afternoon when John could sit ⑦(　　　), he would pass the time by describing all the things he could see outside the window to his roommate. Frank looked forward to those one-hour periods because he enjoyed hearing about all the activity and color of the world outside.

⑧John described a park with a lovely lake. He said ducks and swans played on the water while children sailed their model boats. Young lovers walked arm in arm among flowers of every color, and a fine view of the city could be seen in the distance. When John described all this in detail, Frank would close his eyes and imagine the beautiful scene.

Days and weeks passed.

One morning, a nurse arrived to bring water for their baths, and found that John died in his sleep. His body was taken away by the hospital staff. Soon after this, Frank asked if he could be moved next to the window. ⑨The nurse made the switch, and helped him to sit ⑦(　　　). Then after making sure he was comfortable, she left him alone.

He slowly turned to look out the window beside the bed and took his first look at the world outside. ⑩It faced a blank wall.

Frank told the nurse how his roommate described such wonderful things outside this window. The nurse said John was blind and could not even see the wall. She said, "[　⑪　]"

（注） flat on his back：仰向けになる

(7) 下線⑦の(　)に共通して入るものを選びなさい。

ア．at　　イ．for　　ウ．of　　エ．up

(8) 下線⑧の John の描写に含まれていないものを選びなさい。

ア．ボートの模型　　イ．アヒル　　ウ．湖　　エ．青空

(9) 下線⑨を言い換えたものとして最も適するものを選びなさい。

ア．The nurse turned off the light

イ．The nurse moved him

ウ．The nurse showed him the outside world

エ．The nurse found the switch

(10) 下線⑩が指すものとして最も適するものを選びなさい。

ア．the world　　イ．the bed　　ウ．the window　　エ．the park

(11) [⑪] に入るセリフとして最も適するものを選びなさい。

ア．I think he had a strange dream in his bed.

イ．Perhaps he just wanted to encourage you.

ウ．Maybe you can see the beautiful world from now.

エ．He told a lie because he didn't like you.

(12) 病室のレイアウトとして最も適するものを選びなさい。

ア.
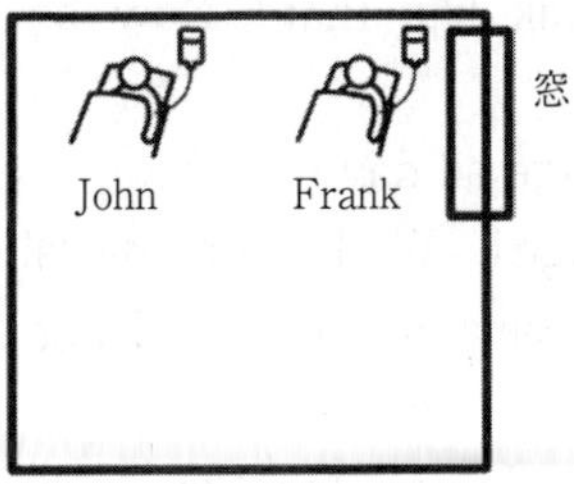

イ.
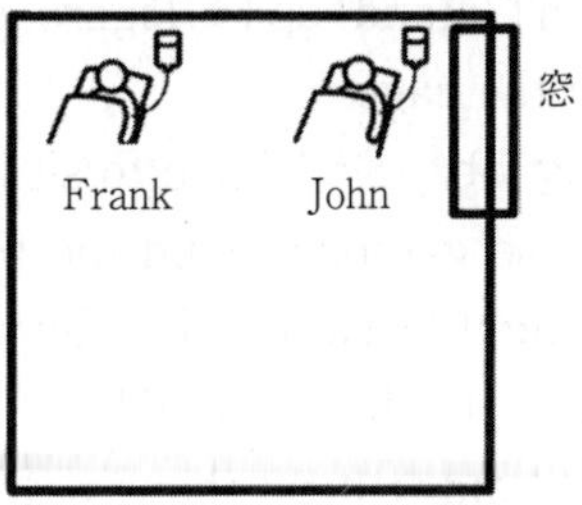

ウ.
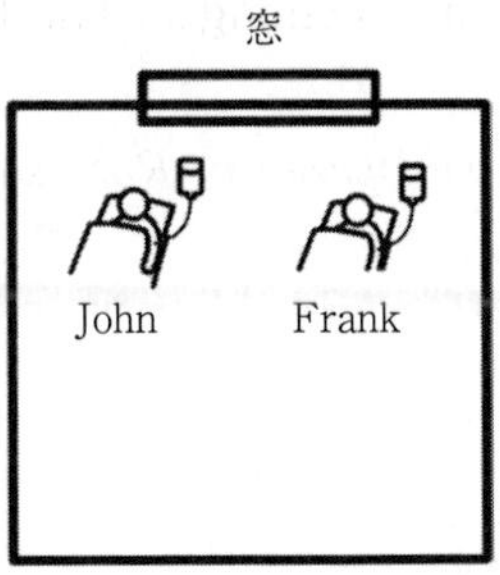

エ.
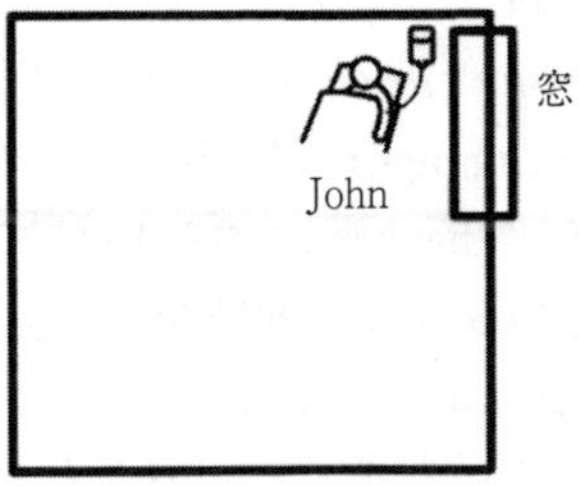

3 次の会話文を読んで，下の問いに答えなさい。

*A lazy man, Roku heard that there was a job at a zoo, so he came for *a job interview.*

Mr. Ito : I'm Mr. Ito, the manager of this zoo.

Roku : Yes, Mr. Ito, what do I have to do here ?

Mr. Ito : Well, our tiger just died yesterday. He was very popular among kids. So, I want you to be the tiger !

Roku : What ? Be a tiger ?

Mr. Ito : Yes, a tiger.

Roku : But ⑬(　　　) ?

Mr. Ito : Easy ! I have a tiger costume, so you can wear it and become a tiger.

Roku : That's not possible. . . . Also, I have some working conditions. I can start only from 10:00 am in the morning.

Mr. Ito : [　⑭-A　] The zoo opens at 10:00 am.

Roku : But I can't do much physical work.

Mr. Ito : It's OK, you can just *hang out in the tiger's cage.

Roku : I don't want to talk to people.

Mr. Ito : ⑮<u>You had better not.</u> You are a tiger.

Roku : But . . ., I want to eat and sleep anytime I want.

Mr. Ito : Fine ! Tigers do that all day !

Roku : I want to get off work at 4:00 pm.

Mr. Ito : The zoo closes at 4:00 pm. And I'll pay you ten thousand yen every day.

Roku : Hmm. I guess it's not a bad job. OK, I'll take it !

Mr. Ito : Well, good ! Then put on this tiger costume.

Roku : I see . . ., so I put my feet in here . . ., my arms go in there . . ., and put this head on my head. Aha, this fits me perfectly ! And I zip up the front . . ., ha ha ha, now how do I look ?

Mr. Ito : You look OK. No, no, don't stand up ! Tigers don't walk like that. Now be quiet. Children are coming. Stay in the cage.

Roku : OK. . . . But this is a boring job. Do I have to sit in the cage all day ?

Announcement : ⑭-B Please gather around the tiger's cage ! We have a special event today. The greatest fight between the King of the Savanna and the King of the Jungle ! Come around ! Gather around !

Roku : Oh, no ! The tiger is me ! I didn't hear about ⑯this ! Ten thousand yen every day isn't good enough for this ! I don't want to die ! No ! Aaaah, the lion is coming ! The lion is going to kill me ! No ! Help me !

The cage was opened and the lion came closer to Roku. Then the lion whispered in Roku's ear.

Lion : ⑭-C It's me, the manager, Mr. Ito !

（注） a job interview：就職のための面接　　hang out：ぶらぶらして時を過ごす

⒀ 下線⑬の（　）に入れるのに最も適するものを選びなさい。

ア．how　　イ．what　　ウ．when　　エ．why

⒁ ⑭-A ～ ⑭-C に入るセリフとして最も適する組み合わせを選びなさい。

ア．A：Don't worry.　B：That's fine.　C：Guests !

イ．A：That's fine.　B：Don't worry.　C：Guests !

ウ．A：Don't worry.　B：Guests !　C：That's fine.

エ．A：That's fine.　B：Guests !　C：Don't worry.

⒂ 下線⑮の表す意味として最も適するものを選びなさい。

ア．しゃべらないほうがいいなあ。

イ．しゃべったほうがいいよね。

ウ．しゃべらないとだめだよ。

エ．しゃべっちゃだめなときもあるよ。

⒃ 下線⑯の表す内容として最も適するものを選びなさい。

ア．サバンナから来たライオンが人気だということ。

イ．ジャングルではトラが最も強いということ。

ウ．トラとライオンが決闘するイベントを行うということ。

エ．動物園に多くのお客さんが来ているということ。

⒄ 本文の内容と一致するものを選びなさい。

ア．動物園のトラのふりをする仕事は１日に１万円もらえる。

イ．Roku は自分のことが園内放送でアナウンスされてとても喜んだ。

ウ．トラの衣装を着るときは最初に足を入れて最後に背中のチャックをしめる。

エ．動物園のトラは子供にも大人にも大人気だった。

4 次のイベントの案内を読んで，下の問いに答えなさい。

Breezeway City
Table Tennis Tournament

Do you want to have some fun during spring break?
Join our special event and get some exercise!

Are you good at playing table tennis? If not, don't worry! This event is for anyone who wants to have fun. Bring your family, friends, and neighbors. Let's play table tennis together!

Date : March 25, 2023
Place: The Breezeway City Gymnasium

Age	Match Time	Participation Fee
12 and under	8:45 – 9:15	$5.00
13 – 18	9:15 – 10:45	$7.00
19 and over	10:45 – 12:15	$10.00

※ Please be at the entrance of the gym 30 minutes before your match starts.
※ Each child under 13 years old with a parent will get a 50% discount.

✓ Free soft drinks and snacks will be served at the entrance.
✓ We will have a small gift for everyone who joins the event.

If you have questions, please call the city gym Monday through Friday from 9:00 a.m. to 5:00 p.m. Visit the website for more information. Please apply by March 20 and entries are accepted only online. We are waiting for your entries.

Contact: City Gym 049-222-XXXX http://www.breezewaycity/

(18) A group of high school students will join the tournament. By what time do they have to go to the gym ?
ア. 8:15 イ. 8:45 ウ. 9:15 エ. 10:45

(19) A mother will participate in the event with her elementary school son and 13-year-old daughter. How much will she pay in total ?
ア. $16.00 イ. $18.50 ウ. $19.50 エ. $22.00

(20) What do you need to do to join the event ?

ア．Visit the city gym on weekdays during office hours.
イ．Apply online at least five days before the event.
ウ．Go to the city office and buy tickets to exchange for gifts.
エ．Call the city gym on weekends and make a reservation.

5 日本文とほぼ同じ意味になるように(　)内の語を並べかえて正しい英文を作るとき[　]に示された語は(　)内で何番目に来ますか。ア～エの中から選びなさい。ただし，文頭の語も小文字で示されています。

(21) あなたはどんな種類の楽器を演奏できますか。[can]
(kind, play, what, of, can, instrument, you, musical)?
ア．4番目　イ．5番目　ウ．6番目　エ．7番目

(22) これらの写真は私にカナダにある故郷を思い出させます。[me]
(hometown, me, Canada, of, these, in, remind, my, photographs).
ア．3番目　イ．4番目　ウ．5番目　エ．6番目

(23) お金を入れたかばんを失くしてしまったのはお気の毒ですね。[lost]
(money, that, bag, your, sorry, contained, you, which, I'm, lost).
ア．3番目　イ．4番目　ウ．5番目　エ．6番目

(24) 来週一緒にピクニックに行きませんか。[we]
(picnic, don't, next, have, we, a, why, together) week?
ア．2番目　イ．3番目　ウ．4番目　エ．5番目

6 次の(25)～(27)のそれぞれ4つの英文のうち，文法上の誤りを含む文を1つ選びなさい。

(25) ア．Look at that flying bird.
イ．I am looking for my lost pen.
ウ．I am going to take a Spanish class.
エ．What's the language speaking in Brazil?

(26) ア．He can swim faster than any other boy in his class.
イ．There is a person who knows everything about our school.
ウ．Do you understand which way should I go?
エ．This is how they wrote many songs.

(27) ア．We can see a lot of leaf on the tree.
イ．He goes to work every day.
ウ．There are 60 minutes in an hour.
エ．It's cold.　Will you have a cup of tea?

7　下の(28)〜(30)の各文が意味の通る文になるように下線部にそれぞれ適する単語を入れた時，各下線部が正しいつづりになるように①，②に入れるのに最も適する組み合わせを選びなさい。

［例］

A：What are you planning to do during the summer vacation?

B：I'm planning to study a□□□①□. I have wanted to live in a fo□□②□□ country.

ア．①：u　②：g　イ．①：o　②：h　ウ．①：a　②：i　エ．①：d　②：e

答え：本文の内容から下線部に入る単語は abroad と foreign になり，「ウ」が正解。

(28) A：Please help y□□□①□□f to more cookies.

B：Thanks. Can I eat this one? It is my f□②□□□□□ taste.

ア．①：s　②：v　イ．①：c　②：b　ウ．①：u　②：r　エ．①：s　②：b

(29) A：Recently I'm i□①□□□□□ed in Indian movies. How about you?

B：I like American movies; action movies are especially e②□□□□□g.

ア．①：e　②：x　イ．①：e　②：c　ウ．①：t　②：c　エ．①：t　②：x

(30) A：How beautiful these cherry b□□□□□①s are!

B：Sure. They are at their best at the b②□□□□□ng of April in Japan.

ア．①：m　②：e　イ．①：m　②：i　ウ．①：n　②：i　エ．①：n　②：e

【数　学】（50分）〈満点：100点〉

（注意）　解答はすべて一つ選び，解答用紙の所定の欄にマークすること。

1　次の各問いに答えなさい。

(1)　$(-x^3y^2)^3 \div x^4y^3 \times (-x^2y)^2$ を計算しなさい。

解答群　(ア)　$-xy$　　(イ)　xy　　(ウ)　$-x^6y^4$

(エ)　x^6y^4　　(オ)　$-x^9y^5$　　(カ)　x^9y^5

(2)　連立方程式 $\begin{cases} 2x-3y=33 \\ 0.4x+0.2y=1 \end{cases}$ を解き，y の値を答えなさい。

解答群　(ア)　$y=-\dfrac{65}{8}$　　(イ)　$y=\dfrac{65}{8}$　　(ウ)　$y=-7$

(エ)　$y=7$　　(オ)　$y=-14$　　(カ)　$y=14$

(3)　$\sqrt{2}(\sqrt{12}-\sqrt{6})-\sqrt{3}(\sqrt{18}-3)$ を計算しなさい。

解答群　(ア)　$-5\sqrt{3}+\sqrt{6}$　　(イ)　$-\sqrt{3}+\sqrt{6}$　　(ウ)　$\sqrt{3}+\sqrt{6}$

(エ)　$-5\sqrt{3}-\sqrt{6}$　　(オ)　$-\sqrt{3}-\sqrt{6}$　　(カ)　$\sqrt{3}-\sqrt{6}$

(4)　２次方程式 $x^2+6x+7=0$ を解きなさい。

解答群　(ア)　$x=-6\pm\sqrt{2}$　　(イ)　$x=-3\pm\sqrt{2}$　　(ウ)　$x=-3\pm2\sqrt{2}$

(エ)　$x=6\pm\sqrt{2}$　　(オ)　$x=3\pm\sqrt{2}$　　(カ)　$x=3\pm2\sqrt{2}$

(5)　ある中学校の３年生は225人で，自転車か徒歩のどちらか一方で通学している。自転車通学者の55％と徒歩通学者の40％は女子で，その合計人数は108人である。このとき，徒歩通学者の男女の合計人数を求めなさい。

解答群　(ア)　145　　(イ)　125　　(ウ)　120　　(エ)　105　　(オ)　100　　(カ)　80

(6)　さいころ１個と硬貨２枚を同時に投げるとき，さいころの目が偶数で硬貨は２枚とも表がでる確率を求めなさい。

解答群　(ア)　$\dfrac{1}{8}$　　(イ)　$\dfrac{1}{6}$　　(ウ)　$\dfrac{1}{4}$　　(エ)　$\dfrac{1}{3}$　　(オ)　$\dfrac{3}{8}$　　(カ)　$\dfrac{1}{2}$

(7)　縦 x m，横 $(x+3)$ mの長方形ABCDの形の土地がある。頂点Aに杭を打ち，そこから長方形の辺上に１m間隔で杭を打つ。さらに，右図のようにその内側にもう１周１m間隔で杭を打つ。このとき，打ち込む杭の本数を x を用いて表しなさい。ただし，x は４以上の整数であり，杭の太さは考えないものとする。

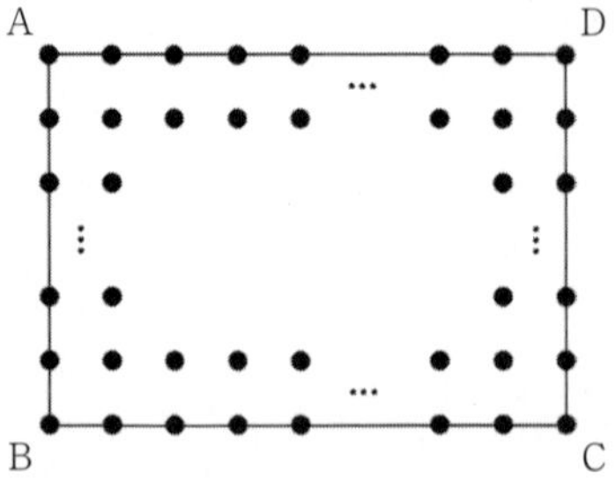

解答群　(ア)　$8x+20$　　(イ)　$8x+16$

(ウ)　$8x+12$　　(エ)　$8x+8$

(オ)　$8x+4$　　(カ)　$8x-4$

(8)　円上に４点A，B，C，Dをとり，AB＝AD＝CDの台形ABCDをつくったところ，∠A＝106°となった。右図のように，点Pを弧AD上にとったとき，∠BPCの大きさを求めなさい。

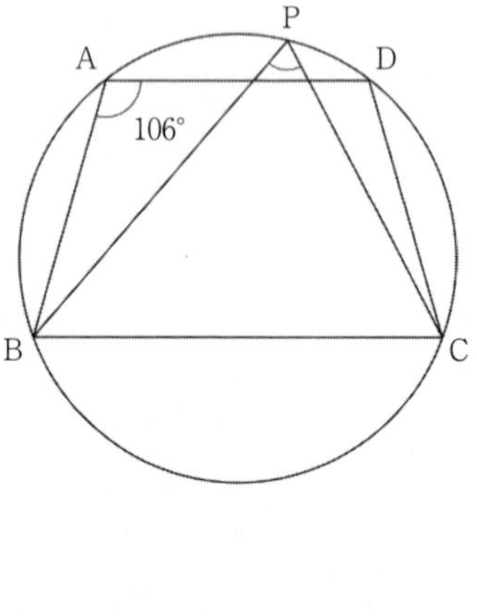

解答群　(ア)　66°

(イ)　67°

(ウ)　68°

(エ)　69°

(オ)　70°

(カ)　71°

(9) 右図のように，平行四辺形 ABCD の辺 BC を 4 : 3 に分ける点をEとする。線分 AB，AE，CD の中点を，それぞれF，G，Hとする。△AFG の面積が6のとき，四角形 CHGE の面積を求めなさい。

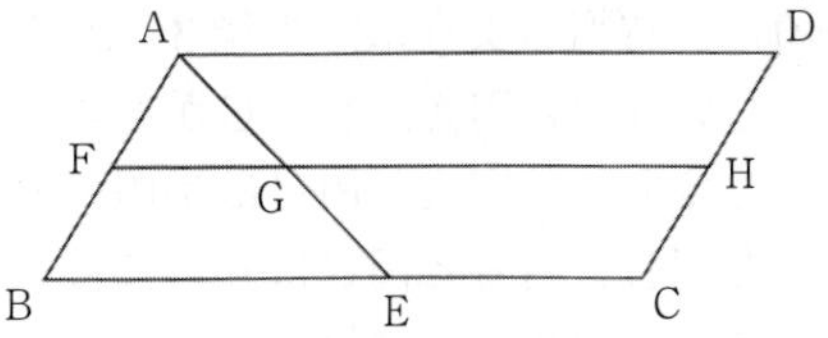

解答群 (ア) 18 (イ) 20 (ウ) 22
(エ) 24 (オ) 26 (カ) 28

2 1個100円のパンAと1個150円のパンBを販売しているパン屋さんがある。Aを1箱に5個入れて450円，Bを1箱に4個入れて550円で販売する箱売りも行っている。ある日の箱売りとばら売りを合わせたパンの販売個数を調べたところ，AとBの比が5 : 3であった。そのとき，箱売りは全部で20箱販売していた。この日のAのばら売りでの販売個数を x 個，Aの箱売りは y 箱販売したとして，次の各問いに答えなさい。

(10) パンBのばら売りでの販売個数を x，y を用いて表しなさい。

解答群 (ア) $\frac{5}{3}x+\frac{13}{3}y-80$ (イ) $\frac{5}{3}x+\frac{25}{3}y-80$
(ウ) $\frac{5}{3}x+\frac{37}{3}y-80$ (エ) $\frac{5}{3}x-y-80$
(オ) $\frac{3}{5}x+3y-80$ (カ) $\frac{3}{5}x+7y-80$

(11) パンBのばら売りでの販売金額の合計が3300円で，パンA，Bの販売金額のすべての合計が16100円のとき，x の値を求めなさい。

解答群 (ア) 20 (イ) 25 (ウ) 30 (エ) 35 (オ) 40 (カ) 45

3 右図のように，放物線 $y=\frac{1}{2}x^2$ 上に x 座標が4の点Aをとる。点Aを通り，傾きが $\frac{1}{2}$ の直線を m，点Aを通り，傾きが $-\frac{1}{2}$ の直線を n とする。放物線と m，n との交点のうちA以外の点を，それぞれB，Cとするとき，次の各問いに答えなさい。

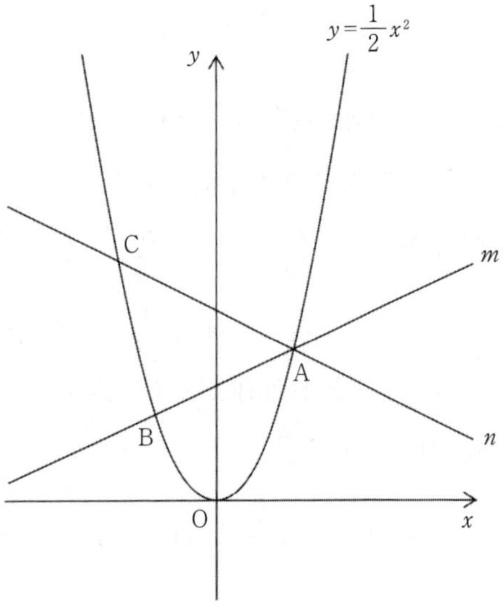

(12) 直線 m の式を求めなさい。

解答群 (ア) $y=\frac{1}{2}x+4$ (イ) $y=\frac{1}{2}x+6$
(ウ) $y=\frac{1}{2}x+8$ (エ) $y=\frac{1}{2}x+10$
(オ) $y=\frac{1}{2}x+12$ (カ) $y=\frac{1}{2}x+14$

(13) △ABC の面積を求めなさい。

解答群 (ア) $\frac{63}{2}$ (イ) $\frac{65}{2}$ (ウ) $\frac{67}{2}$ (エ) 63 (オ) 65 (カ) 67

(14) y 軸の正の部分に点Dをとり，△BCD の面積が△ABC の面積の半分となるようにする。このとき，点Dの y 座標を求めなさい。

解答群 (ア) $\frac{37}{2}$ (イ) $\frac{35}{2}$ (ウ) $\frac{33}{2}$ (エ) $\frac{37}{4}$ (オ) $\frac{35}{4}$ (カ) $\frac{33}{4}$

4　右図のように，半径 $3\sqrt{2}$ の半円Oの内部に半径が等しい3つの円A，B，Cがある。3つの円は半円の弧と接していて，円A，円Cは半円の直径とも接している。円Aと円B，円Bと円Cは互いに接している。円周率を π として，次の各問いに答えなさい。

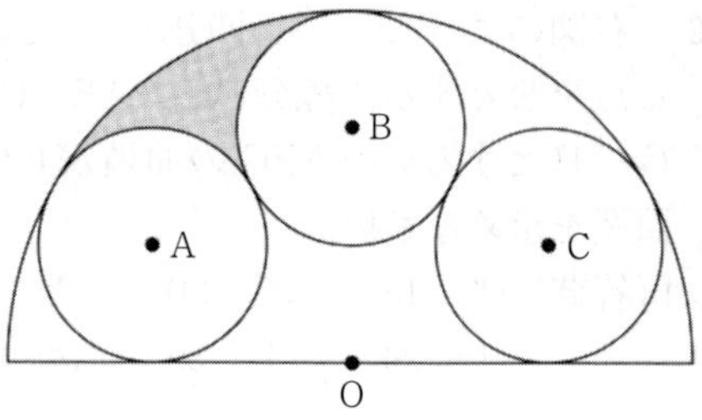

(15)　円Aの半径を求めなさい。

解答群　(ア) $2\sqrt{3}$　(イ) $\sqrt{3}$　(ウ) $2\sqrt{2}$
　　　　(エ) $\sqrt{2}$　(オ) 2　(カ) 1

(16)　△OAB の面積を求めなさい。

解答群　(ア) $2\sqrt{2}$　(イ) $4\sqrt{2}$　(ウ) $2\sqrt{3}$　(エ) $4\sqrt{3}$　(オ) $2\sqrt{6}$　(カ) $4\sqrt{6}$

(17)　図の　　部分の面積を求めなさい。

解答群　(ア) $\frac{7}{3}\pi-\sqrt{3}$　(イ) $\frac{7}{3}\pi-2\sqrt{3}$　(ウ) $\frac{7}{3}\pi-4\sqrt{3}$
　　　　(エ) $\frac{5}{3}\pi-\sqrt{3}$　(オ) $\frac{5}{3}\pi-2\sqrt{3}$　(カ) $\frac{5}{3}\pi-4\sqrt{3}$

5　右図のように，AB＝1，AD＝1，AE＝2の直方体 ABCD-EFGH がある。線分 DE 上に，AP⊥DE となるように点Pをとり，線分 CE 上に，AQ⊥CE となるように点Qをとる。このとき，次の各問いに答えなさい。

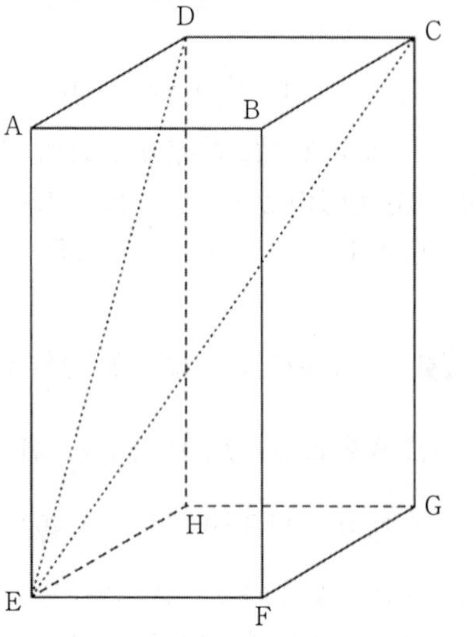

(18)　線分 AP の長さを求めなさい。

解答群　(ア) $\frac{\sqrt{3}}{5}$　(イ) $\frac{\sqrt{3}}{2}$
　　　　(ウ) $\frac{2\sqrt{3}}{5}$　(エ) $\frac{\sqrt{5}}{5}$
　　　　(オ) $\frac{\sqrt{5}}{2}$　(カ) $\frac{2\sqrt{5}}{5}$

(19)　三角錐 AEPQ の体積を求めなさい。

解答群　(ア) $\frac{8}{45}$　(イ) $\frac{8}{15}$　(ウ) $\frac{8\sqrt{5}}{15}$
　　　　(エ) $\frac{4}{45}$　(オ) $\frac{4}{15}$　(カ) $\frac{4\sqrt{5}}{15}$

(20)　直線 PQ と平面 BCGF の交点をRとするとき，線分 CR の長さを求めなさい。

解答群　(ア) $\frac{\sqrt{5}}{5}$　(イ) $\frac{2\sqrt{5}}{5}$　(ウ) $\frac{3\sqrt{5}}{5}$
　　　　(エ) $\frac{4\sqrt{5}}{5}$　(オ) $\sqrt{5}$　(カ) $\frac{6\sqrt{5}}{5}$

問3 [C]に入る語句として最もよいものを記号で答えなさい。 解答番号[29]

ア されど　イ すなはち
ウ それゆえ　エ また

問4 ――線Dの現代語訳として最もよいものを記号で答えなさい。 解答番号[30]

ア 考えさえすれば　イ 工夫さえすれば
ウ 働きさえすれば　エ 努力さえすれば

問5 ――線Eの対義語として最もよいものを記号で答えなさい。 解答番号[31]

ア 二の舞　イ ことのほか
ウ 案の定　エ もってのほか

問6 [F]に入る語句として最もよいものを記号で答えなさい。 解答番号[32]

ア 功をなすや　イ いとまのなきや
ウ 生れつきや　エ つとめだにや

問7 ――線Gの語句の意味として最もよいものを記号で答えなさい。 解答番号[33]

ア いずれにしても　イ どうにかしても
ウ あれこれしても　エ ひどくもがいても

問8 ――線Hとは「あきらめ挫折することは学問において一番いけないことだ」という意味ですが、文章全体を通して主張されている筆者の学問に対する考え方として**適切でないもの**を選び、記号で答えなさい。 解答番号[34]

ア 学問において、短所を改善するより長所を伸ばすことが重要である。
イ 学問において、学び方よりも継続して励むことが大切である。
ウ 学問において、才能の有無は必ずしも必要なものではない。
エ 学問において、たとえ学習時間が短くても成果を出すことができる。

問9 本居宣長と同じ江戸時代に活躍した人物を次の[　]の中から選び、その人数として最もよいものを記号で答えなさい。 解答番号[35]

鴨《かも》長明　井原西鶴《さいかく》　松尾芭蕉《ばしょう》　藤原定家

ア 一人　イ 二人　ウ 三人　エ 四人

から考えられる世之介の人物像の説明として最もよいものを記号で答えなさい。　解答番号 26

【資料】　次の文章は、世之介のかつての恋人に宛てた世之介の母親の手紙の一部である。世之介は貧血で線路に落ちた女性を助けようとして、亡くなっている。

祥子さん、最近おばさんね、世之介が自分の息子でほんとによかったと思うことがあるの。実の母親がこんな風に言うのは少しおかしいかもしれないけれど、世之介に出会えたことが自分にとって一番の幸せではなかったかって。

未だに事故のことをよく想像してしまいます。どうして助けられるはずもないのに、あの子は線路なんかに飛び込んだんだろうかって。

でも、最近こんな風にも思うようになったのよ。あの子はきっと助けられると思ったんだろうなって。「ダメだ、助けられない」ではなくて、その瞬間、「大丈夫、助けられる」と思ったんだろうって。そして、そう思えた世之介を、おばさんはとても誇りに思うんです。

ア　自分がどんなに困っていても、老若男女すべての人に対して、分け隔てなく公平に接することのできる人物である。

イ　自分と関わりのあった人が少しでも困っていたら、見殺しにすることができない、正義感の強い人物である。

ウ　自分がどんなに追い詰められた状況の中にあっても、利他的であることを自《おの》ずと選ぶことのできる人物である。

エ　自分が他の人の役に立てるのであれば、周りの人にどう思われようとも、ためらうことなく行動できる懐の深い人物である。

三　次の文章を読んで、後の問いに答えなさい。

詮ずる《要するに》ところ学問は、ただ年月長く倦まずおこたらず《飽きたりせず怠けたりもせず》して、はげみつとむるぞ肝要にて、学びやう《まなびかた》は、いかやうにても《どのようであっても良く》よかるべく、Aさのみかかはるまじきことなり。いかほど学びかたよくても、怠りてつとめざれば※1功はなし。

また、人々の才と不才とによりて、Bその功いたく異なれども、才・不才は生れつきたることなれば、力に及びがたし。［C］、大抵は、不才なる人といへども、おこたらずDつとめだにすれば、それだけの功は有るものなり。

また、晩学の人も、つとめはげめば、E思ひの外《ほか》、功をなすことあり。また、※2いとまのなき人も、思ひの外、いとま多き人よりも功をなすものなり。

されば、才の乏《とも》しきや、学ぶことの晩《おそ》きや、［F］によりて、思ひくづをれて止《や》むることなかれ。

Gとてもかくても、つとめだにすれば出来るものと心得べし。

Hすべて思ひくづをるるは、学問に大きにきらふ事ぞかし。

（『うひ山ぶみ』本居宣長《もとおりのりなが》）

（注）※1　功《いさをし》　成果。
　　　2　いとま　暇。

問1　――線Aの解釈として最もよいものを記号で答えなさい。　解答番号 27

ア　大きく関わることである。

イ　多少のことはやむを得ない。

ウ　それほどこだわることではない。

エ　人によって差があることである。

問2　――線Bの指している本文中の語句として最もよいものを記号で答えなさい。　解答番号 28

ア　年月　　イ　学問　　ウ　人々　　エ　才

ウ　正社員になってほしいと誘っておきながら、会社の経営状態の悪化により、その約束を破らねばならないことに後ろめたさを感じる社長の心情。

エ　正社員になることに迷いのある世之介をどうにか説得して、会社に役立つ人材に必ずなってほしいという社長の心情。

問6　――線Cの説明として**適切でないもの**を選び、記号で答えなさい。　解答番号 22

ア　自分は人間性に欠けると暗に言われているのだと思い、社長がなぜ突然そのようなことを言いだすのか分からず、混乱している。

イ　社長が突然、人間性のことを話題に出したことで、例の盗難事件について触れようとしているのではないかと恐れている。

ウ　社長が自分の人間性を買って正社員への誘いをしてくれたのに、それを突然に覆すのは、例の盗難事件に関連してのことではないかと不安になっている。

エ　自分の人間性を認めてくれていた社長が、突然、自分への解雇をほのめかすような発言をしたので、社長の真意がつかめず戸惑っている。

問7　――線Dとはどういうことですか。その説明として最もよいものを記号で答えなさい。　解答番号 23

ア　早乙女さんが自分の生活を必死に守るために、世之介を陥れたのだとしたら、それが悪意だとしても、自分には彼を責められないと思ったということ。

イ　社長のお気に入りである世之介に対して、嫉妬心をあらわにする早乙女さんと、まともに話をしても仕方がないという気持ちが生じてきたということ。

ウ　世之介の足を引っ張ることばかり考えている、悪意に満ちた早乙女さんと、本気でけんかをしても、おそらく勝ち目はないという諦めを感じたということ。

エ　早乙女さんに限らず、人間は一歩間違えると嫉妬にかられて、周りが見えなくなってしまうのだと悟り、そこに人生の悲哀を感じたということ。

問8　――線Eの説明として最もよいものを記号で答えなさい。　解答番号 24

ア　社長が自分にかけてくれた「まだ若いから」という励ましの言葉を、最初は嫌味のように感じていたが、実は社長の深い思いやりなのかもしれないと悟った。

イ　社長の態度が急に変わったのは、会社での活躍を自分に期待する気持ちが、すっかり無くなってしまったからなのだろうと深く納得した。

ウ　社長は今まで自分のことを可愛がってくれていたが、たった一つの失敗で人間の信頼というのは失われてしまうのだと、現実の厳しさをつくづく感じた。

エ　社長の会社の経営状態がよくないということを初めて聞かされて、それなら自分が正社員として採用されないのは仕方がないことだと理解した。

問9　本文の表現上の特徴についての説明として**適切でないもの**を選び、記号で答えなさい。　解答番号 25

ア　「あっ……」「あの……、」や「ん？　何？」「だから、何が？」などの省略や短文を多用することで、登場人物が互いの気持ちを探り合う複雑な心理状態やそこから生じる気まずさを表現している。

イ　世之介の視点で出来事を描いていくことで、彼の人柄や物事への考え方を具体的に伝えている。

ウ　過去の出来事を巧みに挿入することで、登場人物の繊細な気持ちの揺れを丁寧に表現している。

エ　「そこに悪意だけがポツンと残った」など人間の感情を擬人的に表現することで、登場人物の心理をより分かりやすくしている。

問10　――線Fとありますが、次に挙げた【資料】も踏まえて、ここなぜかまったく腹が立たなかった。
ただ、単純に、みんな、生活があるもんな、と素直に思えた。
早乙女さんは嫌な奴だが、嫌な奴になってもしょうがないと思えたし、社長はいい奴にも嫌な奴にも平等なのだろうし、誠さんや美津子さんにはもちろんなんの非もない。
　事務所に戻ると、早乙女さんが背中を向けて電卓を叩いていた。世之介は自分の席に着き、棚卸しの手伝いをするまえに頼まれていた「もずく酢」の新パッケージの②ケンピンに取り掛かった。

（『おかえり横道世之介』吉田修一）

（注）※1　美津子さん　食品会社の同僚。
2　早乙女さん　食品会社の同僚。
3　コモロン　大学の同級生である小諸《こもろ》大輔の愛称。

問1　══線①・②と同じ漢字を書くものをそれぞれ記号で答えなさい。　解答番号 14・15

①　準備バンタン
ア　バンユウ引力の法則を説明する。
イ　彼の運動能力はバンガイだ。
ウ　ピアノでバンソウする。
エ　バンショをノートに写す。

②　ケンピン
ア　ボウケンの旅に出る。
イ　南極タンケンに行く。
ウ　忍者がシュリケンを投げる。
エ　社会にコウケンする。

問2　〰〰線a～cの語句の本文中での意味として最もよいものをそれぞれ記号で答えなさい。　解答番号 16～18

a　名状しがたい
ア　どのように結論づければよいかわからない。
イ　上手く納得することができない。
ウ　言葉で言い表すことができない。
エ　決してこらえることができない。

b　姑息《こそく》
ア　消極的な姿勢。　イ　自分勝手。
ウ　無責任。　エ　その場しのぎ。

c　濡れ衣を着せられた
ア　根拠のないうわさを流された。
イ　一方的に文句だけ言われた。
ウ　相手の言いなりになった。
エ　自分だけ損をさせられた。

問3　［Ⅰ］に入る語句として最もよいものを記号で答えなさい。　解答番号 19
ア　襟を正した　イ　耳を疑った
ウ　身の毛もよだった　エ　血の気が引いた

問4　――線Aとありますが、「まあ、あれだ」を二度繰り返した社長の心情の説明として最もよいものを記号で答えなさい。　解答番号 20
ア　世之介を傷つけないためにも、ためらわずに真実を伝えようと思っているから。
イ　社長は話下手なので、頭の中でゆっくりと整理しながら言葉を発しているから。
ウ　世之介にどう話を切り出したらよいかと悩み、慎重に言葉を選ぼうとしているから。
エ　重い話もできるだけ笑いを交えて、気楽な雰囲気の中で伝えたいと思っているから。

問5　――線Bには誰のどのような心情が表れていますか。最もよいものを記号で答えなさい。　解答番号 21
ア　正社員の話をなかったことにしてほしいという社長からの申し出を、簡単には受け入れられないと思う世之介の心情。
イ　社長からの正社員の誘いをありがたく思いながらも、意に沿えないことを申し訳なく思う世之介の心情。

簡単に言えば、正社員を増やすほど、うちに余裕がなかったというだけで。いや、本当に悪かった」
　C人間性という言葉が出てきたことで、世之介の思考は止まった。その人間性を買ってくれてこその誘いだったはずである。
まさか。
　さすがに鈍感な世之介でも、さっき誠さんから聞かされた盗難事件のことが頭をよぎる。
「あの、もしかして、社長……、本気で僕のこと疑ってます？」
　思わずそんな言葉がこぼれた。
「ん？　何？」
「いや、なんか事務所で、金が……、いや、なんか……」
「何？」
「いや、だから。もしそうだったら、僕、違いますよ」
「だから、何が？」
「いや、なんか……」
　そのとき、社長の目を見て、世之介は[　Ⅰ　]。その目が、「もういいよ」と言っていたのである。すでに諦めているのである。小銭泥棒を見る目なのである。
　急に力が抜けた。抜けたと同時に、なぜか※2早乙女さんの顔が浮かび、先月のバーベキューで、「社長に気に入られて、いい気になってるみたいだけど、調子の良さだけでうまく人生やり過ごせるなんて思ってんだったら大間違いだから」と言われたことを思い出し、更に、それを愚痴ったときの※3コモロンの、
「早乙女さんはもう覚悟をしたんだよ。そうしてでも、今の生活を守っていくって腹を決めたんだよ」という言葉まで浮かんでくる。
　もしも、この盗難騒ぎが早乙女さんの仕組んだことだったとしたら。社長のお気に入りという自分の居場所を奪われまいとした早乙女さんが計画したことだとしたら。
　Dそう考えようとした瞬間、すっと何かがさめた。
違う、俺じゃない！　という怒鳴りたい気持ちも、b姑息な早乙女さんに対する気持ちも、何もかもが一気にさめて、そこに悪意だけがポツンと残った。安価な応接セットのテーブルに、ポツンと誰かの悪意が残ったのである。
　もし、本当に早乙女さんの仕業なら、これは早乙女さんの悪意になる。
　ただ、世之介はとっさにそれを手放した。手放してテーブルに置いた。置いた途端、なぜか、それは誰のものでもなくなったように見えたのだ。
「分かりました。一度でも誘ってもらえただけ、嬉しかったです」
と、世之介は言った。
　負け惜しみでも嫌味でもなく、素直な気持ちだった。
「まあ、あれだ。横道くんはまだ若いから、これからどうにだってなるよ」
　Eなるほどそうか、と世之介は思う。これも嫌味ではなく素直な気持ちで、なるほどそうかと思う。
　ついこのあいだ、社長に言われた。
「今、横道くんは二十四歳だろ。中途半端に過ごすのはもったいないよ。この時期の決断が、横道くんの人生を決める。それが間違いないことだけは分かる」と。
　世間というのは、まだ期待している若者には「もう二十四歳だぞ」と焦らせ、もう諦めた若者は「まだ二十四歳じゃないか」と慰めるのだ。
　世之介は黙礼して、社長室を出た。
　おそらく今月のバイト代の締め日まで働いてクビなのだろうと分かっていたが、F不思議と誰にも腹が立たなかった。
　もしかしたら、今回の一件を仕組んだかもしれない早乙女さんにも、こんな計略に簡単にはまっている社長にも、そしてたぶん、一バイトが入ってきて辞めた、ということだけで、このまますべてを流してしまうだろう誠さんや美津子さんにも、そして何より、こんなc濡れ衣を着せられたまま、ここをあとにするしかない自分にも、

と思う。

生徒D　そうかなあ。この場合の「血の詰まった袋」というのは、カフカが言うように、人間はそのようなただの袋ではないということなので、その説明は間違っていると思うよ。

生徒E　どちらにしても、哲学対話では高尚な哲学の話はするべきではなく、日常の生活に根ざした対話を作り上げることに集中すべきだというのが、この句を引用した意図だと思うな。

ア　生徒Aの発言　　イ　生徒Bの発言と生徒Dの発言
ウ　生徒Cの発言　　エ　生徒Cの発言と生徒Eの発言

二

次の文章を読んで、後の問いに答えなさい。

（ここまでのあらすじ）
横道世之介は、大学卒業後も定職には就かず、海藻類を扱う小さな食品会社でアルバイトをしながら生活をしている。同僚の誠さんから、近頃、会社の金庫から小銭が盗まれるという事件が繰り返されているという話を聞いている時に、「社長が呼んでいたよ」と教えてもらう。

「社長が探してたって。※1美津子さんが」
応接セットのソファに積み上げられた段ボールを床に下ろし、空いた場所に腰を下ろして世之介は尋ねた。
「あ、うん。横道くんにちょっと話あってな」
さあ、きたと、世之介は準備①バンタンである。喉元では、「生まれてこの方、おでん以外で人様の物に手を出したことはない！」というエピソードが、今か今かと出番を待っている。
「A……まあ、あれだ。そう重たくとらんでもいいよ。あの、まあ、あれだ。ほら、このまえ、ちょっと横道くんに言ったろ。うちで正社員として働いてみたらどうかって」
「あっ……」
社長の口から出てきたのがまったく予期せぬ案件で、世之介は思わず声をもらした。
実はあのあと、社長からの誘いについては世之介も真剣に考えた。ありがたい話だったし、就職活動の経験上、請われて働けることがどれほど運の良いことかも分かっている。
ただ、結論としては断るつもりでいた。明確な理由があるわけではないのだが、なんともa名状しがたい気持ちが、社長からの誘いを拒んだ。もしどうしてもこの名状しがたい気持ちに名前をつけるとすれば、もう少しだけ人生にジタバタしたい、とでも言えばいいのだろうか。
どん底の気分から始まった今のフリーター生活だったが、いざ始まってみると、一気に焦りが消えた。もうどうにでもなれ、と思う気持ちが、逆にヘンな勢いになっていて、気がつけば、何か決めるのは、もっといろんな世界を見てからでもいいんじゃないかと思えるようになっていた。
「あの……、その話なんですが……」
世之介は姿勢を正した。
「うん、その話なんだけどな。悪いんだけど、あれ、なかったことにしてもらえないかな」
「B……大変申しわけ……」
現実の会話と、心の中での会話が混じり、うまくリズムが合っていない。
「もちろん、こっちの事情だよ。横道くんが悪いわけじゃない」
「えっと……」
「いや、ごめん。横道くんが動転するのも無理ないよな。ついこないだ、正社員になってくれって頼んでおいて、やっぱりなかったことになんて言われたら、誰だって混乱するよ。いや、悪い」
「いや、あの……」
「本当に横道くんの人間性がどうこうって話じゃないんだよ。まあ、

ある先生を前に、その先生と自らの哲学についての知識量の差を痛感して、哲学対話の場において先生とどのように問いを分かち合っていこうか悩んでいたということ。

エ　ファシリテーションの経験が浅かった筆者は、本来、どんな人でも対等に議論ができるはずの哲学対話の場なのに、権威ある先生が人々と何も分かち合うつもりがなさそうな様子であることに戸惑いを感じていたということ。

問8　――線Cの説明として最もよいものを記号で答えなさい。　解答番号 11

ア　先生の発言をきっかけとして、一般の人々を幸せな気持ちにさせたり、深い思考に誘ったりするような崇高な思想や著名な哲学者の名前が次々と語られるということ。

イ　先生の発言をきっかけとして、一般の人々にとっては手の届かない、華々しく専門的な哲学用語の他、著名な哲学者の名前や思想が次々と語られるということ。

ウ　先生の発言をきっかけとして、難解な哲学の専門用語や著名な哲学者の思想が、一般の人々を魅了する華やかなものとして次々と語られるということ。

エ　先生の発言をきっかけとして、専門的な哲学用語や著名な哲学者の名前や思想が、一般の人々の反論を誘うような形で次々と語られるということ。

問9　――線Dの理由として最もよいものを記号で答えなさい。　解答番号 12

ア　おばあさんの話を聞いて、哲学対話においては、参加者の多くを不快にさせるような話をすることよりも、それぞれの気持ちに寄り添い、愛情にあふれた話を交わし合うことの方が大切だと痛感し、心を揺さぶられたから。

イ　おばあさんの話を聞いて、哲学対話においては、参加者のほとんどの人々に関係しないような話をするべきではなく、できるだけ全員が共感して同じ結論に至ることのできる話題を話すことが大切だと再認識し、心を揺さぶられたから。

ウ　おばあさんの話を聞いて、哲学対話においては、ほとんどの参加者が理解できない専門的な話を一方的にすることよりも、それぞれがささやかな日常のことなどを語り、それに耳を傾けることの方が大切だと強く思い、心を揺さぶられたから。

エ　おばあさんの話を聞いて、哲学対話においては、ほとんどの参加者がすでに知っているようなことは話すべきではなく、それぞれが個別に経験したことを語り、それを聞くことで新たな経験を得ることが大切だと気づかされ、心を揺さぶられたから。

問10　次の会話は本文について先生と生徒とで話し合ったものです。本文の趣旨と**異なる発言**として最もよいものを記号で答えなさい。　解答番号 13

先生　次の自由律俳句は本文の別の部分で引用されているものです。

便座は恐らく冷たいだろう　又吉直樹

筆者はこの俳句をどういう意図で引用したのでしょうか。みんなで話し合ってみましょう。

生徒A　この俳句はひんやりとした白の便座から、冷たさのイメージを受け取るという、誰もが覚えのある日常の感覚を切り取っているね。私たちは、このような小さな知覚などが集まって輪郭を保っているということを言うためにこの句は引用されたのだと思う。

生徒B　確かにそうだね。私たちは、劇的で印象的な出来事を大切に覚えていることが多いけれども、実はこの句に表現されているような些細《ささい》な物事がたくさん集まって私たちは存在しているのだと思う。それを筆者は本文中で「宇宙の質量が詰まったサイコロ」と表現しているね。

生徒C　それに加えて、筆者は人間のことを「血の詰まった袋」とも表現しているね。この俳句で表現されているような感覚を血と表現することで、人間の本質を説明しているのだ

② チュウショウ
ア チュウシャク書を参照する。
イ コーヒーをチュウシュツする器具。
ウ チュウリン場に自転車を止める。
エ 彼はいつもチュウヨウの立場を取れる人だ。

③ コンシン
ア 男女コンゴウの試合。
イ コンイン関係を結ぶ。
ウ 今日のコンダテを考える。
エ 先生にコンガンする。

問2 〰〰線a・bの語句の本文中での意味として最もよいものをそれぞれ記号で答えなさい。 解答番号 4・5

a 途方もない
ア 並みはずれているさま。　イ 理由がわからないさま。
ウ 手段にまようさま。　エ 筋道にはずれるさま。

b 呆《ぼう》然
ア あまりにひどい状況に慌てるさま。
イ あきれはてて腹立たしく思っているさま。
ウ 気抜けしたようにぼんやりするさま。
エ 予想もしない状況に悲しむさま。

問3 Ⅰ～Ⅳ に入る語の組み合わせとして最もよいものを記号で答えなさい。 解答番号 6
ア Ⅰ しかも　Ⅱ そうではなく　Ⅲ しかし　Ⅳ また
イ Ⅰ そして　Ⅱ つまり　Ⅲ ただし　Ⅳ 加えて
ウ Ⅰ しかも　Ⅱ つまり　Ⅲ さらに　Ⅳ そして
エ Ⅰ そして　Ⅱ そうではなく　Ⅲ だが　Ⅳ むしろ

問4 次の一文が入る箇所として最もよいものを本文中の【ア】～【エ】から選び、記号で答えなさい。 解答番号 7
手渡されるサイコロは、わたしたちのことなのだ。

問5 X に入る語句として最もよいものを記号で答えなさい。 解答番号 8
ア ひとがあっけなく死ぬ映画
イ 主人公が死んでしまう映画
ウ ひとがたくさん死ぬ映画
エ 二度と思い出されることのない映画

問6 ――線Aとありますが、筆者は「こわい」理由をどのように考えていますか。最もよいものを記号で答えなさい。 解答番号 9
ア 人間は多くの場合、親友や愛する人のことを優先し、その死については重く受け止めるが、その他の人々については、ただの血の詰まった袋であるかのように扱うことがあるから。
イ 人間はそれぞれに生活があり、その数えきれないほどの生活の営みが小さな身体に詰まっているにも関わらず、ただの血の詰まった袋のように扱われることがあるから。
ウ 名前もつけられず、性格も存在しない映画の登場人物Aを自らと重ね合わせるあまり、人間は自分自身のことを、ただの血の詰まった袋であるかのように錯覚してしまうから。
エ 一度死んでしまうと二度と思い出されることのない登場人物Aのような死の積み重ねが、人間のことをただの血の詰まった袋のように捉える考え方を助長してしまうから。

問7 ――線Bの説明として最もよいものを記号で答えなさい。 解答番号 10
ア ファシリテーションに自信のなかった筆者は、人々が対等に議論する哲学対話の場を作るという本来の役割を放棄してしまい、権威ある先生と何も分かち合うことができないことを申し訳なく思っていたということ。
イ ファシリテーションの経験が浅かった筆者は、参加していた権威ある先生の考え方や進め方についつい頼ってしまい、人々と分かち合う哲学対話の場を作るという自らの役割を果たせなかったことを反省していたということ。
ウ ファシリテーションに自信のなかった筆者は、参加者の権威そのまちに昔から住むおばあさんや、おしゃべりが好きで来てくれた女性たちで、彼の言葉も、感覚も、そして問いすらも分かちあってはいない。どこか遠いところで、見えない花火が打ち上がっている。いや、まずはみんなで何について考えようか考えようと、その先生を見やるが、花火は止まらない。※4ラカン、ハイデガー、ヴィトゲンシュタイン。※5地平、世界、様相、現象。えらいひとの名や、大きく②チュウショウ的な概念、専門用語もどんどん乱発される。対話はブレーキがきかないまま、どんどん前に進んでしまう。先生のファンだという男性が、あとを追うように花火を盛大に打ち上げる。特定のひとにしか見えない花火を。

　とうとう最後まで、そのまちに住んでいるひとたちが話す機会は与えられなかった。何度か介入し、ルールを確認して、ひとびとと共有できるテーマを設定しようとしても、火薬の匂いにむせかえりそうになるほど、先生たちは花火を打ち上げつづけた。そしてわたしにも、最後までその花火は見えることはなかった。

　会が終わり、先生たちの③コンシン会に向かう途中の道でひとりb呆然としていると、参加者のおばあさんが近づいてきた。そのひとは、以前何回か哲学対話をしたが、直接話したことはなかった。彼女はぼうっとしているわたしの手をとって、自分の孫のように自分の手とつないで、坂の途中に木が植わっている場所にわたしを連れていった。風が熱い頬《ほお》にあたる。ベビーカーを押した女のひととすれ違う。ごとごとと音をたてて、車がゆっくりと通り過ぎる。歩道をとおり、その脇にひっそりと佇《たたず》む切り株が目に入る。おばあさんは立ち止まり、うつむいたまま話し出す。

　ここには、わたしの好きな木があったのよ。いつもお家《うち》の前を掃除するとね、この大きな木が目に入って、あいさつをして。昔からある木でね。でも、あるとき、しらないひとたちがきて、許可もなくこの木を切っちゃったの。かなしかった。ほら、切り株になっちゃっているでしょ。

　高いところにいるひとたちの話はぜんぜんわからないけど、この木のお話は、あなたに聞いてほしかった。くだらないこと言ってごめんね。

　おばあさんはそう言って両手でわたしの手を握った。Dいえ、さっきの対話にあったどんな発言よりも価値のあることです、とわたしは涙をこらえて言った。生まれてはじめてひとにやさしくされた気がした。

　哲学はすべてのひとに関係する。すべてのことにかかわることができる。重要でないと思われているものも、哲学対話では考えることができる。[Ⅳ]、普段は忘れられているようなものや、問われもしないようなことに耳を澄ませる。そしてまた同時に、議論の場で取るに足らないとされ、話を聞かなくてもいいとみなされているひとの話にも耳を澄ませる。人間を、ただの血の詰まった袋ではなく、宇宙の質量を持つサイコロとして扱う。ともに知を愛するために、本当の意味でともに哲学をするために。

（『水中の哲学者たち』永井玲衣）

（注）※1　フランツ・カフカ　小説家。
2　哲学対話　参加者が輪になって問いを出し合い、一緒に考えを深めていく対話。
3　ファシリテーター　対話の場で参加者に発言を促したり話の流れをまとめたりする人。
4　ラカン、ハイデガー、ヴィトゲンシュタイン　それぞれ著名な哲学者。
5　地平、世界、様相、現象　それぞれ専門的な哲学用語。

問1　＝＝線①～③と同じ漢字を書くものをそれぞれ記号で答えなさい。　解答番号 [1]～[3]

①　ゴウキュウ
ア　地方ゴウゾクの歴史を学ぶ。
イ　プロ野球のゴウワン投手。
ウ　前にならえのゴウレイをかける。
エ　ゴウインに勧誘される。

二〇二三年度 星野高等学校（併願第一回）

【国　語】（五〇分）〈満点：一〇〇点〉

（注意）一、解答はすべて一つ選び、解答用紙の所定の欄にマークする。
　　　　二、出題に際し、一部本文を改めたところがある。

一　次の文章を読んで、後の問いに答えなさい。

「a途方もない質量がこわい」と言うひとがいた。友だちにサイコロ状のものを手渡され「これには宇宙と同じ質量が詰まっている」と言われた夢がトラウマだという。その場にいたひとたちはみんな笑った。だが彼は、あまりのこわさに①ゴウキュウしながら目覚めたらしい。【ア】

親指と人差し指でつまんで持つことができてしまうほどの小さなサイコロ。その中には、途方もないエネルギーと物質がぱつんぱつんに詰まっている。それがなぜ存在しているのかはわからない。なぜ友人が持っているのかもわからない。［ Ⅰ ］、なぜ自分が手渡されようとしているのかも。不可解なことばかりだ。

Aでもどうしてそれがこわいんですか、と聞いてみる。彼は「わからない、どうしてだろう」と黙ってしまった。【イ】

その話を聞いていて、わたしにも、理由はわからないがこわいものがあることを思い出した。それは「［ X ］」である。わたしにとって最もこわいのは、ひとびとの恐怖を駆り立てるホラー映画などではなく、戦争映画やスパイ映画、ヒーローものなどのアクション映画で、「場の流れ的に」ひとが死ぬシーンだ。親友や愛するひとの死は重い。クライマックスで、劇的に描かれ、壮大な音楽がかかる。だが、最初に撃たれる登場人物Aは、主人公の巧みな銃さばきを紹介するためだけのシーンであっけなく命を落とし、二度と思い出されない。

登場人物Aには、名前がない。つけられていないからだ。性格も存在しない。設定されていないからだ。有名俳優でもない。誰でもできるからだ。だが、このひとには、生活が存在した。わたしたちが知り得ない、だがわたしたちと同じような生活の営みが。

【ウ】

※1フランツ・カフカは「なぜ人間は血の詰まったただの袋ではないのだろうか」と書いた。ただの袋だったらどんなに気が楽だろう。［ Ⅱ ］、人間は宇宙の質量が詰まったサイコロなのである。宇宙の中に数えきれず把握しきれないほどの星があるように、小さな小さなつぶつぶがあわさってできている。こんな小さな身体に、つぶつぶがぎゅうぎゅうに詰まって、おそろしい質量を持っている。

【エ】

それを「いのち」と呼ぶひともいるだろう。いのちに詰まっている、無数の歴史、知覚の連なり、思考の広がり。アクションシーンで登場人物Aが死ぬシーンは、宇宙の質量が詰まったサイコロが、ただの血の詰まった袋であるかのように扱われるから、こわいのかもしれない。

あるまちでの※2哲学対話に※3ファシリテーターとして呼ばれたときのこと。大学の偉い先生をゲストにした上で、哲学対話をするという会があった。B当時のわたしは、ファシリテーションもそんなに慣れておらず、本来対等にひとびとと議論する場である哲学対話に、偉い先生が偉いままに混じっているという難しい状況に対応しきれないでいた。とはいえ対話をするはずなのだからと、専門用語を使わないで、ひとびとと共有できる自分の言葉で話すルールなどを最初に話し、哲学対話をスタートさせた。問いだしから始めようと、口をひらきかけると、先生がわたしをさえぎり「世界の世界性が」と言った。

C大きく鮮やかな花火が打ち上がる。わたしにはこれを、ひとびととしあわせな気持ちで眺めたり、自分だったらどのように打ち上げようか考えたりするときも、もちろんある。［ Ⅲ ］、その日参加していたのは、先生のファンだと思われる男性以外のほとんどが、

2023年度／星野高等学校（併願第１回）

英語解答

1 (1) ウ　(2) イ　(3) ア　(4) エ
(5) ウ　(6) エ

2 (7) エ　(8) エ　(9) イ　(10) ウ
(11) イ　(12) イ

3 (13) ア　(14) エ　(15) ア　(16) ウ
(17) ア

4 (18) イ　(19) ウ　(20) イ

5 (21) ウ　(22) イ　(23) ウ　(24) イ

6 (25) エ　(26) ウ　(27) ア

7 (28) ア　(29) エ　(30) ア

1〔長文読解総合―説明文〕

≪全訳≫❶医療機関やスーパーマーケット，公園など必要なものが全て自宅からすぐ近くのところにあることを想像してほしい。それは人々をより健康にし，近隣の人たちとの関係も良好にする。❷これが15分都市のアイデアだ。ここでは，自宅から徒歩または自転車で15分以内のところで，人々は必要な全てのサービスを受けることができる。このモデルは世界中の都市で開発されている。❸カルロス・モレノは，フランスのビジネススクールで科学ディレクターをしている。また，彼はパリの15分都市計画の中心的人物である。「私のビジョンは，生活の質を高める住みやすい街づくりのアイデアを出すことです」とモレノは出版社に語った。❹【より健康的な生活】／モレノは，長年にわたり15分都市の支持者である。それらは，気候変動と闘う必要性からインスピレーションを得た。15分都市では，自動車での移動は優先されない。歩道や自転車レーンをもっとつくることに，焦点が当てられている。モレノは，街を歩いたり自転車で移動したりすることは，「基本的に二酸化炭素排出量を削減するよい手段だ」と言う。❺アンヌ・イダルゴはパリ市長だ。彼女は，フランスの首都中に15分コミュニティを開発する計画をしている。計画の一部では，2024年までに6万もの駐車スペースを撤去し，街の通りの全てに自転車レーンをつくることになる。❻このようなデザインは，地球への恩恵だけでなく，また私たちの健康的な暮らし方を促進する。ジョー・ゼンダーは，アメリカのある都市の計画責任者だ。彼は，「20分地域」を開発している。家の近くにスーパーマーケットがあれば，人々は「健康的な食品にアクセスしやすく」なり，そして「より健康的な選択をすることができる」とゼンダーは言う。❼【ようこそ】／ポートランドに20分地域を建設するにあたり，ゼンダーにはもう１つ重要な目標がある。彼はこれらをさまざまな人を受け入れる場所にしたいのだ。❽近隣が便利になると，住宅費が上昇しかねない。これは多くの人々にとって好ましいことではない。ゼンダーは，彼のアイデアは，「より多くの種類の住宅をつくって，さまざまな経済状況にある人々がそこに住む機会を得られるようにすること」だと言う。

(1)＜適語(句)選択＞図のタイトルは「便利な都市」で，これは「15分都市」の一例である。第２段落第１，２文より，「15分都市」とは，「自宅」から徒歩または自転車で15分以内のところで必要なサービスを受けられる街のことである。

(2)＜適語選択＞on foot「徒歩で」　by bike「自転車で」

(3)＜適語句選択＞後に続く３段落では，「15分都市」の詳細な説明と，パリおよびアメリカのある都市における同様の街づくりの具体的な導入計画について述べたうえで，こうした都市計画が「より健康的な暮らし」を促すとまとめている。

(4)＜指示語＞They なので前に出ている複数名詞でここに当てはめて意味が通るものを探す。該当するのは，前の文にある 15-minute cities。15-minute cities「15 分都市」は気候変動に対処する必要性からインスピレーションを得てできたということ。

(5)＜指示語＞前に出ている内容で，この This に当てはめて意味が通るものを探す。直前の文の内容が該当する。このように This は前文またはその一部の内容を受けることが多い。

(6)＜内容真偽＞ア.「15 分都市は，人々に近隣住民と悪い関係を築かせてしまう」…×　第1段落参照。　イ.「15 分都市はずっと前に開発されたが，すでに消滅した」…×　第2段落参照。
ウ.「イダルゴは，家の近くにスーパーマーケットがあることは健康にいいと言っている」…×　第5，6段落参照。スーパーマーケットを自宅近くにつくる街づくりをしているのは，ゼンダー。
エ.「ゼンダーは，さまざまな人に 20 分地域に住んでほしい」…○　最終段落の内容に一致する。

2〔長文読解総合─物語〕

≪全訳≫❶重病を患う２人の男性ジョンとフランクは，病室が同じだった。ジョンは呼吸を改善するために，毎日午後１時間，ベッドから体を起こすことを許された。彼のベッドは病室にあった唯一の窓の隣だった。フランクはずっと仰向けで過ごさなければならなかった。❷２人は何時間も話し続けた。彼らは，妻や家族のこと，家のこと，仕事のこと，休暇に訪れた場所について話した。❸毎日午後になるとジョンは体を起こし，窓の外に見えるもの全てをルームメイトに説明して時間を過ごした。フランクは外の世界のあらゆる活動や風景の色について話を聞くのが楽しかったので，その１時間を楽しみにしていた。❹ジョンは美しい湖のある公園を言葉で描写した。アヒルや白鳥が水上で遊び，その一方で子どもたちはボートの模型を走らせていた。若い恋人たちは腕を組んであらゆる色の花の間を歩き，遠くには街の美しい景色が見えた。ジョンが全てを細かく説明し終えると，フランクは目を閉じてその美しい光景を想像した。❺数日，数週間が過ぎた。❻ある朝，看護師が沐浴《もくよく》に使う水を持ってくると，ジョンが寝ている間になくなっていることに気づいた。彼の遺体は病院の職員によって運び出された。その後すぐ，フランクは窓の近くに移動できるかどうか尋ねた。看護師は彼を移動させ，体を起こすのを手伝った。そして彼が快適であることを確認すると，彼女は彼を１人にした。❼彼はゆっくりとベッドの横の窓から外を見ようとし，外の世界を初めて見た。それは何も描かれていない壁に面していた。❽フランクは看護師に，ルームメイトがこの窓の外にあるあんなにすばらしいものを説明してくれた様子を伝えた。看護師は，ジョンは目が見えないので，壁さえ見ることができなかったと言った。彼女は言った。「もしかしたら彼はただあなたのことを励ましたかったのかもしれませんね」

(7)＜適語選択＞sit up は「(横になっている状態から)体を起こす」という意味。

(8)＜要旨把握＞「青空」に関する描写はない。

(9)＜英文解釈＞ここでの switch は「変更」という意味。made the switch で「その変更をした」。前文でフランクに頼まれた窓の近くのベッドへの移動をしたということ。これを言い換えているのはイ.「看護師は彼を移動させた」。

(10)＜指示語＞下線部 It を含む文の意味は「それは何も描かれていない壁に面していた」。この face は動詞で「～に面している」という意味。壁に直面していたのは「窓」である。

(11)＜適文選択＞目の見えなかったジョンが，どうして存在しないすばらしい光景をフランクに対して描写し伝えていたのかを考える。重い病気で入院生活が続く中でも，ジョンはフランクに希望を与えようとしていたのだと考えられる。　encourage「～を励ます」

⑿＜要旨把握＞第１段落第１，３文参照。ジョンとフランクの２人部屋で，ジョンのベッドが病室にあった唯一の窓の隣だった。

3〔長文読解総合―会話文〕

≪全訳≫**1**怠け者のロクは，動物園で仕事があると聞き，面接を受けに来た。**2**イトウさん(Ｉ)：私はこの動物園の園長のイトウです。**3**ロク(Ｒ)：はい，イトウさん，ここで何をすればいいんですか？**4**Ｉ：ええ，私たちのトラが昨日死んでしまってね。トラは子どもたちの間でとても人気があった。だから，君にトラになってほしいんだ！**5**Ｒ：何ですって？　トラになるんですか？**6**Ｉ：そう，トラになるんだ。**7**Ｒ：でも，どうやって？**8**Ｉ：簡単さ！　トラの衣装があるから，それを着てトラになるんだ。**9**Ｒ：そんなことできません…。それに，労働条件があります。僕は午前10時からしか働けません。**10**Ｉ：⑭-A問題ないよ。動物園は午前10時開園だから。**11**Ｒ：でもあまり肉体労働はできません。**12**Ｉ：大丈夫，トラの檻《おり》の中でぶらぶらして過ごしているだけでいいんだ。**13**Ｒ：人とは話したくありません。**14**Ｉ：しゃべらない方がいいんだ。トラだからね。**15**Ｒ：でも…，いつでも好きなときに食べたり寝たりしたいです。**16**Ｉ：いいよ！　トラは一日中そうしてるからね！**17**Ｒ：午後４時には仕事を切り上げたいです。**18**Ｉ：動物園は午後４時閉園だよ。それから毎日１万円払うよ。**19**Ｒ：うーん，悪くない仕事かもしれませんね。わかりました，やってみます！**20**Ｉ：うん，よし！　じゃあ，このトラの衣装を着てみて。**21**Ｒ：わかりました…，ここに足を入れて…，そこに腕を入れて…，そしてこの頭を頭に乗せる。はは，これは僕にぴったりだ！　前のジッパーをしめて…，ははは，さあ，どうですか？**22**Ｉ：いいね。だめだめ，立っちゃだめだよ！　トラはそんなふうに歩かないからね。さあ，静かにして。子どもたちが来る。檻の中にいて。**23**Ｒ：わかりました…。でも，これって退屈な仕事だ。一日中，檻の中に座っていなくてはならないのかな？**24**アナウンス：⑭-B皆さん！　トラの檻の周りにお集まりください！　本日，特別イベントがあります。サバンナの王とジャングルの王の決闘です！　お集まりください！　ぜひお集まりください！**25**Ｒ：えっ，大変だ！　トラって僕のことだ！　こんなの聞いてないぞ！　これに毎日１万円なんて足りないよ！　僕は死にたくない！　嫌だ！　あー，ライオンが来る！　ライオンが僕のことを殺しに来る！　嫌だ！　助けてくれ！**26**檻が開けられ，ライオンがロクに近づいてきた。すると，ライオンがロクの耳元でささやいた。**27**ライオン：⑭-C心配ない。私だ，園長のイトウだよ！

⒀＜適語選択＞この後，イトウさんは，トラになる方法を答えている。

⒁＜適文選択＞⑭-A．「午前10時からしか働けない」というロクに対するイトウさんの返答。直後で「動物園は午前10時開園」と言っていることから，10時からで問題ないといった意味の発言が入る。　⑭-B．アナウンスの放送である。来場者に呼びかける言葉が入る。　⑭-C．自分がライオンであることを伝えるイトウさんの言葉，ロクを安心させる言葉が入る。

⒂＜英文解釈＞'had better＋動詞の原形' で「～する方がよい」。下線部はその否定形 'had better not＋動詞の原形'「～しない方がよい」で，not の後が省略された形。直前のロクの言葉にある talk to people が省略されていることを読み取る。

⒃＜指示語＞下線部を含む部分は，動物園のアナウンスを聞いた後のロクの発言。アナウンスを聞いて初めて，ロクはライオンと決闘することを知ったのである。

(17)＜内容真偽＞ア…○　第8，18段落に一致する。　イ…×　第24，25段落参照。ロクは後悔している。　ウ…×　第21段落参照。最後にしめるのは前のジッパー。　エ…×　第4段落参照。大人に人気があったかどうかについての記述はない。

4〔長文読解―英問英答―案内〕

≪全訳≫

ブリーズウェイ市
卓球大会
春休みを楽しく過ごしたいですか？
当市の特別イベントに参加して，運動しましょう！

卓球が得意ですか？　そうでなくても，心配いりません！　このイベントは，楽しみたい人なら誰でも参加できます。ご家族，ご友人，ご近所の方をお誘い合わせのうえ，ご参加ください。一緒に卓球をしましょう！
日時：2023年3月25日
場所：ブリーズウェイ市体育館

年齢	試合時間	参加費
12歳以下	8：45～9：15	5ドル
13歳～18歳	9：15～10：45	7ドル
19歳以上	10：45～12：15	10ドル

※試合時間の30分前に体育館入口にお集まりください。
※保護者同伴の13歳未満のお子様1名につき50%の割引が適用されます。
✓入口では，ソフトドリンクとスナックが無料で提供されます。
✓イベントに参加される方には，ささやかなプレゼントが用意されています。
質問がある場合は，月曜日から金曜日の午前9時から午後5時までに市体育館にお電話ください。詳細については，ウェブサイトをご覧ください。
3月20日までにご応募いただき，エントリーはオンラインのみでの受付となります。皆様のエントリーをお待ちしております。
連絡先：市体育館　049－222－XXX　http://www. breezewaycity/

＜解説＞(18)「高校生のグループが大会に参加する。彼らは何時までに体育館に行かなければならないか」―イ.「8時45分」　高校生の試合開始時間は9時15分。集合時間はその30分前である。

(19)「ある母親が小学生の息子と13歳の娘と一緒にイベントに参加する。合計でいくら支払うことになるか」―ウ.「19.5ドル」　母親の参加費は10ドル。小学生の息子の参加費5ドルは，保護者が同伴すると半額になるので，2.5ドル。13歳の娘の参加費は7ドル。　(20)「イベントに参加するために何をする必要があるか」―イ.「遅くてもイベントの5日前までにオンラインで申し込む」　開催日は3月25日で，申し込み期限は3月20日まで。また，受付はオンラインのみである。

5〔整序結合〕

(21)「どんな種類の楽器」はwhat kind of ～「どんな種類の～」で始め，ofの後に「楽器」musical instrumentを続ける。この後に助動詞canの疑問文の語順を続ける。　What kind of musical instrument can you play?

(22)主語はThese photographs「これらの写真」。「私に故郷を思い出させます」は，'remind＋人＋of＋物事'「〈人〉に〈物事〉を思い出させる」を使って表す。ofの後はmy hometown in Canada「カナダにある故郷」とまとめる。　These photographs remind me of my hometown in Canada.

(23)I'm sorry that ～「～を気の毒に思う」で始める。thatの後は，まず「あなたがかばんを失くした」をyou lost your bagとし，「お金を入れた」はwhichを主格の関係代名詞として使いwhich contained moneyとまとめてthe bagの後ろに置く。　contain「～を含む」　I'm sorry that you lost your bag which contained money.

(24)「～しませんか」はWhy don't we ～？で表せる。「一緒にピクニックに行く」はhave a picnic together とまとまる。 Why don't we have a picnic together next week?

6〔正誤問題〕

(25)ア…○ 「あの飛んでいる鳥を見なさい」 イ…○ 「私はなくしたペンを捜しています」 ウ…○ 「私はスペイン語の授業をとる予定だ」 エ…× the language「言語」は「話される」ものなので，speaking ではなく過去分詞 spoken が正しい。 「ブラジルで話されているのは何語ですか」

(26)ア…○ '比較級＋than any other＋単数名詞'「他のどんな～より…だ」の形。 「彼はクラスの他のどんな男の子よりも速く泳げる」 イ…○ 「私たちの学校のことを何でも知っている人がいる」 ウ…× 間接疑問は'疑問詞＋主語＋動詞…'の語順になるので，should I ではなく I should となる。 「どちらへ行けばいいかわかりますか」 エ…○ 「このようにして彼らは多くの歌をつくった」

(27)ア…× a lot of ～「たくさんの～」があるので，単数形の leaf ではなく複数形の leaves が正しい。 「木にたくさんの葉っぱが見える」 イ…○ 「彼は仕事に毎日行く」 ウ…○ 「1時間には60分ある」 エ…○ 「寒いですね。お茶でも1杯飲みませんか」

7〔単語の綴り〕

(28)A：もっとクッキーをどうぞ。／B：ありがとうございます。これを食べてもいいですか？ 大好きな味なんです。//①'help ～self to …'「(食べ物など)…を自由に取って食べる」 ②favorite「大好きな」

(29)A：最近，私はインド映画に興味があるの。あなたは？／B：僕はアメリカ映画が好きだな。アクション映画は特にわくわくする。//①be interested in ～「～に興味がある」 ②exciting「わくわくさせる」

(30)A：このサクラの花はなんて美しいの！／B：そうだね。サクラの花は日本では4月初旬に満開になるんだ。//①cherry blossoms「サクラの花」 ②at the beginning of ～「～の初めに」

数学解答

1 (1) (オ)　(2) (ウ)　(3) (カ)　(4) (イ)
(5) (エ)　(6) (ア)　(7) (オ)　(8) (エ)
(9) (エ)

2 (10) (カ)　(11) (ウ)

3 (12) (イ)　(13) (ア)　(14) (カ)

4 (15) (エ)　(16) (ウ)　(17) (オ)

5 (18) (カ)　(19) (ア)　(20) (イ)

1〔独立小問集合題〕

(1)＜式の計算＞与式$=-x^9y^6\div x^4y^3\times x^4y^2=-\dfrac{x^9y^6\times x^4y^2}{x^4y^3}=-x^9y^5$

(2)＜連立方程式＞$2x-3y=33$……①，$0.4x+0.2y=1$……②とする。②×5より，$2x+y=5$……②′ ①−②′より，$-3y-y=33-5$，$-4y=28$　$\therefore y=-7$

(3)＜数の計算＞与式$=\sqrt{2}(2\sqrt{3}-\sqrt{6})-\sqrt{3}(3\sqrt{2}-3)=\sqrt{2}\times2\sqrt{3}-\sqrt{2}\times\sqrt{2}\sqrt{3}-\sqrt{3}\times3\sqrt{2}+\sqrt{3}\times3=2\sqrt{6}-2\sqrt{3}-3\sqrt{6}+3\sqrt{3}=\sqrt{3}-\sqrt{6}$

(4)＜二次方程式＞解の公式より，$x=\dfrac{-6\pm\sqrt{6^2-4\times1\times7}}{2\times1}=\dfrac{-6\pm\sqrt{8}}{2}=\dfrac{-6\pm2\sqrt{2}}{2}=-3\pm\sqrt{2}$となる。

(5)＜連立方程式の応用＞自転車通学者をx人，徒歩通学者をy人とすると，$x+y=225$……①が成り立つ。また，自転車通学者の55％は$\dfrac{55}{100}x=\dfrac{11}{20}x$(人)，徒歩通学者の40％は$\dfrac{40}{100}y=\dfrac{2}{5}y$(人)だから，$\dfrac{11}{20}x+\dfrac{2}{5}y=108$……②が成り立つ。②×20より，$11x+8y=2160$……②′　①×11より，$11x+11y=2475$……①′　①′−②′より，$11y-8y=2475-2160$，$3y=315$　$\therefore y=105$　よって，徒歩通学者の男女の合計人数は105人である。

(6)＜確率―さいころと硬貨＞さいころの目の出方は1から6の6通りあり，そのそれぞれについて，2枚の硬貨の表裏の出方が，(表，表)，(表，裏)，(裏，表)，(裏，裏)の4通りあるので，全部で$6\times4=24$(通り)の場合がある。さいころの目が偶数なのは2，4，6の3通り，硬貨が2枚とも表なのは1通りなので，さいころの目が偶数で硬貨が2枚とも表が出る場合は$3\times1=3$(通り)ある。よって，求める確率は$\dfrac{3}{24}=\dfrac{1}{8}$となる。

(7)＜文字式の利用＞xは4以上の整数で，長方形ABCDの縦の長さはxmだから，辺AB上に頂点Aから1m間隔で杭《くい》を打つとき，杭は$x+1$本必要である。また，横は$x+3$mだから，辺AD上に頂点Aから1m間隔で杭を打つとき，杭は$x+3+1=x+4$(本)必要である。4つの頂点A，B，C，Dの杭は縦と横で共有しているから，長方形ABCDの周上の杭の本数は$(x+1)\times2+(x+4)\times2-4=4x+6$(本)である。内側の杭は外側の杭より縦，横ともに2本ずつ少ないから，合計では$2\times4=8$(本)少なく，$4x+6-8=4x-2$(本)である。よって，打ち込む杭の本数は$(4x+6)+(4x-2)=8x+4$(本)となる。

(8)＜平面図形―角度＞右図1で，2点B，Dを結ぶ。∠BPCは$\overset{\frown}{\mathrm{BC}}$に対する円周角だから，∠BPC＝∠BDCである。また，AB＝DCより，$\overset{\frown}{\mathrm{AB}}=\overset{\frown}{\mathrm{DC}}$だから，$\overset{\frown}{\mathrm{AB}}+\overset{\frown}{\mathrm{BC}}=\overset{\frown}{\mathrm{BC}}+\overset{\frown}{\mathrm{DC}}$であり，∠ADC＝∠BAD＝106°となる。さらに，AB＝ADより，△ABDは二等辺三角形なので，∠ADB＝(180°−106°)÷2＝37°である。よって，∠BDC＝106°−37°＝69°だから，∠BPC＝69°となる。

図1

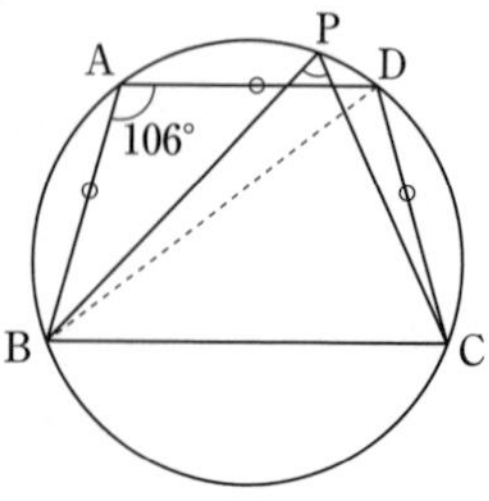

(9)＜平面図形―面積＞次ページの図2で，▱ABCDはAB∥DC，AB＝

図2
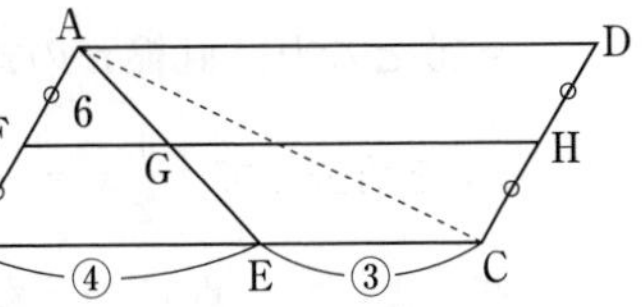

CDだから，FB∥HC，FB＝$\frac{1}{2}$ABとCH＝$\frac{1}{2}$CDよりFB＝CHとなり，四角形FBCHは平行四辺形であり，〔四角形CHGE〕＝▱FBCH－〔四角形FBEG〕である。AF：AB＝1：2，AG：AE＝1：2より，△AFG∽△ABEで，相似比は1：2だから，△AFG：△ABE＝1^2：2^2＝1：4となる。よって，△ABE＝4△AFG＝4×6＝24より，〔四角形FBEG〕＝△ABE－△AFG＝24－6＝18である。また，2点A，Cを結ぶと，△ABC＝$\frac{1}{2}$▱ABCDであり，▱FBCH＝$\frac{1}{2}$▱ABCDだから，△ABC＝▱FBCHである。BE：EC＝4：3より，△ABE：△ABC＝4：(4＋3)＝4：7だから，▱FBCH＝△ABC＝$\frac{7}{4}$△ABE＝$\frac{7}{4}$×24＝42となる。したがって，〔四角形CHGE〕＝42－18＝24である。

2〔数と式―連立方程式の応用〕

(10)＜立式＞Aのばら売りでの販売個数をx個，箱売りでの販売個数をy箱とし，Aは1箱に5個入れるので，Aの販売個数は$x+5y$個と表せる。これとAとBの販売個数の比が5：3より，Bの販売個数は$\frac{3}{5}(x+5y)=\frac{3}{5}x+3y$(個)と表せる。箱売りは全部で20箱販売したので，Bの箱売りは$20-y$箱であり，Bは1箱に4個入れるので，箱売りしたBの個数は$4(20-y)=80-4y$(個)となる。よって，Bのばら売りでの販売個数は$\frac{3}{5}x+3y-(80-4y)=\frac{3}{5}x+7y-80$(個)である。

(11)＜連立方程式の応用＞(10)より，Bのばら売りでの販売金額について，$150\left(\frac{3}{5}x+7y-80\right)=3300$……①が成り立つ。また，Aのばら売りでの販売金額は$100x$円，箱売りの販売金額は$450y$円となる。Bのばら売りでの販売金額は3300円，箱売りの販売金額は$550(20-y)$円だから，A，Bの販売金額の合計について，$100x+450y+3300+550(20-y)=16100$……②が成り立つ。①，②を連立方程式として解く。①より，$\frac{3}{5}x+7y-80=22$，$3x+35y=510$……①′　②より，$100x-100y=1800$，$x-y=18$，$y=x-18$……②′　①′に②′を代入して，$3x+35(x-18)=510$，$3x+35x-630=510$，$38x=1140$　$\therefore x=30$

3〔関数―関数$y=ax^2$と一次関数のグラフ〕

《基本方針の決定》(13)　台形から2つの三角形を除く。　(14)　等積変形を利用する。

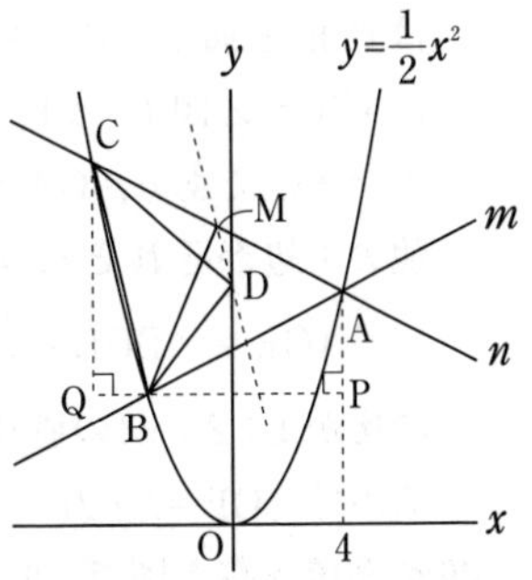

(12)＜直線の式＞右図で，直線mの傾きは$\frac{1}{2}$なので，その式は$y=\frac{1}{2}x+b$とおける。また，直線m上の点Aは放物線$y=\frac{1}{2}x^2$上にもありx座標は4なので，$y=\frac{1}{2}\times4^2=8$より，A(4，8)である。よって，点Aの座標より，$8=\frac{1}{2}\times4+b$，$b=6$となるから，直線mの式は$y=\frac{1}{2}x+6$である。

(13)＜面積＞右図で，(12)より，点Bは直線$y=\frac{1}{2}x+6$と放物線$y=\frac{1}{2}x^2$の交点である。2式からyを消去して，$\frac{1}{2}x^2=\frac{1}{2}x+6$より，$x^2-x-12=0$，$(x-4)(x+3)=0$　$\therefore x=4$，-3　よって，点Bのx座標は-3であり，$y=\frac{1}{2}\times(-3)^2=\frac{9}{2}$より，B$\left(-3，\frac{9}{2}\right)$である。次に，直線$n$は傾きが$-\frac{1}{2}$なので，その式は$y=-\frac{1}{2}x+c$とおけるから，点Aの座標より，$8=-\frac{1}{2}\times4+c$，

$c=10$ となり，直線 n の式は $y=-\frac{1}{2}x+10$ である。放物線 $y=\frac{1}{2}x^2$ と直線 $y=-\frac{1}{2}x+10$ の２式から y を消去して，$\frac{1}{2}x^2=-\frac{1}{2}x+10$ より，$x^2=-x+20$，$x^2+x-20=0$，$(x-4)(x+5)=0$　$\therefore x=4$，-5　よって，点Ｃの x 座標は -5 であり，$y=\frac{1}{2}\times(-5)^2=\frac{25}{2}$ より，$\mathrm{C}\left(-5,\ \frac{25}{2}\right)$ である。図のように，点Ａ，Ｃを通り y 軸に平行な直線と点Ｂを通り x 軸に平行な直線を引き，それぞれの交点をＰ，Ｑとして，台形ACQPをつくると，$\mathrm{P}\left(4,\ \frac{9}{2}\right)$，$\mathrm{Q}\left(-5,\ \frac{9}{2}\right)$ となり，$\triangle\mathrm{ABC}=$〔台形ACQP〕$-\triangle\mathrm{ABP}-\triangle\mathrm{BCQ}$ である。$\mathrm{AP}=8-\frac{9}{2}=\frac{7}{2}$，$\mathrm{CQ}=\frac{25}{2}-\frac{9}{2}=8$，$\mathrm{PQ}=4-(-5)=9$ より，〔台形ACQP〕$=\frac{1}{2}\times\left(\frac{7}{2}+8\right)\times 9=\frac{207}{4}$ であり，$\mathrm{BP}=4-(-3)=7$ より，$\triangle\mathrm{ABP}=\frac{1}{2}\times 7\times\frac{7}{2}=\frac{49}{4}$，$\mathrm{BQ}=-3-(-5)=2$ より，$\triangle\mathrm{BCQ}=\frac{1}{2}\times 2\times 8=8$ となる。したがって，$\triangle\mathrm{ABC}=\frac{207}{4}-\frac{49}{4}-8=\frac{63}{2}$ である。

⒁＜座標＞前ページの図のように，辺CAの中点をＭとすると，$\triangle\mathrm{BCM}=\frac{1}{2}\triangle\mathrm{ABC}$ となるから，点Ｍを通り直線BCに平行な直線と y 軸の交点をＤとすると，$\triangle\mathrm{BCD}=\frac{1}{2}\triangle\mathrm{ABC}$ となる。$\mathrm{A}(4,\ 8)$，$\mathrm{C}\left(-5,\ \frac{25}{2}\right)$ より，点Ｍの x 座標は $\frac{4+(-5)}{2}=-\frac{1}{2}$，$y$ 座標は $\left(8+\frac{25}{2}\right)\div 2=\frac{41}{4}$ となり，$\mathrm{M}\left(-\frac{1}{2},\ \frac{41}{4}\right)$ である。また，$\mathrm{B}\left(-3,\ \frac{9}{2}\right)$ より，直線BCの傾きは $\left(\frac{9}{2}-\frac{25}{2}\right)\div\{(-3)-(-5)\}=-4$ だから，直線BCに平行な直線DMの式は $y=-4x+d$ とおける。よって，点Ｍの座標から，$\frac{41}{4}=-4\times\left(-\frac{1}{2}\right)+d$，$d=\frac{33}{4}$ となるから，点Ｄの y 座標は $\frac{33}{4}$ である。

4〔平面図形―円〕

《基本方針の決定》⒂　特別な直角三角形の辺の比を利用する。　⒄　大きなおうぎ形から三角形と小さい２つのおうぎ形を除く。

⒂＜長さ＞右図で，円Ａと半円の直径の接点をＤ，円Ａと円Ｂの接点をＥ，点Ａを通る半円の半径をOP，点Ｂを通る半円の半径をOQとし，点Ｏと点Ｅ，点Ａと点Ｂをそれぞれ結ぶ。このとき，点Ｐ，Ｑはそれぞれ円Ａ，Ｂと半円の弧の接点となり，線分ABは点Ｅを通る。△OAD，△OAE，△OBEにおいて，$\angle\mathrm{ADO}=\angle\mathrm{AEO}=\angle\mathrm{BEO}=90^\circ$，$\mathrm{AD}=\mathrm{AE}=\mathrm{BE}$ である。また，$\mathrm{OP}=\mathrm{OQ}$，$\mathrm{AP}=\mathrm{BQ}$ であり，$\mathrm{OA}=\mathrm{OP}-\mathrm{AP}$，$\mathrm{OB}=\mathrm{OQ}-\mathrm{BQ}$ より，$\mathrm{OA}=\mathrm{OB}$ となるので，直角三角形の斜辺と他の１辺がそれぞれ等しく，$\triangle\mathrm{OAD}\equiv\triangle\mathrm{OAE}\equiv\triangle\mathrm{OBE}$ となる。これと $\angle\mathrm{BOD}=90^\circ$ より，$\angle\mathrm{AOD}=\angle\mathrm{AOE}=\angle\mathrm{BOE}=\frac{1}{3}\angle\mathrm{BOD}=\frac{1}{3}\times 90^\circ=30^\circ$ である。よって，△OAD，△OAE，△OBEは，３辺の比が $1:2:\sqrt{3}$ の直角三角形となるから，円Ａの半径を r とすると，$\mathrm{OA}=2\mathrm{AD}=2\times r=2r$ となるので，$\mathrm{OP}=r+2r=3r$ である。したがって，$3r=3\sqrt{2}$ より，$r=\sqrt{2}$ となる。

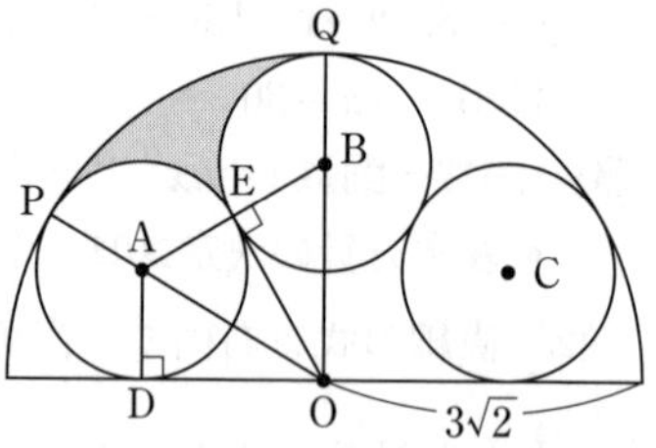

⒃＜面積＞右上図で，⒂より，$\mathrm{AB}=2\times\sqrt{2}=2\sqrt{2}$ であり，$\mathrm{OE}=\sqrt{3}\mathrm{AE}=\sqrt{3}\times\sqrt{2}=\sqrt{6}$ だから，$\triangle\mathrm{OAB}=\frac{1}{2}\times 2\sqrt{2}\times\sqrt{6}=2\sqrt{3}$ となる。

⒄＜面積＞右上図で，影をつけた部分は，おうぎ形OPQから△OAB，おうぎ形APE，おうぎ形BQEを除いたものである。⒂より $\angle\mathrm{POQ}=30^\circ+30^\circ=60^\circ$，$\angle\mathrm{OAE}=\angle\mathrm{OBE}=60^\circ$ より $\angle\mathrm{PAE}=\angle\mathrm{QBE}=180^\circ-60^\circ=120^\circ$ となる。よって，〔おうぎ形OPQ〕$=\pi\times(3\sqrt{2})^2\times\frac{60^\circ}{360^\circ}=3\pi$，〔おうぎ形

APE〕=〔おうぎ形 BQE〕$=\pi\times(\sqrt{2})^2\times\dfrac{120^\circ}{360^\circ}=\dfrac{2}{3}\pi$ だから，求める面積は $3\pi-2\sqrt{3}-\dfrac{2}{3}\pi\times2=\dfrac{5}{3}\pi-2\sqrt{3}$ となる。

5〔空間図形—四角柱〕

≪基本方針の決定≫⒆　2点P，Qは3点C，D，Eを含む平面上にある。　⒇　点Rは平面CDEF上の直線PQと平面BCGFの交点である。

図1

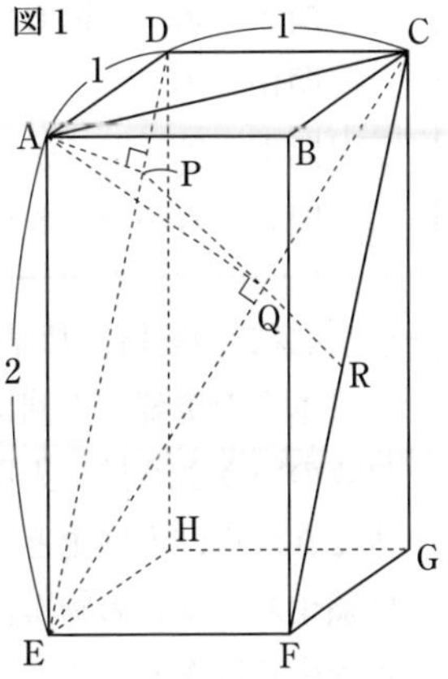

⒅<長さ>右図1で，△ADEの底辺をDEとすると，線分APは高さとなる。△ADEで三平方の定理より，$\mathrm{DE}=\sqrt{\mathrm{AD}^2+\mathrm{AE}^2}=\sqrt{1^2+2^2}=\sqrt{5}$ であり，$\triangle\mathrm{ADE}=\dfrac{1}{2}\times\mathrm{AD}\times\mathrm{AE}=\dfrac{1}{2}\times1\times2=1$ だから，△ADEの面積について，$\dfrac{1}{2}\times\sqrt{5}\times\mathrm{AP}=1$ が成り立ち，$\mathrm{AP}=\dfrac{2}{\sqrt{5}}=\dfrac{2\sqrt{5}}{5}$ となる。

⒆<体積>右図1で，三角錐AEPQ，三角錐AECDの底面をそれぞれ△EPQ，△ECDとすると高さが等しいので，体積比は底面積の比と等しくなる。$\mathrm{CD}\perp\mathrm{DE}$ で，⒅より $\mathrm{DE}=\sqrt{5}$ だから，$\triangle\mathrm{ECD}=\dfrac{1}{2}\times1\times\sqrt{5}=\dfrac{\sqrt{5}}{2}$ である。△ADPで三平方の定理より，$\mathrm{DP}=\sqrt{\mathrm{AD}^2-\mathrm{AP}^2}=\sqrt{1^2-\left(\dfrac{2\sqrt{5}}{5}\right)^2}=\sqrt{\dfrac{1}{5}}=\dfrac{\sqrt{5}}{5}$ だから，$\mathrm{DP}:\mathrm{PE}=\dfrac{\sqrt{5}}{5}:\left(\sqrt{5}-\dfrac{\sqrt{5}}{5}\right)=1:4$ となる。また，直角二等辺三角形ACDで，$\mathrm{AC}=\sqrt{2}\mathrm{AD}=\sqrt{2}\times1=\sqrt{2}$ だから，$\triangle\mathrm{ACE}=\dfrac{1}{2}\times2\times\sqrt{2}=\sqrt{2}$ であり，△ACEで三平方の定理より，$\mathrm{CE}=\sqrt{\mathrm{AE}^2+\mathrm{AC}^2}=\sqrt{2^2+(\sqrt{2})^2}=\sqrt{6}$ だから，△ACEの面積について，$\dfrac{1}{2}\times\sqrt{6}\times\mathrm{AQ}=\sqrt{2}$ が成り立ち，$\mathrm{AQ}=\dfrac{2\sqrt{3}}{3}$ となる。△ACQで三平方の定理より，$\mathrm{CQ}=\sqrt{\mathrm{AC}^2-\mathrm{AQ}^2}=\sqrt{(\sqrt{2})^2-\left(\dfrac{2\sqrt{3}}{3}\right)^2}=\sqrt{\dfrac{6}{9}}=\dfrac{\sqrt{6}}{3}$ であり，$\mathrm{CQ}:\mathrm{QE}=\dfrac{\sqrt{6}}{3}:\left(\sqrt{6}-\dfrac{\sqrt{6}}{3}\right)=1:2$ となる。よって，右図2で，2点P，Cを結ぶと，$\mathrm{DP}:\mathrm{PE}=1:4$ より，$\triangle\mathrm{DPC}:\triangle\mathrm{EPC}=1:4$ となるので，$\triangle\mathrm{EPC}=\dfrac{4}{1+4}\triangle\mathrm{ECD}=\dfrac{4}{5}\times\dfrac{\sqrt{5}}{2}=\dfrac{2\sqrt{5}}{5}$ である。また，$\mathrm{CQ}:\mathrm{QE}=1:2$ より，$\triangle\mathrm{CPQ}:\triangle\mathrm{EPQ}=1:2$ だから，$\triangle\mathrm{EPQ}=\dfrac{2}{1+2}\triangle\mathrm{EPC}=\dfrac{2}{3}\times\dfrac{2\sqrt{5}}{5}=\dfrac{4\sqrt{5}}{15}$ である。したがって，〔三角錐AEPQ〕:〔三角錐AECD〕$=\dfrac{4\sqrt{5}}{15}:\dfrac{\sqrt{5}}{2}=8:15$ となる。図1で，〔三角錐AECD〕$=\dfrac{1}{3}\times\triangle\mathrm{ACD}\times\mathrm{AE}=\dfrac{1}{3}\times\left(\dfrac{1}{2}\times1\times1\right)\times2=\dfrac{1}{3}$ だから，〔三角錐AEPQ〕$=\dfrac{8}{15}$〔三角錐AECD〕$=\dfrac{8}{15}\times\dfrac{1}{3}=\dfrac{8}{45}$ である。

図2

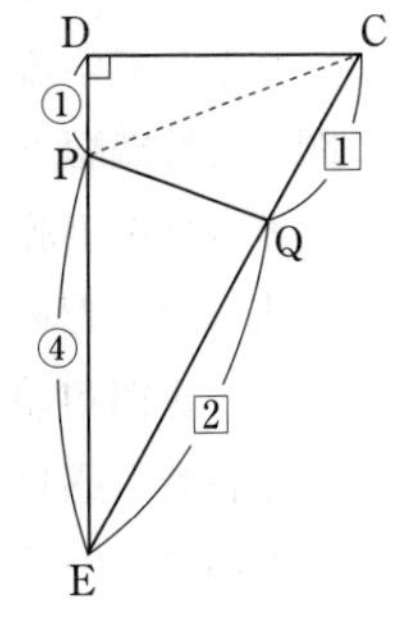

⒇<長さ>右上図1で，線分PQは平面CDEF上にあるから，点Rは平面BCGFの対角線CF上にある。CF∥DEだから，△CRQ∽△EPQとなり，相似比は，⒆より，$\mathrm{CQ}:\mathrm{EQ}=1:2$ である。よって，$\mathrm{CR}=\dfrac{1}{2}\mathrm{EP}$ であり，⒆より，$\mathrm{PE}=\dfrac{4\sqrt{5}}{5}$ だから，$\mathrm{CR}=\dfrac{1}{2}\times\dfrac{4\sqrt{5}}{5}=\dfrac{2\sqrt{5}}{5}$ となる。

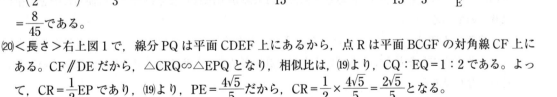

2023年度／星野高等学校（併願第１回）

国語解答

一　問１　①…ウ　②…イ　③…エ
問２　a…ア　b…ウ　問３　エ
問４　エ　問５　ア　問６　イ
問７　エ　問８　イ　問９　ウ
問10　エ

二　問１　①…ア　②…イ
問２　a…ウ　b…エ　c…ア
問３　エ　問４　ウ　問５　イ
問６　エ　問７　ア　問８　イ
問９　エ　問10　ウ

三　問１　ウ　問２　イ　問３　ア
問４　エ　問５　ウ　問６　イ
問７　ア　問８　ア　問９　イ

一〔論説文の読解─哲学的分野─哲学〕出典；永井玲衣『水中の哲学者たち』。

≪本文の概要≫人間はあっけなく，突然に命を落としてしまうことがある。しかし，フランツ・カフカのいうように，人間は，血の詰まったただの袋ではない。一人の人間には，それまでの人生を生きてきただけの歴史と，さまざまな意思が詰まっている。哲学は，まさにこうした一人ひとりの人に関係する，全ての物事に関わることができる学問である。難解な専門用語を使い，抽象的で複雑な議論をする場合もあるが，それだけが哲学ではない。ふだんは忘れ去られていたり，重要ではないと見過ごされていたりするような物事にあえて目を向け，話を聞かなくてもいいと見なされている人の話にも耳を澄ませ，人間を宇宙と同じぐらい重みを持った存在としてとらえようとする取り組みが，本当の哲学なのである。

問一＜漢字＞①「号泣」と書く。アは「豪族」，イは「剛腕」，ウは「号令」，エは「強引」。　②「抽象」と書く。アは「注釈書」，イは「抽出」，ウは「駐輪場」。エは「中庸」。　③「懇親」と書く。アは「混合」，イは「婚姻」，ウは「献立」，エは「懇願」。

問２＜語句＞a．「途方もない」は，程度が並々でないさま。　b．「呆然」は，気が抜けてぼんやりとしていること。

問３＜接続語＞Ⅰ．宇宙の質量が詰まったサイコロの夢は，友人がサイコロを持っている理由も，サイコロを手渡されようとしている理由もわからない，不可解なものであった。　Ⅱ．人間は血の詰まったただの袋ではなく，宇宙の質量の詰まったサイコロのような存在である。　Ⅲ．「わたし」は，専門用語を駆使した哲学対話を楽しむこともあるが，その日参加していたのは，「偉い先生」と言葉も感覚も問いも共有していない人たちだった。　Ⅳ．哲学対話では，重要でないと思われるものについて考えることができるし，ふだんは人々から忘れられているような問題こそを，積極的に扱うのである。

問４＜文脈＞人間は，血の詰まったただの袋のような味気ないものではなく，さまざまな出来事にふれ，多くのことを考えて生きていく宇宙の質量が詰まったサイコロであり，つまり「いのち」を持った存在である。

問５＜文章内容＞「わたし」は，恐怖を駆り立てるホラー映画などよりも，ただの場の流れであっさりと人が死んでしまう映画のシーンが怖いと感じている。

問６＜文章内容＞宇宙と同じ質量のサイコロを手渡された夢が怖かったという話を聞いて，「わたし」は，自分にとっての怖いものを思い出した。宇宙の質量が詰まったサイコロと同様に，人間の一人ひとりには，膨大な意味に満ちた生があるのであり，人間の生が軽く扱われることは，恐ろしいのである。

問7＜文章内容＞哲学対話の場には専門家以外の人も多く参加しており，「わたし」は知識の有無に関係なく，どんな人でも議論ができるように場を回したいと考えていた。しかし「偉い先生が偉いままに」対等ではない存在として混じっていることにより，一部の人だけが難解な議論を展開する場となってしまうのではないかと，「わたし」は困惑したのである。

問8＜表現＞「世界の世界性が」という専門的な言い回しは仰々しく，身近さのない言葉であった。そのため，この言葉から始まった哲学対話は難解な議論ばかりになり，知識のない人々は遠くから眺めているしかないような状態になってしまったのである。

問9＜文章内容＞好きな木が突然切り株になってしまったという話には，哲学に通じる何かがあると「わたし」は感じた。そのため，哲学は難解な専門用語を駆使するばかりではなく，身近な，ふだんは忘れられている日常に目を向けることから始まるべきだとあらためて感じたのである。

問10＜要旨＞「わたし」は，人間は血の詰まったただの袋ではなく，一人ひとりが，宇宙の質量を持つサイコロのように，膨大な意味の詰まった存在だと考えている(生徒C…×)。そのため，哲学は難解な専門用語を用いた議論をすることはあってもそれだけではなく，人の生を成り立たせる身近な日常にも目を向けることが重要だと論じている(生徒E…×)。

二〔小説の読解〕出典；吉田修一『おかえり横道世之介』。

問1＜漢字＞①「準備万端」と書く。アは「万有」，イは「番外」，ウは「伴奏」，エは「板書」。
②「検品」と書く。アは「冒険」，イは「探検」，ウは「手裏剣」，エは「貢献」。

問2＜語句＞a.「名状しがたい」は，言葉を使ってうまく表現できないさま。　b.「姑息」は，その場しのぎの手段のこと。　c.「濡れ衣を着せられる」は，無実の罪を背負わされる，という意味。

問3＜慣用句＞「血の気が引く」は，驚きや恐怖のために顔が青ざめる，という意味。世之介は，社長が自分を見る目が，小銭泥棒を見る目であることに気づき，恐怖を覚えたのである。「襟を正す」は，気持ちを引き締める，という意味。「耳を疑う」は，聞いたことが信じられない，という意味。「身の毛もよだつ」は，嫌悪感や不気味さのために体の毛が逆立つ，という意味。

問4＜心情＞社長は，世之介に対して正社員になるよう誘っていた。しかしその件をなかったことにしなければならず，気まずい思いを抱きながら話しかけたのである。

問5＜心情＞世之介は，社長からの誘いを断ると決めていた。社長が正社員登用の話を切り出すと思った世之介は，辞退する返事を口にしたが，社長が予想に反し，「なかったことにしてもらえないかな」と言ったので，二人の会話はちぐはぐなものになったのである。

問6＜文章内容＞社長は，世之介の人間性を評価し，正社員にならないかと誘っていた。しかし唐突にその話が取りやめになり，わざわざ「人間性がどうこうって話じゃないんだよ」と社長が言ったことで，世之介は，社長が自分を小銭泥棒だと思い，人間性に疑いを持ったのではないかと，思い当たったのである。

問7＜文章内容＞世之介は，早乙女さんが自分を警戒して盗難騒ぎのわなにかけ，正社員登用の話をなくそうとしたのだと悟った。しかし早乙女さんなりに自分の生活を守ろうとしたのだとも考えたことで，世之介は，怒りも何もかもが一気にさめて事態を受け入れる気になったのである。

問8＜文章内容＞以前，社長は世之介に，二十四歳という年齢で決断することが重要だと言っていた。しかし今，「まだ若いから，これからどうにだってなるよ」と，諦めた若者に対して言うようなことを口にしたため，世之介はすでに社長は自分に期待していないのだと，理解したのである。

問９＜表現＞「そこに悪意だけがポツンと残った」は，人間でないものが人間にたとえられているわけではないので擬人法ではなく隠喩法である(エ…×)。

問10＜主題＞世之介の母親は，たとえどんなに危険でも，線路に落ちた女性を助けられると信じて関わりのない他者のために行動した自分の息子のことを誇りに感じていた。世之介は，わなにかけられて退職することになったが，誰にも生活があることを考えると腹が立たなかった。世之介は，自分に害が及んだとしても，他人に優しさを向けられる人物なのである。

三〔古文の読解―随筆〕出典；本居宣長『うひ山ぶみ』。

≪現代語訳≫要するに学問は，ただ長い年月飽きたり怠けたりせず，励んで努力することが大事であり，学び方はどのようなものであってもよく，それほどこだわることではない。どれだけ学び方がよくても，怠けて努力しないのであれば成果はない。また，それぞれの人の才能の有無によって，学問の成果はかなり違うけれども，才能の有無は生まれついてのことであるので，本人の力ではどうすることもできない。〈そうではあるけれども，〉たいていは，才能のない人といっても，怠けず努力さえすれば，それだけの成果はあるものである。また，晩学の人も，努力し励めば，意外な，成果を上げることもある。また，暇のない人も，意外にも，暇の多い人よりも成果を上げるものである。だから，才能が乏しいことや，学問を始めるのが遅かったことや，〈暇がないこと〉によって，諦めて学問をやめるようなことはあってはいけない。いずれにしても，(学問は)努力さえすればできるものだと理解するべきだ。総じていやになって諦めてしまう心は，学問をするうえで大変に妨げとなることであるよ。

問１＜古文の内容理解＞学問で大事なのは継続的な努力であるため，学ぶ方法についてはこれと決まったものがあるわけではなく，それほどこだわる必要はないのである。

問２＜古文の内容理解＞それぞれの人の才能の有無により，学ぶ成果も変わってくるのである。

問３＜古文の内容理解＞才能の有無はどうしようもないが，たとえ才能のない人であっても，継続的な努力をすることでそれなりの成果を得ることができる。

問４＜古文の内容理解＞怠けずに努力さえすれば，たとえ才能のない人であっても成果を上げられるのが，学問である。

問５＜古語＞「思ひの外」は，予想と違う，という意味で，「案の定」は，予想したとおり，という意味(ウ…○)。「二の舞」は，他人と同じ失敗を繰り返すこと。「ことのほか」は，予想と違う，という意味。「もってのほか」は，とんでもないこと。

問６＜古文の内容理解＞才能のない者，学び始めたのが遅い者，学ぶ暇のない者であっても，諦めずに努力をすれば成果を得ることができる。

問７＜古語＞「とてもかくても」は，どちらにしても，という意味。諦める理由があっても学問をやめるべきでなく，どちらにしても，学問では努力こそが大事なのである。

問８＜古文の内容理解＞学問で重要なことは，諦めずに努力を続けることである。そのため，学ぶ方法にこだわる必要はない(ア…×，イ…○)。確かに，才能がない人や，学び始めが遅い人，学ぶ暇のない人もいるが，そのような人であっても努力をすればそれなりの成果を上げられる(ウ・エ…○)。

問９＜文学史＞本居宣長は，江戸時代の国学者である。鴨長明は，平安時代から鎌倉時代にかけての歌人，随筆家(…×)。井原西鶴は，江戸時代の俳人，浮世草子作者(…○)。松尾芭蕉は，江戸時代の俳人(…○)。藤原定家は，平安時代から鎌倉時代にかけての歌人(…×)。

2023年度 星野高等学校（併願第２回）

〔注〕 この問題は，１月26日に実施された併願受験者用のものです。

【英　語】 （50分）〈満点：100点〉

（注意） 解答はすべて一つ選び，解答用紙の所定の欄にマークすること。

1 次の英文を読んで，下の問いに答えなさい。

When I watch American television shows like school dramas, I sometimes feel confused. Although a certain character in the show should be a third year student of high school, he says, "Well, next year will be my last year."

In fact, high schools in America are four years long. Moreover, they are not counted like "second-year of middle school" or "first-year of high school." Instead, you count school years from first grade to twelfth grade. So if you ask a high school student what year he is in school, he might answer, "①(　　) grade."

In America, some states have the same 6-3-3 system as in Japan. However, the situation can be different depending on the state and the *school district. ②Not all countries divide their school system into elementary, middle, and high school like Japan. In Australia the *split is 6-6 or 7-5; in Sweden it is 9-3. In Japan, students learn the expressions for "junior high school" and "high school," but it is best to think of them as guidelines. Schools differ widely from country to country, so even if you hear "junior high school," it's ③(　　) to tell exactly *what the school is like. Korea and Israel follow the same 6-3-3 system as Japan; and in Israel, *compulsory education starts from kindergarten.

Although all Japanese children of the same age enter school at the same time, it is not always the same in other countries. In Thailand and Indonesia, a child can enter school any time between the ages of six and eight. In France, six is the usual age, but five or seven is also *acceptable. That means the parents and the school decide when the ④right time for the child to start school is, and it is not necessary to start at the same age. Children in Japan often look forward to school and say, "Next year I'll be going to elementary school, right?" In America, a school counselor checks *if a child can go to elementary school, and if the child does not seem ready, ⑤the counselor talks with the parents and the child waits another year.

（注） school district：学区　　split：分け方
what ～ is like：～がどのようなものか　　compulsory education：義務教育
acceptable：受け入れられる　　if ～：～かどうか

(1) 下線①の（　）に入れるのに最も適するものを選びなさい。
ア．Third　　イ．Fifth　　ウ．Eleventh　　エ．Thirteenth

(2) 下線②の表す内容として最も適するものを選びなさい。
ア．すべての国は日本と同じような教育制度をとっている。
イ．日本と同じような教育制度をとっていない国もある。
ウ．小学校，中学校，高校と分かれている日本の教育制度が一番よい。
エ．小学校，中学校，高校と分けることに反対している国もある。

(3) 下線③の（　）に入れるのに最も適するものを選びなさい。

ア. easy　イ. hard　ウ. interesting　エ. angry

(4) 下線④と最も近い意味を表す語を選びなさい。

ア. fast　イ. average　ウ. wrong　エ. best

(5) 下線⑤を言い換えたものとして最も適するものを選びなさい。

ア. the counselor tells the parents to wait for the child

イ. the counselor tells the parents that the child should enter school the next year

ウ. the counselor tells the parents to talk with the child more

エ. the counselor tells the parents that the child should study to enter a better school

(6) 本文の内容と一致するものを選びなさい。

ア. American television shows sometimes make the writer bored.

イ. Most of the school systems in Korea are different from the ones in Japan.

ウ. In Indonesia, a seven-year-old child is allowed to enter school.

エ. In France, it is not necessary to know how old a child is when he enters school.

2 次の英文を読んで，下の問いに答えなさい。

A poor little girl lived in a very small and simple house on a hill. Most days, she played in the house's small garden. ⑦(A) she grew taller, she could see over the garden fence and across the *valley to a wonderful house high on another hill. The house had golden windows. The shining windows were so golden that the girl dreamed of how wonderful it would be to live in such a beautiful house.

⑦(B) she loved her parents and her family, she began to *admire the house with the golden windows more and more. ⑧It became her custom to look at the house every day. She always did so over the garden fence even when the weather was bad. "The family who lives in that house must be very rich to have golden windows. What kind of furniture does the house have? Does it have a lot of pretty dresses? I want to go there someday," she thought.

One day, when she was a little older, she asked her mother if she could *go for a bike ride outside the gate and down the *lane. Her mother said she could go, but she made the girl promise not to go too far and ⑨[(1) it　(2) come　(3) to　(4) dark　(5) gets　(6) home　(7) before]. The day was beautiful, and the girl knew exactly where she was *heading! She rode her bike down the lane and across the valley, until she got to the gate of the house with the golden windows, high on the hill. She was so ⑩(A). She got off her bike, rushed to the house, and then looked at the window of the house. But, the windows were all *plain and rather dirty.

The girl ⑪(　　　　), and got on her bike. As she looked up, she saw a ⑩(B) sight. There, across the valley, was a little house and its windows were bright gold when the sun shone down. It was her simple little house!

She realized that her house was the same as the one she just saw. She also realized that all the love and care she got at home made her house the "golden house." Everything she wanted was right there *in front of her nose.

(注) valley：谷　admire：～にあこがれる
go for a bike ride：サイクリングに出かける　lane：小道
heading：向かって進んでいる　plain：普通の
in front of her nose：目と鼻の先に

(7)　下線⑦の（A）（B）に入れる組み合わせとして最も適するものを選びなさい。

ア．A：Because B：If	イ．A：Unless B：When	ウ．A：Before B：Since	エ．A：As B：Although

(8)　下線⑧の表す内容として最も適するものを選びなさい。

ア．to love her parents and her family

イ．to admire the house with the golden windows

ウ．to look at the house every day

エ．to live in that house with the family

(9)　下線⑨において意味が通るように［　］内の(1)～(7)を並べかえたときの最も適する順序を選びなさい。

ア．(2)→(3)→(6)→(5)→(7)→(4)→(1)

イ．(2)→(3)→(4)→(1)→(5)→(7)→(6)

ウ．(3)→(2)→(6)→(7)→(1)→(5)→(4)

エ．(3)→(2)→(4)→(6)→(5)→(1)→(7)

(10)　下線⑩の（A）（B）に入れる組み合わせとして最も適するものを選びなさい。

ア．A：excited B：surprising	イ．A：interesting B：bored	ウ．A：exciting B：surprised	エ．A：interested B：boring

(11)　下線⑪の（　）に入れるのに最も適するものを選びなさい。

ア．felt angry at her family

イ．turned with a broken heart

ウ．admired the house more and more

エ．became happy to see the window of the house

(12)　本文の内容と一致するものを選びなさい。

ア．Her family was so poor that she dreamed of living in the rich house like the one next door.

イ．She visited the house with the golden windows every day because it made her feel happy.

ウ．The family living in the house with the golden windows was as rich as she expected.

エ．She realized that she also lived in a house with golden windows.

3　次の会話文を読んで，下の問いに答えなさい。

Clerk 1：The total is 540 yen.

Maya：Okay.　So, I need one, two, three, four, five 100-yen coins.　And then, 40 yen, so, one, two, three . . .　Oh, no.　I only have three 10-yen coins.

Yukio：What are you doing, Maya?

Maya：Yukio, do you have a 10-yen coin?

Yukio：What?

Maya：Can you look in your wallet?　You have some coins, right?

Yukio：⑬(　　　　　)　I don't even have a wallet.

Maya：Are you joking?　We're on a date, and you don't have your wallet?　Oh, I understand. You ⑭(want / pay / me / for / to) everything today.

Yukio：That's not why I don't have a wallet.　Everything I need is here.　See?

Maya：Huh?　That's your smartphone.

Yukio：Everyone is going cashless!

Maya　:　Cashless?
Clerk 1 :　(*Beep*)　Thank you.
Maya　:　What?　Did you just pay for my book with your phone?
Yukio　:　That's right.　All done.
Maya　:　⑮-A
Yukio　:　I have electronic money in my smartphone.
Maya　:　You have money in your phone?
Yukio　:　Yeah, I use it for everything.　My credit card and my train pass are in my phone, too.　So, it's really useful.　Anyway, let's go to the next place.
Maya　:　Oh, but I must pay you back.
Yukio　:　It's all right.　No problem.
Maya　:　But I don't think it's right.　So, let's see . . .　Here are five 100-yen coins . . .　Oh, but I don't have 40 yen.　I'll give you 600 yen, so can you give me change?
Yukio　:　⑮-B　I don't have a wallet, so . . .　It's a present for you.
Maya　:　Okay.　Thank you.

*　　*　　*

Maya　:　Look!　There are so many small shops in this shopping arcade!　Ohh!　Ice cream!
Clerk 2 :　Please try it.　It's our store's specialty.
Maya　:　⑮-C　Let me get my wallet out . . .
Yukio　:　(*Beep*)　Thank you.
Maya　:　What?
Yukio　:　Here you go.
Maya　:　Wow, I didn't know small shops like this used cashless payments.
Clerk 2 :　Well, there are so many foreign tourists in Japan now.　It's easier for them to use this system.
Maya　:　I see.　If you use cashless payments, you don't have to exchange your country's money so often.　How useful!
Yukio　:　You should try it, too.
Maya　:　Then, I won't have to carry coins anymore.　They make my wallet so heavy.　Hmm, maybe I will use the cashless payment system, too.

*　　*　　*

Yukio　:　Hey, look!　There are a lot of people in this line.　I wonder why.
Maya　:　There's a famous temple there.　Do you want to visit it?
Yukio　:　I'd love to!　But wait . . .　I don't have any coins for *osaisen*.
Maya　:　Here, use this coin.
Yukio　:　Thank you, Maya.
Maya　:　You're welcome.　⑯Maybe I won't go cashless.　Well, not yet.

(13)　下線⑬の（　）に入れるのに最も適するものを選びなさい。

ア．Yes, I do.　　イ．Yes, I am.　　ウ．No, I don't.　　エ．No, I'm not.

(14)　下線⑭の（　）内の語を並べかえて正しい英文を作るとき，（　）内で３番目に来るものを選びなさい。

ア．pay　　イ．me　　ウ．for　　エ．to

(15) ⑮-A ～ ⑮-C に入れる組み合わせとして最も適するものを選びなさい。

ア．A：How did you do that？
　　B：Remember？
　　C：Oh, I will！

イ．A：How did you do that？
　　B：Oh, I will！
　　C：Remember？

ウ．A：Oh, I will！
　　B：How did you do that？
　　C：Remember？

エ．A：Oh, I will！
　　B：Remember？
　　C：How did you do that？

(16) 下線⑯の理由として最も適するものを選びなさい。

ア．現金がないと不安な気持ちになるから。
イ．現金がないと何も購入できないから。
ウ．現金がないと電車に乗れないから。
エ．現金がないとできないこともあるから。

(17) 本文の内容と一致するものの数を選びなさい。

(a) Maya wanted to buy a book but she didn't have enough money.
(b) A cashless payment system is very useful only for foreign tourists in Japan.
(c) All the shops which Maya and Yukio visited used cashless payments.
(d) Yukio paid for everything on the date, so Maya didn't spend any money.

ア．1つ　イ．2つ　ウ．3つ　エ．4つ

4 日本文とほぼ同じ意味になるように（　）内の語を並べかえて正しい英文を作るとき，［　］に示された語は（　）内で何番目に来ますか。ア～エの中から選びなさい。

(18) 私は今までにこんなすばらしい本を読んだことがありません。[such]

I (read, wonderful, never, have, book, a, such).

ア．2番目　イ．3番目　ウ．4番目　エ．5番目

(19) このコーヒーは熱すぎて飲むことができません。[too]

This (to, hot, coffee, is, too) drink.

ア．2番目　イ．3番目　ウ．4番目　エ．5番目

(20) 私の兄はときどき朝食を食べずに学校に行きます。[without]

My brother sometimes (goes, without, school, having, to) breakfast.

ア．2番目　イ．3番目　ウ．4番目　エ．5番目

5 次の(21)～(23)の（　）に入れるのに最も適するものを選びなさい。

(21) Mr. White teaches English (　　) the children.

ア．at　イ．to　ウ．of　エ．from

(22) This novel is not difficult at (　　).

ア．all　イ．every　ウ．some　エ．anything

(23) I saw a kangaroo for the (　　) time in Australia.

ア．fast　イ．first　ウ．one　エ．fastest

6　リサが英会話の授業で，資料を使ったプレゼンテーションの準備を行っています。資料と発表のために用意したメモを読み，下の問いに答えなさい。

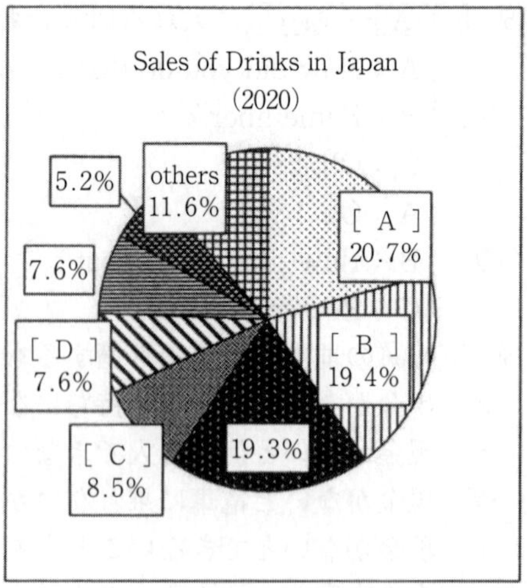

<MEMO>

● Many people love coffee and *black tea, so I thought ㉔(　　　　). However, it is not correct !
● Coffee was sold the most. On the other hand, black tea sales were only 5.2%, and this is the least of all.
● I didn't think that Japanese tea was popular. In fact, it was sold almost as much as *carbonated drinks !
● Fruit juice was sold as much as sports drinks.
● Mineral water was sold more than fruit juice.

（注） black tea：紅茶　　carbonated drinks：炭酸飲料

(24)　下線㉔の（　）に入れるのに最も適するものを選びなさい。

ア．black tea must be less popular than coffee
イ．coffee must be more popular than black tea
ウ．there might be a big difference between sales of these two drinks
エ．there might be no big difference between sales of these two drinks

(25)　グラフ中の[A]～[D]に入れる飲み物の組み合わせとして最も適するものを選びなさい。

ア．	A：coffee	B：Japanese tea	C：mineral water	D：sports drinks
イ．	A：coffee	B：carbonated drinks	C：fruit juice	D：sports drinks
ウ．	A：black tea	B：carbonated drinks	C：mineral water	D：fruit juice
エ．	A：black tea	B：Japanese tea	C：sports drinks	D：fruit juice

7　次の英文を読むとき，１カ所で区切るとすればどこで区切るのが最も適切か。ア～エの中から選びなさい。

(26)　The largest / animal / living / on land / is the elephant.
　　　　　　　　ア　　　イ　　　ウ　　　エ

(27)　I don't want / to read / too much serious news / when I'm / on holiday.
　　　　　　　　ア　　　イ　　　　　　　　　　ウ　　　　エ

8　次の対話文の（　）内に最も適するものを選びなさい。

(28)　A：Can I help you ?
　　B：Yes, please. Can you set the table ?
　　A：(　　　　)

　　ア．Yes, I do.　　　イ．No, thank you.
　　ウ．I'm fine, thank you.　　エ．Sure. No problem.

(29)　A：What did you do last weekend ?
　　B：I enjoyed bowling with my brother.
　　A：Wow ! (　　　　)

　　ア．That sounds like fun.　　イ．That's right.
　　ウ．That's too bad.　　エ．That will be fun.

(30) A : I'm going to a big sale at the mall tomorrow. Do you want to go, too?

B : Yes, but I have to ask my dad first.

A : Call me tonight (　　　　　).

ア. if you can go　　イ. when it's ready

ウ. if you have one　　エ. when it starts

【数　学】（50分）〈満点：100点〉

（注意）解答はすべて一つ選び，解答用紙の所定の欄にマークすること。

1 次の各問いに答えなさい。

(1) $(2x^2y+4xy^2-2xy)\div 2xy-2(x-y)$ を計算しなさい。

解答群 (ア) $-x+y$ (イ) $-x+y-1$ (ウ) $-x+4y$

(エ) $-x+4y-1$ (オ) $3x$ (カ) $3x-1$

(2) 連立方程式 $\begin{cases} 3x+2y=1 \\ \dfrac{2x+3y}{2}-y=1 \end{cases}$ を解き，y の値を答えなさい。

解答群 (ア) $y=-4$ (イ) $y=-2$ (ウ) $y=-1$

(エ) $y=0$ (オ) $y=3$ (カ) $y=5$

(3) $\sqrt{0.4^2-0.24^2}$ を計算しなさい。

解答群 (ア) 0.28 (イ) 0.3 (ウ) 0.32

(エ) 0.34 (オ) 0.36 (カ) 0.38

(4) 2次方程式 $(2x+1)^2-2x^2=(x+3)^2$ を解きなさい。

解答群 (ア) $x=-4,\ 2$ (イ) $x=-2,\ 4$ (ウ) $x=-2,\ 1$

(エ) $x=-1,\ 2$ (オ) $x=2$ (カ) $x=-2$

(5) 1個30円のお菓子があり，30円で販売すると1日に20個売れる。このお菓子は1円値下げするごとに，1日あたり5個多く売れることがわかっている。このお菓子を x 円値下げした日の売り上げ金額は1200円であった。このとき，何円値下げしたか求めなさい。ただし，x は10以下の自然数とする。

解答群 (ア) 2円 (イ) 3円 (ウ) 4円 (エ) 6円 (オ) 8円 (カ) 10円

(6) クラスの生徒5人のテストの得点は54点，70点，64点，59点，78点である。ここに，x 点の生徒1人を加えたら得点の平均値が1点下がった。このとき，x の値を求めなさい。

解答群 (ア) $x=63$ (イ) $x=62$ (ウ) $x=61$

(エ) $x=60$ (オ) $x=59$ (カ) $x=58$

(7) 1枚の硬貨を4回投げるとき，表が連続して2回以上出る確率を求めなさい。

解答群 (ア) $\dfrac{5}{16}$ (イ) $\dfrac{7}{16}$ (ウ) $\dfrac{3}{8}$

(エ) $\dfrac{5}{8}$ (オ) $\dfrac{1}{4}$ (カ) $\dfrac{1}{2}$

(8) 右図のように，円周を9等分した点がある。このとき，$\angle x$ の大きさを求めなさい。

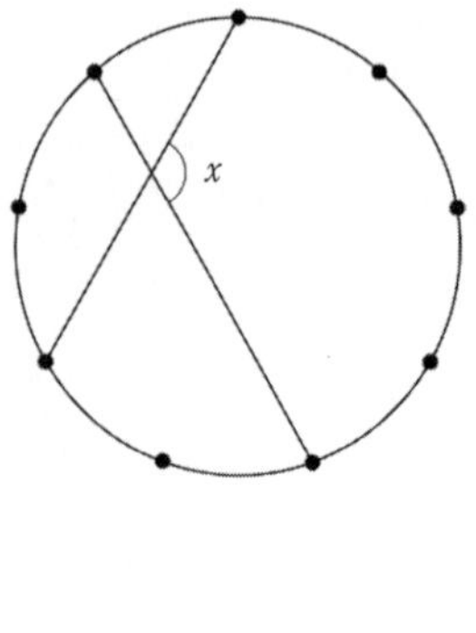

解答群 (ア) 115°

(イ) 120°

(ウ) 130°

(エ) 135°

(オ) 145°

(カ) 150°

(9) 右図のように，1辺の長さが1の正方形ABCDがある。辺CDの延長線上にCD＝DEとなる点Eをとり，辺BCの延長線上にBC：CF＝2：1となる点Fをとる。BEとAD，AFの交点をそれぞれG，Hとし，AFとCDの交点をIとする。このとき，四角形GHIDの面積を求めなさい。

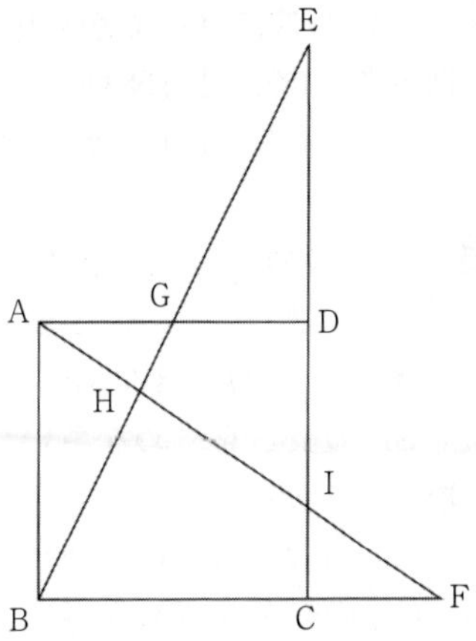

解答群　(ア) $\frac{13}{48}$　(イ) $\frac{11}{36}$

(ウ) $\frac{5}{16}$　(エ) $\frac{3}{8}$

(オ) $\frac{1}{4}$　(カ) $\frac{1}{3}$

2 右図のように，放物線 $y=2x^2$…①上に x 座標が $-\frac{1}{2}$ である点Aと x 座標が1である点Bをとる。2点A，Bを通る直線を②，点C(0，2)を通り②に平行な直線を③とし，①と③の交点のうち x 座標が負である点をDとする。また，点Eを四角形ADBEが平行四辺形となるようにとる。このとき，次の各問いに答えなさい。

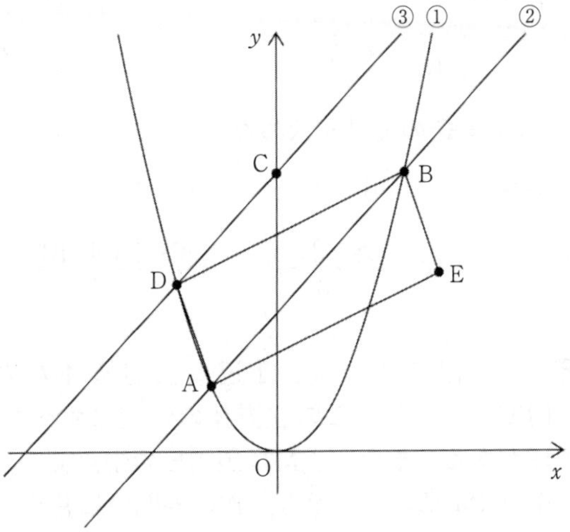

(10) ②の式を求めなさい。

解答群　(ア) $y=2x+\frac{3}{2}$　(イ) $y=2x+1$

(ウ) $y=x+\frac{3}{2}$　(エ) $y=x+1$

(オ) $y=\frac{1}{2}x+\frac{3}{2}$　(カ) $y=\frac{1}{2}x+1$

(11) △ABDの面積を求めなさい。

解答群　(ア) 2　(イ) $\frac{9}{4}$　(ウ) $\frac{3}{2}$　(エ) 1　(オ) $\frac{3}{4}$　(カ) $\frac{3}{11}$

(12) 点Cを通り平行四辺形ADBEの面積を2等分する直線の式を求めなさい。

解答群　(ア) $y=-\frac{3}{2}x+2$　(イ) $y=-3x+2$　(ウ) $y=-\frac{5}{3}x+2$

(エ) $y=-2x+2$　(オ) $y=-\frac{11}{7}x+2$　(カ) $y=-x+2$

3 兄と妹が同じ学校に通学している。ある日の朝，妹は家を出発し，バス停Aまで分速80mで10分間歩き，バス停Aで3分間待った。その後，時速24kmで走るバスでバス停Bに行き，そこからまた分速80mで3分間歩いて学校に着いた。兄は妹よりあとに出発し，妹と同じ道を自転車に乗り，分速200mで学校に向かった。妹がバス停Aに着いたと同時に兄は妹を追い越し，2人は同時に学校に着いた。このとき，次の各問いに答えなさい。

(13) 妹が家を出発してから学校に着くまでにかかった時間を求めなさい。

解答群　(ア) 20分48秒　(イ) 20分52秒　(ウ) 20分57秒

(エ) 21分　(オ) 21分4秒　(カ) 21分10秒

⒁ 妹がバスに乗ってから兄を追い越すまでにかかった時間を求めなさい。

解答群 (ア) 2分58秒 (イ) 3分 (ウ) 3分2秒
(エ) 3分4秒 (オ) 3分6秒 (カ) 3分8秒

4 右図のように，円Oの周上に4点A，B，C，Dがあり，AB＝7，AD＝5，AC⊥BDである。また，ACとBDの交点をEとすると，AE＝3である。このとき，次の各問いに答えなさい。

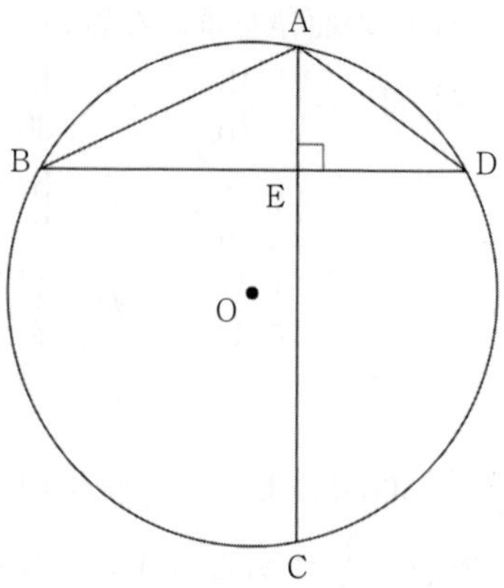

⒂ BEの長さを求めなさい。

解答群 (ア) 4 (イ) 5 (ウ) $3\sqrt{5}$
(エ) $4\sqrt{5}$ (オ) $\sqrt{10}$ (カ) $2\sqrt{10}$

⒃ CEの長さを求めなさい。

解答群 (ア) 5 (イ) 6 (ウ) $\dfrac{3\sqrt{5}}{4}$
(エ) $\dfrac{4\sqrt{5}}{3}$ (オ) $\dfrac{8\sqrt{10}}{3}$ (カ) $\dfrac{3\sqrt{10}}{2}$

⒄ △AOCの面積を求めなさい。

解答群 (ア) 6 (イ) 7 (ウ) $\dfrac{62-7\sqrt{10}}{6}$
(エ) $\dfrac{28-3\sqrt{5}}{3}$ (オ) $\dfrac{1+4\sqrt{10}}{3}$ (カ) $\dfrac{1+10\sqrt{5}}{2}$

5 右図のように，1辺の長さが4の立方体ABCD-EFGHがある。この立方体の内側にすべての面に接する球がある。また，点Mは辺AEの中点で，点Nは辺BFの中点である。このとき，次の各問いに答えなさい。ただし，円周率はπとする。

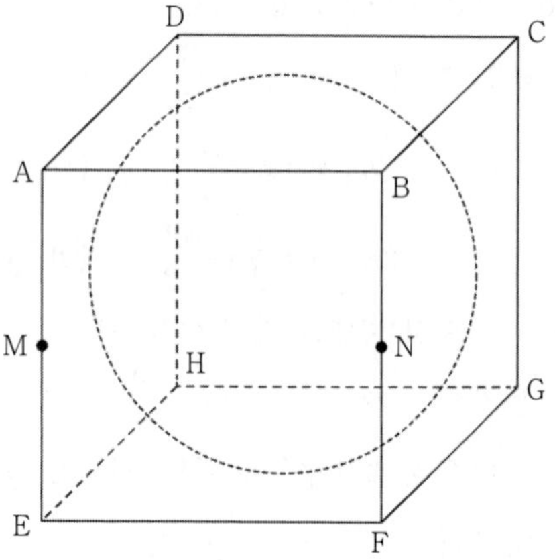

⒅ 四角形ABGHの平面で立方体を切った場合の球の断面積を求めなさい。

解答群 (ア) 16π (イ) 12π (ウ) 8π
(エ) 4π (オ) $2\sqrt{2}\pi$ (カ) $4\sqrt{2}\pi$

⒆ 四角形DMNCの平面で立方体を切った場合の球の断面積を求めなさい。

解答群 (ア) 10π (イ) 6π (ウ) $\dfrac{16}{5}\pi$
(エ) $\dfrac{12}{5}\pi$ (オ) $\dfrac{8\sqrt{5}}{5}\pi$ (カ) $\dfrac{4\sqrt{5}}{5}\pi$

⒇ ⒅における球の断面と⒆における球の断面の交わっている部分は線分である。その線分の長さを求めなさい。

解答群 (ア) 6 (イ) 8 (ウ) $\dfrac{4\sqrt{3}}{5}$
(エ) $\dfrac{8\sqrt{3}}{5}$ (オ) $\dfrac{2\sqrt{7}}{3}$ (カ) $\dfrac{4\sqrt{7}}{3}$

めにも、その人の身分や生活に合わせて夢解きをしなければならないということ。

イ　良い夢であっても他人にその内容を話してしまうと間違った解釈をされ、良い夢が無駄になってしまう可能性があるということ。

ウ　語った夢に少しでも嘘偽りがあると夢解きをした者に危険が及ぶことがあるので、嘘偽りがないか確かめなければならないということ。

エ　夢を他人に聞かれてしまうと夢を奪われてしまう可能性があり、せっかくの幸運を逃してしまうかもしれないということ。

問7　本文の内容と合致するものとして最もよいものを記号で答えなさい。　解答番号 34

ア　まき人に夢を取られた備中守の子は、名をあげることもなく終わった。

イ　まき人は天皇の勅命で唐に渡り、たくさんの書物を持って帰ってきた。

ウ　夢解きの女は夢合せの褒美として、まき人から金銭を受け取った。

エ　天皇はまき人の目覚ましい成果に感心し、後継ぎとしてまき人を迎えた。

問8　『宇治拾遺物語』に収録された昔話として**ふさわしくない**ものを選び記号で答えなさい。　解答番号 35

ア　こぶ取りじいさん　　イ　かぐや姫

ウ　舌切り雀《すずめ》　　エ　わらしべ長者

D 深くありければ、唐へ、「物よくよく習へ」とてつかはして、久しく唐にありて、さまざまの事ども習ひ伝へて帰りたりければ、御門《みかど》、かしこき物におぼしめして、次第に③なし上げ給ひて、大臣までになされにけり。

されば、夢とる事は実にEかしこき事なり。かの夢とられたりし備中守の子は、司もなき物にてやみにけり。夢をとられざらましかば、大臣にまでも④成りなまし。されば、夢を人に聞かすまじきなりといひ伝へたり。

（『宇治拾遺物語』）

（注）※1 備中国《びっちゅうのくに》 現在の岡山県。
2 郡司 その土地の出身者が任命される行政官。
3 夢解き 夢の解釈をすること。また、その人。
4 夢合せ 夢の吉凶を占うこと。
5 国司 都から派遣される行政官。
6 国人 その土地の出身者。
7 大やけ 「御門」に同じ。ここでは聖武天皇のこと。

問1 ――線①～④の主語の組み合わせとして最もよいものを記号で答えなさい。 解答番号 27

ア ① まき人 ② 備中守の子 ③ 備中守の子 ④ 夢解きの女
イ ① 夢解きの女 ② 大やけ ③ まき人 ④ 大やけ
ウ ① 大やけ ② まき人 ③ 夢解きの女 ④ 夢解きの女
エ ① まき人 ② まき人 ③ 大やけ ④ 備中守の子

問2 ――線Aとありますが、「まき人」がこのように発言した理由として最もよいものを記号で答えなさい。 解答番号 28

ア 郡司は国司とは違い、備中に長く居留まる行政官なので夢解きの女を長く優遇することができるから。
イ 郡司の子であるまき人が大事にされることで、国司の子よりも備中国を統治することができるから。
ウ 国司の子の夢の話には嘘偽りがあり、間違った夢解きは備中での女の評判を落としてしまいかねないから。
エ 国司は郡司よりも有力者だが期限付きの任用なので、善政を行っても備中の民に評価されることがないから。

問3 ――線B・Eの語の本文中での意味として最もよいものをそれぞれ記号で答えなさい。 解答番号 29・30

B さらば
ア そうだとしても イ そうしたら
ウ そうであるが エ そうなので

E かしこき(かしこし)
ア 賢い イ 身分が高い
ウ 恐ろしい エ ありがたい

問4 ――線Cの解釈として最もよいものを記号で答えなさい。 解答番号 31

ア 先ほど備中守の子が語りなさった夢を、少しも間違えず語ってください。
イ 先ほど備中守の子が語りなさった夢を、互いに比べてみてください。
ウ 先ほど郡司の子が語りなさった夢と、自分の夢を比べてみてください。
エ 先ほど郡司の子が語りなさった夢を、全く変えずに語ってください。

問5 D に当てはまる語として最もよいものを記号で答えなさい。 解答番号 32

ア 文 イ 心 ウ 夢 エ 才

問6 本文から得られる教訓として最もよいものを記号で答えなさい。 解答番号 33

ア 人によって見る夢には違いがあり、誤った夢解きを避けるた

こと。

エ　石のカエルは、ただの石の置き物だと思っていたが、可南子を大切に思う祖父の気持ちに気づき、可南子自身も穏やかな気持ちになり、石のカエルに込められた温かみを感じたということ。

問10　――線Gの理由として最もよいものを記号で答えなさい。　解答番号 25

ア　祖父の死を願ってしまったことに対する申し訳なさを感じていたため、石のカエルを持って家を出たときは重たく暗い気持ちでいたが、改めてそれを持ったときに、幼い頃の自分の姿が懐かしく思い出されたから。

イ　祖父の死を願ってしまったことに対して後ろめたさを感じていたが、石のカエルに込められた祖父の可南子に対する思いの深さを初めて知り、祖父に少しでも向き合うことができたような気がしたから。

ウ　祖父の死を願ってしまったことに対する後悔の気持ちを感じていたため祖父の形見の置き物を見ることも辛かったが、祖父との思い出を振り返ることで、手のひらに置いてくれたときの重さを思い出したから。

エ　祖父の死を願ってしまったことに対して罪の意識を感じていたが、祖父の可南子に対する思いやりを石のカエルの重さから感じ取ることができ、ようやく祖父に許してもらえたような気がしたから。

問11　本文における表現上の特徴についての説明として最もよいものを記号で答えなさい。　解答番号 26

ア　会話を多く取り入れることで物語に臨場感をもたらし、さらに可南子の視点に寄り添って描かれることによってその時々の思いや祖父に対する感情が詳細に表されている。

イ　「ワヤやが」「すんどる」といった方言を取り入れることでその土地の情趣を醸し出しているが、可南子の心情表現には方言を用いないことで客観的な心情が表現されている。

ウ　一貫して三人称の視点で語られており、可南子を思う大西の気持ちや祖父を思う可南子の気持ちが繊細に描かれ、それぞれの心情の変化が象徴的に述べられている。

エ　「最初に見たのは青、それから緑、次も青」という色彩表現と「見えるのは、重たげな稲穂ばかりだ」のように含みのある表現を対比させることで、可南子が抱く暗い感情を際立たせている。

三　次の文章を読んで、後の問いに答えなさい。

（ここまでのあらすじ）※1備中国の※2郡司の子の「まき人」がある日夢を見た。そして、※3夢解きの女のもとを訪れ、※4夢合せをさせた。その後、備中の※5国司（備中守《びっちゅうのかみ》）の子が夢合せをしたが、その様子を「まき人」は隠れて見ていた。夢解きの女によると備中守の子の夢は、とても良い夢で出世が確実なものであるという内容だった。備中守の子は大変喜び、夢解きの女に褒美を与えて帰った。

その折、まき人、部屋より出でて、女にいふやう、「夢はとるといふ事のあるなり。この君の御夢、我にとらせ給へ。国守は四年過ぎぬれば、帰り上りぬ。我は※6国人なれば、いつもながらへてあらんずるうへに、郡司の子にてあれば、A我をこそ大事に思はめ」といへば、女、「のたまはんままに侍《はべ》るべし。Bさらば、おはしつる《いらっしゃった》君のごとくにして入り給ひて、Cその語られつる夢を、つゆもたがはず語り給へ」といへば、まき人悦びて、かの君のありつるやうに入り来て、①夢語りをしたれば、女、同じやうにいふ。まき人、いとうれしく思ひて、衣をぬぎて取らせて去りぬ。

その後、文を習ひ読みたれば、ただ通りに通りて、才ある人に②なりぬ。※7大やけ聞こしめして、心みちらるるに、まことに見えて強い不安感を抱いていたが、どうにか大西の姿を確認することができたため、安心感を抱いているから。

イ　三ヶ月ぶりの外出のため、空の青さや稲穂の緑といった色鮮やかな田舎の景色が新鮮に見え、カブから落ちたことも忘れるほど見惚《ほ》れているから。

ウ　道がでこぼこしていたため慎重に運転していたにもかかわらず、不慮の事故に巻き込まれてしまったのでどうしたらよいか分からなくなっているから。

エ　二人乗りで大西の後ろに乗っていたはずなのに突然体が投げ出されたので、自分が置かれている状況を把握するのに時間がかかっているから。

問6　――線Cの心情の説明として最もよいものを記号で答えなさい。　解答番号21

ア　大破したカブを修復することは絶望的で、落胆して気力をそがれてしまっている。

イ　運転には細心の注意を払っていたが事故を起こしてしまい、ひどく情けなく思っている。

ウ　車輪が狂ったように回転しているカブを見て、仕方のないことだと思っている。

エ　可南子を元気づけるために外出することが難しくなってしまい、悲嘆に暮れている。

問7　――線Dとありますが、大西が「ある種の感動」と発言した理由として最もよいものを記号で答えなさい。　解答番号22

ア　何がおかしいのか分からず自然と笑いがこみ上げてくる二人であったが、カブに乗って空高く飛ぶことは非現実的なことのように感じたから。

イ　突然の出来事に放心状態の二人であったが、お互いに笑いが止まらなくなり、非常時でも笑顔を絶やさない姿勢はすばらしいことのように感じたから。

ウ　思いがけない出来事に大声で笑う二人であったが、ひどい有様のカブに対して自分たちは無傷であることが奇跡的な出来事のように感じたから。

エ　事故に遭ったことに動揺する二人であったが、可南子が持っていたお守りが二人の身代わりになってくれたように感じたから。

問8　――線Eの理由として最もよいものを記号で答えなさい。　解答番号23

ア　石のカエルを見て感心している理由を飲み込めていない様子の可南子に優越感を感じる一方で、可南子が本当に石のカエルの意味を知らないのかを確かめようとしたから。

イ　石のカエルがお守りであることも知らない可南子におかしさを感じる一方で、何も知らない可南子に対して石のカエルを持たせてくれた人の願いを伝えようとしたから。

ウ　石の置き物のようにキョトンとしている可南子にあどけなさを感じる一方で、祖父の思いを無下にしないために責任を持ってその価値を教えようとしたから。

エ　相手の無事を祈るための地元の風習すら知らない可南子に愚かさを感じる一方で、石のカエルの効果的な使い方を示そうとしたから。

問9　――線Fの説明として最もよいものを記号で答えなさい。　解答番号24

ア　石のカエルは、どこにでもある灰色の石の置き物だと思っていたが、石のカエルを通して祖父が見守ってくれていたことに気づき、暖かい色味を帯びてきたように感じたということ。

イ　石のカエルは、何の価値もない石の置き物だと思っていたが、実は祖父にもらったときからずっと側に置いてあったことに気づき、ふと石のカエルに祖父の温《ぬく》もりを感じたということ。

ウ　石のカエルは、普通の冷たい石の置き物だと思っていたが、祖父がくれた大切な宝物であることに気づき、その宝物をずっと握りしめていたせいで石が暖かくなったように感じたという

二　次の文章を読んで、後の問いに答えなさい。

（ここまでのあらすじ）可南子《かなこ》は祖父の死後、三ヶ月間学校へ行っていない。同居していた祖父の容態が急変したとき、怖くなった可南子は何もできず、大好きだった祖父の死すら願ってしまったことが、可南子の心に重くのしかかっていたからだ。そのような日々を送る中で久しぶりに外出すると、仲の良い同級生の男子である大西と偶然に出会い、大西の※1カブに二人乗りをして一緒に出かけることになった。

〈編集部注…課題文は著作権上の問題により掲載しておりません。作品の該当箇所につきましては次の書籍を参考にしてください〉

・川本晶子著『旅を数えて』「ニケツ」〈光文社　二〇〇七年八月二五日初版一刷発行〉四四頁後ろから八行目～四九頁八行目

（注）※1　カブ　ここでは、「スーパーカブ」というオートバイのこと。
2　バイパス　交通の混雑を少なくするために作った補助道路。
3　テトラポッド　海岸や河川などに置いて波の力を弱める、コンクリートブロック。
4　ワヤ　無茶苦茶。
5　すんどる　終わっている。
6　ウチく　私の家。ここでは、大西の実家である寺のこと。
7　檀家《だんか》　特定の寺を経済的に支援することで、葬儀や法事を行ってもらう家。
8　町場の石屋　祖父が営んでいた石材店。

問1　＝＝線①～③と同じ漢字を書くものをそれぞれ記号で答えなさい。　解答番号 14 ～ 16

①　セマい
ア　キョウコクの景色に魅了される。
イ　日本の伝統芸能のキョウゲンを楽しむ。
ウ　新しいキョウチを開拓する。
エ　言葉の意味をキョウギに解釈する。

②　ショウゲキ
ア　ゲキダンの役者として活躍する。
イ　カンゲキを縫って進む。
ウ　敵の大軍をゲキタイする。
エ　先方のやり方にフンゲキする。

③　オサめ
ア　説明を聞いてナットクした。
イ　シュギョウに励む。
ウ　ホウチ国家のあり方を考える。
エ　資本をカイシュウする。

問2　〰〰線aの語句の本文中での意味として最もよいものを記号で答えなさい。　解答番号 17
ア　思いも寄らない方向。　イ　進んでいく方向。
ウ　無意味な方向。　エ　斜め後ろの方向。

問3　Ⅰ ～ Ⅲ に当てはまる語の組み合わせとして最もよいものを記号で答えなさい。　解答番号 18
ア　Ⅰ　がたがた　Ⅱ　ぽとっ　Ⅲ　こっそり
イ　Ⅰ　がつんがつん　Ⅱ　ほとり　Ⅲ　しげしげ
ウ　Ⅰ　ごんごん　Ⅱ　ことん　Ⅲ　ゆっくり
エ　Ⅰ　どしんどしん　Ⅱ　ごとり　Ⅲ　まじまじ

問4　A に当てはまる文を次のア～エから三つ選び、正しく並べ替えたときに、三文目に当たる文の記号を答えなさい。　解答番号 19
ア　声のする方を見る。　イ　大西は落ち着いていた。
ウ　しかし大西の姿は見えない。　エ　大西の声がした。

問5　――線Bとありますが、可南子がこのような声を出してしまった理由として最もよいものを記号で答えなさい。　解答番号 20
ア　二人の状況を示しているかのように、重たげな稲穂ばかりがになった。

問10 【文章1】でチスイコウモリが互恵的利他主義に基づいた行動をとる理由の説明として最もよいものを記号で答えなさい。　解答番号 11

ア　協力関係を築くために、人間社会ではホッブズが言う中央集権的な仕組みを取り入れているが、チスイコウモリの社会では、集団行動をして特定の他者を助けることを通じて、将来的に起こり得る生命の危機を回避しているから。

イ　人間社会では秩序を保つために、ホッブズが言う中央集権的な仕組みを用いているが、強固な信頼関係で結ばれているチスイコウモリの社会では、個体間で欠点を補い合うことで、種を存続させていく仕組みを築いているから。

ウ　ホッブズが指摘しているように、血縁関係を結んでいる者としか協力関係を築くことができない人間と似ており、夜行性であるチスイコウモリは狩りの成功率をあげるために、血縁関係を超えた協力体制を整えていかなければならないから。

エ　ホッブズが指摘しているように、常に間合いを気にする人間と似ており、特定の相手から見返りを求めるチスイコウモリは個体間の関係性は対等で、個体それぞれが持ちつ持たれつの協力関係を築くことで生命の危機を乗り越えようとしているから。

問11 ――線Bとありますが、本文の趣旨を踏まえた説明として最もよいものを記号で答えなさい。　解答番号 12

ア　自分が困っているときに相手に助けてもらえるように、多少コストがかかってもその相手にあらかじめ親切にしておいた方がよいという考え方である。

イ　助け合いを怠ってしまうと非常に険悪な社会になってしまうため、人間社会において平和で友好的な関係を築くための基礎になるという考え方である。

ウ　助ける人と助けられる人の間で生じる直接的な関係性にかかわる問題で、その場にいない人は無関係だとする考え方である。

エ　見返りが期待できないような相手にも親切にし、評判を広めることで知らない相手から親切にされる余地を残そうとする考え方である。

問12 次の文は【文章1】・【文章2】を読んだ生徒の感想です。本文の内容と合致した感想として最もよいものを記号で答えなさい。　解答番号 13

生徒a　チスイコウモリが仲間に血を分け与えるという行動は、ヒトのゴシップと同じ役割を果たしていて、チスイコウモリの群れでの個体の評判を知る上で、重要なものになっているということがわかった。

生徒b　これまでにその相手とどのような関係を築いてきたかを意識しながら、助けるか助けないかを決定するチスイコウモリとは異なり、知らない人でも困っていたら、常に損得を考えずにその人を助けようとするヒトの行動こそが、本当の利他性を備えている行動であるということがわかった。

生徒c　評判を気にして人助けをするヒトの行動よりも、自らが餓死するかもしれないというリスクを一度背負って仲間を助けようとするチスイコウモリの行動のほうが、信義に厚い行動をしていると言える。

生徒d　評判が高い人の方が付き合う相手として選ばれやすい傾向にあり、他人からの評判を高めたいというヒトの精神が、間接的な助け合いの行動を支えているのだと思った。

生徒e　直接の知り合いでなくても、ゴシップの内容が面白おかしい、いい加減なものであればあるほど、情報を共有した者の仲間意識は強まり、連帯感を生み出すことに効果的な働きをしていると言える。

ア　生徒bの感想　　イ　生徒b・cの感想
ウ　生徒a・eの感想　　エ　生徒dの感想

問1 ‖線①・②と同じ漢字を書くものをそれぞれ記号で答えなさい。 解答番号 1・2

① ゲンミツ

ア 二酸化炭素のサクゲンを目指す。
イ ソウゴンな入学式を執り行う。
ウ シュゲンドウの行者を山伏と言う。
エ 熊野ゴンゲンへ詣でる。

② ムクいる

ア 総理大臣が諸国をレキホウする。
イ 建設中の橋がホウラクする。
ウ 神社に旬の野菜をホウノウする。
エ 因果オウホウについて学ぶ。

問2 〰線aの語の本文中での意味として最もよいものを記号で答えなさい。 解答番号 3

ア 愛情を込めて接している様子。
イ 一つのことに力を注いでいる様子。
ウ 執念深く追い求めている様子。
エ 手元に置いて大切にしている様子。

問3 〰線bの類語として最もよいものを記号で答えなさい。 解答番号 4

ア アイデンティティー　イ モラル
ウ エゴイスティック　エ ストイック

問4 〰線cと文法的に同じ用法のものを記号で答えなさい。 解答番号 5

ア 彼さえいれば試合に勝てるのに。
イ 生きてさえいればまた会えるだろう。
ウ 彼の態度には余裕さえ感じられた。
エ このことさえ分かればもう満足だ。

問5 Ⅰ に当てはまる四字熟語として最もよいものを記号で答えなさい。 解答番号 6

ア 馬耳東風　イ 一石二鳥
ウ 朝三暮四　エ 弱肉強食

問6 Ⅱ に当てはまる語句として最もよいものを記号で答えなさい。 解答番号 7

ア 社会性がよく発達しており
イ 気の合う仲間が集まっており
ウ 中央集権的な仕組みが見られ
エ 情に流されやすい性格を持ち

問7 Ⅲ に当てはまる語句として最もよいものを記号で答えなさい。 解答番号 8

ア 手のひらで転がすように
イ 手のひらを返したように
ウ 手玉にとるように
エ 手に手をとるように

問8 〔編集部注…問題に不備があったため、削除しました。なお、受験者全員に得点を与える措置がとられました。〕 解答番号 9

問9 ――線Aの事例として最もよいものを記号で答えなさい。 解答番号 10

ア 会社の資金で、希望している新入社員を中国の大学に語学留学させた。後にその社員を中国に派遣して新たな支社をつくったところ、会社の売上が上がった。

イ 途中の駅からお年寄りが乗車してきたが、疲れていたので席を譲らなかった。しばらくして、疲れがとれたのでその人に席を譲った。

ウ 新しいクラスの友人たちと遠足に行き、親睦を深めた。その結果、体育祭では応援合戦で強い団結力を発揮して優勝することができた。

エ 明治時代に川越の商人たちは、防火対策のために蔵造りの街並を形成した。後年、防災に加えて観光地として繁栄することした協力関係のことを、互恵的利他主義と名づけています。「利他」という言葉は、ふつう、相手を無条件で利する行為を意味します。しかし、ここでは「互恵的」という修飾語が付いている点がポイントで、将来の見返りがあることを前提に相手を助ける行為を指しています。双方向的な関係が安定して見込まれる場合に生まれる利他性がA互恵的利他主義なのです。

（注）※　ホッブズ　イギリスの哲学者。

【文章2】

私たちは、道端に倒れている病人や、ひどく困っている誰かを目にした場合、しばしばかなりのコストがかかる援助を行います。こうした援助行動では、相手は血縁者でも知人でもなくその場限りの関係なので、親切にしてもしなくても、将来その相手から直接的な見返りを受ける可能性はほぼありません。自分が困っているときに同じ相手から助けてもらう可能性が成立する余地はほとんどないのです。したがって、他人に親切にすることにはそれなりのコストがかかるが、みんなが親切を止めてしまうと社会は非常にぎすぎすしたものになってしまうという、おなじみの社会的ジレンマ状況が存在します。

それでも、私たちは実際、しばしば誰かを助けます。このように、いつ誰からともなく、回り回って援助が返ってくる（かもしれない）かたちでの「二者に閉じない助け合い」は、進化生物学で、B間接互恵性と呼ばれます。間接互恵性は、チンパンジーやボノボなどのほかの霊長類を含め、ヒト以外の動物ではほとんど観察されていません。

では、ヒトに特徴的と考えられる「間接的な助け合い行動」は、社会の中でどのような仕組みに支えられているのでしょうか。これらは罰や制裁があるから生まれるのでしょうか。親切にしないと罰せられる（かもしれない）から親切にする？　なんだか変な気がします。現在までのところ、その仕組みには、評判の働きがあると考えられています。

「聞いて聞いて、あのAさんが実はね……」など、私たちは人のうわさ話や評判を話題にすることが大好きな動物のようです。霊長類学者のダンバーは、大学のカフェテリアや病院の待合室など人が集まる場所での自然な会話を分析し、会話のほとんどが「今ここにいない誰か」についてのゴシップであることを示しました。直接の知り合いでもない芸能人や重要人物の私生活に対して、「ふつうの人々」が熱心な興味を示すことは、ワイドショーや週刊誌の記事を見ても明らかです。

ゴシップの一つ一つの情報は面白おかしい、いい加減なものであっても、それが積み重なると、ある人の「人間性」を露《あら》わにするケースがしばしば生まれ、それがその人の「評判」となります。「評判の良い人」とされるか「評判の悪い人」とされるのかは、その人の利他性によるところが大きいでしょう。なかでも、相手からの直接の見返りが期待できないような場面において、相手に親切にするか、あるいは［　Ⅲ　］冷淡になるかは、その人のもっている「本当の利他性」の程度をよく表す指標と言えるでしょう。とくに当の本人が計算せずに表出した行動、たとえば、誰も見ていないと思ってやった行動は、情報価が高いと言えます。

私たちは、ゴシップを通じていろいろな他者の本当の利他性についての情報を得ることで、直接知らない相手であっても、評判の良い人とは付き合いたいと思う一方で、評判の悪い人はなるべく避けようとします。ゴシップなどの評判メカニズムは、どの相手とどう付き合うべきかをめぐる「対人マーケット」において、重要な選別の機能を果たしているのです。付き合う相手として他の人から選ばれることが、集団での生活を進化的に選択したヒトにとって根本的な適応の要件となるのは、言うまでもありません。このような評判のメカニズムは、ツイッターやラインなどの情報サービスが普及した今日の社会で、とくに大きな影響を発揮します。

（『モラルの起源』亀田達也）

二〇二三年度

星野高等学校（併願第二回）

【国　語】（五〇分）〈満点：一〇〇点〉

（注意）一、解答はすべて一つ選び、解答用紙の所定の欄にマークする。
二、出題に際し、一部本文を改めたところがある。

一　次の【文章１】・【文章２】を読んで、後の問いに答えなさい。

【文章１】

※ホッブズは、人間の自然状態を動物的なものとして捉えました。それは「 Ⅰ 」、「血と爪」といった血生臭い凄惨《せいさん》なイメージでした。実際、ホッブズに限らず、私たちは動物たちの世界を、平和な暮らしや協力関係とは程遠いものとして考えてきたのではないでしょうか。しかしそのような「動物的な自然状態」のイメージは、実際の動物たちにどれだけ当てはまるのでしょうか。

南米大陸に、家畜の血を吸って生きるチスイコウモリという小動物が生息しています。チスイコウモリは、昼間は洞窟《どうくつ》などで眠り夜になると活動する夜行性の生き物ですが、 Ⅱ 、一〇〇個体くらいの群れ（血縁関係のない複数のメスたちを中心とする群れ）を作って生活します。興味深いことに、チスイコウモリの主にメスたちの間で、不運にも獲物にありつけなかった仲間のために、血を吐き戻して分け与える分配行動が一九八〇年代に発見されています。チスイコウモリは代謝が早く、二日続けて血が吸えないと餓《が》死《し》してしまうことが知られています。吸った血を不運な仲間のために分け与える行動パターンは、人間社会における社会保険や互助組合のような役割を果たすことになります。

動物行動学者のカーターらは、このような分配行動の仕組みを①ゲンミツに検討するために、二年間にわたるa丹念な実験的検討を行いました。彼らは、まずすべてのコウモリ個体のＤＮＡを調べることで個体間での血縁関係について確認しました。そのうえで、チスイコウモリをランダムに一個体ずつ絶食させ、巣に戻したあとに他の個体たちからどの程度の血を分けてもらえるかを調べています。

以前ほかの個体に血を分け与えたことのある個体は、血を与えたことのないb利己的な個体に比べて、獲物にありつけなかったときに多くの血を分けてもらえます。さらに、コウモリたちの一部は、以前自分に血を分けてくれなかった相手に対して血の分配を積極的に拒む行動cさえ見せたのです。「恩には恩を返す」、「仇《あだ》には仇で②ムクいる」といった、いかにも人間的な「信義に厚い」行動が、チスイコウモリの社会で観察されたわけです。

チスイコウモリの社会に、ホッブズが考えたような強い中央集権の仕組み（絶対王政のような統治機構）はもちろん存在していません。このような行動パターンは、強いリーダーや王権によって上からコントロールされたものではなく、対等な個体同士が相互作用するなかから自然に生まれた「平和状態」です。

チスイコウモリにとって、仲間に血を分け与えることは、直近には自分の適応度を下げる行為です。しかし長期的に見ると、「信義に厚い」行動は自分が飢えたときの保険のように働きます。特定の相手と持ちつ持たれつの安定した協力関係を築くことで、チスイコウモリは獲物の血を吸えるかどうかに伴う高いリスクをうまく低減していると言えるでしょう。

もう一つの例として、大型魚と掃除魚の関係を挙げましょう。ホンソメワケベラと呼ばれる魚は、ハタなどの大型魚の口の中に入り、寄生虫を食べます。大型魚にすれば寄生虫の掃除をしてくれるベラの存在はありがたいものの、一方で口に入ったベラをご馳走《ちそう》として直ちに食べてしまうという選択も可能です。しかし、そのような捕食行動はめったに見られません。相手が協力的に振る舞う（ハタの寄生虫を食べる、ベラをご馳走にしない）ことを前提に、互いにとって長期的な利益をもたらす互恵関係が築かれているようです。

進化生物学者のトリヴァースは、このような特定の相手との安定

2023年度／星野高等学校（併願第２回）

英語解答

1 (1) ウ　(2) イ　(3) イ　(4) エ
(5) イ　(6) ウ

2 (7) エ　(8) ウ　(9) ウ　(10) ア
(11) イ　(12) エ

3 (13) ウ　(14) エ　(15) ア　(16) エ
(17) ア

4 (18) ウ　(19) イ　(20) ウ

5 (21) イ　(22) ア　(23) イ

6 (24) エ　(25) ア

7 (26) エ　(27) ウ

8 (28) エ　(29) ア　(30) ア

数学解答

1 (1) (エ)　(2) (ア)　(3) (ウ)　(4) (イ)
(5) (エ)　(6) (オ)　(7) (カ)　(8) (イ)
(9) (ア)

2 (10) (エ)　(11) (オ)　(12) (イ)

3 (13) (ア)　(14) (イ)

4 (15) (カ)　(16) (オ)　(17) (ウ)

5 (18) (エ)　(19) (ウ)　(20) (カ)

国語解答

一 問１　①…イ　②…エ　問２　イ
問３　ウ　問４　ウ　問５　エ
問６　ア　問７　イ
問８　問題削除　問９　ア
問10　ア　問11　エ　問12　エ

二 問１　①…エ　②…ウ　③…ア
問２　ア　問３　イ　問４　ウ
問５　エ　問６　ア　問７　ウ
問８　イ　問９　エ　問10　イ
問11　ア

三 問１　エ　問２　ア
問３　B…イ　E…ウ　問４　ア
問５　エ　問６　エ　問７　ア
問８　イ

2022年度 星野高等学校(単願)

〔注〕 この問題は，1月22日に実施された単願受験者用のものです。

【英　語】 (50分) 〈満点：100点〉

(注意) 解答はすべて一つ選び，解答用紙の所定の欄にマークすること。

1 次の英文を読んで，下の問いに答えなさい。

Do you use *sticky notes? They are used by many people in schools, offices and homes every day. They appeared in the world through the inspiration and hard work of two scientists. You may be surprised to hear that ①(　　　　　) twelve years to develop this simple product.

Dr. Spencer Silver was a scientist at an American company. In 1968, while he was trying to make a strong *glue, he invented something ②unique by accident. It *stuck well to things, but it was weak enough to be taken off easily. It was not the glue which Dr. Silver was hoping to make, but he didn't believe that it was a *failure. He asked people around him *if his glue can be used in any way, but ③(　　　　　).

In 1974, Dr. Art Fry, another scientist at the same company, had ④a problem. When he sang in church, his *bookmarks always fell out of his songbook. Then he remembered Dr. Silver's invention. He put the glue on the back of some small pieces of paper. They were the first sticky bookmarks. Although they were very useful, he did not think they would sell well, because they could be used again and again.

One day, Dr. Fry wrote some questions on a small piece of paper. [　⑤　] In this way, Dr. Fry found another use for Dr. Silver's invention ― it could help people communicate with each other.

The two scientists started to work together to sell the sticky notes as a new product. In 1978, they gave free samples to many people in a city in *Idaho. Almost everyone who tried the product said that they liked it. By 1980 it was sold everywhere in the United States. Now the sticky notes are used all over the world.

(注) sticky notes：ふせん　glue：接着剤　stuck：くっついた　failure：失敗
if ～：～かどうか　bookmarks：しおり　Idaho：アイダホ州

(1) 下線①の(　)に入れるのに最も適するものを選びなさい。

ア．they wanted　イ．it gave　ウ．they needed　エ．it spent

(2) 下線②の意味として最も適するものを選びなさい。

ア．珍しい　イ．楽しい　ウ．便利な　エ．人気の

(3) 下線③の(　)に入れるのに最も適するものを選びなさい。

ア．they thought it was useful　イ．everybody wanted to use it

ウ．no one was interested in it　エ．it was too weak to stick to things

(4) 下線④の説明として最も適するものを選びなさい。

ア．Dr. Fry が歌の本にふせんをはると，いつも取れてしまった。

イ．Dr. Fry が歌の本の裏表紙に紙をのり付けすると，はがれてしまった。

ウ．Dr. Fry は教会で歌うとき，歌の本を落としてしまうことがよくあった。

エ．Dr. Fry は教会で歌うとき，歌の本のしおりをいつも落としてしまっていた。

(5) 下のａ～ｃの英文を ⑤ の中に意味の通るように並べるとき，その組み合わせとして最も適するものを選びなさい。

a He put some glue on the back of this note and stuck it on a report.

b The scientist wrote his answers on the note and sent it back.

c He sent the report to another scientist.

ア．a → b → c　　イ．a → c → b

ウ．b → a → c　　エ．b → c → a

(6) 本文の内容と一致するものの数を選びなさい。

a Dr. Silver succeeded in inventing a strong glue which he was planning to make.

b In 1974, Dr. Silver taught Dr. Fry how to put the glue on the back of some pieces of paper to make sticky bookmarks.

c The first sticky bookmarks which Dr. Fry made could be reused several times so he thought many people would buy them.

d Dr. Silver and Dr. Fry worked together to make their sticky notes a new product.

e Many people in Idaho tried the samples of sticky notes and everybody bought the new product.

ア．1つ　　イ．2つ　　ウ．3つ　　エ．4つ

2 次の英文を読んで，下の問いに答えなさい。

昔むかし，大晦日《おおみそか》の前日に神様は世界中の動物たちに手紙を送りました。

> *Dear Animal Friends,*
>
> *The first twelve animals who arrive at my house on the morning of the first day of the year will be *honored as follows : Each of the twelve will get to be Animal of the Year, *once every twelve years.*
>
> *From Kami-sama*

On the morning of New Year's Eve, all the animals received a letter. But one of them, the Cat, was too lazy to read the letter. He asked his friend, the Rat, to read it to him. But the Rat was a *mischievous little friend. He told the Cat that there was a race on the ⑦(　　　) day of the year.

All the other animals were very excited that night. Each wanted to be the first one to arrive at Kami-sama's house next morning, so all the animals went to bed early but ⑧one animal, the Ox, didn't.

"I walk too slowly," thought the Ox. "I'd better start tonight." And that was the thing which he did.

The Rat was going to bed, but when he saw the Ox, he jumped on his back. The Ox walked on. He didn't even know the Rat was on his back. The next morning, before sunrise, all the other animals got up and dashed for Kami-sama's house. ⑨All (あ．they　い．as　う．ran as　え．fast　お．could　か．animals), but only the Cat was sleeping.

Gradually the sky was growing lighter, and now the first sunrise of the year was beginning. ⑩The first animal that arrived at Kami-sama's house was . . . the Ox ? No, the Rat ! It jumped off the Ox's back just before he reached the house, and ran to Kami-sama.

"Kami-sama ! Happy New Year !"

"And a Happy New Year to you, too." said Kami-sama.

The next animal that arrived was the Tiger. Then the Rabbit, and then the Dragon. One after another they arrived, and when the first twelve were all there, Kami-sama announced their names. The animals which couldn't finish in the top twelve were disappointed and went home.

The animals which won the race made a circle around Kami-sama and held a New Year party until the next day.

Just then, ⑪the Cat arrived in a very bad temper.

（注） honored：栄誉を授けられる　once every twelve years：12年に１度
mischievous：いたずら好きな

(7) 下線⑦の（　）に入れるのに最も適するものを選びなさい。

ア．last　イ．first　ウ．second　エ．third

(8) 下線⑧が指すものとして最も適するものを選びなさい。

ア．the Rabbit　イ．the Rat　ウ．the Ox　エ．the Tiger

(9) 下線⑨が「すべての動物はできるだけ速く走った」という意味になるように（　）内の あ～か の語または語句を並べ替えた時，（　）内で２番目と４番目に来る記号の組み合わせとして最も適するものを選びなさい。

ア．{２番目：え ／ ４番目：か}　イ．{２番目：あ ／ ４番目：え}　ウ．{２番目：お ／ ４番目：う}　エ．{２番目：う ／ ４番目：い}

(10) 下線⑩の理由として最も適するものを選びなさい。

ア．ウシよりも早く家を出発したから。
イ．到着の直前にウシから降りて走ったから。
ウ．ネコに１番に着く方法を聞いていたから。
エ．他のどの動物よりも速く走ることができたから。

(11) 下線⑪の理由として最も適するものを選びなさい。

ア．寝坊して，12番以内に入ることができなかったから。
イ．ネズミにだまされ，レースに参加できなかったから。
ウ．神様にパーティーに誘われなかったから。
エ．思ったよりも速く走ることができなかったから。

(12) 本文の内容と一致するものを選びなさい。

ア．The Cat didn't attend the race because he wanted to sleep longer than usual.
イ．The Ox won the first prize because he left home early.
ウ．The Dragon arrived earlier than the Tiger and the Rabbit.
エ．The animals which won the race enjoyed the New Year party until January 2nd.

3 次の会話文を読んで，下の問いに答えなさい。

Sally　：I don't like this food!
Mrs. Smith：Sally, eat your food! Sometimes I think no one likes my cooking.
Paul　：[　⑬　], Mom. I like it.
Mr. Smith：You are a great cook. This is delicious.
Mrs. Smith：But I am so tired of cooking. Every day, I have to cook three times. I don't have ⑭(　　) new ideas, so I make the same food all the time.
Paul　：That's true. We have had fish for dinner a lot these days.

Mr. Smith : You know, I'm really tired of *mowing the lawn every week, too. ⑮-ア I have an idea. We can all trade *chores!

Paul : Does that mean I won't have to take out the trash every Tuesday and Saturday morning?

Sally : And I won't have to wash the dishes every day?

Mr. Smith : Well, let's see. ⑮-イ Who wants to trade chores?

Mrs. Smith : I'll wash the dishes for Sally if someone else cooks dinner for me.

Mr. Smith : Sure. I'll cook dinner for you . . . . But who will mow the lawn, then?

Paul : I'll do it.

Mr. Smith : Great! OK, then . . . Sally, can you take out the trash every Tuesday and Saturday morning?

Sally : OK. Anything is better than washing the dishes every day.

Mr. Smith : Let's try this for a week. Maybe we will like it. ⑮-ウ

Next week at dinner . . .

Sally : Hey, Dad, this food is good tonight!

Mr. Smith : Well, at first I did not cook very well, but I am getting better at it now. ⑮-エ When she was making our dinner every day, she was working very, very hard.

Paul : What about you, Dad? Yesterday, I mowed the lawn. It was really hard work. I didn't know you were doing such hard work every week.

Sally : And I didn't know that the trash was so heavy! I can *barely carry it. . . . ⑯(　　　), you were carrying it twice a week. You are strong!

Mrs. Smith : So now we all understand each other better. Everyone is working hard for the family, in his or her own way. And I really like washing the dishes!

（注） mowing the lawn：芝生を刈ること　chores：家事雑用　barely：何とか～する

(13) ⑬ に入れるのに最も適するものを選びなさい。

ア．That's not true　イ．I think so, too

ウ．You are right　エ．Good idea

(14) 下線⑭の(　)に入れるのに最も適するものを選びなさい。

ア．no　イ．any　ウ．some　エ．little

(15) 次の一文を入れるのに，最も適切な箇所を，⑮-ア ～ ⑮-エ の中から選びなさい。

Now I understand your mother.

(16) 下線⑯の(　)に入れるのに最も適する登場人物を選びなさい。

ア．Sally　イ．Mom　ウ．Paul　エ．Dad

(17) 本文に合うように家事分担の変更後の役割として最も適する組み合わせを選びなさい。

ア．

	変更後
Sally	料理
Paul	ゴミ捨て
Mrs. Smith	芝刈り
Mr. Smith	皿洗い

イ．

	変更後
Sally	ゴミ捨て
Paul	料理
Mrs. Smith	芝刈り
Mr. Smith	皿洗い

ウ.

	変更後
Sally	芝刈り
Paul	ゴミ捨て
Mrs. Smith	皿洗い
Mr. Smith	料理

エ.

	変更後
Sally	ゴミ捨て
Paul	芝刈り
Mrs. Smith	皿洗い
Mr. Smith	料理

4 次の日記の内容について，下の問いに答えなさい。

At 4:00 p.m., I came out of school. At the same time, a baseball game was over, and a lot of people started to walk to the station. I walked along with them, and turned right at the first corner. I stopped at a post office to send a letter to my cousin living in the UK. Then, I went to a flower shop and bought some flowers for my mother. When I was near the station, I remembered that I had to return some books to the library. On the way to the library, I saw a cat café on my left.

(18) 日記の内容から，この日記を書いた人物がたどった道順を地図中のA～Fを使って示すとき，最も適するものを選びなさい。この人物は★印から出発するものとします。

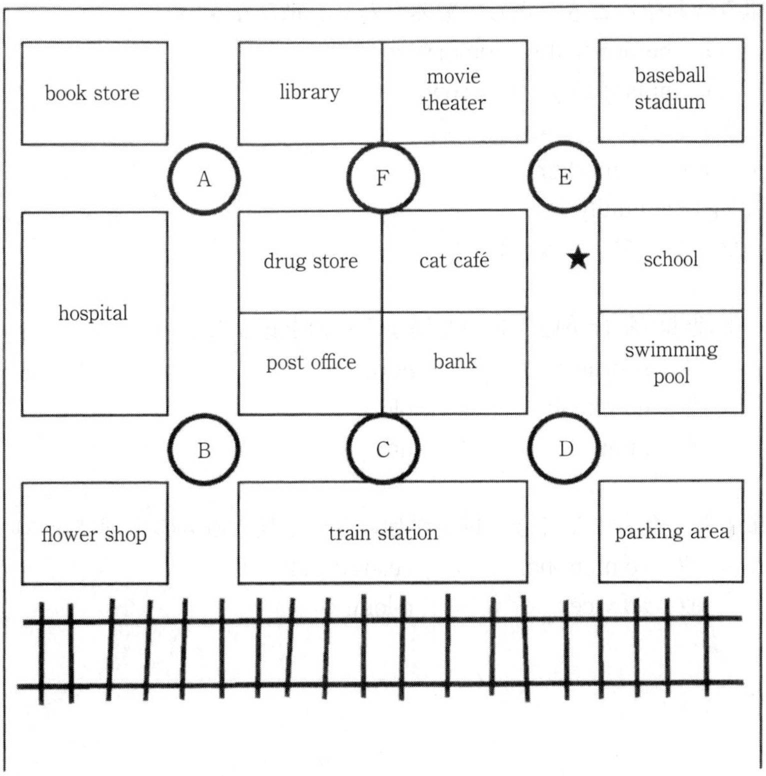

ア．D→C→B→A→F→A→F
イ．D→C→B→C→D→E→F
ウ．E→D→C→B→A→F→E
エ．E→D→C→B→C→D→E

(19) この人物が帰宅したときに持っているものとして最も適するものを選びなさい。
ア．図書館の本　　　　イ．いとこへの手紙
ウ．お母さんへの花束　　エ．野球のユニフォーム

(20) 日記の内容と一致するものを選びなさい。
ア．「わたし」は本屋の前は通らなかった。
イ．「わたし」のいとこがイギリスから手紙を送ってくれた。
ウ．「わたし」のお母さんは今日が誕生日だった。
エ．「わたし」は野球の試合を見に行っていた。

5　(21)～(23)の（　）に入れるのに最も適するものを選びなさい。

(21) I (　　) in Urawa ten years ago.
ア．live　イ．lived　ウ．have lived　エ．am living

(22) These days a lot of people enjoy (　　) all the year around.
ア．swim　イ．swam　ウ．to swim　エ．swimming

(23) His story was so long and I (　　).
ア．bore　イ．bored　ウ．was boring　エ．was bored

6　(24)(25)の各組について，それぞれ正しく意味の通る英文が完成するように，①・②の組と③・④の組のどちらか一方を選んで組み合わせたとき，正しい組み合わせを選びなさい。

(24) ① This homework has　　③ be finished by tomorrow.
② This homework must　　④ finished by tomorrow.
ア．①—③　イ．①—④　ウ．②—③　エ．②—④

(25) ① John is the tallest　　③ than his mother.
② He is taller　　④ as his family.
ア．①—③　イ．①—④　ウ．②—③　エ．②—④

7　次の(26)～(28)の語について，下線部の発音が他の３つと異なるものを選びなさい。

(26) ア．north　イ．weather　ウ．southern　エ．there
(27) ア．open　イ．holiday　ウ．notebook　エ．cold
(28) ア．during　イ．lunch　ウ．jump　エ．sun

8　次の(29)(30)の語について，最も強く発音する部分の位置が他の３つと異なるものを選びなさい。

(29) ア．I-tal-ian　イ．e-lev-en　ウ．re-mem-ber　エ．res-tau-rant
(30) ア．vil-lage　イ．ho-tel　ウ．ad-vice　エ．a-long

【数　学】（50分）〈満点：100点〉

（注意）解答はすべて一つ選び，解答用紙の所定の欄にマークすること。

1 次の各問いに答えなさい。

(1) $24\div(-6)-3^2\times(-2)^3$ を計算しなさい。

解答群 (ア) -104 (イ) -76 (ウ) -40 (エ) 40 (オ) 68 (カ) 104

(2) 連立方程式 $\begin{cases} x+y=-6 \\ 5x+2y=3 \end{cases}$ を解き，y の値を答えなさい。

解答群 (ア) $y=-11$ (イ) $y=-19$ (ウ) $y=-1$
(エ) $y=11$ (オ) $y=19$ (カ) $y=1$

(3) $4\sqrt{2}-\sqrt{12}-\dfrac{12}{\sqrt{2}}+\sqrt{48}$ を計算しなさい。

解答群 (ア) $\sqrt{3}-\sqrt{2}$ (イ) $2\sqrt{3}-\sqrt{2}$ (ウ) $2\sqrt{3}-2\sqrt{2}$
(エ) $\sqrt{3}+\sqrt{2}$ (オ) $2\sqrt{3}+\sqrt{2}$ (カ) $2\sqrt{3}+2\sqrt{2}$

(4) 2次方程式 $2x^2+5x+1=0$ を解きなさい。

解答群 (ア) $x=\dfrac{5\pm\sqrt{17}}{4}$ (イ) $x=\dfrac{5\pm\sqrt{33}}{4}$ (ウ) $x=\dfrac{5\pm\sqrt{17}}{2}$
(エ) $x=\dfrac{-5\pm\sqrt{17}}{4}$ (オ) $x=\dfrac{-5\pm\sqrt{33}}{4}$ (カ) $x=\dfrac{-5\pm\sqrt{17}}{2}$

(5) $(2x+5)(x-1)-(x+1)^2$ を因数分解しなさい。

解答群 (ア) $(x+1)(x-6)$ (イ) $(x+1)(x-4)$ (ウ) $(x+2)(x-3)$
(エ) $(x-1)(x+6)$ (オ) $(x-1)(x+4)$ (カ) $(x-2)(x+3)$

(6) 3枚の硬貨A，B，Cを同時に投げるとき，表が1枚で裏が2枚となる確率を求めなさい。

解答群 (ア) $\dfrac{2}{3}$ (イ) $\dfrac{1}{2}$ (ウ) $\dfrac{3}{8}$ (エ) $\dfrac{1}{3}$ (オ) $\dfrac{1}{4}$ (カ) $\dfrac{1}{8}$

(7) AさんとBさんの所持金の合計は n 円である。AさんがBさんに200円を渡すと，Aさんの所持金はBさんの所持金の2倍になる。AさんがBさんにお金を渡す前の，Aさんの所持金を n を用いて表しなさい。

解答群 (ア) $\dfrac{2}{3}n+\dfrac{400}{3}$ (イ) $\dfrac{2}{3}n+200$ (ウ) $2n+200$
(エ) $\dfrac{2}{3}n-\dfrac{400}{3}$ (オ) $\dfrac{2}{3}n-200$ (カ) $2n-200$

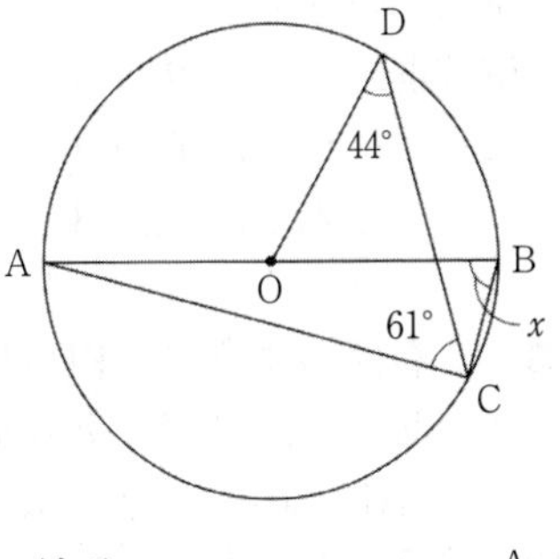

(8) 右図のように，ABを直径とする円Oの周上に2点C，Dがあるとき，$\angle x$ の大きさを求めなさい。

解答群 (ア) 58° (イ) 60° (ウ) 63°
(エ) 67° (オ) 70° (カ) 73°

(9) 右図のように，△ABCの辺上に4点D，E，F，Gがある。2つの線分DE，FGは辺BCと平行であり，AG＝10，GC＝14，AD＝5，DB＝25のとき，DFの長さを求めなさい。

解答群 (ア) 7 (イ) 8
(ウ) 9 (エ) $\dfrac{13}{2}$
(オ) $\dfrac{15}{2}$ (カ) $\dfrac{17}{2}$

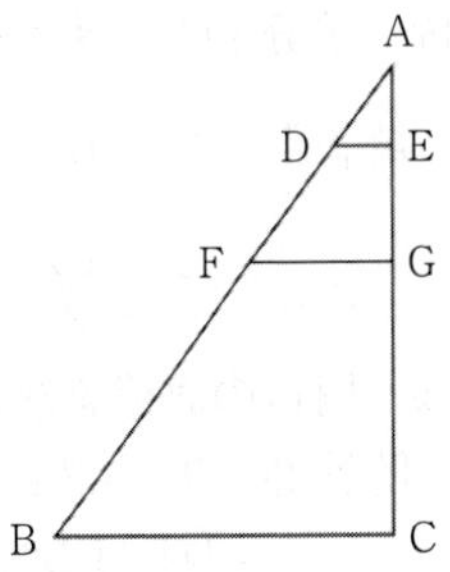

2　Ａさんと Ｂさんが90段ある階段の下から20段目に立っている。Ａさんが硬貨を投げて表が出たときは，Ａさんは階段を４段上がりＢさんは１段上がる。裏が出たときは，Ａさんは１段下がりＢさんは２段上がることにする。２人とも階段を上がり切ることや，下がり切ることはないものとして，次の各問いに答えなさい。

(10)　硬貨を x 回投げたら表が y 回出たとするとき，Ａさんは階段の下から何段目に立っているか，x と y の式で表しなさい。

解答群　(ア)　$-x+5y+20$　(イ)　$x+3y+20$　(ウ)　$-x+3y+20$
　(エ)　$-x+5y$　(オ)　$x+3y$　(カ)　$-x+3y$

(11)　(10)のとき，Ａさんは下から50段目に立っていて，Ｂさんは Ａさんより９段下に立っていた。このとき，y の値を求めなさい。

解答群　(ア)　6　(イ)　7　(ウ)　8　(エ)　9　(オ)　10　(カ)　11

3　右図のように，放物線 $y=x^2$ 上に x 座標が -3，-1，3 となる３点Ａ，Ｂ，Ｃをとる。このとき，次の各問いに答えなさい。

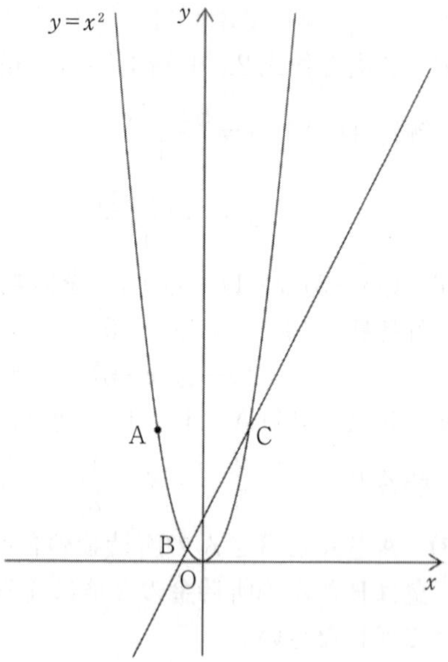

(12)　直線 BC の式を求めなさい。

解答群　(ア)　$y=2x+2$　(イ)　$y=2x+3$
　(ウ)　$y=3x+3$　(エ)　$y=3x+4$
　(オ)　$y=4x+4$　(カ)　$y=4x+5$

(13)　点Ａを通り直線 BC と平行な直線と，放物線 $y=x^2$ との交点のうちＡでない方をＤとするとき，四角形 ABCD の面積を求めなさい。

解答群　(ア)　60　(イ)　64　(ウ)　68
　(エ)　70　(オ)　72　(カ)　75

(14)　直線 BC と y 軸との交点をＥとする。このとき，点Ｅを通り(13)でつくった四角形 ABCD の面積を２等分する直線の式を求めなさい。

解答群　(ア)　$y=8x+3$　(イ)　$y=7x+3$
　(ウ)　$y=6x+3$　(エ)　$y=5x+3$
　(オ)　$y=4x+3$　(カ)　$y=3x+3$

4　右図のように，円Ｏは平行四辺形 ABCD の３辺と３点Ｅ，Ｆ，Ｇで，それぞれ接している。$AE=2$，$EB=4$，$AD=10$ のとき，次の各問いに答えなさい。

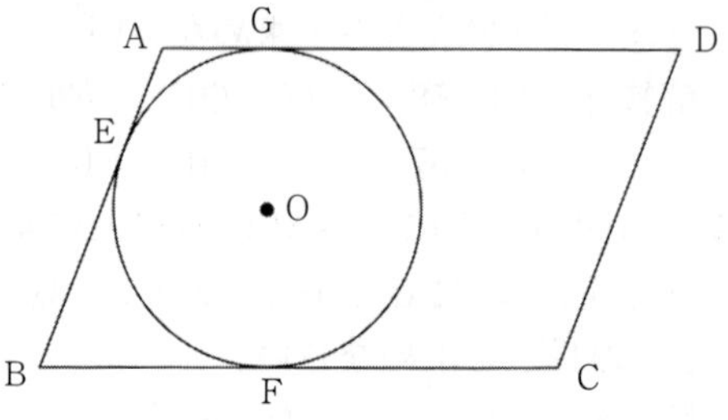

(15)　線分 FC の長さを求めなさい。

解答群　(ア)　5　(イ)　$\frac{11}{2}$　(ウ)　6
　(エ)　$\frac{13}{2}$　(オ)　7　(カ)　$\frac{15}{2}$

(16)　円Ｏの面積を求めなさい。ただし，円周率は π とする。

解答群　(ア)　48π　(イ)　40π　(ウ)　32π
　(エ)　12π　(オ)　10π　(カ)　8π

(17) 点Dから円Oに接線を引き，Gでない方の接点をP，辺BCとの交点をQとする。このとき，線分PQの長さを求めなさい。

解答群 (ア) $\frac{\sqrt{2}}{2}$ (イ) $\sqrt{2}$ (ウ) $\frac{1}{2}$ (エ) 1 (オ) $\frac{\sqrt{3}}{2}$ (カ) $\sqrt{3}$

5 右図のように，底面が直角二等辺三角形の三角柱ABC-DEFがある。辺AB上にAG：GB＝2：1となる点Gをとる。AC＝BC＝6，AD＝8として，次の各問いに答えなさい。

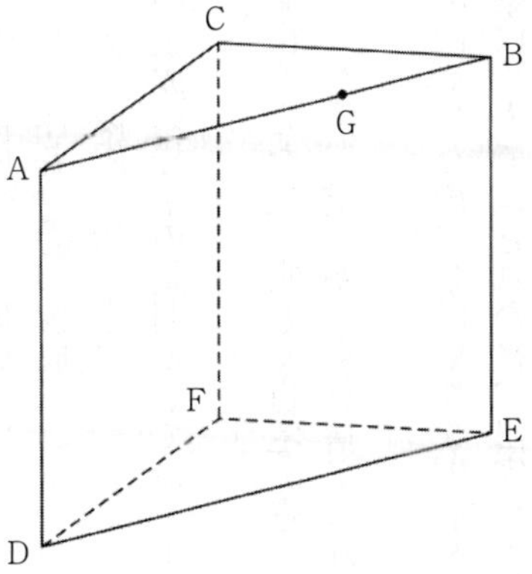

(18) 線分AGの長さを求めなさい。

解答群 (ア) $3\sqrt{2}$ (イ) $4\sqrt{2}$ (ウ) $3\sqrt{3}$
(エ) $4\sqrt{3}$ (オ) 6 (カ) 8

(19) △CDEの面積を求めなさい。

解答群 (ア) $6\sqrt{59}$ (イ) $12\sqrt{59}$ (ウ) $6\sqrt{41}$
(エ) $12\sqrt{41}$ (オ) $6\sqrt{14}$ (カ) $12\sqrt{14}$

(20) 点Gから△CDEを含む平面に垂線を引き，その交点をHとする。線分GHの長さを求めなさい。

解答群 (ア) $\frac{6\sqrt{14}}{7}$ (イ) $\frac{12\sqrt{14}}{7}$ (ウ) $\frac{6\sqrt{59}}{59}$
(エ) $\frac{12\sqrt{59}}{59}$ (オ) $\frac{12\sqrt{41}}{41}$ (カ) $\frac{24\sqrt{41}}{41}$

我が女房の事なり、吾身はや老体なれば、「あぢきなし《どうにもならない》、かなし」など③いひては似あはねば《似合わないので》、ただ「折秋になり、風の涼しく」と何となげにいへるが、E何ともおぼえず殊勝なり。

（『正徹物語』正徹）

（注）※1 俊成《しゅんぜい》　藤原俊成のこと。平安後期の歌人。定家の父。
2 五条室町《ごじょうむろまち》　現在の京都市下京区五条烏丸《からすま》の付近。
3 定家卿《ていかきょう》　藤原定家のこと。鎌倉初期の歌人。
4 一条京極《いちじょうきょうごく》　現在の京都市上京区一条寺町の付近。
5 もみにもうだる歌様　深みがあり細やかで優れた歌の詠み方。

問1　〰〰線a・bの意味として最もよいものをそれぞれ答えなさい。　解答番号 27 ・ 28

a　しばし
ア　すこし前のこと　イ　すこしの間
ウ　ほんの一瞬　エ　とても長い時間

b　ことわり
ア　道理　イ　拒否　ウ　異質　エ　誠実

問2　‖線①〜③の主語の組み合わせとして最もよいものを記号で答えなさい。　解答番号 29

ア　①　俊成　②　作者　③　定家
イ　①　俊成　②　俊成　③　俊成
ウ　①　定家　②　作者　③　俊成
エ　①　定家　②　俊成　③　定家

問3　――線Aの俊成の様子の説明として最もよいものを記号で答えなさい。　解答番号 30

ア　自身の妻を亡くした後、寂しく自宅で過ごしている様子。
イ　妻が亡くなった後、定家からも見捨てられて自信を失っている様子。
ウ　自慢の妻を亡くした後、なげやりな生活をしている様子。
エ　妻が居た家に一人で残された後、出家への思いを強くしている様子。

問4　――線Bについて以下の問いに答えなさい。
(1)　この和歌の句切れを記号で答えなさい。　解答番号 31
ア　初句切れ　イ　二句切れ
ウ　三句切れ　エ　句切れなし
(2)　この和歌の説明として**ふさわしくないもの**を一つ選び、記号で答えなさい。　解答番号 32
ア　「なみだ」は「涙」と「波」の二つの意味を持っている。
イ　「なき人恋ふる宿の秋かぜ」では体言止めを用いている。
ウ　「秋かぜ」は母を失った悲しみを強めている。
エ　「宿」は五条室町にある俊成の自宅を指している。

問5　C に入る語句として最もよいものを記号で答えなさい。　解答番号 33

ア　玉ゆらの露　イ　とどまらず
ウ　なき人恋ふる　エ　宿の秋かぜ

問6　――線Eは「何も思い浮かばないほどすばらしい」という意味であり、――線Dの歌を評価したものです。評価している点の説明として最もよいものを記号で答えなさい。　解答番号 34

ア　年老いた俊成が自分の妻を失ったことで感じた悲しみを、あえて直接的に歌として表現している点。
イ　年老いた俊成が自分の妻を失ったことで感じた悲しみを、あえて間接的に歌として表現している点。
ウ　定家が母を失ったことの悲しみを歌にしたのに対して、俊成はあえて自身が老いてゆく悲しみを歌に詠んだ点。
エ　定家が母を失ったことの悲しみを歌にしたのに対して、俊成はあえて秋という季節のもの寂しさだけを歌に詠んだ点。

問7　本文に登場する藤原定家と関係の深い文学作品として最もよいものを記号で答えなさい。　解答番号 35

ア　万葉集　イ　古今和歌集
ウ　新古今和歌集　エ　今昔物語集

イ　史郎の返事がないという静けさを蝉の声との比較によって際立たせるとともに、輝くような青空が広がる描写により、広島で起きているであろう惨禍について、この場にいる珠紀たちがまだ知らずにいることを印象的に表現している。

ウ　しきりに啼きたてる蝉の声に史郎の声がかき消されてしまっている様子と、青空が高く広がる光景を重ねて描くことによって、いよいよ本格的な夏が始まり、暑さが増していく中での広島の人々の苦しみを想起させている。

エ　史郎を呼ぶ珠紀の声だけを夏の庭に響かせる様子は、聴覚に訴える鮮烈なものであり、夏空の美しさを鮮明に描く表現と相まってこの場所における平和を強く印象付け、対比的に広島の悲惨さを想像させる効果がある。

問9　本文の表現上の特徴についての説明として最もよいものを記号で答えなさい。　解答番号 25

ア　「街はまだ焼けてない」という表現で、あらゆる街が戦火で焼けてしまっている中でも、庶民は希望を捨てていなかったことを暗示している。

イ　「泡蒸し」の作り方について緻密《ちみつ》に描かれているところから、珠紀がひとつひとつ確認しながら料理をこしらえる丁寧な性格であったことがわかる。

ウ　「ガラス戸がやけに振動する」という表現によって、爆心地から離れた場所に届くほど爆風が凄《すさ》まじかったということが、現実味を帯びて描かれている。

エ　「まるい光がなぜだか奇妙にまぶしい」と光を強調することで、当時はまだ知られていなかった原子爆弾への違和感を印象付けている。

問10　次の会話文は登場人物の一人である「史郎」について四人の生徒が話し合ったものです。本文の内容に**合致していないもの**を一つ選び、記号で答えなさい。　解答番号 26

ア　史郎は、「ぼくだって、もう十五だ」などと背伸びをした発言をして、珠紀と肩を並べようとしているね。憧れのいとこのお姉さんに、子ども扱いされたくないんだな。

イ　でも、汽車に乗るときには窓から身を乗り出して手を振っていて、珠紀に「子どもみたいね。」とたしなめられているね。わざと子どもっぽいふるまいをすることで、別れた後もずっと珠紀に気にかけてもらおうとしているのではないかな。

ウ　その汽車の場面と帰宅したとされる後の場面では史郎の肌の白さに言及しているね。これは、史郎が色白であることと同時に、史郎の命がはかないことを印象的に表現しているのだと思う。

エ　たしかに。「戻ってきた」後、史郎は「ただ黙って」「ほほえん」でいるだけで、いつの間にかいなくなってしまう。珠紀にだけ見えていたことからもわかるように、あくまでも幻想として描いているのだろうね。

三

次の文章を読んで、後の問いに答えなさい。

※1俊成の家は、※2五条室町にてありしなり。※3定家卿母におくれて《先立たれて》後に、俊成のもとへゆきて見侍りしかば、秋風吹きあらして、いつしか《さっそく》俊成もA心ぼそき有様に見え侍りし程に、定家の※4一条京極の家より、父のもとへ、

B玉ゆらの露もなみだもとどまらずなき人恋ふる宿の秋かぜ

と①詠みてつかはされし、哀れさもかなしさもいふ限りなく、※5もみにもうだる歌様なり。「玉ゆら」は、aしばしといふ事なり。末に「秋かぜ」を置きたるまで、あはれに身にしむに、「　C　」とあるも、かなしう聞こえたるなり。俊成の返歌に、

D秋になりかぜの涼しくかはるにも涙の露ぞしのに《しきりに》ちりける

とすげなげに《そっけなく》詠めるが、②何とも心えぬなり。定家は母の事なれば、哀れにもかなしうも、身をもみて《もだえ苦しんで》詠めるはbことわりなり。俊成は、

ている。

ウ　珠紀の秘密を自分だけが知っているという優越感に浸りながら、わざと知らないふりをして珠紀のことを冗談めかしてからかっている。

エ　珠紀の写真を御守り代わりに持っているとは言ったものの、珠紀本人に問い返されると気恥ずかしくなってしまい、照れくささを隠そうとしている。

問5　――線Bの珠紀の心情を説明したもののうち、**当てはまらないもの**を一つ選び、記号で答えなさい。　解答番号 21

ア　このまま二度と会えなくなってしまう史郎のことを愛おしく思い、できることならいつまでも傍《そば》にいて欲しいと、必死で引き留めようとしている。

イ　二人が共に過ごしてきたこれまでの歳月を思い返し、史郎も同じような気持ちでいてくれることを期待して、なつかしさを分かち合おうとしている。

ウ　戦時下の生活においては、少しの遠出にも危険が伴うおそれがあるため、弟のように大切な存在である史郎が無事に帰ってくることを願っている。

エ　すっかり大人びてしまった姿を見つめながら幼かった頃の史郎を思い出すことで、時間の経過に思いを馳《は》せ、今という時間のかけがえのなさを感じている。

問6　――線Cの珠紀の言葉からうかがえる、戦時中の様子の説明として最もよいものを記号で答えなさい。　解答番号 22

ア　暑い夏を乗り切るために知恵を絞って生活するのは、現代でも戦時中であっても変わることがない人間の姿であるということ。

イ　物資が十分ではない世の中でありながらも、豊かな日常を送ろうと工夫を凝らして懸命に生きていた人たちがいたということ。

ウ　食料がなかなか手に入らない状況においても、自給自足していた家庭は余裕を持って生活できていたということ。

エ　現在とは違って戦前には調理に使う粉の種類も多かったため、繊細な家庭料理がたくさん存在したということ。

問7　――線D・Eから読み取れることを次のようにノートにまとめました。空欄 X ・ Y に当てはまる表現の組み合わせとして最もよいものを記号で答えなさい。　解答番号 23

> 【ノート】
>
> ①　――線E「いつもとめてある史郎の自転車はまだそこにはない」
>
> 　このことから、史郎は X ということがわかる。
>
> ②　――線D「駅前の米屋の路地に、史郎の自転車が置いてある」
>
> 　珠紀は米屋の主人に、史郎が帰るまで自転車を預かってくれるよう頼んでいた。
>
> ↓　①・②の出来事について、総合的に考える。
>
> 珠紀の行為は、 Y となっていた。

ア　X　自転車を使わずに帰ってきた
　　Y　大人としての配慮を持った女性であることを示す根拠

イ　X　自転車を使わずに帰ってきた
　　Y　史郎がいつまでも帰ってこないということの裏付け

ウ　X　まだ帰ってきていない
　　Y　史郎の帰りを永遠に待ち続けることになることの前兆

エ　X　まだ帰ってきていない
　　Y　自転車のないことで史郎の不在が証明できることの伏線

問8　――線Fの描写についての説明として最もよいものを記号で答えなさい。　解答番号 24

ア　史郎に対していくら呼びかけたところで史郎からの返事が聞こえてくることは決してないのだということを、静寂が広がる様子で暗示するとともに、空が光るという表現によってこの時広島で起きていることがほのめかされている。

（注）※1　京橋　広島市内の地名。
2　小屋掛け　仮に建てられた小屋。仮小屋。
3　国民服　国民が常用すべきものとして、第二次世界大戦中に広く男子が用いた服装。
4　背嚢《はいのう》　皮や布で作った、背中に負う方形のかばん。リュックサック。
5　白烟《はくえん》　白色の煙。
6　旋盤の工場へ向かう挺身《ていしん》隊の列　軍需工場での勤労奉仕のために動員された女性たちの隊列。
7　レグホン　卵を産ませるための鶏の一種。
8　蒸籠《せいろ》　釜の上にはめて、もち米、団子、まんじゅうなどを蒸す容器。
9　婚礼　珠紀の結婚式。珠紀は市岡という男性の妻である。
10　帙《ちつ》　書物などの損傷を防ぐために包む覆い。

問1　‖線①・②と同じ漢字を書くものをそれぞれ記号で答えなさい。　解答番号 14・15

①　セタケ
ア　イタケダカな態度をとる。
イ　庭に新しくタケガキを作る。
ウ　説明がジョウチョウになる。
エ　自分のシンジョウを貫く。

②　リンカク
ア　カクシンを突く。
イ　ゴカクの戦い。
ウ　新しいナイカクが発足する。
エ　ジョウカクをめぐる。

問2　〜〜線a〜cの語の本文中での意味として最もよいものをそれぞれ記号で答えなさい。　解答番号 16〜18

a　万一
ア　可能性は低いが、起こるかもしれない非常事態。
イ　すぐ近くに迫っており、逃れることのできない危険。
ウ　未来のことについて、あらかじめ推測される出来事。
エ　安心している時に、不意を突いて訪れる自然災害。

b　大儀そうに
ア　落ち着かない子どものように、大きな音を立てる様子。
イ　やっかいな物事をするように、動きが重く鈍い様子。
ウ　慎重に判断しているかのように、ゆっくりと進む様子。
エ　はしゃいでいるかのように、軽やかな音が響く様子。

c　こともなげに
ア　わけもないというように簡単に物事を行うさま。
イ　気にすることはないというように勇気づけるさま。
ウ　何事もなかったかのように平然としているさま。
エ　何とも思っていないかのようにとりつくろうさま。

問3　［Ⅰ］〜［Ⅳ］に入る語の組み合わせとして最もよいものを記号で答えなさい。　解答番号 19

ア　Ⅰ　だんだん　Ⅱ　ひっそり　Ⅲ　おもむろに　Ⅳ　せっせと
イ　Ⅰ　どんどん　Ⅱ　こっそり　Ⅲ　にわかに　Ⅳ　そっと
ウ　Ⅰ　ずんずん　Ⅱ　ちらりと　Ⅲ　ただちに　Ⅳ　すっと
エ　Ⅰ　ぐんぐん　Ⅱ　ぬるりと　Ⅲ　さらに　Ⅳ　とっとと

問4　――線Aの史郎の心情を説明したものとして最もよいものを記号で答えなさい。　解答番号 20

ア　誰にも明かすことなく大切にしていた思い出を、珠紀にからかわれたことによって気分を害してしまい、思いを胸中に押し込めている。
イ　珠紀に対して好意を抱いていることをさりげなく示したにもかかわらず、珠紀に気づいてもらうこともできずにふてくされ

車は Ⅲ 速く走りだし、史郎が顔を出している窓も、もはやはっきりしない。珠紀は、遠のいてゆく汽車の全体に向かって、いつまでも手をふった。汽車はやがて、青々と繁《しげ》った山並みに隠れ、吐きだす※5白烟だけが、青葉から立ちのぼった。しかし、それもいつしか見えなくなった。

彼女は駅舎を出て、※6旋盤の工場へ向かう挺身隊の列をやり過ごして通りを渡った。D駅前の米屋の路地に、史郎の自転車が置いてある。彼女は顔見知りの主人に史郎が帰るまで預かってくれるよう、ひとこと頼んで家へ向かった。

八月六日は、雲ひとつない快晴だった。風も乾いた上々の天気である。珠紀は※7レグホンの鶏小屋で卵を採って、庭から外をながめた。真夏の澄みきった天《そら》の青さがまぶしい。彼女は、よぶんな卵とひきかえに、近所で白玉粉をわけてもらった。泡蒸しには白玉団子が欠かせない。わずかだが砂糖もあり、さっそくしたくに取りかかった。八時過ぎごろ、台所のガラス戸がやけに振動するので、珠紀は庭へ飛びだした。

「小母さん、今、地震があったのじゃないかしら。」

「東京とちがうけん、ここいらじゃ、やたらと地震なんてありゃせんよ。」

洗濯をしていた小母さんは、cこともなげに答えた。

「そうよねえ。」

珠紀は台所へ戻って、紅金魚の菓子碗《わん》に白玉団子と卵汁を盛り、卵白の泡雪で蓋をした。それを、Ⅳ 湯気のたつ※8蒸籠へ納めた。布巾をかけて、しばらく蒸すあいだ、珠紀は、思いだして※9婚礼のときの写真帖《ちょう》を取りだした。(中略)

そこへ、不意に史郎が戻ってきた。小母さんが植えつけた豌豆《えんどう》と紅茄子《なす》の、ようやくやわらかな果《み》をつけた小さな菜園を抜けて歩いてくる。少年はただ黙って縁側に腰かけ、珠紀のほうをふり向いてほほえんだ。頬の色は、真夏だというのに真冬と少しも変わらずに白い。珠紀は、羨ましさと恨めしさの両方でためいきがでた。

柱時計は、少し前に半時を知らせて鳴った。台所から湯気のたつ音がしている。珠紀は写真帖をもとどおりに※10帙へしまい、立ちあがって茶簞笥《ちゃだんす》の上へのせた。

彼女のすわっていた畳の上に、小さな釦《ボタン》くらいのひだまりが残っている。軒のどこかから洩れてくる光だった。座敷の暗がりで、まるい光がなぜだか奇妙にまぶしい。

「ねえ、史郎さん、ちょうど卵が蒸しあがるころよ。できたては熱いけど、少しだけ食べましょうか。残りは井戸水に冷やしておくの。待っててね、味見さしてあげる。」

珠紀はそう云いながら台所へいって、焜炉《こんろ》の火を消した。蒸籠のまわりが、ムッと熱い。彼女は、蒸しあがったばかりの泡蒸しを菓子碗ごと盆にのせ、史郎のいる縁側へ戻った。

しかし、少年の姿はない。珠紀は座敷をひとわたりながめ、庭へ目をやった。小母さんが、肩へかついだたけざおに洗濯物を通している。

「史郎さんは、どこへいったかしら。」

「どこって、早い汽車で広島へ出かけよったんじゃけん。まだ戻りゃせんでしょうに。」

「だって、たったいままで、ここにいたのよ。きっと、途中で汽車が動かなくなって引き返してきたんだわ。たぶん、そのへんにいるはずよ。」

珠紀は表へ向かって史郎の名を呼んだ。燃え立つような柿の葉の緑が、裏山から家の屋根にかぶさっている。珠紀はレグホンの鶏小屋へまわったが、その近くにEいつもとめてある史郎の自転車はまだそこにはない。

珠紀は照りつける陽を浴びて、白く反射する庭を見渡した。小母さんは、洗濯を終えて母屋のほうへ歩いてゆく。珠紀は、もう一度、史郎を呼んだ。蟬《せみ》がしきりに啼《な》きたてるほか、F何の音もせず、瞭《あき》らかな碧天《あおぞら》が光った。

(『八月六日上々天氣《てんき》』長野まゆみ)

二　次の文章を読んで、後の問いに答えなさい。

（ここまでのあらすじ）
　昭和二十年八月六日のこと。珠紀《たまき》と史郎《しろう》はいとこどうしで幼馴《おさなな》染《じみ》のような関係である。午前九時に広島で友人と会う約束をしているという史郎を、珠紀は最寄りの駅まで見送りに来た。

「ねえ、史郎さん、そのうち、どこかでちゃんとしたカメラを見つけてきて写真を撮りましょうね。でないと私、史郎さんの今の顔を忘れてしまう。［Ⅰ］変わるんだもの。段々坂で逢《あ》っていたころにくらべたら、すっかり見ちがえてしまったわ。」
「お姉さま、変わるのはあたりまえですよ。ぼくだって、もう十五だ。」
「そうよね。私は十九になったわ。早いものね。きょう広島へ行ったら、そこで撮るといいのよ。あそこの街はまだ焼けてないんだもの。※1京橋の近くに※2小屋掛けの写真屋が一軒あると聞いたけど、腕は確かだという話よ。高架のところらしいわ。寄ってごらんなさいな。」
　珠紀が写真代にしなさいと紙幣を取りだしている最中、史郎は久しぶりに、彼の癖でもあった、ふふふ、という笑い声を洩《も》らした。
「ぼくは、持っていますよ。お姉さまの写真。御守《おまも》り代わりに、ここへいつもしまってあるんです。」
「いつの写真？」
　史郎は※3国民服の胸ポケットに手をあててほほえんだ。
「内緒です。」
　A少年は妙にきっぱりと云《い》い、あとは素知らぬ顔をした。細《ほそ》やかに凜《りん》と張った首筋を見せて、顔をそらしている。珠紀は思わず笑みをこぼした。
「教えてくれないと、眠っているときに［Ⅱ］のぞいてしまうわよ。」
「そうしたら、目をさましますよ。ぼくはこのごろ、a万一に備えてこの服のまま眠っているから。」
珠紀は彼女のセ①タケをはるかに追い越した史郎をかたわらにして、「お姉さま、お姉さま」とまとわりついてきた昔の姿を、たまらないなつかしさで思いだした。少年は、すでにおとなとしてのリン②カクを持ちはじめた横顔を、線路の来し方へ向けていた。B珠紀は、膝の上へそろえておかれた少年の手に、そっと自分の手を重ねた。
「史郎さん、早くお帰りなさいね。C白玉の泡蒸しをこしらえて待っているわ。井戸水で冷やしておいてあげる。冷たいのも、また格別だわ。白玉粉が手にはいらなかったら、うどん粉になってしまうかもしれないけど我慢してね。」
「かまいません。たのしみにしてます。」
　史郎は珠紀の手を握りかえして椅子を立ちあがった。まもなく、汽車が到着した。市内へ食糧を運ぶ人たちが大きな※4背嚢をかついで乗り、すでに大きな荷物を持ちこんでいる人の合間に空席を見つけた。史郎は、走りだす汽車の窓から身を乗りだして手をふった。黒く煤《すす》けた車輪がb大儀そうに線路をこすっている。珠紀は二、三歩追いかけて笑みを浮かべた。
「子どもみたいね。ちゃんとすわってらっしゃい。」
　窓からのぞく史郎の顔は、照りつける陽に映えて白く、笑っているのか、澄ましているのか判然としない。窓の外へ腕をのばして手をふっていた。珠紀はまぶしさに目を細め、ひたいにかざしたてのひらで庇《ひさし》をつくっている。少しずつ離れてゆく列車の窓から、史郎はまた顔をだした。
「お姉さま、卵を蒸し過ぎてはだめですよ。味が落ちますから。」
「何なの、聞こえないわ、」
「午后《ごご》には戻ります。うまくこしらえておいてくださいね。きっとですよ。」
少年の声は車輪の摩擦音に掻《か》き消され、珠紀には届かなかった。汽していたという事情。

問8　――線Cの説明として最もよいものを記号で答えなさい。　解答番号 11

ア　虚子の俳句を解釈する時に虚子の人生を踏まえて行うのが、俳句に関わっている人にとっての常識であるという意味。

イ　虚子の人生はそれそのものが俳句の文学史であり、それ以外のものを彼の句から読み取ることは俳句に関わる上で禁じられているという意味。

ウ　虚子の歩みはそのまま俳句の文学史であり、俳句に深く関わっている人は虚子の人生を踏まえた句の解釈をするという意味。

エ　虚子は俳句の文学史上最も重要な人物であり、そんな彼の句を解釈する場合、俳句に深く関わるほどに文学史は無視できないという意味。

問9　――線Dの理由として最もよいものを記号で答えなさい。　解答番号 12

ア　作品は作者と切り離して解釈されるべきであり、それによって作品の持つ本来の魅力が多くの人に伝わるようになることに加えて、虚子があえて新しい言葉を使った意味が増すから。

イ　作品は作者とは切り離して解釈された方が時代や空間を超えた価値が備わる可能性があることに加えて、固定観念にとらわれずに解釈した方が虚子の使った新しい言葉が活きるから。

ウ　虚子が時代に左右されない新しい言葉を使って伝えようとしたことは、作品は作者と切り離して解釈されるものだということであり、それは俳句に関わらず文学の常識だから。

エ　虚子が新しい言葉を使って表現することで意図したのは、古い慣習から抜け出してゆるぎない自我を確立することであり、それは近代的価値観と一致するものであるから。

問10　次の会話は俳句について先生と生徒とで話し合ったものです。この会話の中で、本文の趣旨と**異なる**発言をしている生徒を後のア～エから選び、記号で答えなさい。　解答番号 13

先生　次の俳句は石田《いしだ》波郷《はきょう》という俳人の句です。

　　霜の墓抱き起こされしとき見たり

波郷は長く結核という病気に苦しんだ俳人です。この俳句も寝たきりの状態であった波郷が病床で詠んだ句です。みんなでこの句がどういう内容の句なのか考えてみましょう。

生徒A　霜の降りた墓だから冬の情景を詠んだ句だと思う。先生のさっきの説明から考えて、抱き起こされたのは病院のベッドで寝ていた波郷だと思うな。看病している人に抱き起こされた時に窓の外の霜の降りた墓がはっきりと見えたということじゃないかな。

生徒B　確かにそうだね。波郷の人生を考えた時には、そのように考えるのが自然だね。でも、波郷が病気だったことを知らない場合、墓石が抱き起こされたという解釈もできる気がするけど、どうだろうか。

生徒C　その解釈はどうだろう。重い墓を抱き起こすなんてことは普通の人間には難しいし、まして抱き起こすということは墓石が倒れてしまっているわけだし、そんな状況は一般的ではないよね。

生徒D　そうかなあ。たとえば空襲や震災の後ならば、日常の風景としても無理はない気がするけどなあ。俳句から想像する内容は、人それぞれ、その時の気持ちや経験によって違っていいと思うけど。

生徒E　それはだめだよ。やはり作者の思いを最も大切にして、その思いに寄り添って忠実に読むべきであって、この場合空襲や震災という状況は作者にはまったく関係がないので、考えるべきではないと思うよ。

ア　生徒Bと生徒D　　イ　生徒C

ウ　生徒Cと生徒E　　エ　生徒E

イ　卒業セイサクができあがる。
ウ　論文をテンサクしてもらう。
エ　深いシサクによって結論付ける。

③　ハイダン
ア　地元のキュウダンの選手を応援する。
イ　ダンチョウの思い。
ウ　先生はキョウダンの上から質問した。
エ　柔道のダンイを取得する。

問2　〰〰線a・bの意味として最もよいものをそれぞれ記号で答えなさい。　解答番号 4 ・ 5

a　脳天気
ア　いつも明るくふるまうさま。
イ　物事を深く考えないさま。
ウ　気分にむらがあるさま。
エ　常に不安がないさま。

b　拘泥《こうでい》
ア　したがうこと。　イ　惑わされること。
ウ　苦しめられること。　エ　こだわること。

問3　Ⅰ ～ Ⅳ に入る語の組み合わせとして最もよいものを記号で答えなさい。　解答番号 6
ア　Ⅰ　つまり　Ⅱ　さて　Ⅲ　そして　Ⅳ　したがって
イ　Ⅰ　つまり　Ⅱ　ところで　Ⅲ　例えば　Ⅳ　しかし
ウ　Ⅰ　しかし　Ⅱ　さて　Ⅲ　そして　Ⅳ　要するに
エ　Ⅰ　しかし　Ⅱ　ところで　Ⅲ　例えば　Ⅳ　つまり

問4　次の一文が入る箇所として最もよいものを本文中の【ア】～【エ】から選び、記号で答えなさい。　解答番号 7

即ち「闘志を抱く」という発想は、「あはれ・をかし」や「わび・さび」といった日本的な美意識とは別のところから生まれたもので、自我を重んずる近代人にこそ親しく感じられたということであろう。

問5　X に入る語として最もよいものを記号で答えなさい。　解答番号 8
ア　やせ兎《うさぎ》　イ　やせ蛙《がえる》　ウ　やせ蜻蛉《とんぼ》　エ　やせ鼠《ねずみ》

問6　――線Aの説明として最もよいものを記号で答えなさい。　解答番号 9
ア　「春風や～」の句には、万物が活動をはじめる春に、これから立ち向かう現実に対して、作者自身が「闘志」を覚えているという前向きさがあるということ。
イ　「春風や～」の句には、新一年生が張り切っている春に、子どもたちに自分を重ね合わせて、作者自身が「闘志」を抱いているような無邪気さがあるということ。
ウ　「春風や～」の句には、万物が活動をはじめる春に、自然を脅《おびや》かすものに対して、作者自身が「闘志」を覚えているという真っ直ぐさがあるということ。
エ　「春風や～」の句には、新一年生が張り切って活動をはじめる春に、若者に負けないようにと作者自身が「闘志」を燃やしているという壮健さがあるということ。

問7　――線Bの説明として最もよいものを記号で答えなさい。　解答番号 10
ア　虚子が、それまで打ち込んでいた新傾向運動を断念して、碧梧桐らに対抗しながら「守旧派」として俳句に取り組んで行こうと決意していたという事情。
イ　虚子が、それまで打ち込んでいた新傾向運動を断念して、碧梧桐らに対抗しながら「新派」として俳句に取り組んで行こうと決意していたという事情。
ウ　虚子が、それまで打ち込んでいた小説を断念して、碧梧桐らの推し進める新傾向運動に対抗しながらふたたび俳句に取り組んで行こうと決意していたという事情。
エ　虚子が、それまで打ち込んでいた小説を断念して、碧梧桐らに対抗しながら「旧派」として俳句に取り組んで行こうと決意は、作者の句作に対する決意ということになるだろう。[Ⅲ]、「ここで大切なことは、あえて旧を守るという虚子の考え方である。俳句を古典芸術として認識し、その制約の中で俳句を新しくすることが虚子の願いであった。この春風の句は、それらの消息を伝えて余りある」(後藤比奈夫《ひなお》「守旧派」、『虚子物語』所収、一九七九、有斐閣《ゆうひかく》——傍点は引用者)という評言は、おそらくこの句についてのハイ③ダンでの理解を代表するものと言っていいだろう。また、『ドラえもんの……』の解説漫画最後のコマで、ドラえもんはa脳天気に遊んでいるのび太くんを※6後目に、「作者は、もっと俳句を立派なものにするぞというとうしをよんだ句なのに……」と独り言を言っていたが、これも、この句が詠まれた当時の作者の状況に即した解説である。【ウ】

ところで、この句はまた、句集『五百句』(改造社、一九三七)にも収められている。ただしここでは、「大正二年二月十一日。三田俳句會《かい》。東京芝浦」と注記されるのみである。『贈答句集』より先に公刊された『五百句』で初めてこの句に触れた読者は、「俳句に復活」といった作者の実人生にb拘泥せずに句を解釈することもあり得るだろう。

[Ⅳ]この句は、二通りの読まれ方が存在するのである。即《すなわ》ち、句が作られたとき作者はどういう心境にあったかということをあらかじめ前提にして、この句の「闘志」を虚子のハイダン復帰の決意とする理解である。【エ】先に引いた後藤比奈夫の解釈やドラえもんの独り言がこれに当たる。俳句に深入りしている読者にとっては、作者が虚子であるだけに、この句は虚子の俳句人生と重ね合わせて解釈する方が自然であろう。虚子の歩みは、そのまま俳句の文学史と言い得るからだ。後藤比奈夫の解釈を「ハイダンでの理解を代表するもの」だと述べたのも、Cそういう意味からである。

それに対して、十七音以外の情報を何ら付加しないでこの句を鑑賞する方法もあり得るはずで、ドラえもんがはじめこの句に触れて、春という季節は、新一年生だけでなく、草木や虫たちまでもが元気に活動を始める時期であると言っていたのは、こちらの立場のものである。この場合、「闘志」の具体的内容は、先に述べたように、読者が自身に引き寄せて自由に想像するであろう。

D僕は、後者の鑑賞の方がこの句にはふさわしいと考えたい。作品を作者から解き放つことで、作品に普遍的な価値を付与することになるからだ。またその方が、熟語「闘志」が用いられるようになった、いわば時代の雰囲気に適《かな》っているようにも思われる。いずれにせよ、少なくともこのように解釈の多義性を孕《はら》んでいるのが、この句の特長と言えよう。

(『肉声のありかを求めて—現代俳句熟考』上野一孝)

(注)※1 高濱虚子《たかはまきょし》 高浜虚子。俳人・小説家。正岡子規《まさおかしき》に師事。俳句界において絶大な影響力を持った人物。

2 斡旋《あっせん》 ある言葉を選んで使うこと。

3 諸橋《もろはし》大漢和 世界最大の漢和辞典。諸橋轍次《もろはしてつじ》を代表として編《へん》纂《さん》された。

4 『春秋左氏伝《しゅんじゅうさしでん》』や『戦国策《せんごくさく》』 中国の古典作品。漢文で書かれている。

5 碧梧桐《へきごとう》 河東碧梧桐のこと。俳人・随筆家。正岡子規の弟子として高浜虚子と並び称され、俳句革新運動の代表的人物として知られる。

6 後目《しりめ》 目のすみに置いただけで、まったく無視すること。

問1 ===線①～③と同じ漢字を書くものをそれぞれ記号で答えなさい。 解答番号 [1]～[3]

① ガイセツ
ア そんなガイネン的な話をするな。
イ そんな言われ方をするとはシンガイだ。
ウ この要件にガイトウする人。
エ 事故により大きなソンガイを被る。

② ケンサク
ア 市民のことを考えたセイサク。

二〇二二年度 星野高等学校（単願）

【国語】（五〇分）〈満点：一〇〇点〉

（注意） 一、解答はすべて一つ選び、解答用紙の所定の欄にマークする。
二、出題に際し、一部本文を改めたところがある。

一 次の文章を読んで、後の問いに答えなさい。

小学生の次女が最近、『ドラえもんの俳句・短歌がわかる』（一九九七、指導・久保田淳、まんが構成・たかや健二、監修・藤子・F・不二雄プロ、小学館）という本を読んでいる。古今の著名な俳句や短歌を、ドラえもんの漫画で解説するというものである。俳句の部は「俳句の歴史とことばのきまり」という①ガイセツ（これも漫画）のあと、《［X］まけるな一茶これにあり　一茶》という定番から、《鳥共も寝入つてゐるか余吾《よご》の海　路通《ろつう》》《たんぽぽや長江濁るとこしなへ　青邨《せいそん》》というちょっと渋い句まで、計四十六句が四季別に配列され、一句ずつ解説の漫画が付いている。

この中に、

春風や闘志いだきて丘に立つ

という※1高濱虚子の句が入っていた。解説の漫画ではまず、気持ちよく昼寝をしているのび太くんが描かれている。これを見たドラえもんから、春は新一年生が張り切っていたり、「草や木に花もさき、小さな虫までも活動的になる」季節なのにと言って叱りつけられると、のび太くんは「ぼくだって、秘めたとうしをもってるよ」と、一面に若草が生えている丘の上に登って行く。［I］彼が「とうし」を抱いて取り組んだのは、段ボールを橇《そり》にして草の上を滑り降りてくる遊びだったというオチになっている。

この句を小学生に読ませるには、はじめにドラえもんが言っていたように、万物が活動をはじめる春に、作者もまたおのれの仕事や人生に「闘志」を覚えているという解釈が妥当だろう。そこでは、この句の「闘志」が何に向けられたものかは、必ずしも具体的に特定されない。読者の小学生達は、「闘志」の内容を、場合によっては自分自身に引き寄せたりして、いろいろと想像してみることになるだろう。一九一三（大正二）年、虚子四十歳の作品だが、A青春俳句と言ってもいいようなこの句の健康さは、俳句に通じ、虚子に詳しい専門的な読者でなくとも、充分に感じ取ることが出来るはずのものである。

この句の新しさは、「闘志」という言葉の※2斡旋にある。【ア】「闘志」という熟語は、「※3諸橋大漢和」によれば『※4春秋左氏伝』や『戦国策』などに用例を見ることが出来るようだが、和語としては、近代的な雰囲気を纏《まと》った言葉である。『古今和歌集』や『源氏物語』に出て来そうな、雅《みやび》な言葉ではない。『日本国語大辞典』でケン②サクしてみると、用例として、十九世紀前半の書物である『日本外史』にあるものとこの句が挙げられていた。辞書の用例は最も先行する例を提示するのが原則なので、これらに従えば、「闘志」は漢文には使われていたものの、いわゆる大和言葉としての歴史は非常に浅いものであるということになる。【イ】それを、春には万物が活動を始めるという季節感と取り合わせたところに、この句の斬新《ざんしん》さが認められる。先に青春俳句と言ったのは、そういう、時代の雰囲気も含めてのことである。

［II］この句は、虚子の『贈答句集』（一九四五、菁柿《せいし》堂）では、「大正二年・俳句に復活す」という前書が付いている。それまで力を入れていた小説の執筆を断念し、今後は※5碧梧桐らの新傾向運動に対抗して、ふたたび俳句に取り組んでいこうという事情が、作者の側にはあったのである。そもそもこの句が発表された「ホトトギス」一九一三年二月号では、「私を『旧派』と呼ぶ者があります。私は新派に見放された旧派で無くて、自ら俳句の為《た》めに旧を守らんとする『守旧派』であります」（「海辺より」）という、いわゆる「守旧派宣言」もなされている。

Bこうした事情を勘案《かんあん》するのならば、この句の「闘志」というの

2022年度／星野高等学校(単願)

英語解答

1 (1) ウ　(2) ア　(3) ウ　(4) エ
(5) イ　(6) ア

2 (7) ウ　(8) ウ　(9) エ　(10) イ
(11) イ　(12) エ

3 (13) ア　(14) イ　(15) エ　(16) ウ
(17) エ

4 (18) イ　(19) ウ　(20) ア

5 (21) イ　(22) エ　(23) エ

6 (24) ウ　(25) ウ

7 (26) ア　(27) イ　(28) ア

8 (29) エ　(30) ア

1〔長文読解総合―説明文〕

≪全訳≫**1**あなたはふせんを使うだろうか。それは，学校や職場や家庭で，毎日多くの人に使われている。２人の科学者のひらめきと努力によって，それは世界に現れた。この簡素な商品を開発するのに12年必要だったと聞くと，あなたは驚くかもしれない。**2**スペンサー・シルバー博士は，アメリカの会社に勤める科学者だった。1968年，彼は強力な接着剤をつくろうとしていたとき，偶然珍しいものを発明した。それはものによくくっつくが，簡単に外せるほど(粘着力が)弱かった。それはシルバー博士がつくりたかった接着剤ではなかったが，彼はそれが失敗だとは思わなかった。彼は周りの人々に，彼の接着剤が何らかの方法で使えるかどうか尋ねたが，③誰もそれに興味を持ってくれなかった。**3** 1974年，同じ会社の科学者であるアート・フライ博士はある問題を抱えていた。彼が教会で歌うとき，しおりがいつも歌の本から落ちたのだ。そのとき，彼はシルバー博士の発明を思い出した。彼はいくつかの小さな紙の裏にその接着剤を塗った。それは初めての，粘着性のしおりだった。それは非常に役に立ったが，何度でも使えるので，彼はそれが売れるとは思わなかった。**4**ある日，フライ博士は小さな紙にいくつか質問を書いた。／→(a)彼はこのメモの裏に接着剤を塗り，レポートに貼りつけた。／→(c)彼はレポートを別の科学者に送った。／→(b)科学者はメモに返事を書き，それを送り返した。／このようにして，フライ博士は，シルバー博士の発明の別の用途を見つけたのだ。それは人々が互いにコミュニケーションをとるのを助けることができた。**5** 2人の科学者は，ふせんを新製品として販売するために，協力し始めた。1978年，彼らはアイダホ州の都市の多くの人々に，無料サンプルを提供した。製品を試したほとんどの人が，気に入ったと言った。1980年までに，それはアメリカ合衆国の至る所で売られた。現在，ふせんは世界中で使われている。

(1)＜適語句選択＞空所を含む文のthis simple productは，sticky notes「ふせん」のことなので，空所を含む文は，その開発にかかった年数について述べている部分である。開発者であるthey(＝two scientists)には，twelve yearsがneeded「必要だった」のである。

(2)＜単語の意味＞unique「珍しい，ユニークな」

(3)＜適文選択＞直前のbutに着目し，butの前後が‘逆接’の関係になるものを選ぶ。

(4)＜語句解釈＞フライ博士が抱えていた問題は直後の文に書かれている。　fall－fell－fallen

(5)＜文整序＞(c)のthe reportは(a)のa reportを，(b)のThe scientistは(c)のanother scientistを受けると考えられる。

(6)＜内容真偽＞(a)「シルバー博士は，彼がつくることを計画していた強力な接着剤を発明することに成功した」…×　第２段落第２～４文参照。偶然できたもので，意図していたように強力でもなかった。　(b)「1974年，シルバー博士はフライ博士に，粘着性のあるしおりをつくるために紙の裏に接着剤を塗る方法を教えた」…×　第３段落第３～５文参照。　(c)「フライ博士が作成した最初の粘着性のあるしおりは，何度も再利用できたので，彼は，多くの人がそれらを買うだろうと思った」…×　第３段落最終文参照。　(d)「シルバー博士とフライ博士は，ふせんを新製品にするために協力した」…○　第５段落第１文に一致する。　(e)「アイダホ州の多くの人々がふせんのサンプルを試し，誰もが新製品を購入した」…×　購入したかどうかは書かれていない。

2〔長文読解総合―物語〕

≪全訳≫❶親愛なる動物のみんなへ／年の初めの日の朝に，私の家に到着した最初の12匹の動物は，次のような栄誉を授けられます。12匹の動物のそれぞれが，12年に１度，その年の動物になります。／神様より❷大みそかの朝，全ての動物が手紙を受け取った。しかし，そのうちの１匹であるネコは，あまりに怠けものだったので，手紙を読まなかった。彼は友達のネズミに，それを読むように頼んだ。しかし，ネズミはいたずら好きな小さな友達だった。彼はネコに，年の２日目にレースがあると言った。❸その夜，他の全ての動物はとても興奮していた。翌朝，それぞれが最初に神様の家に到着したかったので，動物はみんな早く寝たが，１匹の動物，ウシは，そうしなかった。❹「私は歩くのが遅すぎる」とウシは思った。「今夜出発する方がいい」　そして，それが彼のしたことだった。❺ネズミは寝るつもりだったが，ウシを見て，その背中に飛びついた。ウシは歩き続けた。彼はネズミが背中にいることすら知らなかった。翌朝，日の出前に，他の全ての動物たちは起きて，神様の家に向かって走った。全ての動物はできるだけ速く走ったが，ネコだけが眠っていた。❻だんだんと空が明るくなり，今年の最初の日の出が始まりつつあった。神様の家に最初に到着した動物は…ウシだったのか？いや，ネズミだった！　ネズミは，家に着く直前にウシの背中から飛び降り，神様に駆け寄ったのだ。❼「神様！　明けましておめでとうございます！」❽「明けましておめでとう」と神様は言った。❾次に到着した動物は，トラだった。それから，ウサギ，そしてリュウ。次々と到着し，最初の12匹が全員そこに到着すると，神様は彼らの名前を発表した。トップ12でゴールできなかった動物たちは，がっかりして家に帰った。❿レースに勝った動物たちは，神様の周りに輪をつくり，翌日まで新年会を開いた。⓫ちょうどそのとき，ネコがひどく不機嫌な様子で到着した。

(7)<適語選択>第10，11段落参照。ネコは元日の翌日に到着している。

(8)<語句解釈>直後のthe Oxがone animalの言い換えになっている。間にあるコンマ(,)は‘同格’を表す。つまりone animal＝the Oxの関係である。

(9)<整序結合>「できるだけ～」は‘as ～ as＋主語＋can’で表せる。過去の文なので，canの代わりにcouldが使われている。　All animals <u>ran as</u> fast <u>as</u> they could, but …

(10)<文脈把握>ネズミが一番になった理由は直後の文に書かれている。主語のItはthe Ratを受けている。

(11)<文脈把握>in a very bad temperは「とても不機嫌で」という意味。１月２日に神様の家に着いたネコは，すでに他の動物たちが到着しているのを見て，ネズミにだまされたことに気づいたのだと考えられる。

(12)<内容真偽>ア．「ネコはいつもより長く眠りたかったので，レースに参加しなかった」…×　第

２段落第２～５文および第11段落参照。　イ.「ウシは早く家を出たので，１位になった」…×　第６段落第２，３文参照。１位はネズミ。　ウ.「リュウは，トラとウサギより早く到着した」…×　第９段落第１，２文参照。　エ.「レースに勝った動物たちは，１月２日まで新年会を楽しんだ」…○　第10段落に一致する。

3〔長文読解総合―会話文〕

≪全訳≫**1**サリー(S)：この食べ物は好きじゃないわ！**2**スミス夫人(Mrs)：サリー，自分のものは食べなさい！　ときどき，誰も私の料理は好きじゃないんだって思うわ。**3**ポール(P)：⑬そんなことないよ，お母さん。僕は好きだよ。**4**スミスさん(Mr)：君は料理が上手だよ。これ，おいしいよ。**5**Mrs：でも，私は料理にうんざりしているの。毎日３回料理しなくちゃいけないのよ。新しいアイデアは何も思い浮かばないから，いつも同じ食べ物をつくっているわ。**6**P：確かに。最近よく夕食に魚を食べているね。**7**Mr：いいかい，私も毎週芝生を刈るのに本当にうんざりしているんだ。私に考えがある。私たちはみんな家事を交換すればいいんだ！**8**P：僕は毎週火曜日と土曜日の朝にゴミを出す必要がないってこと？**9**S：じゃあ私は毎日お皿を洗う必要はないのね？**10**Mr：ああ，ちょっと待って。家事を交換したい人は？**11**Mrs：誰かが私の代わりに夕食をつくってくれるなら，私はサリーの代わりにお皿を洗うわ。**12**Mr：わかった。私が君の代わりに夕食をつくるよ…。でも，じゃあ，誰が芝生を刈るのかな？**13**P：僕がやるよ。**14**Mr：よし！　わかった，じゃあ…サリー，毎週火曜日と土曜日の朝にゴミを出してくれるかい？**15**S：わかったわ。何をするにしても，毎日お皿を洗うよりはいいわ。**16**Mr：これを１週間試してみよう。ひょっとしたら，みんなそれを気に入るかもしれない。**17**翌週の夕食**18**S：ねえ，お父さん，今晩のこの食べ物，おいしいわ！**19**Mr：うん，最初は，あまりうまくつくれなかったけど，今では上手になったよ。⑮−エ今ではお母さんのことがわかるよ。毎日私たちの夕食をつくっていたとき，お母さんは精いっぱいがんばってくれていたんだってことがね。**20**P：お父さんはどうなの？　昨日，僕は芝生を刈ったんだ。本当にきつい仕事だった。お父さんが毎週こんなに大変な仕事をしているとは知らなかったよ。**21**S：私はゴミがこんなに重いって知らなかったわ！　何とか運ぶことができるけれど…。ポール，あなたは週に２回，これを運んでいたのね。力持ちね！**22**Mrs：みんな今ではお互いのことがよくわかるわね。みんながそれぞれのやり方で，家族のために一生懸命がんばってくれているわ。そして，私は皿洗いが大好きよ！

⒀<適文選択>直前の「誰も私の料理が好きではない」という母親の発言に対して，「僕は好きだ」と言っているのだから，「それは事実ではない」と否定したのである。

⒁<適語選択>‘not ～ any …’「どんな〔少しの〕…も～ない」の形。

⒂<適所選択>第19段落で，父親は母親に代わって料理をするようになったことで，その大変さを実感している。つまり母親の気持ちがわかるようになったのである。

⒃<適語選択>サリーがゴミ捨ての大変さについて述べており，空所以下はそれまでゴミ捨てを担当していた人に対して話しかけている場面。ゴミ捨ての前任者はポールである(第８段落参照)。

⒄<要旨把握>第11～15段落および第19～22段落参照。

4〔長文読解総合―日記〕

≪全訳≫私は午後４時に学校を出た。同時に，野球の試合が終わり，多くの人が駅へと歩き始めた。私は彼らと並んで歩き，最初の角を右に曲がった。イギリスに住むいとこに手紙を送るため，郵便局に立ち寄った。それから，花屋に行き，お母さんのために花を買った。駅に近づいたとき，本を図書館に返さなければならないことを思い出した。図書館に行く途中，左側にネコカフェが見えた。

(18)＜要旨把握―地図を見て答える問題＞最終文より，駅から図書館に向かう途中，ネコカフェを左側に見ているので，学校から駅を通って花屋まで行った道を戻ったことがわかる。　on ～'s left〔right〕「～の左〔右〕側に」

(19)＜要旨把握＞第４～７文参照。手紙は投函し，本は返却したと考えられる。

(20)＜内容真偽＞ア…○　問(18)参照。Aの本屋の前は通っていない。　イ…×　第４文参照。　ウ…×　このような記述はない。　エ…×　第１，２文参照。

5〔適語句選択・語形変化〕

(21)ten years ago「10年前」より，過去の文とわかる。　「私は10年前，浦和に住んでいた」

(22)enjoy ～ing で「～するのを楽しむ」。　「近頃，多くの人が年中泳ぐのを楽しんでいる」

(23)'be動詞＋bored' で「(人が)退屈した」という意味。boring は「(物事などが)退屈な」。　「彼の話はとても長く，私は退屈した」

6〔英文結合完成〕

(24)助動詞を含む受け身形は '助動詞＋be＋過去分詞' の形。This homework must be finished by tomorrow. で「この宿題は明日までに終えられなければいけない」となる。①-④は 'have/has＋過去分詞' の現在完了の文に見えるが，文として意味が通らない。

(25)'比較級＋than ～'「～より…」の比較級の文ができる。　「彼は母親よりも背が高い」

7〔単語の発音〕

(26)　ア．north[θ]　イ．weather[ð]　ウ．southern[ð]　エ．there[ð]

(27)　ア．open[ou]　イ．holiday[ɑ]　ウ．notebook[ou]　エ．cold[ou]

(28)　ア．during[əːr]　イ．lunch[ʌ]　ウ．jump[ʌ]　エ．sun[ʌ]

8〔単語のアクセント〕

(29)　ア．I-tál-ian　イ．e-lév-en　ウ．re-mém-ber　エ．rés-tau-rant

(30)　ア．víl-lage　イ．ho-tél　ウ．ad-více　エ．a-lóng

2022年度／星野高等学校(単願)

数学解答

1 (1) (オ)　(2) (ア)　(3) (ウ)　(4) (エ)　(5) (カ)　(6) (ウ)　(7) (イ)　(8) (カ)　(9) (オ)

2 (10) (ア)　(11) (エ)

3 (12) (イ)　(13) (オ)　(14) (ア)

4 (15) (ウ)　(16) (カ)　(17) (エ)

5 (18) (イ)　(19) (ウ)　(20) (カ)

1 〔独立小問集合題〕

(1)＜数の計算＞与式 $=-4-9\times(-8)=-4+72=68$

(2)＜連立方程式＞$x+y=-6$……①，$5x+2y=3$……②とする。②－①×2より，$5x-2x=3-(-12)$，$3x=15$　$\therefore x=5$　これを①に代入して，$5+y=-6$　$\therefore y=-11$

(3)＜数の計算＞与式 $=4\sqrt{2}-\sqrt{2^2\times3}-\dfrac{12\times\sqrt{2}}{\sqrt{2}\times\sqrt{2}}+\sqrt{4^2\times3}=4\sqrt{2}-2\sqrt{3}-\dfrac{12\sqrt{2}}{2}+4\sqrt{3}=2\sqrt{3}+4\sqrt{2}-6\sqrt{2}=2\sqrt{3}-2\sqrt{2}$

(4)＜二次方程式＞解の公式より，$x=\dfrac{-5\pm\sqrt{5^2-4\times2\times1}}{2\times2}=\dfrac{-5\pm\sqrt{17}}{4}$となる。

(5)＜式の計算―因数分解＞与式 $=(2x^2-2x+5x-5)-(x^2+2x+1)=2x^2-2x+5x-5-x^2-2x-1=x^2+x-6=(x-2)(x+3)$

(6)＜確率―硬貨＞硬貨A，B，Cそれぞれについて，表と裏の2通りの出方があるので，3枚の硬貨の表裏の出方は全部で $2\times2\times2=8$(通り)ある。このうち，表が1枚で裏が2枚となるのは，いずれかの硬貨1枚だけが表になる場合で3通りある。よって，求める確率は$\dfrac{3}{8}$となる。

(7)＜式の利用，等式変形＞AさんがBさんにお金を渡す前のAさんの所持金をa円とすると，2人の所持金の合計はn円なので，Bさんの所持金は$n-a$円と表せる。AさんがBさんに200円を渡すと，Aさんの所持金は$a-200$円，Bさんの所持金は$n-a+200$円となる。このとき，Aさんの所持金はBさんの所持金の2倍になったので，$a-200=2(n-a+200)$が成り立つ。これをaについて解くと，$a-200=2n-2a+400$，$a+2a=2n+400+200$，$3a=2n+600$，$a=\dfrac{2}{3}n+200$となる。

(8)＜平面図形―角度＞右図1のように，点Aと点Dを結ぶ。ABは直径より，$\angle ACB=90^\circ$だから，$\angle DCB=\angle ACB-\angle ACD=90^\circ-61^\circ=29^\circ$である。$\overset{\frown}{BD}$に対する円周角より，$\angle DAB=\angle DCB=29^\circ$となり，△OADは$OA=OD$の二等辺三角形だから，$\angle ODA=\angle DAB=29^\circ$となる。よって，$\angle ADC=\angle ODA+\angle ODC=29^\circ+44^\circ=73^\circ$となるので，$\overset{\frown}{AC}$に対する円周角より，$\angle x=\angle ADC=73^\circ$である。

図1

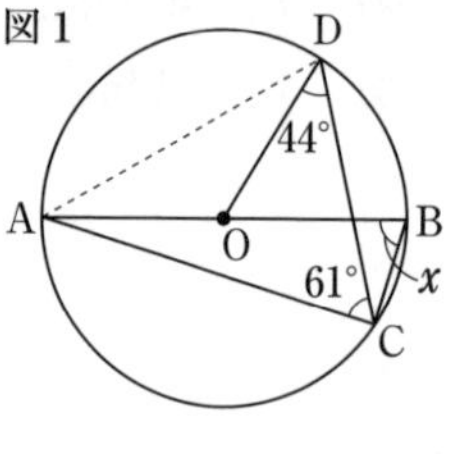

(9)＜平面図形―長さ＞右図2で，FG∥BCより，$AF:AB=AG:AC=AG:(AG+GC)=10:(10+14)=10:24=5:12$であり，$AB=AD+DB=5+25=30$だから，$AF=\dfrac{5}{12}AB=\dfrac{5}{12}\times30=\dfrac{25}{2}$となる。よって，$DF=AF-AD=\dfrac{25}{2}-5=\dfrac{15}{2}$である。

図2

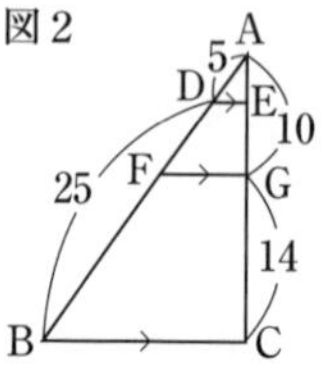

2 〔数と式―連立方程式の応用〕

(10)＜文字式の利用＞x回投げて表がy回出たとすると，裏が出た回数は$x-y$回と表せる。Aさんは初め階段の下から20段目に立っていて，表が出ると4段上がり，裏が出ると1段下がるので，表がy回出たことより，$4\times y=4y$(段)上がり，裏が$x-y$回出たことより，$1\times(x-y)=x-y$(段)下がる。よって，Aさんは下から，$20+4y-(x-y)=-x+5y+20$(段)目に立っている。

⑾＜連立方程式の応用＞⑽のとき，A さんは階段の下から 50 段目に立っていたから，$-x+5y+20=50$ より，$-x+5y=30$……①が成り立つ。また，B さんは，はじめ階段の下から 20 段目に立っていて，表が出ると 1 段上がり，裏が出ると 2 段上がるので，表が y 回出たことより，$1\times y=y$(段)上がり，裏が $x-y$ 回出たことより，$2\times(x-y)=2x-2y$(段)上がる。よって，B さんは下から，$20+y+(2x-2y)=2x-y+20$(段目)に立っていて，B さんが A さんより 9 段下に立っていたから，$2x-y+20=50-9$ より，$2x-y=21$……②が成り立つ。①，②を連立方程式として解くと，①×2＋②より，$10y+(-y)=60+21$，$9y=81$，$y=9$ となる。

3 〔関数 $y=ax^2$ と一次関数のグラフ〕

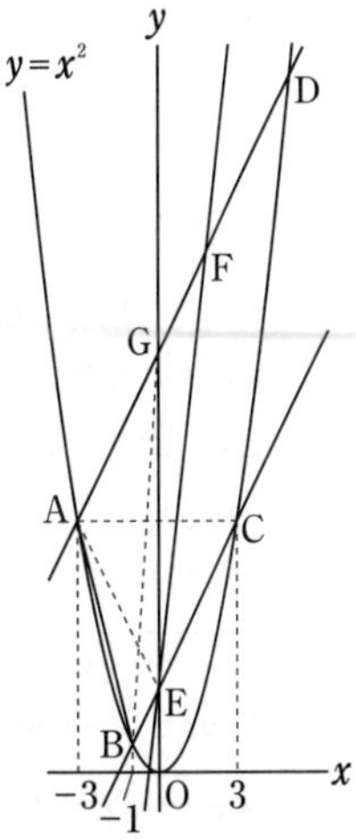

⑿＜直線の式＞右図で，点 B，C は放物線 $y=x^2$ 上にあり，x 座標はそれぞれ -1，3 だから，$y=(-1)^2=1$，$y=3^2=9$ より，B$(-1,\ 1)$，C$(3,\ 9)$である。このとき，直線 BC の傾きは $\dfrac{9-1}{3-(-1)}=2$ となり，この式を $y=2x+b$ とおくと，C$(3,\ 9)$を通るから，$9=2\times3+b$，$b=3$ より，直線 BC の式は $y=2x+3$ となる。

⒀＜面積＞右図で，放物線 $y=x^2$ は y 軸について対称で，点 A と点 C の x 座標の絶対値は等しいので，この 2 点も y 軸について対称となる。よって，C$(3,\ 9)$より，A$(-3,\ 9)$である。また，平行な 2 直線の傾きは等しいので，点 A を通り直線 BC と平行な直線の式は $y=2x+c$ とおける。これに点 A の座標より，$x=-3$，$y=9$ を代入して，$9=2\times(-3)+c$，$c=15$ より，点 D は直線 $y=2x+15$ と放物線 $y=x^2$ の交点となる。2 式から y を消去すると，$2x+15=x^2$，$x^2-2x-15=0$，$(x+3)(x-5)=0$ より，$x=-3$，5 となるので，点 D の x 座標は 5 である。これを $y=x^2$ に代入して，$y=5^2=25$ より，D$(5,\ 25)$となる。ここで，〔四角形 ABCD〕$=$△ABC＋△ADC であり，点 A，C は y 軸について対称だから，AC∥〔x 軸〕である。これより，△ABC，△ADC の底辺を $\mathrm{AC}=3-(-3)=6$ と見ると，△ABC の高さは点 B と点 C の y 座標の差より，$9-1=8$，△ADC の高さは点 D と点 C の y 座標の差より，$25-9=16$ となる。したがって，$\triangle\mathrm{ABC}=\dfrac{1}{2}\times6\times8=24$，$\triangle\mathrm{ADC}=\dfrac{1}{2}\times6\times16=48$ より，〔四角形 ABCD〕$=24+48=72$ である。

⒁＜直線の式＞点 E を通り四角形 ABCD の面積を 2 等分する直線は，右上図のように，線分 AD と交わる。その交点を F とすると，〔四角形 ABEF〕$=\dfrac{1}{2}$〔四角形 ABCD〕$=\dfrac{1}{2}\times72=36$ である。また，直線 AD と y 軸との交点を G とすると，〔四角形 ABEG〕$=$△ABE＋△AEG であり，AG∥BE より△ABE＝△BEG だから，〔四角形 ABEG〕$=$△BEG＋△AEG となる。ここで，直線 BC，AD の式はそれぞれ $y=2x+3$，$y=2x+15$ なので，切片より E$(0,\ 3)$，G$(0,\ 15)$となり，$\mathrm{EG}=15-3=12$ である。さらに，△BEG，△AEG で，辺 EG を底辺と見ると，高さはそれぞれ点 B，A の x 座標より，1，3 だから，〔四角形 ABEG〕$=\triangle\mathrm{BEG}+\triangle\mathrm{AEG}=\dfrac{1}{2}\times12\times1+\dfrac{1}{2}\times12\times3=6+18=24$ となり，△EFG$=$〔四角形 ABEF〕$-$〔四角形 ABEG〕$=36-24=12$ である。ここで，点 F の x 座標を t とおくと，$\triangle\mathrm{EFG}=\dfrac{1}{2}\times\mathrm{EG}\times t$ より，$\dfrac{1}{2}\times12\times t=12$ が成り立つ。これを解くと，$t=2$ となり，点 F は直線 $y=2x+15$ 上の点なので，$y=2\times2+15=19$ より，F$(2,\ 19)$である。したがって，求める直線 EF は，傾きが $\dfrac{19-3}{2-0}=8$ で，切片が 3 だから，$y=8x+3$ となる。

4 〔平面図形―平行四辺形と円〕

⒂＜長さ＞次ページの図で，△OBF と△OBE において，円 O の半径より，OF＝OE，接線の性質より，∠OFB＝∠OEB＝90°，共通な辺より，OB＝OB である。よって，直角三角形の斜辺と他の 1

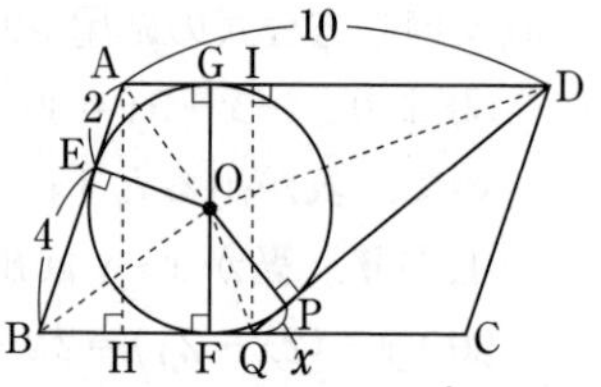

辺がそれぞれ等しいので，$\triangle OBF \equiv \triangle OBE$ となり，$BF=BE=4$ である。また，四角形 ABCD は平行四辺形なので，$BC=AD=10$ である。したがって，$FC=BC-BF=10-4=6$ となる。

⒃＜面積＞辺 BC，AD は円 O の接線より $OF \perp BC$，$OG \perp AD$ であり，▱ABCD より $BC /\!/ AD$ だから，3 点 F，O，G は一直線上にある。よって，線分 GF は円 O の直径となり，円 O の半径は線分 GF の長さの半分である。また，点 A から辺 BC に垂線 AH を引くと，四角形 AHFG は長方形になるので，$GF=AH$，$HF=AG$ となる。⒂と同様に $\triangle OAG \equiv \triangle OAE$ なので，$AG=AE=2$ より，$HF=AG=2$ である。よって，$\triangle ABH$ において，$BH=BF-HF=4-2=2$，$AB=AE+BE=2+4=6$ だから，三平方の定理より，$AH=\sqrt{AB^2-BH^2}=\sqrt{6^2-2^2}=\sqrt{32}=4\sqrt{2}$ となる。したがって，$GF=AH=4\sqrt{2}$ より，円 O の半径は，$4\sqrt{2}\div 2=2\sqrt{2}$ だから，その面積は，$\pi\times(2\sqrt{2})^2=8\pi$ である。

⒄＜長さ＞$PQ=x$ とおく。$DG=AD-AG=10-2=8$ であり，⒂と同様に $\triangle ODP \equiv \triangle ODG$，$\triangle OQF \equiv \triangle OQP$ だから，$DP=DG=8$，$FQ=PQ=x$ となる。ここで，点 Q から DG に垂線 QI を引くと，四角形 GFQI は長方形になるので，$GI=FQ$ である。よって，$\triangle DIQ$ において，$IQ=GF=4\sqrt{2}$，$ID=DG-GI=DG-FQ=8-x$，$DQ=DP+PQ=8+x$ だから，三平方の定理 $IQ^2+ID^2=DQ^2$ より，$(4\sqrt{2})^2+(8-x)^2=(8+x)^2$ が成り立つ。これを解くと，$32+64-16x+x^2=64+16x+x^2$，$32x=32$，$x=1$ となる。

5 〔空間図形―三角柱〕

図 1

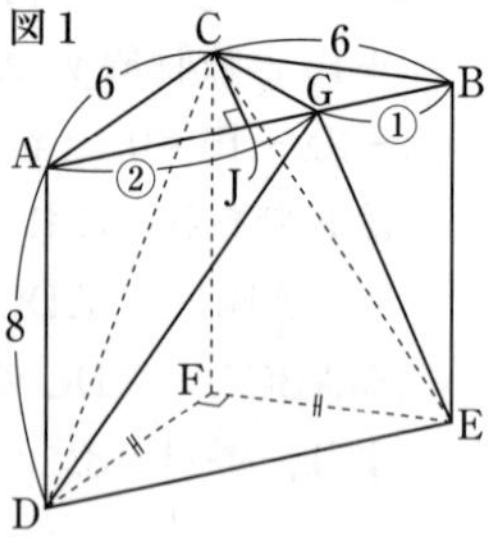

⒅＜長さ＞右図 1 で，$\triangle ABC$ は直角二等辺三角形だから，$AB=\sqrt{2}AC=\sqrt{2}\times 6=6\sqrt{2}$ となり，$AG:GB=2:1$ なので，$AG=\dfrac{2}{2+1}AB=\dfrac{2}{3}\times 6\sqrt{2}=4\sqrt{2}$ である。

⒆＜面積＞$\triangle ACD$ において三平方の定理より，$CD=\sqrt{AC^2+AD^2}=\sqrt{6^2+8^2}=\sqrt{100}=10$ となり，$\triangle BCE$ においても同様に，$CE=10$ となるから，$\triangle CDE$ は $CD=CE$ の二等辺三角形である。また，$DE=AB=6\sqrt{2}$ だから，右下図 2 のように，$\triangle CDE$ の頂点 C から辺 DE に垂線 CI を引くと，点 I は辺 DE の中点となるから，$DI=\dfrac{1}{2}DE=\dfrac{1}{2}\times 6\sqrt{2}=3\sqrt{2}$ である。よって，$\triangle CDI$ において三平方の定理より，$CI=\sqrt{CD^2-DI^2}=\sqrt{10^2-(3\sqrt{2})^2}=\sqrt{82}$ だから，$\triangle CDE=\dfrac{1}{2}\times DE\times CI=\dfrac{1}{2}\times 6\sqrt{2}\times\sqrt{82}=6\sqrt{41}$ である。

図 2

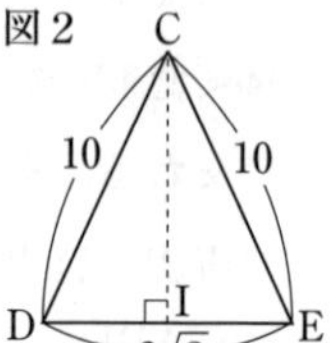

⒇＜長さ＞右上図 1 で，点 G から $\triangle CDE$ を含む平面に引いた垂線 GH の長さは，三角錐 GCDE の底面を $\triangle CDE$ と見たときの高さになるから，〔三角錐 GCDE〕$=\dfrac{1}{3}\times\triangle CDE\times GH=\dfrac{1}{3}\times 6\sqrt{41}\times GH$ となる。また，$\triangle ABC \perp$〔四角形 ABED〕より，点 C から AB に垂線 CJ を引くと，CJ は三角錐 GCDE の底面を $\triangle GDE$ と見たときの高さとなる。ここで，$\triangle ABC$ は直角二等辺三角形だから，$CJ=AJ=BJ=\dfrac{1}{2}AB=\dfrac{1}{2}\times 6\sqrt{2}=3\sqrt{2}$ である。よって，$\triangle GDE=\dfrac{1}{2}\times DE\times AD=\dfrac{1}{2}\times 6\sqrt{2}\times 8=24\sqrt{2}$ だから，〔三角錐 GCDE〕$=\dfrac{1}{3}\times\triangle GDE\times CJ=\dfrac{1}{3}\times 24\sqrt{2}\times 3\sqrt{2}=48$ となる。以上より，$\dfrac{1}{3}\times 6\sqrt{41}\times GH=48$ が成り立ち，これを解くと，$GH=\dfrac{24\sqrt{41}}{41}$ となる。

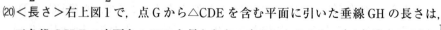

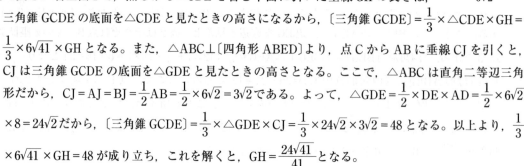

2022年度／星野高等学校（単願）

国語解答

一　問1　①…ア　②…エ　③…ウ
問2　a…イ　b…エ　問3　エ
問4　イ　問5　イ　問6　ア
問7　ウ　問8　ウ　問9　イ
問10　エ

二　問1　①…ア　②…エ
問2　a…ア　b…イ　c…ウ
問3　イ　問4　エ　問5　ア
問6　イ　問7　エ　問8　イ
問9　ウ　問10　イ

三　問1　a…イ　b…ア　問2　ウ
問3　ア　問4　⑴…ウ　⑵…ア
問5　ウ　問6　イ　問7　ウ

一〔論説文の読解―芸術・文学・言語学的分野―文学〕出典；上野一孝『肉声のありかを求めて―現代俳句熟考』。

≪本文の概要≫「春風や闘志いだきて丘に立つ」という高濱虚子の俳句は，万物が活動を始める春に，作者も自分の仕事や人生に「闘志」を覚えているという解釈が妥当であり，さらに大和言葉としての歴史が浅い「闘志」という熟語を，春という季節感に取り合わせたところには，この句の斬新さが認められる。また一方で，この句は，虚子が碧梧桐らの新傾向運動に対抗して再び句作に取り組んでいくという決意を表明したものであると解釈することもできる。つまり，この句には，俳壇復帰の決意として解釈して鑑賞する方法と，十七音の情報に何も付加しないで鑑賞する方法の，二通りの読まれ方が存在することになる。ただし，この句については，後者の鑑賞の方がふさわしいと思われる。作品を作者から解き放つことで，作品に普遍的な価値を付与することになる。さらに，熟語「闘志」が用いられるようになった時代の雰囲気にもふさわしいものとして，句を鑑賞できるからである。

問1＜漢字＞①「概説」と書く。アは「概念」，イは「心外」，ウは「該当」，エは「損害」。　②「検索」と書く。アは「政策」，イは「制作」，ウは「添削」，エは「思索」。　③「俳壇」と書く。アは「球団」，イは「断腸」，ウは「教壇」，エは「段位」。

問2＜語句＞a．「脳天気」は，何事も深く考えないのんきな様子。　b．「拘泥」は，一つのことにこだわること。

問3＜接続語＞Ⅰ．のび太くんは「ぼくだって，秘めたとうしをもってるよ」と言って「丘の上に登って行く」が，彼が「とうし」を抱いて取り組んだのは，段ボールで「草の上を滑り降りてくる遊び」だった。　Ⅱ．「闘志」という熟語を用いたところに，「時代の雰囲気」も含めて「春風や～」の句の「斬新さ」が認められるのであるが，視点を転じて，虚子の『贈答句集』を見ると，この句には「俳句に復活す」という「前書」がついている。　Ⅲ．「春風や～」の句が「作者の句作に対する決意」になるという説明の一例として，後藤比奈夫の「評言」が挙げられる。　Ⅳ．『贈答句集』の「前書」からは，「春風や～」の句が「作者の句作に対する決意」と解釈されるが，それよりも前に公刊された『五百句』からは，「作者の実人生に拘泥せずに句を解釈」できるということは，すなわち，「春風や～」の句には「二通りの読まれ方が存在する」ということである。

問4＜文脈＞「闘志」という熟語が「大和言葉としての歴史」において非常に浅いということは，「闘志を抱く」という発想は，昔からある「日本的な美意識とは別のところから生まれたもの」で，「自我を重んずる近代人」にこそ親しく感じられるものだということになる。

問5＜文学史＞「やせ蛙まけるな一茶これにあり」は，やせていて弱そうな蛙よ，負けないでくれ，私がここで応援しているから，という内容の小林一茶の俳句。

問6＜文章内容＞「春風や～」の句は，「万物が活動をはじめる春」に，作者が仕事や人生に「闘志」

を感じているという「健康さ」のある解釈が妥当なので，「青春俳句」ともいえる。

問7＜指示語＞虚子が，小説の執筆を断念して「碧梧桐らの新傾向運動に対抗」するために，「守旧派」として俳壇に復活したという「事情を勘案」するのであれば，「春風や～」の句が，虚子の「句作に対する決意」ということになる。

問8＜指示語＞「俳句を古典芸術として認識」し，「あえて旧を守る」という虚子の俳句に対する姿勢を評した後藤比奈夫の「評言」が，「俳壇での理解を代表するものだ」といえるのは，「虚子の歩みは，そのまま俳句の文学史」といえるからであり，「俳句に深入りしている」人には，「春風や～」の句を「虚子の俳句人生と重ね合わせて解釈する方が自然」だからである。

問9＜文章内容＞「十七音以外の情報」を付加しないで「春風や～」の句を鑑賞する方が，「作品を作者から解き放つことで，作品に普遍的な価値を付与すること」ができるうえ，「闘志」という言葉を用いたことによる「時代の雰囲気」を味わえるからである。

問10＜要旨＞俳句の鑑賞は，作者の人生と重ね合わせる解釈もあるが，「十七音以外の情報を何ら付加しないで」解釈することも「あり得る」のであり，そういう解釈によって「作品に普遍的な価値を付与」できるのである(E…×)。

二 〔小説の読解〕出典；長野まゆみ『八月六日上々天氣』。

問1＜漢字＞①「背丈」と書く。アは「居丈高」，イは「竹垣」，ウは「冗長」，エは「信条」。　②「輪郭」と書く。アは「核心」，イは「互角」，ウは「内閣」，エは「城郭」。

問2＜語句＞a．「万一」は，めったにはないが，まれに起こるかもしれないこと。　b．「大儀そうに」は，いかにも面倒な物事をするような様子やいやいや行う様子を表す。　c．「こともなげ」は，何でもないかのように平然としている様子。

問3＜表現＞Ⅰ．珠紀は，見ないうちに史郎の顔が勢いよく進んで「変わる」ので，「今の顔を忘れてしまう」と言った。　Ⅱ．史郎がいつの写真なのか「内緒」だと言ったので，珠紀は，史郎が「眠っているとき」に，気づかれないよう「のぞいてしまう」と言った。　Ⅲ．汽車が急に「速く走りだし」たので，史郎が顔を出している窓も，今はもう「はっきり」とは見えなくなってしまった。　Ⅳ．珠紀は，「菓子碗」を「湯気のたつ蒸籠」の中へ，静かに置いた。

問4＜心情＞史郎は，珠紀の写真を「御守り代わり」に胸ポケットに入れてあると言ってほほえんだものの，「いつの写真？」と問われて恥ずかしさを隠すために，「内緒です」ときっぱりと言った後，「素知らぬ顔」をして「顔をそらし」たのである。

問5＜心情＞珠紀は，大人っぽくなった史郎の「横顔」を見ながら，史郎が自分にまとわりついていた昔を「たまらないなつかしさ」で思い出し，今という時間の大切さを感じつつ，史郎も同じように感じていることを期待して史郎の手に自分の手を重ねた(イ・エ…○)。そして，帰ってくるとわかってはいるものの，戦時下で心配なので，珠紀は，手を重ねたまま，「早くお帰りなさいね」と声をかけた(ア…×，ウ…○)。

問6＜表現＞「白玉粉が手にはいらなかった」ときは，「うどん粉」を代用したり，「井戸水」で冷やすなど，戦時下にあっても，当時の人たちが工夫をして，少しでも豊かに日常を送ろうとしていたことが，表されている。

問7＜文章内容＞珠紀は「史郎が戻ってきた」と思ったが，「いつもとめてある」場所に史郎の自転車がないことから，史郎がまだ帰ってきていないことがわかる(…X)。自転車を米屋の主人に「史郎が帰るまで」預かってもらっているため，いつもの場所に自転車がないことは，史郎が戻っていないということになる(…Y)。

問8＜表現＞珠紀が呼んでも何の返答がない静けさが「しきりに啼きたてる」蟬の声と対比されるこ

とで，史郎の不在が際立てられている。また，「碧天」の明るさが描かれることで，史郎のいる場所で起こっているだろう悲惨な出来事を，珠紀が知らずにいることが強調されている。

問9＜表現＞遠く離れた広島での原爆投下による影響が，珠紀のいる場所にまで，ガラス戸の振動として伝わってきた様子を描くことで，その激しさをありありと想像できるようになっている。

問10＜要旨＞「ぼくだって，もう十五だ」と言ったり，「卵を蒸し過ぎてはだめですよ」と注意したりしているところから，もう子どもではないことを認めてもらいたいという史郎の気持ちが感じられる(ア…○)。とはいえ，「汽車の窓から身を乗りだして」手を振る様子は，史郎の子どもらしさが表れている(イ…×)。戻ってきた史郎の肌が「真夏だというのに真冬と少しも変わらずに白い」ことや，珠紀の問いかけに黙ってほほえむ史郎の様子からは，史郎の身に何かが起こり，珠紀が見ているのは史郎の幻想だということが読み取れる(ウ・エ…○)。

三 〔古文の読解—評論〕出典；正徹『正徹物語』。

≪現代語訳≫俊成の家は，五条室町にあった。定家卿が母に先立たれた後に，(父の)俊成の所に行って会いましたところ，(そのとき)秋風が吹き荒れていて，さっそく俊成も心細い様子に見えましたので，定家が一条京極の(自分の)家から，父のもとに，

少しの間も露も涙も止まることがありません，なき人を恋しく思っている家に吹く秋風には。

とよんで贈られた歌は，哀れさも悲しさも何とも言えないほど，深みがあり細やかで優れた歌のよみ方である。「玉ゆら」は，少しの間ということである。(一首の)末に「秋かぜ」(という言葉)を置いていることまで，しみじみとした感慨が身にしみるうえに，「〈なき人恋ふる〉」とあるのも，悲しく聞こえるのである。俊成の返歌に，

秋になって風が涼しく変わるにつけても涙の露はしきりに散ることよ。

とそっけなくよんだのが，何とも得心のいかないことである。定家は母のことなので，哀れにも悲しくも，もだえ苦しんでよんだのは道理である。俊成は，自分の妻のことであり，自身がすでに老体なので，「どうにもならない，悲しい」などと言っては似合わないので，ただ「折から秋になって，風が涼しく」と何げないように言ったところが，何も思い浮かばないほどにすばらしい。

問1＜古語＞a.「しばし」は，少しの間，しばらく，という意味。　b.「ことわり」は，道理，筋道のこと。

問2＜古文の内容理解＞①定家は，一条京極の自分の家から五条室町に住む俊成に宛てて「玉ゆらの～」の和歌をよんで贈った。　②作者は，俊成の「秋になり～」の和歌を見て得心がいかなかった。　③俊成は，自分が老いているので，妻を失った悲しみを直接的な言葉で表すのは似合わないと思った。

問3＜古文の内容理解＞「心ぼそし」は，心細い，もの寂しい，という意味。俊成は，妻を失ったので，定家から見ても寂しそうだった。

問4⑴＜和歌の技法＞三句目の「とどまらず」の「ず」は，終止形なので，ここが意味や調子の切れ目と考えられる。　⑵＜和歌の内容理解＞定家は，五条室町にある俊成の家に吹き荒れていた秋風になぞらえて母が亡くなった悲しみをよんだ(ウ・エ…○)。また，最後の句を「秋かぜ」という体言で終わらせていることで，歌に余韻を残している(ア…×，イ…○)。

問5＜和歌の内容理解＞なき人を恋しく思っているという表現によって，和歌からより悲しさが伝わってくるのである。

問6＜古文の内容理解＞年老いた俊成が，妻を失った悲しみを，悲しいなどの直接的な言葉で表すのは似合わないと思い，あえて何げない言葉で表したことを，作者はすばらしいというのである。

問7＜文学史＞藤原定家は，鎌倉時代に成立した『新古今和歌集』の撰者の一人である。

2022年度 星野高等学校(併願第1回)

〔注〕 この問題は，1月25日に実施された併願受験者用のものです。

【英　語】（50分）〈満点：100点〉

（注意） 解答はすべて一つ選び，解答用紙の所定の欄にマークすること。

1 次の英文を読んで，下の問いに答えなさい。

Machines have helped humans for hundreds of years. You have also experienced using or meeting machines that help you do something. Some of you felt they were useful, ①(　　　　　)? Yes, in fact, machines have grown our *economy and made our lives better in many ways. Some machines have *artificial intelligence that understands our feelings and can help with things like doing housework at home, being a museum guide, or serving food at various restaurants. Recently, they also check our body temperature at stores. In this way, they have many good points. However, machines also take jobs away from humans. In 2013, Dr. Michael Osborne of Oxford University said that in 10 to 20 years, about half of the jobs that humans do would disappear because of machines.

In his research, Dr. Osborne looked at 702 different types of jobs. His report said that taxi and bus drivers may lose their jobs. It is easy to imagine that those jobs will disappear if we have *self-driving vehicles. But some of his other findings may surprise you. He also said that *accountants would also no longer be needed. ②This is surprising because such work needs a high level of *knowledge. Dr. Osborne thought that computers would do their job.

This is not a problem that began recently. From the late 18th century, *textile workers lost their jobs because new machines were developed. Textile workers who were worried about losing their jobs started *the Luddite Movement. In this movement, workers in England who lost their jobs *destroyed machines. Since then, however, people have developed more and more machines, and more and more human jobs have disappeared. For example, *telephone operators were needed until 1950s, but since then computers have done all of that work.

However, there is one point that is different today. That is, technology is changing ③(A) than ever before. This means that the "*lifespan" of jobs will be ③(B) than before. In the past, people could learn a skill and do that job through their lives. However, many skilled workers will possibly lose their jobs before they *retire, so we will need to keep developing new skills to continue working. The key to ④(　　　　　) is *flexibility.

（注） economy：経済　artificial intelligence：人工知能
self-driving vehicles：自動運転の乗り物　accountants：会計士
knowledge：知識　textile：織物
the Luddite Movement：ラッダイト運動(イギリスで起こった労働運動)
destroyed：～を破壊した　telephone operators：電話交換手
lifespan：寿命　retire：退職する　flexibility：柔軟性

(1) 下線①の(　)に入れるのに最も適するものを選びなさい。

ア．were they　イ．weren't they　ウ．did you　エ．didn't you

(2) 下線②の内容として最も適するものを選びなさい。

ア．会計士がもはや必要とされないこと。
イ．運転手がもはや必要とされないこと。
ウ．会計士がいまだ必要とされていること。
エ．運転手がいまだ必要とされていること。

(3) 下線③の(A)(B)に入れる組み合わせとして最も適するものを選びなさい。

ア．A：slower　B：shorter
イ．A：slower　B：longer
ウ．A：faster　B：shorter
エ．A：faster　B：longer

(4) 下線④の(　)に入れるのに最も適するものを選びなさい。

ア．keeping the same job　イ．success in the future
ウ．learning from the past　エ．long and healthy life

(5) 本文の内容と一致するものの数を選びなさい。

(a) Our lives are changing and getting worse because of machines.
(b) Some machines are used at stores to see our health condition.
(c) Dr. Osborne said that 10 to 20 jobs that humans do would disappear soon.
(d) Self-driving vehicles were used to destroy machines in the Luddite Movement.
(e) Since 1950s, computers have done the work of telephone operators.

ア．1つ　イ．2つ　ウ．3つ　エ．4つ

(6) 本文のタイトルとして最も適するものを選びなさい。

ア．Machines and English Technology　イ．Machines and Human Jobs
ウ．Machines with Artificial Intelligence　エ．How to Invent Useful Machines

2 次の英文を読んで，下の問いに答えなさい。

One day, my friend Jack came to my house with twelve children. He wanted to use my house to hold an event to support children who could not go to school. This is the story which I told them when I introduced myself.

Hello everyone, I am Monty Roberts, the owner of this horse *ranch. I want to tell you ⑦(　　　) I allowed Jack to use my house. It all goes back to a story about a boy. He was the son of a horse trainer who often moved from *race track to race track. ⑧(　A　), the boy had to move and change schools several times. One day, he was asked to write a *paper about ⑨[(1) be (2) and do (3) wanted (4) he (5) to (6) when (7) what] he grew up.

That night he wrote a seven-page paper. He explained his goal of someday owning a horse ranch. He wrote *in detail about his dream and he even drew a picture of a large house on a *200-acre ranch.

The next day he *handed it in to his teacher. Two days later he received his paper back. A large red *F was on the front page. The teacher said, "This dream will not come true for a young boy like you. You have no money, and you will need a lot of money if you want to own a horse ranch. It is too difficult for you." Then the teacher added, "If you write this paper with ⑩a more realistic goal, I will think about your grade again."

He went home and thought hard about it. He asked his father what he should do. His father said, "You have to decide on this by yourself. ⑧(　B　), I think it is a very important decision for you."

Finally, the boy handed in the same paper again and said, "You can keep the F and I'll keep my dream."

I told you this story because you are sitting in my large house on my 200-acre horse ranch. I still have that school paper. The best part of the story is that two summers ago that same schoolteacher brought 30 kids to camp out on my ranch. He said to me, "Monty, I can tell you this now. When I was your teacher, I *stole a lot of kids' dreams. Luckily, you had a strong heart that never gave up."

I wanted Jack to use this ranch because I thought it could help young people to learn important lessons. You may be having a difficult time now, but I want to tell you something. Don't allow anyone to *steal your dreams. ⑪(　　　　).

（注）ranch：牧場　race track：競馬場　paper：作文　in detail：詳しく
200-acre：200エーカーの（約809,400m^2　１エーカー：約4,047m^2）
handed it in：それを提出した　F：不合格を意味する記号
stole：～を奪った　steal：～を奪う

(7) 下線⑦の(　)に入れるのに最も適するものを選びなさい。
ア．how often　イ．why　ウ．how many times　エ．when

(8) 下線⑧の(A)(B)に入れる組み合わせとして最も適するものを選びなさい。
ア．A：By the way　B：On the other hand
イ．A：As a result　B：For example
ウ．A：As a result　B：In fact
エ．A：By the way　B：Therefore

(9) 下線⑨において意味が通るように[　]内の(1)～(7)を並べかえたとき，最も適するものを選びなさい。
ア．(6)→(5)→(1)→(3)→(2)→(4)→(7)
イ．(6)→(3)→(5)→(1)→(2)→(4)→(7)
ウ．(7)→(5)→(1)→(2)→(6)→(4)→(3)
エ．(7)→(4)→(3)→(5)→(1)→(2)→(6)

(10) 下線⑩の説明として最も適するものを選びなさい。
ア．a goal which is easier to reach　イ．a goal which is harder to understand
ウ．a goal which is harder to reach　エ．a goal which is easier to understand

(11) 下線⑪の(　)に入れるのに最も適するものを選びなさい。
ア．Give up your dream　イ．Follow your heart
ウ．Ask your teacher for advice　エ．Have a smaller dream

(12) 本文の内容と一致するものを選びなさい。
ア．Jack told twelve children about a very sad experience in his life when he first met them.
イ．The teacher didn't accept Monty's dream, but gave him a chance to write his paper again.
ウ．Monty wrote his paper many times and was finally able to get a good grade.
エ．In his class, the teacher taught Monty the importance of believing in the future.

3　次の会話文を読んで，下の問いに答えなさい。

Aya is a high school student, and her brother Ryo lives alone in Tokyo. Today, Aya came to Ryo's apartment to see him.

Aya : It's about time for lunch! Shall we go out to eat?

Ryo : ⑬-A Eating out is expensive. How about cooking for ourselves ?

Aya : Really ? Do you cook ?

Ryo : ⑬-B I want to save money. Well, hmm. Let's see ⑭(　　　　　). . . .

Aya : There aren't so many things, I think. Ah, you have spaghetti. And here's a can of meat sauce. You can make spaghetti with meat sauce.

Ryo : That's too easy. I'll make something with olive oil, *garlic and *chili peppers.

Aya : Chili peppers ?! But I can't eat *spicy food.

Ryo : ⑬-C It won't be so spicy. First, we cook the spaghetti. Put lots of water in a large pot. When the water boils, add salt and put in the spaghetti. While the spaghetti is cooking, get the garlic ready. Here, you can *crush it like this.

Aya : Why do you crush it ?

Ryo : You can taste the garlic more if you crush it instead of cutting it.

Aya : Wow. I see. You know a lot !

Ryo : When the garlic is ready, put some oil in a frying pan. Then, add the garlic.

Aya : Wait. You forgot to turn on the heat.

Ryo : You turn on the heat after you put in the garlic. This way, the flavor of the garlic will go into the oil. When you start smelling the garlic, you put in the chili peppers. Don't forget to take out the seeds first !

Aya : Mmm ! It smells so good !

Ryo : Yeah. I love this smell. Okay, the spaghetti is ready. Let's put it in the frying pan. Don't forget to add some water from the pasta pot. Finally, add some salt and pepper, and we're done ! Here is Spaghetti **aglio, olio e peperoncino* !

Aya : Wow ! You are a great cook !

Ryo : Taste it before you say that.

Aya : Okay. *Itadakimasu* ! Mmm ! This is so good ! I can taste the garlic and the oil, and it's not so spicy. Your cooking is really good.

Ryo : I'm glad you like it. And it's not so difficult.

Aya : ⑮No, it's not. I'm going to. . . .

Ryo : You're going to cook every day, right ?

Aya : No. I'm going to come to your place to eat !

Ryo : What ?!

（注） garlic：にんにく　chili peppers：唐辛子　spicy：辛い
crush：～を潰す　*aglio, olio e peperoncino*：ペペロンチーノ

⒀ ⑬-A ～ ⑬-C に入れるのに最も適する組み合わせを選びなさい。

ア．A：No way !　B：Don't worry.　C：Of course I do !

イ．A：No way !　B：Of course I do !　C：Don't worry.

ウ．A：Of course I do !　B：No way !　C：Don't worry.

エ．A：Of course I do !　B：Don't worry.　C：No way !

⒁ 下線⑭の（　）に入れるのに最も適するものを選びなさい。

ア．what I have in the kitchen　イ．where a pack of spaghetti is

ウ．what kind of spaghetti you like　　エ．where I can go to buy things

(15) 下線⑮の意味する内容として最も適するものを選びなさい。

ア．I don't think you are right.　　イ．I don't think cooking is easy.

ウ．Spaghetti is not so spicy.　　エ．Cooking is not so difficult.

(16) この二人が作った料理の手順として正しいものを選びなさい。

(a) フライパンを火にかける
(b) オリーブオイルを入れる
(c) 唐辛子を入れる
(d) にんにくを入れる
(e) スパゲッティをゆでる

ア．(e) - (a) - (b) - (d) - (c)　　イ．(e) - (a) - (d) - (b) - (c)

ウ．(e) - (b) - (d) - (a) - (c)　　エ．(e) - (b) - (a) - (d) - (c)

(17) 本文の内容と一致するものの数を選びなさい。

(a) They cooked spaghetti with meat sauce, garlic, and chili peppers.
(b) They didn't crush the garlic but cut it because you can taste the garlic more.
(c) Ryo forgot to turn on the heat before putting in olive oil and garlic.
(d) When the spaghetti was ready, they put it in the frying pan with some water.
(e) Cooking spaghetti was not difficult, so Aya would go to Ryo's room to cook.

ア．1つ　　イ．2つ　　ウ．3つ　　エ．4つ

4　日本文とほぼ同じ意味になるように(　)内の語を並べかえて正しい英文を作るとき[　]に示された語は(　)内で何番目に来ますか。ア～エの中から選びなさい。ただし，文頭の語も小文字で示されています。

(18) 彼女はそのボートを買えるくらい裕福だ。[enough]

She (buy, enough, is, rich, to) the boat.

ア．2番目　　イ．3番目　　ウ．4番目　　エ．5番目

(19) あなたは何の教科が1番好きですか。[like]

(best, do, like, subject, the, what, you)?

ア．2番目　　イ．3番目　　ウ．4番目　　エ．5番目

(20) 先週はその本を読む時間がありませんでした。[to]

I (the, book, had, last, no, read, time, to, week).

ア．2番目　　イ．3番目　　ウ．4番目　　エ．5番目

5　次の(21)～(23)のそれぞれ4つの英文のうち，文法上の誤りを含む文を1つ選びなさい。

(21) ア．Which is the larger city, Sapporo, Nagoya, or Fukuoka?

イ．I think this is the most difficult question of all.

ウ．His new smartphone is much more expensive than mine.

エ．This book is not as interesting as that one.

(22) ア．This machine was produced by the company.

イ．The event wasn't held last night because of rain.

ウ．The famous mountain was covered from snow.

エ．We were interested in the writer's new novel.

(23) ア. How hard you practice the piano!
イ. What a good dancer you are!
ウ. Do you know how tall is that building?
エ. Nobody knows who lives in that house.

6 ユキは英会話の授業で，資料を使ってプレゼンテーションを行っています。発表と資料を読み，下の問いに答えなさい。

It's nice that we can use online shopping to buy books without going to bookstores. I thought it may be difficult for people in their sixties (people from 60 to 69 years old) to buy books online, so they would buy books at bookstores. I thought teens (young people from 13 to 19) often buy a lot of books through the Internet and don't go to bookstores these days. However, I was surprised to find that **they do**. In fact, they were the lowest percentages to buy books online. This is probably because many of them don't have a credit card which they need when they buy online. Actually, people in their forties (40 to 49) are the biggest internet buyers, and those in their fifties (50 to 59) come next. I think that people in these age groups can easily use the Internet and are able to buy books. It is strange that people in their thirties (30 to 39) don't buy books online as much. Their percentage is only three percent above teenagers. They might be too busy to read books.

<Buying Books Online>

age	percentage (%)
60-69	[45]%
50-59	[A]%
40-49	[58]%
30-39	[B]%
20-29	[C]%
13-19	[D]%

(24) ユキの発表の中で，下線部 they do の内容を説明したものとして最も適するものを選びなさい。
ア. 60代の世代は多くの本をインターネットで買う。
イ. 60代の世代は本屋さんで本を買う。
ウ. 13歳から19歳の世代は多くの本をインターネットで買う。
エ. 13歳から19歳の世代は本屋さんに行く。

(25) 表中の[A]～[D]に入れる数字の組み合わせとして最も適するものを選びなさい。
ア. A：53　B：35　C：41　D：33
イ. A：59　B：36　C：42　D：39
ウ. A：53　B：39　C：45　D：36
エ. A：59　B：48　C：42　D：45

7　下の(26)～(28)の各文が意味の通る文になるように下線部にそれぞれ適する単語を入れた時，各下線部が正しいつづりになるように□①，②に入れるのに最も適する組み合わせを選びなさい。

> ［例］
>
> A：What are you planning to do during the summer vacation？
>
> B：I'm planning to study a□□□①□.　I have wanted to live in a fo□□②□□ country.
>
> ア．①：u　イ．①：o　ウ．①：a　エ．①：d
>
> 　　②：g　　　②：h　　　②：i　　　②：e
>
> 答え：本文の内容から下線部に入る単語は abroad と foreign になり，「ウ」が正解。

(26) A：Would you like another p□①□□ of pie？

B：Thank you, I'd love some.　This is del□□②□□s！

ア．①：i　イ．①：e　ウ．①：i　エ．①：a

　　②：o　　　②：i　　　②：c　　　②：c

(27) A：I saw you with a pretty girl yesterday.　Was she your girlfriend？

B：She's my c□□□①□.　She's the d□□②□□er of my father's brother.

ア．①：z　イ．①：s　ウ．①：i　エ．①：i

　　②：t　　　②：u　　　②：u　　　②：g

(28) A：I've br□□□①□ some food to s□②□□ with you at the picnic.

B：Thanks！　Here, you can have half of my sandwiches, too.

ア．①：e　イ．①：u　ウ．①：h　エ．①：e

　　②：h　　　②：o　　　②：a　　　②：a

8　次の(29)(30)の語について，最も強く発音する部分の位置が他の3つと異なるものを選びなさい。

(29) ア．af-ter-noon　イ．bi-cy-cle　ウ．dif-fer-ence　エ．in-ter-est

(30) ア．no-tice　イ．cre-ate　ウ．for-get　エ．in-vite

【数　学】（50分）〈満点：100点〉

（注意）　解答はすべて一つ選び，解答用紙の所定の欄にマークすること。

1　次の各問いに答えなさい。

(1)　$-18x^3y^2 \div 12x^5y^6 \times (-2x^2y^3)^3$ を計算しなさい。

解答群　(ア)　$12x^4y^5$　　(イ)　$9x^4y^5$　　(ウ)　$6x^3y^2$

　　　　(エ)　$-12x^4y^5$　　(オ)　$-9x^3y^2$　　(カ)　$-6x^3y^2$

(2)　$\sqrt{3}(\sqrt{12}-2)-\dfrac{\sqrt{24}-6}{\sqrt{3}}$ を計算しなさい。

解答群　(ア)　$3+\sqrt{2}$　　(イ)　$3+2\sqrt{2}$　　(ウ)　$6+2\sqrt{2}$

　　　　(エ)　$3-\sqrt{2}$　　(オ)　$3-2\sqrt{2}$　　(カ)　$6-2\sqrt{2}$

(3)　連立方程式 $\begin{cases} 5x+2y=11 \\ 3x-5y=19 \end{cases}$ を解き，y の値を答えなさい。

解答群　(ア)　$y=1$　　(イ)　$y=2$　　(ウ)　$y=3$

　　　　(エ)　$y=-1$　　(オ)　$y=-2$　　(カ)　$y=-3$

(4)　２次方程式 $(x+6)(x-2)=-9$ を解きなさい。

解答群　(ア)　$x=4\pm\sqrt{14}$　　(イ)　$x=2\pm2\sqrt{7}$　　(ウ)　$x=2\pm\sqrt{7}$

　　　　(エ)　$x=-4\pm\sqrt{14}$　　(オ)　$x=-2\pm2\sqrt{7}$　　(カ)　$x=-2\pm\sqrt{7}$

(5)　a を正の整数とするとき，$3<\sqrt{2a}<5$ を満たす a の値の個数を求めなさい。

解答群　(ア)　７個　　(イ)　８個　　(ウ)　９個　　(エ)　10個　　(オ)　11個　　(カ)　12個

(6)　１個の値段が10円，30円，50円の３種類のお菓子がある。これらのお菓子を何個か買い，合計金額が100円となる買い方は何通りあるか求めなさい。ただし，買わない種類のお菓子があってもよいものとする。

解答群　(ア)　４通り　　(イ)　５通り　　(ウ)　６通り

　　　　(エ)　７通り　　(オ)　８通り　　(カ)　９通り

(7)　40人のクラスで数学の検定試験をしたところ，クラスの生徒の40％が合格した。クラスの合格者の平均点は合格点より９点高く，クラスの不合格者の平均点は合格点より11点低かった。クラス全体の平均点が59点であるとき，合格点を求めなさい。

解答群　(ア)　56点　　(イ)　58点　　(ウ)　60点

　　　　(エ)　62点　　(オ)　64点　　(カ)　66点

(8)　右図のように，円Oの周上に５点A，B，C，D，Eがあり，ACとBDは円Oの直径である。このとき，$\angle x$ の大きさを求めなさい。

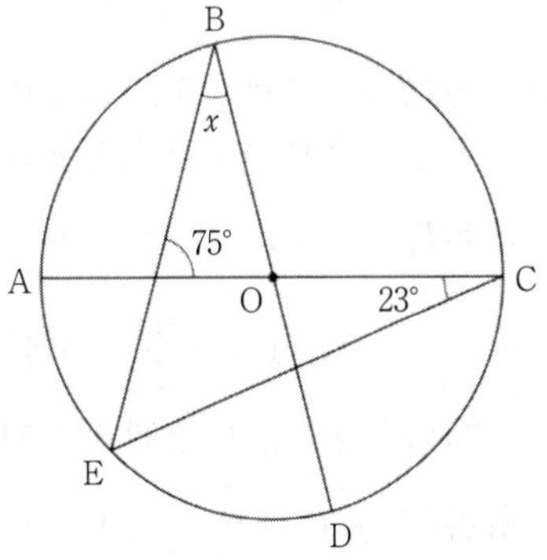

解答群　(ア)　23°　　(イ)　29°　　(ウ)　30°

　　　　(エ)　35°　　(オ)　38°　　(カ)　40°

(9)　右図のように，半径５の２つの円が接していて，さらに２つの円はどちらも２点で長方形と接している。長方形の縦の長さが16のとき，長方形の横の長さを求めなさい。

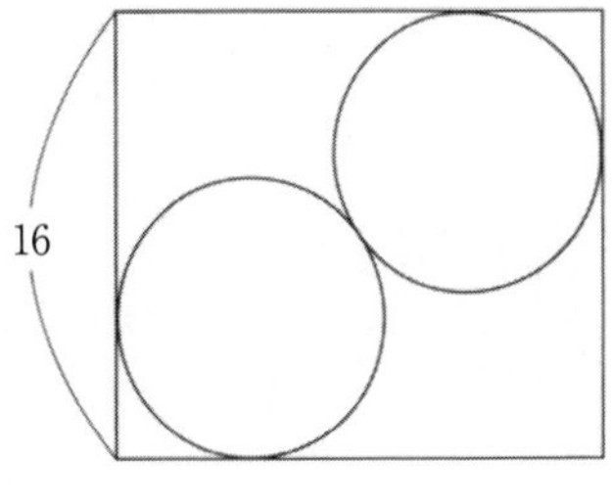

解答群　(ア)　$7\sqrt{5}$　　(イ)　$12\sqrt{2}$

　　　　(ウ)　$14\sqrt{2}$　　(エ)　17

　　　　(オ)　18　　(カ)　19

2 　A地点とB地点の途中にC地点がある。花子さんはA地点からC地点まで走り，C地点からB地点まで歩く。一郎さんはB地点からC地点まで走り，C地点からA地点まで歩く。2人がA地点とB地点をそれぞれ同時に出発したところ，9分後に出会った。そのとき，一郎さんは走っており花子さんは歩いていた。また，一郎さんがA地点に到着してから8分後に花子さんがB地点に到着した。2人の走る速さは分速180m，歩く速さは分速60mのとき，次の各問いに答えなさい。

(10)　2人が出会ってから花子さんがB地点に到着するまでにかかった時間を求めなさい。

解答群　(ア)　20分　(イ)　21分　(ウ)　24分　(エ)　25分　(オ)　27分　(カ)　30分

(11)　A地点からC地点までの道のりを x m，C地点から2人が出会った地点までの道のりを y mとしたとき，$x+y$ の値を求めなさい。

解答群　(ア)　1080　(イ)　1180　(ウ)　1260　(エ)　1320　(オ)　1440　(カ)　1560

3 　右図のように，放物線 $y=\frac{1}{2}x^2$ と直線 l がある。
放物線と直線の交点のうち x 座標が -2 の点をA，3の点をBとし，直線 l と y 軸の交点をCとする。
このとき，次の各問いに答えなさい。

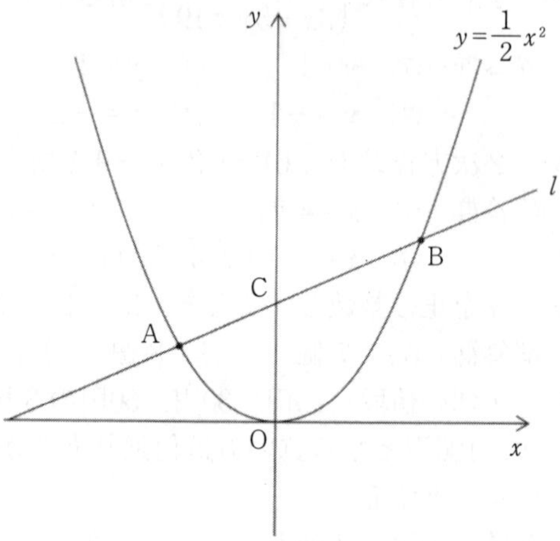

(12)　直線 l の式を求めなさい。

解答群　(ア)　$y=x+2$

(イ)　$y=\frac{1}{2}x+3$

(ウ)　$y=\frac{5}{2}x+4$

(エ)　$y=\frac{5}{2}x+2$

(オ)　$y=x+3$

(カ)　$y=\frac{1}{2}x+4$

(13)　放物線上に点Pを，△ABOと△ABPの面積が等しくなるようにとった。点Pの x 座標が負の数のとき，点Pの x 座標を求めなさい。

解答群　(ア)　$x=-3$　(イ)　$x=-\frac{7}{2}$　(ウ)　$x=-4$

(エ)　$x=-\frac{9}{2}$　(オ)　$x=-5$　(カ)　$x=-\frac{11}{2}$

(14)　(13)のとき，点Cを通り△ABPの面積を2等分する直線の傾きを求めなさい。

解答群　(ア)　$-\frac{7}{4}$　(イ)　$-\frac{5}{4}$　(ウ)　$-\frac{3}{4}$　(エ)　$-\frac{7}{3}$　(オ)　$-\frac{5}{3}$　(カ)　$-\frac{4}{3}$

4　右図のように，１辺の長さが４の正三角形ABCと長方形BCEDがある。５つの頂点A，B，C，D，Eは円Oの周上にある。ABとDEの交点をP，ACとDEの交点をQとするとき，次の各問いに答えなさい。

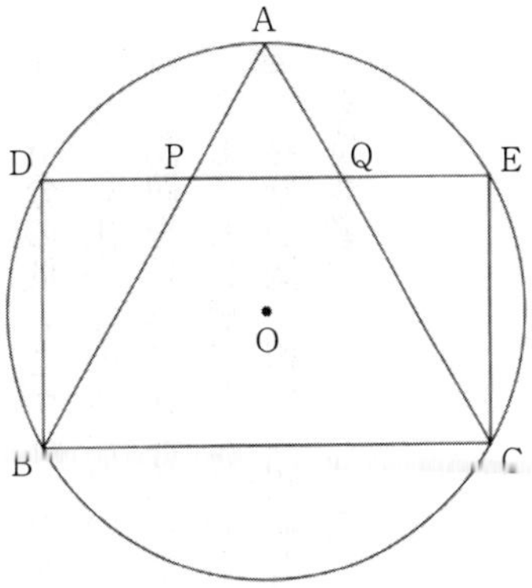

(15)　△ABCの面積を求めなさい。

解答群　(ア)　4　(イ)　$4\sqrt{2}$　(ウ)　$4\sqrt{3}$
　(エ)　2　(オ)　$2\sqrt{2}$　(カ)　$2\sqrt{3}$

(16)　PQの長さを求めなさい。

解答群　(ア)　2　(イ)　$\frac{5}{3}$　(ウ)　$\frac{5}{4}$
　(エ)　$\frac{3}{2}$　(オ)　$\frac{4}{3}$　(カ)　1

(17)　PCとQBの交点をRとする。△ABCの面積は△PQRの面積の何倍か求めなさい。

解答群　(ア)　9　(イ)　12　(ウ)　15　(エ)　18　(オ)　21　(カ)　24

5　右図のように，１辺の長さが３の立方体ABCD-EFGHがある。辺BF上にBK：KF＝2：1となるように点Kをとり，辺DH上にDL：LH＝1：2となるように点Lをとる。この立方体を３点E，K，Lを通る平面で切ったとき，次の各問いに答えなさい。

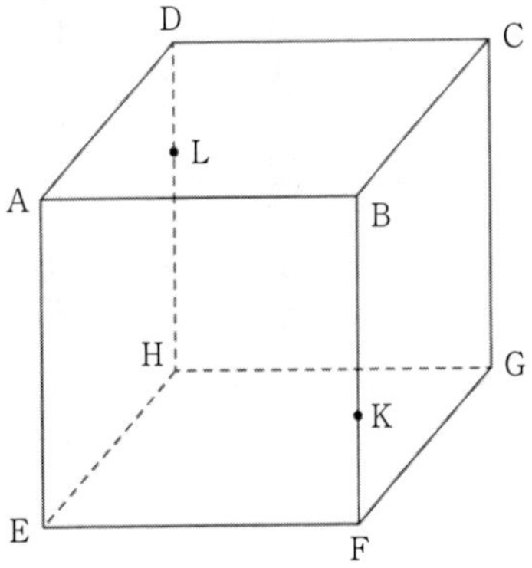

(18)　切り口の周の長さを求めなさい。

解答群　(ア)　$2\sqrt{10}+2\sqrt{13}$　(イ)　$4+2\sqrt{10}$
　(ウ)　$6+2\sqrt{13}$　(エ)　$4\sqrt{10}$
　(オ)　$4\sqrt{13}$　(カ)　$\sqrt{10}+\sqrt{13}+\sqrt{19}$

(19)　切り口の面積を求めなさい。

解答群　(ア)　$3\sqrt{13}$　(イ)　$3\sqrt{14}$　(ウ)　$6\sqrt{10}$
　(エ)　12　(オ)　15　(カ)　18

(20)　点Aから切り口の平面上に垂線を引き，その交点をPとする。線分APの長さを求めなさい。

解答群　(ア)　$\frac{3}{2}$　(イ)　2　(ウ)　$\frac{9}{4}$
　(エ)　$\frac{9\sqrt{10}}{10}$　(オ)　$\frac{9\sqrt{13}}{13}$　(カ)　$\frac{9\sqrt{14}}{14}$

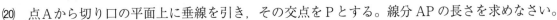

F　いまいまし

ア　感心しない　　イ　悩ましい

ウ　愚かしい　　エ　納得しない

問6　――線Eとは「そのようなこと」という意味ですが、その内容の説明として最もよいものを記号で答えなさい。　解答番号 33

ア「具して行く童部」が、人々に和歌を作る才能が欠けていると言ったこと。

イ「木こる童」が、人々の未熟な和歌も自分なら上手《うま》く手直しできると言ったこと。

ウ「木こる童」が、人々が詠めない和歌を自分は詠むことができたと言ったこと。

エ「具して行く童部」が、身分もわきまえず、上手《じょうず》な和歌ができたと得意げに言ったこと。

問7　G に入る語として最もよいものを記号で答えなさい。　解答番号 34

ア　さかず　　イ　ちりぬ　　ウ　さきつ　　エ　ちりき

問8　――線Hとは「思いがけない秀作だ」という意味ですが、その内容の説明として最もよいものを記号で答えなさい。　解答番号 35

ア　貴人の詠んだものとは異なる、斬新な和歌を身分の低い者が詠み、御門もほめたということ。

イ　身分の低い者が詠んだ和歌が、御門の意向にも沿った、素晴らしい出来であったということ。

ウ　隠題を巧みに詠み込んだ和歌を身分の低い者が作り、貴人たちもそれに感嘆したということ。

エ　身分が低く和歌の知識もない者の中にも、優れた和歌の才能を持つ者がいるということ。

問9 ――線Gの内容の説明として最もよいものを記号で答えなさい。　解答番号 25

ア　A氏の深い愛情によって、O夫人がA氏の姿を見ることができるようになったことへの感動。
イ　絵の奇跡的な現象を体験する中で、A氏とO夫人の深い心の繋がりを垣間見たことへの感動。
ウ　目が不自由であるはずのO夫人にも、絵の超常現象的な何かが見えていたことへの感動。
エ　面会すら叶わないと思っていたが、実際にA氏の素晴らしい絵を見ることができたことへの感動。

問10 次の文が入る箇所として最もよいものを本文中の【ア】～【エ】から選び記号で答えなさい。　解答番号 26

そういう例は今までにも少なくはない。

三　次の文章を読んで、後の問いに答えなさい。

今は昔、※1隠題をいみじく興ぜさせ給ひける《とてもおもしろがりなさる》※2御門の、※3篳篥を詠《よ》ませられけるに、A人々わろく詠みたりけるに、※4木こるB童の、C暁、山へ行くとて①言ひける、「このごろ、篳篥を②詠ませさせ給ふなるを、人のえ詠み給はざんなる《お詠みになれないということだ》。童こそ③詠みたれ」と言ひければ、D具して行く童部、「あな、おほけな《ああおそれ多いことだ》。Eかかる事な言ひそ。様にも似ず《身のほど知らずだ》。Fいまいまし」と言ひければ、「などか《どうして》、必ず様に似る事か」とて、

めぐりくる春々ごとにさくら花いくたび　G　人に問はばや

と④言ひたりける。様にも似ず、H思ひかけずぞ。

（『宇治拾遺物語』）

（注）※1　隠題《かくしだい》　題として出した物の名を、それと分からない形で和歌の中に詠み込むこと。「物の名」とも言う。
　　※2　御門《みかど》　帝のこと。
　　※3　篳篥《ひちりき》　日本の伝統音楽に用いる竹製のたて笛。
　　※4　木こる童　子供のきこり。

問1 ――線Aの現代語訳として最もよいものを記号で答えなさい。　解答番号 27

ア　人々が和歌を詠むことを面倒に思っていた時に
イ　人々が和歌をまったく詠めずにいた時に
ウ　人々が下手《へた》な和歌を詠んでいた時に
エ　人々が詠んだ和歌の出来が悪くはなかった時に

問2 ――線Bの現代仮名づかいでの読みとして最もよいものを記号で答えなさい。　解答番号 28

ア　わらわ　イ　こだま　ウ　わらす　エ　どうじ

問3 ――線Cの時間帯として最もよいものを記号で答えなさい。　解答番号 29

ア　夜明け前　イ　早朝　ウ　正午　エ　夕暮れ時

問4 ‖線①～④の主語の組み合わせとして最もよいものを記号で答えなさい。　解答番号 30

ア　①　具して行く童部　②　人々
　　③　具して行く童部　④　具して行く童部
イ　①　木こる童　②　人々
　　③　具して行く童部　④　木こる童
ウ　①　具して行く童部　②　御門
　　③　木こる童　④　具して行く童部
エ　①　木こる童　②　御門
　　③　木こる童　④　木こる童

問5 ――線D・Fの本文中での意味内容として最もよいものをそれぞれ記号で答えなさい。　解答番号 31・32

D　具して行く
ア　一緒に歌を詠みに行く　イ　一緒に木を伐《き》りに行く
ウ　一緒に演奏をしに行く　エ　一緒に花見に行く

問3　――線Aの理由として最もよいものを記号で答えなさい。　解答番号 19

ア　「私」だけが知っている絵の秘密を話すことで、優越感に浸りたかったから。
イ　絵の所有者である夫人に取り入って、自分の用件を聞き入れてもらいたかったから。
ウ　A氏についてのことで、夫人が知らないことがあるのは気の毒だと思ったから。
エ　夫人のA氏に対する気持ちを知り、A氏の評価を下げようと考えたから。

問4　B に当てはまるものとして最もよいものを記号で答えなさい。　解答番号 20

ア　かけがえのない　　イ　思いもよらない
ウ　逃していた　　エ　待ちに待った

問5　――線Cの理由として最もよいものを記号で答えなさい。　解答番号 21

ア　夫人の発言が、常識では考えられない出来事が、起きたかのような内容だったから。
イ　夫人の発言が、思いもよらない、子どものわがままのような内容だったから。
ウ　夫人の発言が、想像をはるかに超える、「私」の心を揺さぶるような内容だったから。
エ　夫人の発言が、支離滅裂なもので、受け入れ難いような内容だったから。

問6　――線Dとありますが、夫人がこのように言った心情の説明として最もよいものを記号で答えなさい。　解答番号 22

ア　会話を交わしていく中で、「私」であれば、A氏の他の絵について少なからず情報を持っているに違いないと信じ切っている。
イ　A氏の絵をよく理解していると言った「私」に対して、本当に絵を理解しているのか疑念を抱き実際に見せて試そうと思っている。
ウ　思いがけなくA氏の知り合いに会うことができ、「私」の話を聞いていると、この人であればA氏の絵を見せてもいいと心を許している。
エ　A氏との交流が深く、絵を憶えている「私」であれば、絵の変化について共感を得ることができるのではないかと期待している。

問7　――線Eとは「私」にとってその絵がどのように見えたということですか。最もよいものを記号で答えなさい。　解答番号 23

ア　ここでしか見ることのできない、異世界に繋がるかのような神秘的なものに見えたということ。
イ　「私」がA氏の絵画に感じた憧れや魅力が、神秘的な形となって現れたかのように見えたということ。
ウ　絵を通して、超自然からの光が現実世界に注ぎ込まれるかのように見えたということ。
エ　宙に浮いている窓に、超自然的な光が反射しているかのように見えたということ。

問8　――線FにおけるO夫人の様子の説明として最もよいものを記号で答えなさい。　解答番号 24

ア　A氏の絵の変貌を確信していたが、「私」の発言によってようやく客観的に証明されたことで、誇らしさを感じている。
イ　A氏との思い出を得意げに語る「私」の話を聞いていたが、A氏の作品の秘密を知っているのは自分だけであるという優越感に浸っている。
ウ　絵がどのような状態になっているかもわからなかったため不安を感じていたが、絵の無事が証明されたことで安心している。
エ　絵の変化を信じていない「私」に対して、実際に絵を見せることによって動揺させることに成功したので、満足感を得ている。

そこの薄明にいつしか慣れてきた私の眼は、Fその時夫人の顔の上に何ともいえぬ輝かしい色の漂ったのを認めた。

私は再び私の視線をその絵の上に移しながら、この驚くべき変化、一つの※7奇蹟について考え出した。それがこのように描きかえられたのでないことはこの夫人を信用すればいい。bよしまた描きかえられたのにせよ、それはむしろ私たちがいま見ているものの上に、更に線やシキ③サイを加えられたものが数年前に私たちが展覧会で見たものであって、それが年月の流れによって変色か何かして、その以前の下絵がおのずから現われてきたものと言わなければならない。【　ウ　】例えば※8チントレットの壁画などがそうであった。

――だが、それにしては、この絵の場合は、あまりに、日数が少なすぎる。数年の間にそのような変化が果して起り得るものかどうかは疑わしい。そうだとすると、それはちょうど現在のように、夫人の驚くべき共感性によってこの絵の置かれてある唯一の距離、唯一の照明のみが、その他のいかなる距離と照明においても見ることを得ない部分を、私たちに見せているのであろうか？【　エ　】

そういうことを考えているうちに、私にふと、A氏はかつてこの夫人を深く愛していたことがあるのではないか、そして夫人もまたそれをひそかに受け容《い》れていたのではないか、という疑いがだんだん萌《きざ》して来た。

それから私はG深い感動をもって、私の前のA氏の傑作と、それに見入っているごとく思われるO夫人の病める眼とを、かわるがわる眺めたのである。

（『窓』堀　辰雄）

（注）※1　名刺を通じる　名刺を出して面会を求める。
2　セザンヌ　フランスの著名な画家、ポール・セザンヌのこと。
3　見すます　気を付けてよく見る。
4　私の用件　A氏の作品「窓」を遺作展覧会に出品してもらうこと。
5　躊躇《ちゅうちょ》　ためらうこと。
6　伝播《でんぱ》　伝わり広がっていくこと。
7　奇蹟《きせき》　奇跡と同じ意味。
8　チントレット　イタリアの著名な画家、ティントレットのこと。舞台照明のような劇的な光の扱い方、現実と幻想の入り混じった描写が特徴的である。

問1　===線①～③と同じ漢字を書くものをそれぞれ記号で答えなさい。　解答番号14～16

①　ヨウイ
ア　言葉のシンイについて考える。
イ　事件のケイイを語る。
ウ　物事をアンイにとらえる。
エ　ムサクイに選出する。

②　トウトツ
ア　ヘントウを拒否する。
イ　缶詰のハクトウを食べる。
ウ　ショウトウ時間を守る。
エ　ケントウシは廃止された。

③　シキサイ
ア　個人のサイリョウに任せる。
イ　メイサイ柄の服を着る。
ウ　昆虫をサイシュウする。
エ　サンサイを調理する。

問2　〰〰線a・bの意味として最もよいものをそれぞれ記号で答えなさい。　解答番号17・18

a　知悉《ちしつ》
ア　知り尽くしていること。　イ　知ろうとしていること。
ウ　知り始めていること。　エ　知りすぎていること。

b　よし
ア　きっと　イ　すでに　ウ　かりに　エ　やはり

絵に近づいて行って、自分の小指を唇で濡《ぬ》らしながら、それでもってその絵の一部をしきりに擦《こす》っていた。

私が思わずそれから不吉な予感を感じて、そっと近づいて行くと、氏はその緑色になった小指を私に見せながら、「こうでもしなければ、この色はとても盗めないよ」と低い声でささやいたのであった。

……

私はそういう話をしながら、A氏について異常な好奇心を持っているらしいこの夫人が、いつか私にも或《あ》る特別な感情を持ち出しているらしいことを見逃さなかった。

そのうちに私たちの話題は、夫人の所有している氏の作品の上に落ちて行った。

私は、さっきから［B］この機会をすばやく捕えるが早いか、※4私の用件を切り出したのである。

するとそれに対して彼女の答えたことはこうであった。

「あの絵はもうA氏の絵として、世間の人々にお見せすることはできないのです。たとえそれをお見せしたところで、誰もそれを本物として取扱ってはくれないでしょう。なぜと言いますと、あの絵はもう、それが数年前に持っていたとおりの姿を持っていないからです」

C彼女の言うことは私にはすぐ理解されなかった。私は、ことによるとこの夫人は気の毒なことにすこし気が変になっているのかも知れないと考え出したくらいであった。

「あなたは数年前のあの絵をよく憶《おぼ》えていらっしゃいますか？」と彼女が言った。

「よく憶えています」

「それなら、あれを一度お見せさえしたら……」

夫人はしばらく何か※5躊躇しているように見えた。やがて彼女は言った。

「……よろしゅうございます。私はそれをあなたにお見せいたします。私はそれを私だけの秘密としておきたかったのですけれども。――私はいま、このように眼を病んでおります。ですから、私がまだこんなに眼の悪くなかった数年前にそれを見た時と、この絵がどんなに変っているかを、私はただ私の心で感じているのに過ぎません。私はそういう自分の感じの正確なことを信じておりますが、Dあなたにそれをお見せして、一度それをあなたにも確かめていただきとうございます」

そして夫人は、私を促《うなが》すように立ち上った。私はうす暗い廊下から廊下へと、私の方がかえって眼が見えないかのように、夫人の跡について行った。

急に夫人は立ち止った。そして私は、夫人と私とがA氏の絵の前に立っていることに気づいた。その絵はどこから来るのか、不思議な、何とも言えず神秘な光線のなかに、その内廊だか、部屋だかわからないような場所の、宙に浮いているように見えた。――というよりも、文字通り、そのうす暗い場所にひらかれているE唯一の「窓」であった！　そしてそれの帯びているこの世ならぬ光は、その絵自身から発せられているもののようであった。あるいはその窓をとおして一つの超自然界から這入ってくる光線のようであった。――と同時に、それはまた、私のかたわらにいる夫人のその絵に対する鋭い感受性が私の心にまで※6伝播してくるためのようにも思われた。【　イ　】

その上、私をもっと驚かせたのは、その超自然的な、光線のなかに、数年前私の見た時にはまったく気づかなかったところの、A氏の青白い顔がくっきりと浮び出していることだった。それをいま初めて発見する私の驚きかたというものはなかった。私の心臓ははげしく打った。

けれども私には、数年前のこの絵に、そういうものが描かれてあったとは、どうしても信ずることができなかった。

「あっ、A氏の顔が！」と私は思わず叫んだ。

「あなたにもそれがお見えになりますか？」

「ええ確かに見えます」

問10　本文を説明するために用いた図表として**適切でないもの**を記号で答えなさい。　解答番号 13

ア

		消費者が買う値段	
		高い値段	安い値段
小売店が売る値段	高い値段	［高・高］釣り合う	［高・安］釣り合わない
	安い値段	［安・高］釣り合わない	［安・安］釣り合う

イ

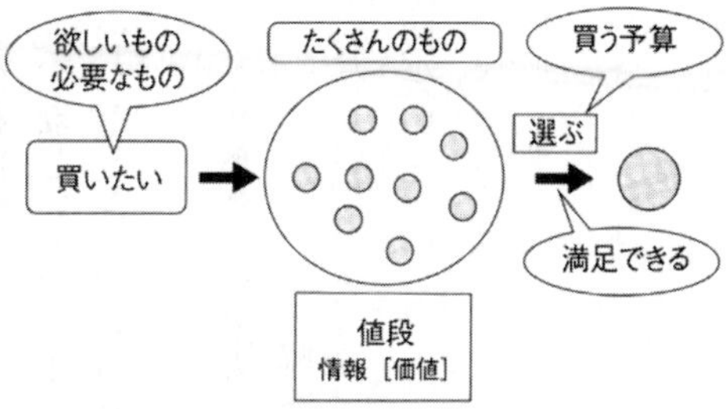

ウ

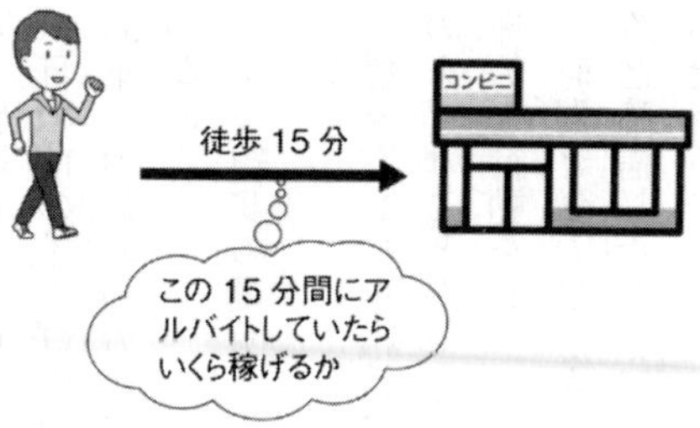

エ

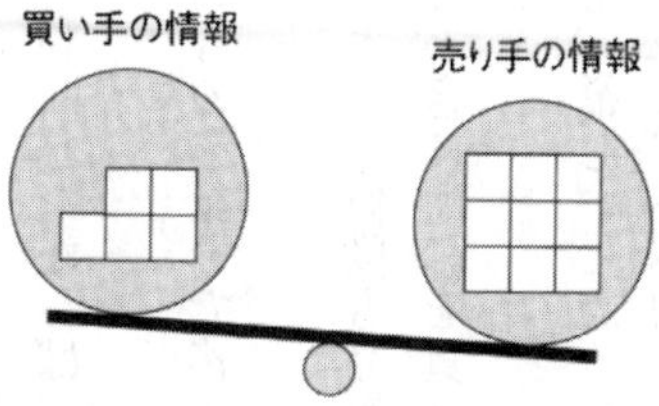

二　次の文章を読んで、後の問いに答えなさい。

（ここまでのあらすじ）「私」は恩師であるA氏の遺作展覧会に作品の出品を依頼するため、O夫人の家を訪れた。この夫人は氏が最も愛していたとされる作品「窓」を秘蔵していたのである。私はA氏が「私の絵を理解するための鍵はその中にある」とまで言った作品「窓」を出品とまではいかなくとも、せめてもう一度見たいと思っていた。

夫人に面会することにすらほとんど絶望していた私は、私の※1名刺を通じると、思いがけなくもヨウ①イにそれを許されたのであった。

私の案内された一室は、他のどの部屋よりも、一そう薄暗かった。私はその部屋の中に這入《はい》って行きながら、隅の方の椅子《いす》から夫人がしずかに立ち上って私に軽く会釈《えしゃく》するのを認めた時には、私はあやうく夫人が盲目であるのを忘れようとしたくらいであった。それほど、夫人はこの家の中でなら、何もかもa知悉していて、ほとんどわれわれと同様に振舞《ふるま》えるらしく見えたからである。

夫人は私に椅子の一つをすすめ、それに私の腰を下ろしたのを知ると、ほとんど②トウトツと思われるくらい、A氏に関するさまざまな質問を、次から次へと私に発するのだった。

私はもちろん、よろこんで自分の知っている限りのことを彼女に答えた。

のみならず、私は夫人に気に入ろうとするのあまり、夫人の質問を待とうとせずに、A私だけの知っているA氏の秘密まで、いくつとなく洩《も》らしたくらいであった。たとえば、こういうことまでも私は夫人に話したのである。――私はA氏とともに、第何回かのフランス美術展覧会に※2セザンヌの絵を見に行ったことがあった。【　ア　】私たちはしばらくその絵の前から離れられずにいたが、その時あたりに人気《ひとけ》のないのを※3見すますと、いきなり氏はその

ウ　どうしても今日イチゴを購入しなければならない必要性があると判断したならば、目の前にあるイチゴを買う。

エ　目の前のイチゴの値段とイチゴ味のお菓子の値段を比較してお菓子の値段の方が妥当であると判断したならば、イチゴは買わない。

問7　――線Fの説明として最もよいものを記号で答えなさい。　解答番号 10

ア　様々なものを犠牲にしたことにより、値段も品質も最高のものを買うことができると判断したときにものを買うように、論理的な行動をしているということ。

イ　時間と労力はかかったとしても、欲しいと思うものが手に入ると確信したときにものを買うように、主体的な行動をしているということ。

ウ　ものを買うためにできなかったことと、買うものの値段と品質が釣り合うと判断したときに、ものを買うということ。

エ　したいことができなくなることと、欲しいものを手に入れることを比較して後者が大事だと確信したときに、ものを買うということ。

問8　本文における筆者の考えに関係する言葉として最もよいものを記号で答えなさい。　解答番号 11

ア　一攫《いっかく》千金　　イ　歳月人を待たず

ウ　時は金なり　　エ　安物買いの銭失い

問9　本文を踏まえて「経済学のポイント」をまとめました。その内容として最もよいものを記号で答えなさい。　解答番号 12

経済学のポイント

ア　売り手は消費者よりもその商品の品質、価値についての情報を持っていません。

イ　買い手は商品を選ぶときに、期待外れで買い損になる危険性やリスクを避けるための判断をすることができます。

ウ　商品を選ぶ判断の鍵を握るのが値段であり、予算の範囲内で済むか、支払う価値のある商品であるかなどの情報を伝えてくれます。

エ　決められた値段を見て買い手がどのくらいの数量を買うかということは、売り手にとって大事な情報です。

① タイショ
ア 適切にショチする。
イ ショサが美しい役者。
ウ 中東ショコクを旅する。
エ ショカンのやりとりをする。

② ジョウキョウ
ア ジョウセキに従って歩を進める。
イ リンジョウカンにあふれる。
ウ ケンジョウ語を使う。
エ カンジョウセンを走る。

③ ガマン
ア カンマンな動作。
イ マンエツの表情。
ウ マンゲキョウをのぞく。
エ 注意力がサンマンになる。

問2 〰〰線a・bの意味として最もよいものをそれぞれ記号で答えなさい。 解答番号 4・5

a 所詮《しょせん》
ア 確かに　イ 残念ながら
ウ 言わば　エ 結局は

b 如何《いかん》
ア どのような状態であるかということ
イ どのような基準であるかということ
ウ どのような方法であるかということ
エ どのような理由であるかということ

問3 A・B に当てはまるものの組み合わせとして最もよいものを記号で答えなさい。 解答番号 6

ア A 本当に必要かどうか
　B お金をあまり使わないかどうか
イ A 本当に欲求を満たすかどうか
　B 本当に自分がいいと思っているかどうか
ウ A 本当に満足できたかどうか
　B 予算の範囲内に収まっているかどうか
エ A 本当に皆がいいと思っているかどうか
　B 売り手が品質に自信を持っているかどうか

問4 C に当てはまるものとして最もよいものを記号で答えなさい。 解答番号 7

ア 価値 ＝ 値段　イ 価値 ≠ 値段
ウ 価値 ≦ 値段　エ 価値 ≧ 値段

問5 ――線Dとはどのようなものですか。説明として最もよいものを記号で答えなさい。 解答番号 8

ア 品質だけではなく、皆がいいと思って買っているという人気や、買い損はさせないという売り手の自信を含めたもの。
イ 値段だけではなく、どんなものを買っても満足できるという店への信頼や、買い損はさせないという売り手の自信を含めたもの。
ウ 大きさだけではなく、皆がいいと思って買っているという人気や、店構えや接客態度がいいといった雰囲気を含めたもの。
エ 外見だけではなく、どんなものを買っても満足できるという店への信頼や、店構えや接客態度がいいといった雰囲気を含めたもの。

問6 ――線Eとありますが、「この店」に「気に入ったイチゴがない」時、本文を踏まえると、どのような行動をとることが考えられますか。最もよいものを記号で答えなさい。 解答番号 9

ア 買うまでにかかる時間とその間に犠牲になる物事に見合うイチゴが他店にあると判断したならば、他店にイチゴを買いに行く。
イ 他店に行っても全体の予算に釣り合うイチゴの品質が保証される確証は得られないと判断したならば、イチゴを買うことをあきらめる。

　正解と不正解の分かれ目は、値段のｂ如何にかかわらず、［　A　］、［　B　］に掛かっています。

　バロメーターとは気圧計のことで、天候の②ジョウキョウを示してくれます。ここでわかったことは、私たちは値段を品質のバロメーターと考えていることです。確かに、私たちは、その商品に値段以上の価値があると思うからこそ、その値段を支払う。私たちは、値段以下の価値しかないものは、決して買わないはずです。つまり、左のようになります。

［　C　］

　しかし、食べる前にどうしてその価値がわかるのでしょうか。どうして値段以上の価値があると思うのでしょうか。ここでも、当然ながら、Ｄ買い手が「勝手に」考える価値は、売り手が認識している価値とは異なります。大きなエビフライといった単なる外見だけでなく、エビフライ以外の要素もそこには入ってきます。例えば、そのお弁当を販売している店では、どんなものを買っても必ず満足できるという信頼感があるかもしれません。店の雰囲気、よい接客なども関係してきます。

　私たちは、お弁当だけを見ているのでなく、それ以外の店の雰囲気などを含めて、買うか買わないかの判断をしています。

　当然のことですが、私たちは弁当だけでなく、その他の商品も同時に買いに行きます。お菓子のようなやや贅沢《ぜいたく》な、好みにしたがって買う嗜好《しこう》品にはそれほどの予算は割《さ》けません。

　だから、ものを買うすべての場合、全体の予算を考え、一つひとつの買い物について、買うか買わないか、判断しなければなりません。その商品を買うかどうか、その必要性から見て、その商品はどうしても必要なものかを考えます。

　したがって、例えばケーキを買いたいが、予算を考えるとどうしても足りないというときには、もちろん買わないという選択もありますが、そこまで行かなくても、十分には満足できないが、他のもの、例えば安いお菓子で代替するということもあり得ます。

　また、Ｅこの店には気に入ったイチゴがないけれども、他の店ならあるかもしれない。しかし、そこには問題が二つあります。一つは、ないかもしれないという不確実性があること。その店に行っても売っていないかもしれない。その危険性があります。もう一つは、確かにあるが、その店に行くために必要な時間、場合によっては交通費も掛かるかもしれません。私たちは何かをするときには「時間」も組み込んで考えます。例えば、隣の店が徒歩十五分のところにあるとすると、それならその店に行こうと考えるでしょうか。

　その往復三十分の間に、買い物を済ませることもできるし、家に帰って他の用事も済ませることができるかもしれません。何かをすることは、他の何かをあきらめることになります。この場合では、その時間を隣の店に買いにいくのに使うことで、その時間にやろうと考えていたこと、例えば本屋さんに行くことや、友だちに会う用事をあきらめなければならないかもしれません。私たちは知らず知らずのうちに、そのためにできなくなってしまうことを考えて、今どうするかを決めています。このように、何かをしたときに犠牲にしてできなかったことを経済学では「機会(を失った)費用」と呼んでいます。

　例えば、その時間にしようと思っていたアルバイトをあきらめるとすると、そのもらえなかったアルバイト代、これを一種の「費用」と考えるわけです。

　もちろん、それでも隣の店にいくことは考えられます。その場合でも、それだけのことを犠牲にしたことを踏まえて買い物をします。他のやりたいことをガ③マンして、買い物をするわけですから、その犠牲に見合っただけの価値を弁当に求めることになります。例えば、値段は五百円、七百円でもとびきり美味しそうでなければ買わないとか、私たちはとてもＦ合理的な行動を取っていきます。

（『値段がわかれば社会がわかる　はじめての経済学』徳田賢二）

問１　═══線①～③と同じ漢字を書くものをそれぞれ記号で答えなさい。　解答番号［1］～［3］

二〇二二年度

星野高等学校（併願第一回）

【国語】（五〇分）〈満点：一〇〇点〉

（注意）一、解答はすべて一つ選び、解答用紙の所定の欄にマークする。
二、出題に際し、一部本文を改めたところがある。

[一] 次の文章を読んで、後の問いに答えなさい。

私たちにとって、ものを買うとは何でしょう。私たちは生活に必要なもの、欲しいものを「買わなければなりません」。

しかし、世の中には商品があふれるようにあります。商品を選ぶ基準は、手元の予算の範囲内で、満足できるものかどうかにあります。

ここで頼りになるのが、「値段」です。私たちは値段、商品を見て、どれが自分でも買えるものか、最も好ましいものか、必要を満たせるかどうかを判断し、最終的に、この野菜、果物を買おうと決断します。

私たちの生活は、この値段を手がかりに買うという行動から切り離すことはできません。

しかし、ものを買う場合に最も大きな問題は、食べ物であれば、買う前には食べられない、美味《おい》しいかどうかはわからない、使うものであれば、買う前には、便利なものかどうかはわからない、ということにあります。逆に、売り手は商品の品質、利便性をよく知っています。このように、売り手と買い手との間では、商品の品質という重要な情報が偏って存在しています。

だから、美味しそうだと思って買った食べ物が期待ほど美味しくなかったり、便利そうだと思って買った商品が期待ほど便利ではなかったりという、買い物の失敗の危険性が常にあります。私たちはせっかく買ったのに、期待どおりでなく、買い損になるのは好みませんから、その危険性、リスクに対して、どう行動するか、常にその判断を迫られているとも言えます。

その失敗の危険性に対して、私たちはどうタイ①ショしているか、次のクイズから始めてみましょう。

お弁当を買いにスーパーに来たとします。あなたは次のどれを選ぶでしょうか。

（1）一番高い一個七百円の弁当を選ぶ。

（2）人気のある一個五百円の弁当を選ぶ。

（3）一番安い一個三百円の弁当を選ぶ。

もちろん、買い物に正解などありません。買ったとすれば、あなたがその買い物で満足しているかぎりはすべてが正解になります。

しかし、逆にすべてが不正解かもしれません。一つひとつ確かめてみましょう。

（1）の一個七百円を選ぶ。おそらくは、売り手はその品質に自信があるからこそ、一番高い値段をつけたことが予想されます。ただし、問題は、いつもこのような一番高い値段で買い物をしていると買い物に掛ける予算が足りなくなってしまう危険性が生まれてくることです。買い物は、欲求を満たし満足をするためとは言え、予算の範囲内で済ますという前提があるからです。

（2）の一個五百円を選ぶ。売り手も真ん中の買いやすい値段にしています。また人気があって、皆がいいと思って買っています。間違いは少ないでしょうが、売り手にせよ他の買い手にせよ、a所詮他の人たちの判断です。自分が満足するかどうかは別問題。自分の買い物なのに自らの考えにしたがっていないという根本的な問題があります。

（3）の一個三百円を選ぶ。最も安い弁当だから、仮に失敗しても、美味しくなかったとしても、お金をあまり使わないで済む、それだけ失敗の危険性は小さくなります。しかし問題は、最も安い値段ということは、売り手もその品質にそこまで自信がない可能性があります。したがって、やはり食べたら美味しくなかった、満足できなかったという可能性がどうしても残っていることになります。

2022年度／星野高等学校(併願第１回)

英語解答

1 (1) エ　(2) ア　(3) ウ　(4) イ
(5) イ　(6) イ

2 (7) イ　(8) ウ　(9) エ　(10) ア
(11) イ　(12) イ

3 (13) イ　(14) ア　(15) エ　(16) ウ
(17) ア

4 (18) イ　(19) エ　(20) ウ

5 (21) ア　(22) ウ　(23) ウ

6 (24) エ　(25) ウ

7 (26) イ　(27) エ　(28) ウ

8 (29) ア　(30) ア

1 〔長文読解総合―説明文〕

≪全訳≫❶機械は何百年もの間，人間を助けてきた。あなたは何かするのに役立つ機械を使ったり，それらに出会ったりする経験もしている。それらが役に立つと感じた人もいるだろう。そう，実際，機械は私たちの経済を成長させ，多くの点で私たちの生活をより良いものにしてきた。機械の中には，私たちの気持ちを理解し，家で家事をしたり，美術館のガイドをしたり，さまざまなレストランで食事を出したりするのに役立つ人工知能を内蔵するものもある。最近では，店で体温のチェックもしている。このように，機械には多くの良い点がある。しかし，機械は人間から仕事を奪ってもいる。2013年に，オックスフォード大学のマイケル・オズボーン博士は，10年から20年後には，人間が行う仕事の約半分が機械のためになくなると述べている。❷オズボーン博士は研究で，異なる702種類の仕事を調べた。彼の報告によれば，タクシーとバスの運転手は仕事を失う可能性がある。自動運転の乗り物があれば，それらの仕事がなくなることは容易に想像できる。しかし，彼の他の研究結果の中にはあなたを驚かせるかもしれないものもある。彼は，会計士ももはや必要ではなくなるだろうとも述べている。これは驚くべきことだ，というのも，そのような仕事は高度な知識を必要とするからである。オズボーン博士は，コンピュータが彼らの仕事をするだろうと考えたのである。❸これは最近に始まった問題ではない。18世紀後半以降，織物工は仕事を失った，というのも，新しい機械が開発されたからである。自分たちの仕事を失うことを心配していた織物工はラッダイト運動を始めた。この運動では，仕事を失ったイギリスの労働者が機械を破壊した。しかし，それ以来，人間はますます多くの機械を開発し，ますます多くの人間の仕事が消えた。例えば，電話交換手は1950年代まで必要とされていたが，それ以降は，コンピュータがその全ての仕事を行っている。❹しかし，今日，異なる点が１つある。それは，テクノロジーがかつてないほど急速に変化していることだ。このことは，仕事の「寿命」が以前より短くなることを意味している。昔は，人々はある技術を学び，生涯を通してその仕事をすることができた。しかし，多くの熟練労働者は退職する前に仕事を失うかもしれないので，私たちは働き続けるために新しい技術を身につけ続けなければならないだろう。将来の成功の鍵は柔軟性である。

(1)＜適語句選択＞付加疑問文。肯定文に続いているので‘否定の短縮形＋主語の代名詞＋?’の形にする。一般動詞の過去の文なので‘否定の短縮形’はdidn’t。

(2)＜指示語＞下線部の後で述べられているa high level of knowledgeを必要とするsuch workとは，前の文で述べたaccountantsの仕事だと考えられる。その仕事が必要でなくなれば，それは驚くべきことといえる。つまり，このthisが指しているのは前の文のthat accountants would also no longer be neededの部分である。　no longer ～「もはや～でない」

(3)＜適語選択＞続く２文に，昔はある技術を学べば生涯その仕事ができたが，現在は退職する前に仕事を失うかもしれないという内容が述べられている。ここから，技術の変化は以前より「速く」，仕事の寿命は以前より「短く」なっていると判断できる。

(4)＜適語句選択＞flexibility「柔軟性」が何の key「鍵」になるかを考える。flexibility≒keep developing new skills, success≒continue working という，前文との対応関係を読み取る。

(5)＜内容真偽＞(a)「私たちの生活は機械のために変化し，悪くなっている」…×　第1段落第4文参照。機械が多くの点で私たちの生活をより良いものにしているとある。　(b)「機械の中には私たちの健康状態を確認するために店で使われるものもある」…○　第1段落第6文の内容に一致する。　(c)「オズボーン博士は人間が行う10から20の仕事がすぐになくなると述べた」…×　第1段落最終文参照。博士は10年から20年後には人間が行う仕事の約半分がなくなると述べている。　(d)「自動運転の乗り物はラッダイト運動で機械を破壊するために使われた」…×　第3段落第2～4文参照。ラッダイト運動は18世紀後半以降に起こった織物工による運動である。
(e)「1950年代以降，コンピュータが電話交換手の仕事をしている」…○　第3段落最終文の内容に一致する。

(6)＜表題選択＞文章全体を通し，機械のために人間の仕事がなくなっているという内容が述べられている。この内容に適するのはイ．「機械と人間の仕事」。

2〔長文読解総合─物語〕

≪全訳≫❶ある日，私の友達のジャックが12人の子どもたちと私の家にやってきた。彼は学校に行けない子どもたちを支援するイベントを開催するために私の家を使いたいと思っていた。これは私が自己紹介をしたときに彼らに話したことだ。❷皆さん，こんにちは。この馬の牧場のオーナー，モンティ・ロバーツです。皆さんに私がなぜジャックに家を使うことを許可したかをお話ししたいと思います。それは全て，ある少年についての話に戻ります。彼は競馬場から競馬場へと引っ越すことの多かった馬の調教師の息子でした。結果として，その少年は何度か引っ越し，転校をしなければなりませんでした。ある日彼は，大人になったときに自分が何になりたいか，そして何をしたいのかについて作文を書くよう求められました。❸その夜，彼は7ページの作文を書きました。彼は，いつか馬の牧場を所有するという彼の目標を説明しました。彼は自分の夢について詳しく書き，200エーカーの牧場にある大きな家の絵まで描いたのです。❹翌日，彼は先生にそれを提出しました。2日後，彼に作文が返却されました。大きな赤いFが最初のページに書かれていました。先生は「君のような少年では，この夢は実現しないだろうね。君にはお金がなく，馬の牧場を所有したいならたくさんのお金が必要になるから。君には難しすぎるよ」と言いました。それから先生は「もっと現実的な目標を持ってこの作文を書くなら，もう一度君の成績について考えるよ」とつけ加えました。❺彼は家に帰り，そのことについて懸命に考えました。彼は父親に何をすべきか尋ねました。彼の父親は「このことはお前自身で決めないといけないよ。実際，それはお前にとってとても重要な決断だと思うな」と言いました。❻結局，その少年は同じ作文をもう一度提出して，「Fのままでかまいません，そしてぼくは自分の夢を持ち続けます」と言いました。❼私が皆さんにこの話をしたのは，皆さんが私の200エーカーの馬の牧場にある大きな家で座っているからです。私は今もその学校の作文を持っています。この話の最も良いところは，2年前の夏，その同じ学校の先生が，私の牧場でキャンプをするために30人の子どもたちを連れてきたことです。彼は私に「モンティ，やっと君にこのことを言えるよ。私は君の先生だったとき，たくさんの子どもたちの夢を奪った。幸運なことに，君は決して諦めない強い心を持っていたんだ」と言いました。❽私がジャックにこの牧場を使ってほしいと思ったのは，若者たちが重要な教訓を学ぶのに役立つかもしれないと思ったからです。今は苦労しているかもしれませんが，皆さんにはこう伝えたいと思います。誰にもあなたの夢を奪わせてはいけません。⑪あなたの心に従ってください。

(7)＜適語(句)選択＞この後モンティが語っている内容は，ジャックに自分の家を使わせた「理由」だと考えられる。第8段落第1文では，その理由を明確に述べている。

(8)＜適語(句)選択＞A．空所後の，引っ越しと転校を何度か経験したのは，引っ越しの多い馬の調教師の息子だった「結果」と考えられる。　as a result「結果として」　B．直後の「お前にとってとても重要な決断だ」は直前の「お前自身で決めないといけない」を補足・強調している内容である。このように，in fact「実際」は前で述べた内容を補足・強調する場合に使われる。　by the way「ところで」　on the other hand「一方で」　therefore「だから，それゆえ」

(9)＜整序結合＞第3，4段落から，作文は「将来の夢」に関するものだとわかる。ここから「大人になったとき，自分が何になりたいか，そして何をしたいのか」という英文をつくると判断できる。主語と動詞になるhe wantedや‘to＋動詞の原形’のto be and doなどのまとまりをつくりながら，文を完成させる。　... about what he wanted to be and do when he ...

(10)＜語句解釈＞第4段落第3，4文から，先生は少年の夢が実現不可能だと考えたために作文にFをつけたことがわかる。ここから先生は，ア．「もっと実現しやすい目標」を持って作文を書き直すことを提案したのだと判断できる。　realistic「現実的な」

(11)＜適文選択＞先生に実現できないと言われた自分の夢を諦めることなく，実現させた筆者のアドバイスとして適切なものを選ぶ。

(12)＜内容真偽＞ア．「ジャックは初めて12人の子どもたちに会ったとき，彼らに自分の人生のとても悲しい経験について話した」…×　悲しい経験ではなく夢をかなえた経験を話している。　イ．「先生はモンティの夢を受け入れなかったが，彼に作文をもう一度書くチャンスを与えた」…○　第4段落の内容に一致する。　ウ．「モンティは何度も作文を書き，ついに良い成績をとることができた」…×　第6段落参照。モンティは最初に書いた作文をそのまま再提出した。　エ．「先生は彼の授業でモンティに将来を信じることの重要性を教えた」…×　第4段落第3，4文参照。先生はモンティの馬の牧場を持つという夢を否定し，現実的な夢を持つよう促している。

3〔長文読解総合―対話文〕

≪全訳≫❶アヤは高校生で，兄のリョウは東京で一人暮らしをしている。今日，アヤはリョウに会いに彼のアパートに来た。❷アヤ(A)：そろそろお昼の時間よ！　外に食べに行こうよ。❸リョウ(R)：⑬-Aまさか！　外食は高いよ。自分たちで料理をするのはどう？❹A：本当に？　料理するの？❺R：⑬-Bもちろんするよ！　お金を節約したいんだ。えーと，うーん。台所に何があるか見てみよう…。❻A：あまりたくさんないようね。ああ，スパゲッティがあるわ。ここにミートソースの缶もある。ミートソース・スパゲッティがつくれるわね。❼R：それは簡単すぎるよ。オリーブオイル，にんにく，唐辛子で何かをつくるよ。❽A：唐辛子？！　でも私，辛いものは食べられないわ。❾R：⑬-C心配しないで。そんなに辛くならないから。まず，スパゲッティをゆでよう。大きな鍋にたくさんの水を入れる。水が沸騰したら，塩を加えてスパゲッティを入れる。スパゲッティをゆでている間に，にんにくを準備する。ほら，こんなふうにすれば潰せるよ。❿A：なぜ潰すの？⓫R：にんにくは，切らずに潰すと，にんにくの味が強くなるんだ。⓬A：へえ。わかったわ。たくさん知ってるのね！⓭R：にんにくの準備ができたら，フライパンに油を入れる。それから，にんにくを加える。⓮A：待って。火をつけるのを忘れたわよ。⓯R：にんにくを入れた後に火をつけるんだ。こうすると，にんにくの風味が油に入っていくんだ。にんにくのにおいがしてきたら，唐辛子を入れる。最初に種を取り出すのを忘れないで！⓰A：うーん！　とてもいいにおいね！⓱R：そうだね。僕はこのにおいが大好きなんだ。よし，スパゲッティの準備ができた。フライパンに入れよう。パスタの鍋の湯を加えるのを忘れないこと。最後に，塩とこしょうを加えて終わり！　スパゲッティ・ペペロンチーノのできあがり！⓲A：わあ！料理が上手なのね！⓳R：それを言う前に味わってよ。⓴A：わかったわ。いただきます！　うーん！これとてもおいしいね！　にんにくと油が味わえるし，そんなに辛くないね。お兄ちゃんの料理は本当においしいわ。21R：気に入ってくれてうれしいよ。それに，そんなに難しくないし。22A：うん，難しくないわ。私はこれから…。23R：毎日料理をするつもりなんだよね？24A：ううん，お兄ちゃんのところに食べに来る！25R：何だって？！

(13)＜適文選択＞A．アヤに外食しようと言われたリョウの返答。直後で「外食は高い」と言っていることから判断できる。No way は「まさか，嫌だ」という意味。　B．料理をするのかときかれたリョウの返答。直後で「お金を節約したい」と言っていることから判断できる。Of course I do! の do は cook の繰り返しを避けるために使われている代動詞。　C．「辛いものは食べられない」というアヤに対するリョウの発言。直後で「そんなに辛くならない」と言っていることから判断できる。

(14)＜適語句選択＞直後の第6段落から，アヤたちがお昼の食材を探していることがわかる。what I have in the kitchen は，‘疑問詞＋主語＋動詞…’の語順の間接疑問。

(15)＜英文解釈＞下線部の No, it's not. は，直前のリョウの発言 And it's not so difficult. を受けての発言で，繰り返しとなる so difficult が省略された形。it は第20段落最終文の your cooking を受けている。

(16)＜要旨把握＞第9～15段落でリョウが手順を説明している。First，Then，after といった単語に着目する。にんにくを入れた後で火にかけるのがポイント。

(17)＜内容真偽＞(a)「彼らはミートソースとにんにくと唐辛子のスパゲッティをつくった」…×　第7段落第2文参照。ミートソースは使っていない。　(b)「にんにくをより強く味わえるので，彼らはにんにくを潰さずに切った」…×　第11段落参照。切らずに潰した。　(c)「リョウはオリーブオイルとにんにくを入れる前に火をつけるのを忘れた」…×　第15段落第1文参照。オリーブオイルとにんにくを入れてから火をつけるのは意図していたことで忘れたのではない。　(d)「スパゲッティの準備ができたとき，彼らはいくらかの湯と一緒にフライパンに入れた」…○　第17段落第3～5文の内容に一致する。　(e)「スパゲッティをつくるのは難しくなかったので，アヤは料理をしにリョウの部屋に行くだろう」…×　第24段落参照。アヤはリョウの料理を食べに彼の部屋に行くと言っている。

4〔整序結合〕

(18)「買えるくらい裕福」は‘形容詞〔副詞〕＋enough to ～’「～できるほど〔するほど〕十分…」の形で表せる。　She is rich enough to buy the boat.

(19)「何の教科」は what subject。この後に一般動詞の疑問文の語順を続ける。「～が1番好き」は like ～ the best。　What subject do you like the best?

(20)「時間がありませんでした」は‘no＋名詞’「少しの～もない」を用いて，I had no time と表せる。「その本を読む時間」は「その本を読む(ための)時間」ということなので，to不定詞の形容詞的用法で表す。　I had no time to read the book last week.

5〔正誤問題〕

(21)ア…×　3つ以上のものを比べるときは比較級ではなく最上級を使う。正しくは Which is the largest city, Sapporo, Nagoya, or Fukuoka? となる。　「札幌と名古屋と福岡で最も大きい都市はどれか」　イ…○　「私は，全ての中でこれが一番難しい問題だと思う」　ウ…○　「彼の新しいスマートフォンは私のよりずっと高価だ」　エ…○　「この本はあの本ほどおもしろくない」

(22)ア…○　「この機械はその会社によってつくられた」　イ…○　「そのイベントは，昨夜雨のために開催されなかった」　ウ…×　be covered with ～で「～で覆われる」という意味になるので，正しくはThe famous mountain was covered with snow.となる。「その有名な山は雪で覆われていた」　エ…○「私たちはその作家の新しい小説に興味があった」

(23)ア…○「あなたはなんて一生懸命ピアノを練習しているんでしょう」　イ…○「あなたはなんてすばらしいダンサーなんでしょう」　ウ…×　間接疑問は‘疑問詞＋主語＋動詞...’の語順になるので，正しくはDo you know how tall that building is?となる。「あなたはそのビルがどれくらい高いか知っていますか」　エ…○「あの家に誰が住んでいるのか誰も知らない」

6〔長文読解総合―スピーチ〕

≪全訳≫書店に行かずに，オンラインショッピングを使って本を購入できるのはすばらしいことです。私は60代の人々(60～69歳の人々)にとって，オンラインで本を買うのは難しいかもしれないので，彼らは書店で本を買うだろうと思っていました。10代(13～19歳の若者)はオンラインでたくさんの本を買うことが多く，最近は書店に行かないと思っていました。しかし，私は彼らがそうするとわかって驚きました。それどころか，彼らはオンラインで本を購入する割合が最も低かったのです。これはおそらく，彼らの多くがオンラインで購入するときに必要なクレジットカードを持っていないためです。実際，40代(40～49歳)の人々が最大のインターネットでの購入者で，50代(50～59歳)の人々が次にきます。これらの年齢層の人々は容易にインターネットを使うことができ，本を買うことができるのだと思います。30代(30～39歳)の人が彼らほどオンラインで本を購入しないのは不思議です。彼らの割合は10代の若者をわずかに3パーセント上回っているだけです。 彼らは忙しすぎて本を読むことができないのかもしれません。

(24)<英文解釈>下線部を含む文の最初にある‘逆接’のHowever「しかしながら」に着目し，前文とのつながりを確認する。「10代は本屋に行かないと思っていたが，行くことがわかって驚いた」という文脈である。つまり，theyはteensを受け，doはgo to bookstoresの代わりとして使われている。

(25)<要旨把握>第7文より，オンラインで本を買う人の割合が最も高いのは40代でその次に50代が続くことがわかる。表を見ると40代の割合は58(%)なので，50代の割合はそれより低い53(%)になる。また，第9，10文より30代の割合は10代より3%高いことがわかる。

7〔単語の綴り〕

(26)A：パイをもう一切れいかがですか？／B：ありがとう，いただきます。これはとてもおいしいです！//ケーキなどについて「一切れ」というときは，a piece of ～を使う。another piece of ～とすると「もう一切れの～」となる。　delicious「おいしい」

(27)A：昨日，かわいい女の子と一緒にいるのを見たよ。あなたのガールフレンドなの？／B：彼女は僕のいとこだよ。僕の父の兄〔弟〕の娘なんだ。//cousin「いとこ」は父の兄弟のdaughter「娘」。

(28)A：ピクニックであなたと分ける食べ物を持ってきたんだ。／B：ありがとう！　ほら，あなたも私のサンドイッチを半分食べていいわよ。//Bの発言より，Aは一緒に食べる物を持ってきたことを伝えたのだと考えられる。I’veはI haveの短縮形。‘share＋物＋with＋人’で「〈物〉を〈人〉と分ける」という意味。　bring－brought－brought

8〔単語のアクセント〕

(29)　ア．af-ter-nóon　イ．bí-cy-cle　ウ．díf-fer-ence　エ．ín-ter-est

(30)　ア．nó-tice　イ．cre-áte　ウ．for-gét　エ．in-víte

2022年度／星野高等学校(併願第１回)

数学解答

1 (1) (ア)　(2) (カ)　(3) (オ)　(4) (カ)
(5) (イ)　(6) (エ)　(7) (エ)　(8) (イ)
(9) (オ)

2 (10) (オ)　(11) (ウ)

3 (12) (イ)　(13) (ア)　(14) (ウ)

4 (15) (ウ)　(16) (オ)　(17) (エ)

5 (18) (ア)　(19) (イ)　(20) (カ)

1 〔独立小問集合題〕

(1)<式の計算>与式 $=-18x^3y^2\times\frac{1}{12x^5y^6}\times(-8x^6y^9)=\frac{18x^3y^2\times8x^6y^9}{12x^5y^6}=12x^4y^5$

(2)<数の計算>与式 $=\sqrt{3}\times\sqrt{12}-\sqrt{3}\times2-\frac{(\sqrt{24}-6)\times\sqrt{3}}{\sqrt{3}\times\sqrt{3}}=\sqrt{3}\times2\sqrt{3}-2\sqrt{3}-\frac{2\sqrt{6}\times\sqrt{3}-6\sqrt{3}}{3}=6-2\sqrt{3}$ $-\frac{2\times3\sqrt{2}-6\sqrt{3}}{3}=6-2\sqrt{3}-(2\sqrt{2}-2\sqrt{3})=6-2\sqrt{3}-2\sqrt{2}+2\sqrt{3}=6-2\sqrt{2}$

(3)<連立方程式> $5x+2y=11$……①，$3x-5y=19$……②とする。①×5＋②×2より，$25x+6x=55+38$，$31x=93$　$\therefore x=3$　これを①に代入して，$5\times3+2y=11$，$2y=-4$　$\therefore y=-2$

(4)<二次方程式> $x^2+4x-12=-9$，$x^2+4x-3=0$　解の公式より，$x=\frac{-4\pm\sqrt{4^2-4\times1\times(-3)}}{2\times1}=\frac{-4\pm\sqrt{28}}{2}=\frac{-4\pm2\sqrt{7}}{2}=-2\pm\sqrt{7}$ である。

≪別解≫ $x^2+4x-12=-9$，$x^2+4x=3$，$x^2+4x+4=3+4$，$(x+2)^2=7$，$x+2=\pm\sqrt{7}$　$\therefore x=-2\pm\sqrt{7}$

(5)<数の性質> a は正の整数であり，$3=\sqrt{9}$，$5=\sqrt{25}$ だから，$3<\sqrt{2a}<5$ より，$\sqrt{9}<\sqrt{2a}<\sqrt{25}$，$9<2a<25$ となる。$2a$ は2の倍数よりこれを満たす $2a$ は，10，12，14，16，18，20，22，24の8個ある。よって，a も8個ある。

(6)<場合の数―買い物>50円のお菓子の買える個数は，最も多くて2個だから，50円のお菓子の個数は，2個，1個，0個となる。よって，まず50円のお菓子の個数を決めてから，30円のお菓子と10円のお菓子を合わせて合計金額が100円となる買い方を考える。それぞれのお菓子の個数を，(50円のお菓子，30円のお菓子，10円のお菓子)と表すと，(2，0，0)，(1，1，2)，(1，0，5)，(0，3，1)，(0，2，4)，(0，1，7)，(0，0，10)の7通りあるから，買い方は全部で，7通りである。

(7)<一次方程式の応用>まず，40人のクラスの生徒の40%が合格したことから，合格者の人数は $40\times\frac{40}{100}=16$(人)，不合格者の人数は $40-16=24$(人)である。次に，合格点を x 点とすると，合格者の平均点は合格点より9点高かったことから，$x+9$ 点となり，合格者の点数の合計は，$16(x+9)$ 点，不合格者の平均点は，合格点より11点低かったことから，$x-11$ 点となり，不合格者の点数の合計は，$24(x-11)$ 点となる。よって，クラス全体の平均点が59点であるとき，$16(x+9)+24(x-11)=59\times40$ が成り立つ。両辺を8でわってこれを解くと，$2(x+9)+3(x-11)=59\times5$，$2x+18+3x-33=295$，$5x=310$，$x=62$ となる。よって，合格点は62点である。

(8)<平面図形―角度>右図1で，線分ACとBEの交点をFとし，2点A，Bを結ぶ。△BAFにおいて，$\overset{\frown}{AE}$ に対する円周角より，∠ABF＝∠ACE＝23°となり，内角と外角の関係より，∠BAF＝∠BFO－∠ABF＝75°－23°＝52°である。次に，△OBAは，円Oの半径より，OB＝OAの二等辺三角形となるから，∠ABO＝∠BAF＝52°となる。よって，∠x＝∠ABO－∠ABF＝52°－23°＝29°である。

図1

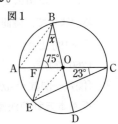

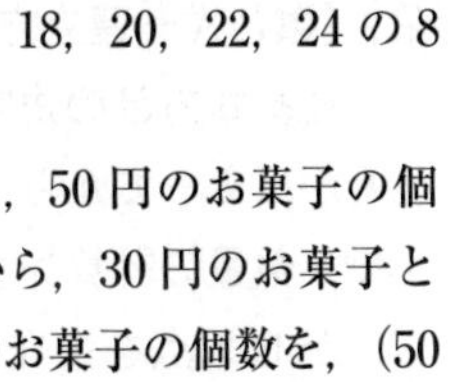

≪別解≫前ページの図1で，線分 AC と BE の交点を F とし，2 点 O，E を結ぶ。△FEC において，内角と外角の関係より，∠FEC＝∠BFC－∠FCE＝75°－23°＝52°となる。次に，△OEC は，円 O の半径より，OE＝OC の二等辺三角形となるから，∠OEC＝∠OCE＝23°であり，∠OEB＝∠FEC－∠OEC＝52°－23°＝29°となる。さらに，△OBE は，円 O の半径より，OB＝OE の二等辺三角形となるから，$\angle x$＝∠OEB＝29°である。

(9)＜平面図形―長さ＞右図2のように，2つの円の中心を P，Q，2つの円の接点を R とし，2 点 P と点 R，点 Q と点 R をそれぞれ結ぶ。ここで，点 R を通る接線を引くと，円の接線は，その接点を通る半径に垂直になることから，線分 PR と線分 QR は，それぞれ点 R を接点とするこの接線に垂直となり，3 点 P，Q，R は一直線上にある。よって，2つの円の半径は 5 より，PQ＝PR＋QR＝5＋5＝10 である。次に，2つの円と長方形との接点を E～H とすると，円の接線は，その接点を通る半径に垂直になることから，PE⊥AB，PF⊥BC，QG⊥DC，QH⊥AD となり，2つの円の半径が 5 より，PE＝PF＝QG＝QH＝5 である。さらに，線分 EP の延長と辺 DC の交点を I，線分 HQ の延長と辺 BC の交点を J，線分 PI と線分 QJ の交点を K とすると，AB∥PF∥HJ∥DC，AD∥QG∥EI∥BC，四角形 ABCD は長方形より，これらの平行線によってできる四角形は全て長方形になるから，HJ＝AB＝16，KJ＝PF＝5，KI＝QG＝5，AD＝EI より，QK＝HJ－KJ－QH＝16－5－5＝6 である。よって，△QPK は∠PKQ＝90°の直角三角形だから，三平方の定理より，$\mathrm{PK}=\sqrt{\mathrm{PQ}^2-\mathrm{QK}^2}=\sqrt{10^2-6^2}=\sqrt{64}=8$ となり，長方形の横の長さは，AD＝EI＝PE＋PK＋KI＝5＋8＋5＝18 である。

図2

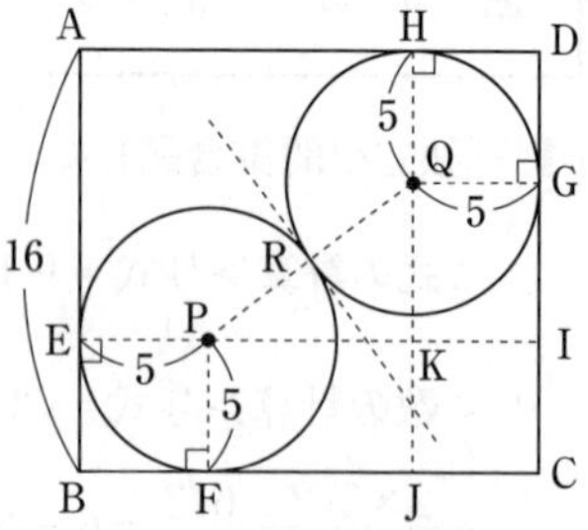

2 〔数と式―連立方程式の応用〕

≪基本方針の決定≫(11)　花子さんが A 地点を出発してから 2 人が出会うまでにかかった時間と，2 人が出会ってから一郎さんが A 地点に到着するまでにかかった時間について考える。

(10)＜数量の計算＞まず，2 人が出会ってから花子さんが B 地点に到着するまでの道のりは，一郎さんが B 地点を出発してから 9 分後に出会うまでに進んだ道のりと等しい。次に，一郎さんは花子さんに出会ったときに走っていたから，一郎さんがこのとき進んだ道のりは，分速 180m で 9 分走った道のりで，180×9＝1620(m)である。よって，花子さんは，一郎さんが走った道のり 1620m を，分速 60m で歩いたことになるから，求める時間は，1620÷60＝27(分)である。

(11)＜文字式の利用＞まず，花子さんは，A 地点から C 地点までの xm は分速 180m で走り，C 地点から 2 人が出会った地点までの ym は分速 60m で歩いている。また，A 地点から出会った地点まで進むのにかかった時間は 9 分であることから，時間について，$\frac{x}{180}+\frac{y}{60}=9$……①が成り立つ。次に，一郎さんは，2 人が出会った地点から C 地点までの ym は分速 180m で走り，C 地点から A 地点までの xm は分速 60m で歩いている。また，2 人が出会った地点から A 地点までかかった時間は，2 人が出会ってから花子さんが B 地点に到着する 8 分前だったことから，27－8＝19(分)である。よって，時間について，$\frac{x}{60}+\frac{y}{180}=19$……②が成り立つ。①×180 より，$x+3y=1620$……①′，②×180 より，$3x+y=3420$……②′だから，①′＋②′より，$4x+4y=5040$，$4(x+y)=5040$，$x+y=1260$ である。

3 〔関数―関数 $y=ax^2$ と一次関数のグラフ〕

≪基本方針の決定≫(12)　2 点 A，B の座標を求める。　(13)　△ABO の底辺を線分 AB と見て，高さが等しくなるような△ABPを考える。

⑿＜直線の式＞右図で，点Aは放物線$y=\frac{1}{2}x^2$上にあり，x座標が-2より，y座標は$x=-2$を$y=\frac{1}{2}x^2$に代入して，$y=\frac{1}{2}\times(-2)^2=2$となり，A$(-2,\ 2)$である。点Bも放物線$y=\frac{1}{2}x^2$上にあるから，同様に$x=3$を$y=\frac{1}{2}x^2$に代入して，$y=\frac{1}{2}\times3^2=\frac{9}{2}$となり，B$\left(3,\ \frac{9}{2}\right)$である。よって，直線ABの傾きは，2点A，Bの座標より，$\left(\frac{9}{2}-2\right)\div\{3-(-2)\}=\frac{5}{2}\div5=\frac{1}{2}$となるから，直線ABの式を$y=\frac{1}{2}x+b$とおくと，点Aを通ることから$x=-2$，$y=2$を代入して，$2=\frac{1}{2}\times(-2)+b$，$b=3$より，求める直線$l$の式は$y=\frac{1}{2}x+3$である。

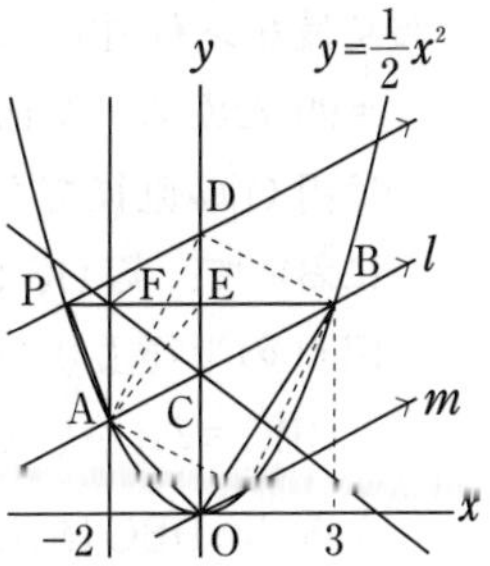

⒀＜座標＞右上図で，△ABOと△ABPの面積が等しくなるとき，点Pが線分ABより下にある場合と上にある場合が考えられる。まず，点Pが線分ABより下にある場合について考える。2点O，Pを通る直線をmとすると，△ABO＝△ABPより，$l /\!/ m$である。ここで，直線mの傾きは直線lの傾きと同じ$\frac{1}{2}$より，この交点は，x座標が正の数になるので，点Pに適さない。次に，点Pが線分ABより上にある場合について考える。y軸上に，CO＝CDとなる点Dをとると，△ABD＝△ABOとなる。これより，△ABD＝△ABPだから，PD$/\!/ l$である。直線lの式は$y=\frac{1}{2}x+3$で，切片よりCO＝3だから，OD＝OC＋CD＝3＋3＝6となり，直線ABに平行な直線PDの式は，$y=\frac{1}{2}x+6$である。よって，直線$y=\frac{1}{2}x+6$と放物線$y=\frac{1}{2}x^2$との交点のx座標は，2式よりyを消去して，$\frac{1}{2}x^2=\frac{1}{2}x+6$，$x^2-x-12=0$，$(x+3)(x-4)=0$より，$x=-3$，4となる。したがって，点Pの$x$座標は負の数だから，$-3$である。

⒁＜傾き＞右上図で，放物線$y=\frac{1}{2}x^2$はy軸について対称なグラフであるから，⒀より2点P，Bは，x座標の絶対値が等しいので，y座標は等しく，PB$/\!/$〔x軸〕となる。線分PBとy軸との交点をEとすると，PE＝EBとなり，△ABEと△ABPにおいて，底辺をそれぞれ線分EB，PBと見たとき，高さが等しいから，△ABE：△ABP＝EB：PB＝1：2より，△ABE＝$\frac{1}{2}$△ABPである。次に，点Aを通り，y軸に平行な直線と線分PBとの交点をFとすると，△FCEと△ACEは，底辺を線分CEと見ると高さが等しいから面積が等しくなる。よって，△FCB＝△FCE＋△ECB＝△ACE＋△ECB＝△ABE＝$\frac{1}{2}$△ABPとなるから，直線CFは，△ABPの面積を2等分する直線である。したがって，点Fのx座標は点Aのx座標と等しく-2であり，y座標は点Bのy座標と等しく$\frac{9}{2}$であるから，F$\left(-2,\ \frac{9}{2}\right)$となる。点Fの座標とC$(0,\ 3)$より，直線CFの傾きは，$\left(3-\frac{9}{2}\right)\div\{0-(-2)\}=-\frac{3}{2}\div2=-\frac{3}{4}$である。

4〔平面図形―円〕

≪基本方針の決定≫⒃　2点D，Cを結び，△DBCから線分DBの長さを求める。　⒄　2組の相似な三角形を利用する。

⒂＜面積＞次ページの図で，点Aから辺BCに垂線AHを引くと，△ABCは正三角形より，∠ABH＝60°だから，△ABHは3辺の比が$1:2:\sqrt{3}$の直角三角形となる。よって，AH＝$\frac{\sqrt{3}}{2}$AB＝$\frac{\sqrt{3}}{2}\times$

$4 = 2\sqrt{3}$より，$\triangle ABC = \frac{1}{2} \times BC \times AH = \frac{1}{2} \times 4 \times 2\sqrt{3} = 4\sqrt{3}$である。

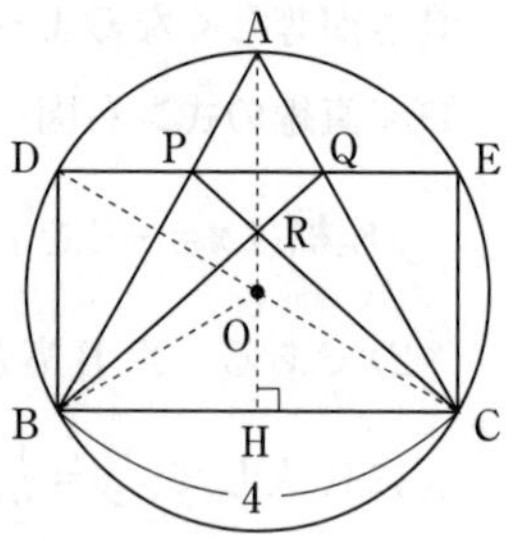

⒃＜長さ＞右図で，△DBCにおいて，四角形BCEDは長方形より∠DBC＝90°だから，半円の弧に対する円周角は90°になることより，線分DCは円Oの直径である。ここで，2点B，Oを結ぶと，△OBCと△OACにおいて，辺OCは共通な辺であり，△ABCが正三角形よりBC＝AC，円Oの半径よりOB＝OAとなるから，3組の辺がそれぞれ等しくなり，△OBC≡△OACである。よって，∠OCB＝∠OCA＝60°÷2＝30°となるから，△DBCは3辺の比が$1:2:\sqrt{3}$の直角三角形となり，$DB = \frac{1}{\sqrt{3}}BC = \frac{1}{\sqrt{3}} \times 4 = \frac{4}{\sqrt{3}}$である。次に，△DBPにおいて，四角形BCEDは長方形より，∠PDB＝90°となり，DP∥BCより，錯角は等しいから，∠DPB＝∠ABC＝60°となる。したがって，△DBPは3辺の比が$1:2:\sqrt{3}$の直角三角形となるから，$DP = \frac{1}{\sqrt{3}}DB = \frac{1}{\sqrt{3}} \times \frac{4}{\sqrt{3}} = \frac{4}{3}$である。同様にして，$QE = \frac{4}{3}$となるから，DE＝BC＝4より，$PQ = DE - DP - QE = 4 - \frac{4}{3} - \frac{4}{3} = \frac{4}{3}$である。

⒄＜面積比＞右上図で，PQ∥BCより，△PQR∽△CBRであり，$PR : CR = PQ : CB = \frac{4}{3} : 4 = 1 : 3$となる。よって，△PQR：△QPC＝PR：PC＝PR：(PR＋CR)＝1：(1＋3)＝1：4より，$\triangle PQR = \frac{1}{4}\triangle QPC$である。また，DE∥BCより，△APQ∽△ABCであり，AP：AB＝AQ：AC＝PQ：BC$= \frac{4}{3} : 4 = 1 : 3$となる。したがって，△QPC：△APC＝QC：AC＝(AC－AQ)：AC＝(3－1)：3＝2：3より，$\triangle QPC = \frac{2}{3}\triangle APC$，△APC：△ABC＝AP：AB＝1：3より，$\triangle APC = \frac{1}{3}\triangle ABC$である。以上より，$\triangle PQR = \frac{1}{4} \times \frac{2}{3}\triangle APC = \frac{1}{4} \times \frac{2}{3} \times \frac{1}{3}\triangle ABC = \frac{1}{18}\triangle ABC$となるから，△ABCの面積は△PQRの面積の18倍である。

5〔空間図形―立方体〕

《基本方針の決定》⒅　切り口は平行四辺形となる。　⒆　点Lから線分CEに垂線を引き，△ECLの面積を考える。　⒇　三角錐AECLの体積から考える。

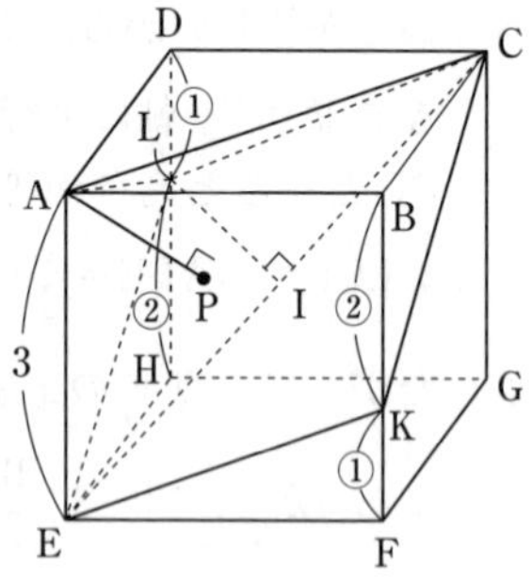

⒅＜長さ＞右図で，立方体を3点E，K，Lを通る平面で切ったとき，平行な面において切り口の辺は平行になり，図形の対称性から，切り口は頂点Cを通る▱EKCLとなる。辺EKは，直角三角形KEFの斜辺であり，立方体の1辺の長さは3，BK：KF＝2：1より，$KF = \frac{1}{2+1}BF = \frac{1}{3} \times 3 = 1$だから，△KEFで三平方の定理より，$EK = \sqrt{EF^2 + KF^2} = \sqrt{3^2 + 1^2} = \sqrt{9+1} = \sqrt{10}$となる。辺KCは，直角三角形BKCの斜辺であり，BK＝BF－KF＝3－1＝2だから，△BKCで三平方の定理より，$KC = \sqrt{BC^2 + BK^2} = \sqrt{3^2 + 2^2} = \sqrt{9+4} = \sqrt{13}$となる。よって，切り口の▱EKCLの周の長さは，$EK + KC + CL + LE = 2(EK + KC) = 2(\sqrt{10} + \sqrt{13}) = 2\sqrt{10} + 2\sqrt{13}$である。

⒆＜面積＞右上図で，切り口の▱EKCLは対角線ECによって合同な2つの三角形△ECLと△CEKに分けられるから，▱EKCL＝2△ECLである。図で，△ACDは直角二等辺三角形だから，$AC = \sqrt{2}AD = \sqrt{2} \times 3 = 3\sqrt{2}$となり，さらに，△AECで三平方の定理より，$EC = \sqrt{AE^2 + AC^2} = \sqrt{3^2 + (3\sqrt{2})^2} = \sqrt{27} = 3\sqrt{3}$となる。ここで，点Lから線分CEに垂線LIを引き，線分EIの長さをxとすると，

△LEIで三平方の定理より，$\mathrm{LI}^2=\mathrm{LE}^2-\mathrm{EI}^2=(\sqrt{13})^2-x^2=13-x^2$と表せる。また，$\mathrm{CI}=\mathrm{EC}-\mathrm{EI}=3\sqrt{3}-x$となり，△LCIで三平方の定理より，$\mathrm{LI}^2=\mathrm{LC}^2-\mathrm{CI}^2=(\sqrt{10})^2-(3\sqrt{3}-x)^2=10-(27-6\sqrt{3}x+x^2)=10-27+6\sqrt{3}x-x^2=-17+6\sqrt{3}x-x^2$と表せる。よって，$\mathrm{LI}^2$について，$13-x^2=-17+6\sqrt{3}x-x^2$が成り立ち，これを解くと，$6\sqrt{3}x=30$，$x=\dfrac{5}{\sqrt{3}}$となる。これより，$\mathrm{LI}^2=13-\left(\dfrac{5}{\sqrt{3}}\right)^2=13-\dfrac{25}{3}=\dfrac{14}{3}$，$\mathrm{LI}>0$より，$\mathrm{LI}=\sqrt{\dfrac{14}{3}}$となる。したがって，$\triangle\mathrm{ECL}=\dfrac{1}{2}\times\mathrm{EC}\times\mathrm{LI}=\dfrac{1}{2}\times3\sqrt{3}\times\sqrt{\dfrac{14}{3}}=\dfrac{3\sqrt{14}}{2}$となるから，切り口の面積は，$2\triangle\mathrm{ECL}=2\times\dfrac{3\sqrt{14}}{2}=3\sqrt{14}$である。

⒇<長さ>前ページの図で，点Aから切り口の四角形EKCLに垂線APを引くと，線分APは，三角錐AECLで底面を△ECLと見たときの高さである。この長さをhとすると，〔三角錐AECL〕$=\dfrac{1}{3}\times\triangle\mathrm{ECL}\times\mathrm{AP}=\dfrac{1}{3}\times\dfrac{3\sqrt{14}}{2}\times h=\dfrac{\sqrt{14}}{2}h$と表せる。また，三角錐AECLの底面を△AELと見たときの高さは$\mathrm{AB}=3$だから，〔三角錐AECL〕$=\dfrac{1}{3}\times\triangle\mathrm{AEL}\times\mathrm{AB}=\dfrac{1}{3}\times\left(\dfrac{1}{2}\times3\times3\right)\times3=\dfrac{9}{2}$である。よって，$\dfrac{\sqrt{14}}{2}h=\dfrac{9}{2}$が成り立ち，これを解くと，$h=\dfrac{9}{\sqrt{14}}=\dfrac{9\sqrt{14}}{14}$となる。

2022年度／星野高等学校（併願第１回）

国語解答

一 問１　①…ア　②…エ　③…ア

問２　a…エ　b…ア　問３　ウ

問４　エ　問５　エ　問６　ア

問７　ウ　問８　ウ　問９　ウ

問10　ア

二 問１　①…ウ　②…エ　③…イ

問２　a…ア　b…ウ　問３　イ

問４　エ　問５　ア　問６　エ

問７　ウ　問８　ア　問９　イ

問10　ウ

三 問１　ウ　問２　ア　問３　ア

問４　エ　問５　D…イ　F…ア

問６　ウ　問７　エ　問８　イ

一〔論説文の読解─政治・経済学的分野─経済〕出典；徳田賢二『値段がわかれば社会がわかる　はじめての経済学』。

≪本文の概要≫世の中にある多くの商品の中から購入する商品を選ぶ基準は，手もとの予算の範囲内で，満足できるものかどうかにある。その際に頼りになるのは「値段」だが，売り手と買い手との間には商品の品質という重要な情報が偏って存在しているので，買い手は，購入の際の危険性やリスクに対してどう行動するか，常にその判断を迫られているといえる。また，買い手は，その商品に値段以上の価値があると判断したときにその値段を支払うが，信頼感や店の雰囲気，接客なども価値として考える。さらに，私たちは，その店に行くために必要な時間も組み込んで，買うための判断基準とする。購入のために要する時間で，用事やアルバイトを犠牲にすることもふまえて，その店に行って買い物をするかどうかを判断するのである。つまり，その犠牲に見合っただけの価値を商品に求めることになるので，私たちは，とても合理的な行動を取っていることになる。

問１＜漢字＞①「対処」と書く。アは「処置」，イは「所作」，ウは「諸国」，エは「書簡」。　②「状況」と書く。アは「定跡」，イは「臨場感」，ウは「謙譲」，エは「環状線」。　③「我慢」と書く。アは「緩慢」，イは「満悦」，ウは「万華鏡」，エは「散漫」。

問２＜語句＞a．「所詮」は，いろいろな事情や経緯があっても結局のところは，という意味。
b．「如何」は，事の状態や様子のこと。

問３＜文章内容＞高い値段の弁当は，売り手が「その品質に自信がある」と考えられるが，いつも買っていると「予算が足りなくなってしまう危険性」も生じる。これに対して，安い値段の弁当は，「売り手もその品質にそこまで自信がない可能性」があるので，食べても「満足できなかったという可能性」も残る。つまり，買い物における正解と不正解の分かれ目は，買い手の予算内に収まるものかということと，買い手が満足できるものかということにかかっているのである。

問４＜文章内容＞買い手は，「その商品に値段以上の価値がある」場合のみ，その値段を支払う。価値が値段を上回っているか，あるいは最低でも価値と値段が同等の場合しか買わないのである。

問５＜文章内容＞例えば「大きなエビフライ」を買う場合，買い手はエビフライの「外見」だけではなく，その店では「どんなものを買っても必ず満足できるという信頼感」や「店の雰囲気，よい接客」といった「エビフライ以外の要素」も含めて，その価値を決めるのである。

問６＜文章内容＞私たちは，他の店に行って買い物をするとき，行くために必要な時間も組み込んで考え，そのために犠牲にする物事を機会費用として考慮する。つまり，機会費用と見合うだけの価値のあるイチゴが他店にあると判断したならば，買い手はその店に買いに行くと考えられる。

問７＜文章内容＞私たちは，買うために犠牲にしたことと，その商品の品質や値段といった価値を総合的に比べて，買うかどうかを判断している。この判断は，「犠牲に見合っただけの価値」を商品に求める合理的な行動といえる。

問８＜主題＞「時は金なり」は，時間は貴重なものだから無駄に費やしてはいけない，という意味。私たちは，何かをする際，それにかかる「『時間』も組み込んで考え」ている。買い物の価値に，その時間にできたであろうことをふまえるとするならば，時間は金のように失われる貴重な「費用」としてとらえられているといえる。「一攫千金」は，一度に大きな利益を得ること。「歳月人を待たず」は，年月は人の都合とは関係なく刻々と過ぎていくものだ，という意味。「安物買いの銭失い」は，安価な物には，すぐに買いかえなければならないような粗悪な物が多いので，かえって損をする，という意味。

問９＜要旨＞商品を買う際，値段は「品質のバロメーター」となる。自分の考える予算内に収まるのか，値段以上の価値があるのか，という判断の根拠を，値段は示してくれるのである。

問10＜文章内容＞世の中にあるたくさんの商品の中から，消費者が購入する商品を選ぶ基準は，「手元の予算の範囲内」で「満足できるものかどうか」ということにある(イ…○)。値段以下の価値しかないものは買わないので，値段だけを見て自分の希望と釣り合っているかどうか判断するのではないのである(ア…×)。ただし，ものを買う場合に最も問題となるのは，購入前の買い手がその商品について知ることができないのに対し，売り手は「商品の品質，利便性をよく知って」いることである。つまり，「売り手と買い手との間では，商品の品質という重要な情報が偏って存在して」いることになる(エ…○)。また，購入するのに要する時間のためにアルバイトなどを犠牲にするのであれば，それも機会費用として購入の際の判断基準となる(ウ…○)。

二 〔小説の読解〕出典；堀辰雄『窓』。

問１＜漢字＞①「容易」と書く。アは「真意」，イは「経緯」，ウは「安易」，エは「無作為」。　②「唐突」と書く。アは「返答」，イは「白桃」，ウは「消灯」，エは「遣唐使」。　③「色彩」と書く。アは「裁量」，イは「迷彩」，ウは「採集」，エは「山菜」。

問２＜語句＞ａ.「知悉」は，細かい点まで知り尽くしていること。　ｂ.副詞の「よし」には，仮に，という意味がある。

問３＜文章内容＞Ｏ夫人が「Ａ氏に関するさまざまな質問を，次から次へと私に発する」様子から，夫人がＡ氏に興味を持っていると知った「私」は，「窓」について夫人に出品を依頼しようと思っていたので，夫人に気に入られるために，自分だけが知っているＡ氏の秘密をＯ夫人に話したのである。

問４＜文章内容＞「私」とＯ夫人は，Ａ氏のことをしばらく話していたが，私の目的は「窓」の出品の依頼だったので，話題が「夫人の所有している氏の作品」へと変わったとき，「私」は，ずっと待っていた「この機会をすばやく捕え」て，「用件」を切り出した。

問５＜文章内容＞現在の「窓」が，「数年前に持っていたとおりの姿を持っていない」というＯ夫人の発言があまりにも信じがたい内容だったので，「私」は，すぐには理解できなかった。

問６＜心情＞夫人は，「窓」が変化したという「自分の感じの正確」なことは信じているが，目が不自由であったため，Ａ氏の秘密まで知っているくらい親しく交流のあった「私」に見てもらって，「自分の感じ」が正しいということについて，共感してもらいたいと思ったのである。

問７＜文章内容＞「私」の見た「窓」の帯びているこの世のものではないような「光」は，「窓」自身から発せられているようでもあり，絵に描かれた窓を通して「一つの超自然界から這入ってくる光線」のようにも感じられた。

問８＜文章内容＞「あっ，A氏の顔が！」という「私」の叫びを聞き，夫人は，自分が確信していた絵の変化が他者によっても確認されたので，喜びと誇らしさを覚えたのである。

問９＜文章内容＞「私」は，絵が変化した「奇蹟」が「この絵の置かれてある唯一の距離，唯一の照明」によるものではないかなどと考えているうちに，ふと「A氏はかつてこの夫人を深く愛していたことがあるのではないか」ということや，「夫人もまたそれをひそかに受け容れていたのではないか」という思いがしてきたので，感慨を持って「A氏の傑作」と「O夫人の病める眼」を交互に眺めたのである。

問10＜文脈＞「私」は，「窓」を見ているうちに，下絵の上に後から加えられた線や色彩が「年月の流れによって変色か何か」して，「下絵がおのずから現われてきた」というような「例は今までにも少なく」はなかったと思い，一つの例として「チントレットの壁画」を思い浮かべた。

三 〔古文の読解―説話〕出典；『宇治拾遺物語』巻第十二ノ十一。

≪現代語訳≫今となっては昔のことだが，隠題をとてもおもしろがりなさる帝が，篳篥を(隠題として)およませになったところ，人々が下手な和歌をよんでいたときに，一人の木こりの子どもが，夜明け前に，山へ行くと言って(さらに次のように)言ったことには，「この頃，篳篥を(隠題として，帝が)およませになっているのに，みんなはおよみになれないということだ。(でも)子ども(である自分)は(うまく)よんだ」と言ったので，一緒に木を切りに行く子どもが，「ああ，恐れ多いことだ。そのようなことを言ってはいけない。(木こりなのに)身のほど知らずだ。感心しない」と言ったので，「どうして，必ずしも身のほどと関係があるのか(木こりをしているからといってよい歌がよめないというわけではない)」と言って，

毎年めぐってくる春に咲く桜は，何度〈散ったことだろうか〉，誰かに尋ねたいものだ

と言ったのだった。(木こりという)身のほどとは関係なく，思いがけない(秀作であった)。

問１＜現代語訳＞「わろし」は，ここでは，拙い，下手だ，という意味。篳篥という隠題で，「人々」は，和歌を上手によめなかったのである。

問２＜古語＞「童」は，「わらわ」と読み，子どものこと。

問３＜古語＞「暁」は，夜明け前のこと。

問４＜古文の内容理解＞①「木こる童」は，山へ行くと言い，さらに自分は上手に和歌をよんだと言った。 ②「御門」は，篳篥を隠題として人々に和歌をよませた。 ③「木こる童」は，自分は篳篥を隠題として和歌をよんだと言った。 ④「木こる童」は，篳篥を隠題とした「めぐりくる～」の和歌をよんだ。

問５＜古文の内容理解＞D.「具す」は，一緒に行く，連れ立つ，という意味。「木こる童」と「童部」は，一緒に木を伐採しに行った。 F.「いまいまし」は，慎むべきだ，腹立たしく感じる，という意味。「童部」は，「木こる童」が木こりという身分であるにもかかわらず和歌をよんだと言ったので，よくないことだと言った。

問６＜古文の内容理解＞「童部」は，人々がよめなかった和歌を，「木こる童」が身のほどをわきまえずによんだと言ったので，そのように恐れ多いことを言ってはいけないとたしなめた。

問７＜古文の内容理解＞和歌では「いくたび」と「ちりき」で意味が切れるが，「木こる童」は，「びちりき」の部分に隠題としての「篳篥」をよみ込んだ。

問８＜古文の内容理解＞帝の出した篳篥を隠題とした和歌を，人々はうまくよめなかったが，「木こる童」はよむことができたのである。

2022年度 星野高等学校（併願第２回）

〔注〕 この問題は，１月26日に実施された併願受験者用のものです。

【英　語】 （50分）〈満点：100点〉

（注意） 解答はすべて一つ選び，解答用紙の所定の欄にマークすること。

1 次の英文を読んで，下の問いに答えなさい。

Many people living with dogs have stories about their pets' ability to understand and also communicate with ①-A them. When a group of scientists at Harvard compared dogs and chimpanzees in some *experiments, they found that dogs were better at understanding people than chimpanzees. Dogs can get a lot of information from a person's simple gesture. They can understand *emotions and send messages back. Chimpanzees have brains *similar to humans', but it seems that they cannot understand people as deeply as dogs can.

How did dogs and people first come together? Scientists agree that dogs come from the same *family as wolves. Probably a few hunters got some hungry wolves to help them with hunting or to protect the village. Scientists guess that this happened about 15,000 years ago. After these wolves *were domesticated, people probably began *breeding more of these *loyal and useful animals. Over time, these animals *evolved into "dogs." By 8000 B.C., dogs were an important part of everyday life.

For a long time people thought dogs *had descended from North American wolves. Many scientists also agreed that this was probably true. Not long ago, ②(　　), an important discovery was made about dogs. Scientists now think that when people from Asia crossed into North America about 12,000 to 14,000 years ago, "dogs" went with them.

The Harvard group did some other experiments. In one experiment, they used wolves, chimpanzees, dogs *raised with people, and dogs raised without people. Among the four groups, only the two groups of dogs were able to follow a person's ③directions or understand what they said. Even the dogs that never met a person before understood simple tests of gestures and expressions.

This shows that dogs have a natural ability to understand people. Even if nobody teaches dogs how to communicate with people, they can still ①-B do it. They have developed this ability over thousands of years.

People living with dogs love to tell you how well dogs communicate with them. You can easily find many stories about dogs if you just ask people around you. As many people say, "a dog is man's best ④(　　)."

（注） experiments：実験　emotions：感情　similar：よく似た　family：（分類上の）科
were domesticated：飼いならされた　breeding：繁殖させること　loyal：忠実な
evolved：進化した　had descended from：～の子孫だった　raised：育てられた

(1) 下線①-A の them と下線①-B の do it が表す内容として最も適する組み合わせを選びなさい。

ア. { them：many people living with dogs / do it：communicate with people }

イ. { them：dogs / do it：teach dogs }

ウ. { them：many people living with dogs / do it：teach dogs }

エ. { them：dogs / do it：communicate with people }

(2) 下線②の(　)に入れるのに最も適するものを選びなさい。

ア．in addition　　イ．however　　ウ．at last　　エ．for example

(3) 下線③の directions と最も近い意味を持つ語を選びなさい。

ア．ways　　イ．orders　　ウ．uses　　エ．addresses

(4) 下線④の(　)に入れるのに最も適するものを選びなさい。

ア．friend　　イ．astronaut　　ウ．teacher　　エ．parent

(5) 現在科学者が考えている犬の移動経路として最も適するものを選びなさい。

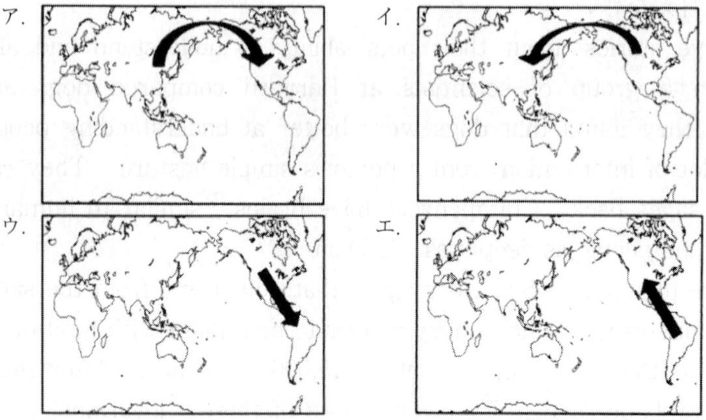

©CraftMAP

(6) 本文の内容と一致するものを選びなさい。

ア．Scientists found that chimpanzees could understand emotions and send messages back better than dogs.

イ．Chimpanzees have brains to understand people in a deep way.

ウ．It seems that a few hunters caught some hungry wolves to help them to hunt or protect the village.

エ．The dogs didn't understand what people said in a simple test if they never met a person before.

2 次の英文を読んで，下の問いに答えなさい。

Once upon a time a farmer, Gopi, lived in a village. He had a few *acres of land. One hot afternoon, the poor farmer was digging in his field with his *spade. [　　⑦　　] He continued to dig.

After he dug for a long time, Gopi felt tired. "It is a waste of time. There is nothing in this field," he thought, so he threw the spade into the pot and sat under a tree to take a rest.

After a while, when he got up to leave, he could not believe his eyes. There were one hundred spades in the pot. "This is a magic pot. I will put this mango inside the pot and see what will happen," Gopi thought. Then Gopi put a mango into the pot. To his surprise, he found one hundred mangoes in the pot. Gopi carried the pot to his home and kept it in a secret place so that no one would find ⑧it.

After that, he put many things in the pot and everything became *hundred folds. With the pot, he became a rich man. The King came to know about the pot and where it was. The King wanted to know more about it because he was a ⑨(　　　) King.　"I want to find out the secret of the magic pot.　If it is *valuable, it should be in the King's *treasury," the King thought.　So, he told his men to bring the farmer and his pot at once.

When the magic pot was brought to the King, he did not know what to do.　The King thought, "⑩[makes / so / pot / what / this] magical?"　He looked inside.　Accidentally, he slipped and fell inside the pot.　When he climbed out of the magic pot, he ⑪(　　　) to find that there were one hundred Kings.

All the Kings then tried to sit on the *throne.　They fought among themselves and they all died. "The foolish King took away the magic pot from me out of *curiosity and he died," said the farmer as he left the magic pot in the King's treasury.　"This magic pot has killed the King himself."

(注)　acres：エーカー(面積の単位　1エーカー：約4,047m^2)
　　spade：鋤《すき》(農具の一種)　　hundred folds：100倍　　valuable：価値の高い
　　treasury：宝物庫　　throne：王座　　curiosity：好奇心

(7)　下の(a)〜(d)の英文を［⑦］の中に意味が通るように並べかえるとき，その順序として最も適するものを選びなさい。

(a)　"It does not look useful to me.　I will dig deeper.　Maybe I will find something else," thought Gopi.
(b)　He continued digging.　"It is a big metal pot," said Gopi.
(c)　It was big enough to cook rice for more than hundred people.
(d)　All of a sudden, his spade hit something.

ア．(c)→(a)→(d)→(b)　　イ．(c)→(d)→(a)→(b)
ウ．(d)→(b)→(c)→(a)　　エ．(d)→(c)→(b)→(a)

(8)　下線⑧が表す内容として最も適するものを選びなさい。

ア．a mango　　イ．the pot　　ウ．his house　　エ．a secret place

(9)　下線⑨の(　)に入れるのに最も適するものを選びなさい。

ア．greedy　　イ．brave　　ウ．honest　　エ．popular

(10)　下線⑩の[　]内の語を意味が通るように並べかえるとき，[　]内で4番目に来るものを選びなさい。文頭にくる語も小文字になっています。

ア．this　　イ．so　　ウ．makes　　エ．pot

(11).　下線⑪の(　)に入れるのに最も適するものを選びなさい。

ア．shocked　　イ．was shock　　ウ．was shocked　　エ．was shocking

(12)　本文の内容と一致しないものを選びなさい。

ア．At first, Gopi did not think the pot he found in his field was useful to him.
イ．Gopi found one hundred mangoes in the pot after he put a mango into it.
ウ．The King wanted to get the magic pot because he knew its secret.
エ．The Kings fought among themselves and lost their lives in the end.

3　次の英文を読んで，下の問いに答えなさい。

Many people now believe that the Internet is the most important *invention in history.　Some say it has a ⑬(　　　) effect on our lives than the car, airplane, or television does.　The World Wide Web is changing our ways of shopping, working, learning and communicating.

On the Internet, there are many *message boards for people to write their opinions about various topics.　Let's take a look at one of those boards.　Several people are writing their opinions about the effects of the Internet.

Wally

The Internet gives us a lot of help with our homework.　The other day, our teacher in high school told us to write about the history of our town.

I just sat down at a computer and entered some key words.　[　⑭　]

I found out everything about my town, such as the name of that strange statue downtown. Actually, I also found a good restaurant, and I later brought my girlfriend there.

Kim

I'm worried about the effect the Internet has on our society.　When people use the Internet, they read all kinds of information there and they easily believe everything.　⑮<u>That</u>'s very dangerous.

Naomi

People say the Internet is great because you can see places all over the world and meet people, too.　But I think that's just not true.　The Internet makes people stay at home *rather than go out into the real world to meet real people.　*Get a life, *surfers!

Jane

Every day I have *online chats with people from different countries.　We chat about many things, but especially about music.　At my high school, nobody likes the music I listen to.　Music is very important to me, and I want to talk about it.　I finally found fans of my favorite music: jazz.　There are so many of them on the Internet.　I'm very happy.

Maria

The Internet can make dreams come true.　I've always wanted to write children's stories, but no publisher would print them.　Now I have my own website and I like to think that children everywhere are enjoying my stories at my website.

Lee

Some of the websites are not good for young people, because ⑯(　　　　　).　I would say there is far too much bad material, and I don't want my children to find it.　The Internet does more harm than good.

（注）　invention：発明

message boards：掲示板(意見を自由に投稿できるインターネット上のサイト)
rather than ～：～よりむしろ　Get a life：しっかりしなさい
surfers：インターネット上の色々なサイトを見て回る人
online chats：インターネット上の会話

(13) 下線⑬の(　)に入れるのに最も適するものを選びなさい。
ア．great　イ．greater　ウ．greatest　エ．more great

(14) ⑭ に入れるのに最も適するものを選びなさい。
ア．That's all.　イ．That's too bad.
ウ．That's not correct.　エ．That's my pleasure.

(15) 下線⑮の内容を表すものとして最も適するものを選びなさい。
ア．これまで私たちの社会がインターネットにもたらした全ての影響
イ．インターネット上であらゆる情報が手に入るという現在の状況
ウ．人々がインターネットを使うときにあらゆる情報に目を通すこと
エ．人々がインターネット上の全ての情報を簡単に信じてしまうこと

(16) 下線⑯の(　)に入れるのに最も適するものを選びなさい。
ア．they should not stay at home all the time
イ．they don't have to use their real name
ウ．they cannot shop on the Internet
エ．they are not old enough to know what is safe for themselves

(17) 次の質問の答えとして最も適するものを選びなさい。
Who thinks that the Internet is a good invention?
ア．Wally and Naomi　イ．Kim and Lee
ウ．Wally, Naomi, and Maria　エ．Wally, Jane, and Maria

4　日本文とほぼ同じ意味になるように(　)内の語を並べかえて正しい英文を作るとき[　]内の語は(　)内で何番目に来ますか。ア～エの中から選びなさい。ただし，文頭の語も小文字になっています。

(18) 暇なときにはできるだけ多くの本を読みなさい。[books]
(possible, you, read, as, books, many, as, when) are free.
ア．2番目　イ．3番目　ウ．4番目　エ．5番目

(19) 彼の父は彼が何をしたがっているのか分からなかった。[he]
(what, wanted, father, do, his, to, know, didn't, he).
ア．3番目　イ．4番目　ウ．5番目　エ．6番目

(20) その犬を世話しているあの女の子は誰ですか。[taking]
Who (girl, of, taking, that, is, care) the dog?
ア．2番目　イ．3番目　ウ．4番目　エ．5番目

5　次の(21)～(23)の(　)に入れるのに最も適するものを選びなさい。

(21) Hurry up, (　　) you will miss the train.
ア．and　イ．or　ウ．if　エ．as

(22) My sister sometimes makes breakfast (　　) us.
ア．to　イ．in　ウ．about　エ．for

(23) There are (　　) notebooks on the desk.

ア．a lot　　イ．a few　　ウ．much　　エ．a little

6　次の(24)(25)のア～エの英文について，文法的に誤りを含む文を１つ選びなさい。

(24) ア．My friend has gone to Australia.

イ．I was looking forward to going on a trip.

ウ．Chicago is one of the city in America.

エ．We cannot live without air.

(25) ア．Satoshi and Hiroshi like baseball, do they ?

イ．You will be able to use a computer easily.

ウ．Which do you like better, math or science ?

エ．My plan is to learn about farming.

7　次の(26)～(28)の語について，下線部の発音が他の３つと異なるものを選びなさい。

(26) ア．clear　　イ．dear　　ウ．early　　エ．near

(27) ア．gift　　イ．high　　ウ．kind　　エ．right

(28) ア．choose　　イ．horse　　ウ．lose　　エ．news

8　次の(29)(30)の語について，最も強く発音する部分の位置が他の３つと異なるものを選びなさい。

(29) ア．in-flu-ence　　イ．mu-si-cian　　ウ．per-form-er　　エ．ex-pen-sive

(30) ア．dic-tio-nar-y　　イ．nec-es-sar-y　　ウ．o-rig-i-nal　　エ．in-ter-est-ing

【数　学】（50分）〈満点：100点〉

（注意）　解答はすべて一つ選び，解答用紙の所定の欄にマークすること。

1　次の各問いに答えなさい。

(1)　$\left(\frac{1}{2}xy\right)^3 \times 12x^3y^2 \div 3x^5y^5$ を計算しなさい。

解答群　(ア) $\frac{2}{3}x$　(イ) $\frac{1}{2}x$　(ウ) $\frac{9}{2}x$　(エ) $\frac{2}{3}y$　(オ) $\frac{1}{2}y$　(カ) $\frac{9}{2}y$

(2)　$(3\sqrt{2}+2)(\sqrt{2}-1)+\frac{8}{\sqrt{2}}$ を計算しなさい。

解答群　(ア) $4+\sqrt{2}$　(イ) $4-\sqrt{2}$　(ウ) $4+2\sqrt{2}$
(エ) $4-2\sqrt{2}$　(オ) $4+3\sqrt{2}$　(カ) $4-3\sqrt{2}$

(3)　２次方程式 $(2x+1)^2-3(x+1)=0$ を解きなさい。

解答群　(ア) $x=\frac{-1\pm\sqrt{33}}{8}$　(イ) $x=\frac{1\pm\sqrt{33}}{8}$　(ウ) $x=\frac{-1\pm\sqrt{33}}{4}$
(エ) $x=\frac{1\pm\sqrt{33}}{4}$　(オ) $x=\frac{-1\pm\sqrt{33}}{2}$　(カ) $x=\frac{1\pm\sqrt{33}}{2}$

(4)　連立方程式 $\begin{cases} \frac{x}{3}+\frac{y}{2}=\frac{1}{6} \\ 0.3x-0.2y=0.8 \end{cases}$ を解き，y の値を答えなさい。

解答群　(ア) $y=-1$　(イ) $y=-2$　(ウ) $y=-3$
(エ) $y=1$　(オ) $y=2$　(カ) $y=3$

(5)　３点$(2,\ -2)$，$(4,\ a)$，$(-3,\ 2-4a)$は一直線上にある。このとき，a の値を求めなさい。

解答群　(ア) $a=2$　(イ) $a=3$　(ウ) $a=6$
(エ) $a=-2$　(オ) $a=-3$　(カ) $a=-6$

(6)　大中小３個のさいころを同時に投げるとき，出た目の数の和が６になるのは何通りありますか。

解答群　(ア) 7　(イ) 8　(ウ) 9　(エ) 10　(オ) 11　(カ) 12

(7)　１辺の長さが x cmの正方形がある。この正方形の縦の長さを２cm短くし，横の長さを３倍にして新しく長方形をつくると，長方形の面積がもとの正方形の面積の２倍になった。このとき，x の値を求めなさい。

解答群　(ア) $x=\frac{10}{3}$　(イ) $x=\frac{12}{5}$
(ウ) $x=\frac{19}{6}$　(エ) $x=3$
(オ) $x=5$　(カ) $x=6$

(8)　右図のように，ABを直径とする半円Oがある。５つの点C，D，E，F，Gは，$\overset{\frown}{AB}$ を６等分する点である。線分OBの中点をHとし，線分DGとFHの交点をＩとするとき，∠DIHの大きさを求めなさい。

解答群　(ア) 95°　(イ) 100°
(ウ) 105°　(エ) 110°
(オ) 115°　(カ) 120°

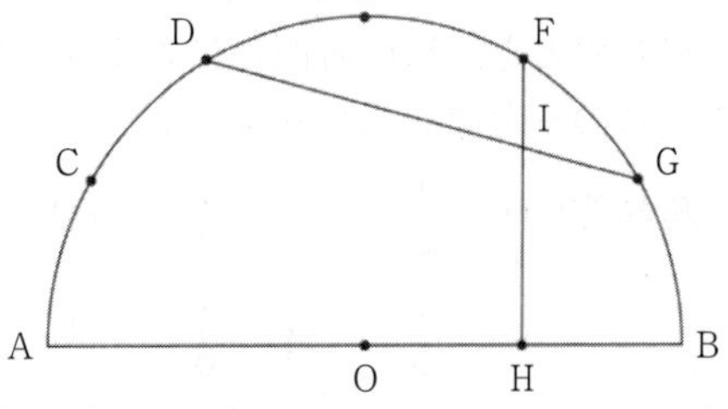

(9)　右図は正四角錐の展開図である。この展開図を組み立ててできる正四角錐の体積を求めなさい。

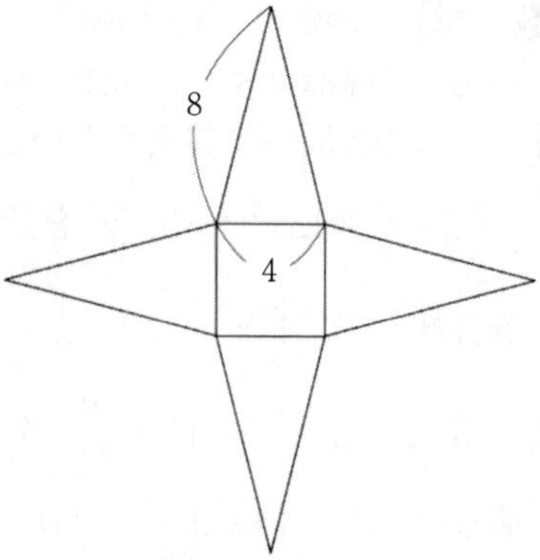

解答群　(ア)　$\dfrac{64\sqrt{3}}{3}$

(イ)　$\dfrac{64\sqrt{14}}{3}$

(ウ)　$\dfrac{64\sqrt{15}}{3}$

(エ)　$\dfrac{32\sqrt{3}}{3}$

(オ)　$\dfrac{32\sqrt{14}}{3}$

(カ)　$\dfrac{32\sqrt{15}}{3}$

2　濃度x%の食塩水Aと濃度y%の食塩水Bがある。Aから150g，Bから350gを取り出して混ぜ合わせると5.4%の食塩水ができる。これとは別に，Aから110g，Bから70gを取り出して混ぜ合わせ，さらに20gの食塩を入れると14.3%の食塩水ができる。このとき，次の各問いに答えなさい。

(10)　下線部分のことより，x，yの式をつくりなさい。

解答群　(ア)　$15x+35y=18$　(イ)　$15x+35y=27$　(ウ)　$15x+35y=54$
(エ)　$3x+7y=18$　(オ)　$3x+7y=27$　(カ)　$3x+7y=54$

(11)　xの値を求めなさい。

解答群　(ア)　$x=8$　(イ)　$x=7$　(ウ)　$x=6$
(エ)　$x=5$　(オ)　$x=4$　(カ)　$x=3$

3　右図のように，

放物線$y=\dfrac{1}{4}x^2$　…①

放物線$y=-x^2$　…②

直線$y=ax+b$　…③がある。

①と③の交点をA，Bとし，②と③の交点をC，Dとする。また点Aのx座標は-3であり，点Aとy軸に関して対称な点をPとする。△PABの面積が6のとき，次の各問いに答えなさい。

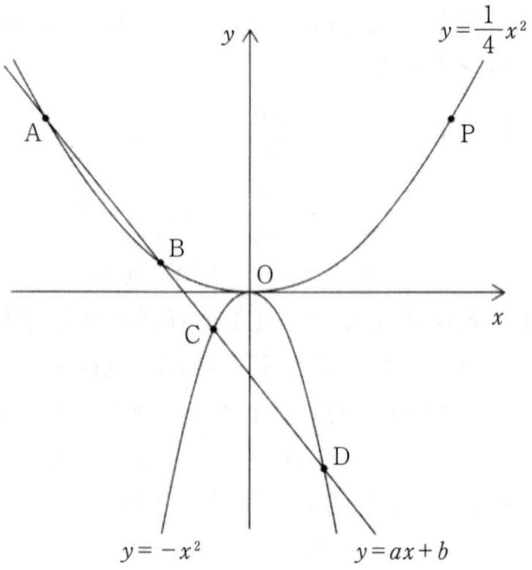

(12)　Bのy座標を求めなさい。

解答群　(ア)　$\dfrac{1}{2}$　(イ)　$\dfrac{1}{3}$　(ウ)　$\dfrac{1}{4}$
(エ)　$\dfrac{1}{5}$　(オ)　$\dfrac{1}{6}$　(カ)　$\dfrac{1}{7}$

(13)　△PABと△PBCの面積の比を求めなさい。

解答群　(ア)　3：1　(イ)　4：1　(ウ)　7：2
(エ)　9：2　(オ)　8：3　(カ)　10：3

(14) $y=-x^2$ 上に x 座標が負となる点Qをとる。△PBCと△CDQの面積の比が $2:7$ になるとき，Qの x 座標を求めなさい。

解答群 (ア) -1 (イ) -2 (ウ) -3 (エ) $-\frac{3}{2}$ (オ) $-\frac{5}{2}$ (カ) $-\frac{7}{2}$

4 右図のように，△ABCと△DBCがあり，ABとCDの交点をEとする。∠BAC＝∠BDC，∠ACB＝90°，AC＝4，BC＝3，BD＝$\sqrt{5}$ であるとき，次の各問いに答えなさい。

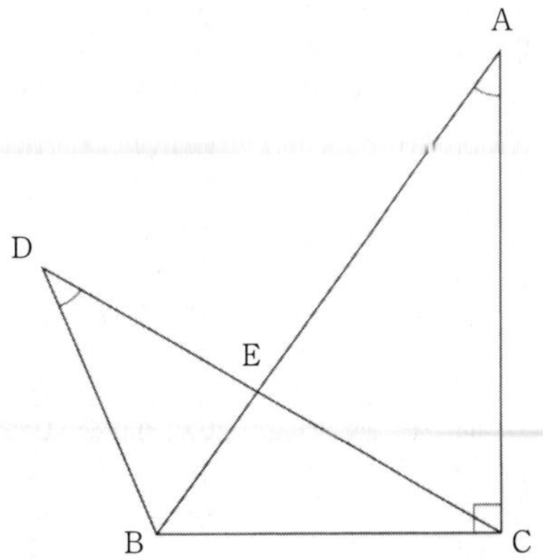

(15) 線分ADの長さを求めなさい。

解答群 (ア) $2\sqrt{5}$ (イ) $\frac{5\sqrt{5}}{2}$ (ウ) $3\sqrt{5}$
(エ) 4 (オ) $\frac{9}{2}$ (カ) 5

(16) 点Cから辺ABに垂線を引き，ABとの交点をHとするとき，CHの長さを求めなさい。

解答群 (ア) 2 (イ) 3 (ウ) $\frac{7}{3}$
(エ) $\frac{8}{3}$ (オ) $\frac{11}{5}$ (カ) $\frac{12}{5}$

(17) 辺CDの長さを求めなさい。

解答群 (ア) $2\sqrt{5}$ (イ) $\frac{5\sqrt{5}}{2}$ (ウ) $3\sqrt{5}$ (エ) 4 (オ) $\frac{9}{2}$ (カ) 5

5 右図のように，1辺の長さが6の立方体ABCDEFGHから三角錐ABCFと三角錐ACDHを取り除いてできた立体ACGHEFがある。2辺CF，CHの中点をそれぞれP，Qとする。このとき，次の各問いに答えなさい。

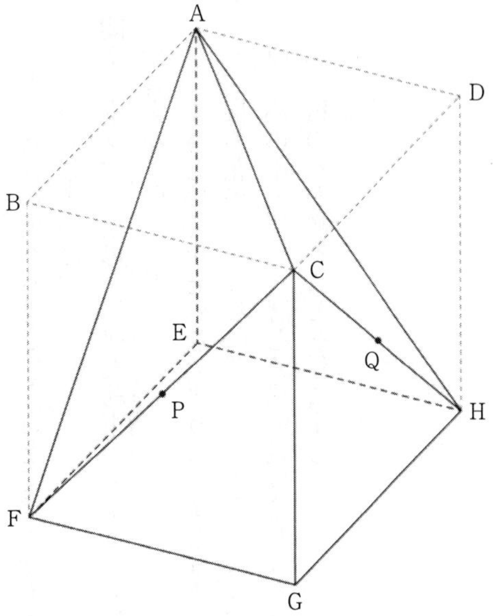

(18) 立体ACGHEFの体積を求めなさい。

解答群 (ア) 72 (イ) 90 (ウ) 126
(エ) 144 (オ) 162 (カ) 180

(19) 3点A，P，Qを通る平面でこの立体を切ったとき，切り口と線分CGの交点をRとする。CRの長さを求めなさい。

解答群 (ア) 2 (イ) 3 (ウ) 4
(エ) $\frac{5}{2}$ (オ) $\frac{7}{2}$ (カ) $\frac{9}{2}$

(20) (19)のとき，頂点Cを含む方の立体の体積を求めなさい。

解答群 (ア) 9 (イ) 12 (ウ) 18
(エ) 24 (オ) 36 (カ) 48

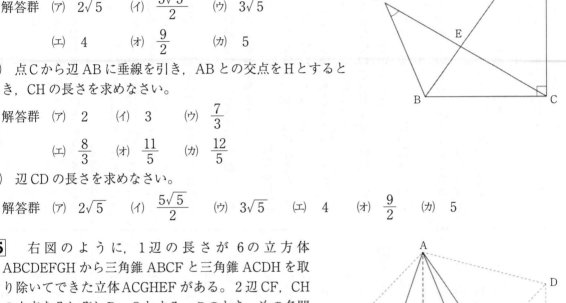

ウ　なつかしい様子だ　　エ　みすぼらしい様子だ

C　あはれなり

ア　悲しい　　イ　気の毒だ

ウ　風情がある　　エ　うらやましい

問3　——線Dの内容の説明として最もよいものを記号で答えなさい。　解答番号 30

ア　人の死を悲しみいたみ、故人を思い出して泣いたということ。

イ　恋い慕って、しきりに涙を流して泣き続けたということ。

ウ　つらいのを我慢していたけれども大声をあげて泣いたということ。

エ　人に知られないように声をひそめて泣いてばかりいたということ。

問4　——線Eは「見守って待ち続ける」という意味ですが、その具体的な説明として最もよいものを記号で答えなさい。　解答番号 31

ア　継母が大切にしていた梅の木を見守り、昨年は咲かなかった梅の花が今年は咲くのを待ち続けているということ。

イ　花が満開に咲くことを祈りながら梅の木を見守り、子どもたちの声でにぎわう春を待ち続けているということ。

ウ　早く花が咲くことを願いながら梅の木を見守り、継母が会いに来てくれるのを待ち続けているということ。

エ　霜で枯れしぼんでしまった梅の木を見守り、霜が解けるのをその梅とともに待ち続けているということ。

問5　——線Fの現代語訳として最もよいものを記号で答えなさい。　解答番号 32

ア　梅の花もみな咲いてしまったというのに、何の便りもない。

イ　梅の花はまだ咲いておらず、春を感じる香りもない。

ウ　梅の花は満開に咲いたけれども、子どもの声はしない。

エ　梅の花がまったく咲かない上に、何の音沙汰《さた》もない。

問6　——線Gの歌について以下の問いに答えなさい。

(1)　この歌で伝えたいこととして最もよいものを記号で答えなさい。　解答番号 33

ア　心から願うことで、梅を見に訪ねてくる人が思った以上にいるに違いないということ。

イ　信じて待っていると、思いもよらない人が訪ねてくるかもしれないということ。

ウ　心から助けを求めることで、思いがけず誰かが来てくれるに違いないということ。

エ　神仏に祈願すると、思い通りのすばらしい人が現れるかもしれないということ。

(2)　この歌を詠んだ人物の本文中での行動として最もよいものを記号で答えなさい。　解答番号 34

ア　どうしてよいか分からず困り果てた末に、梅の木の枝を折ってしまった。

イ　宮中に仕えることになり、家族のもとを離れて京の都へのぼった。

ウ　いつまでたっても来ない人を待って、身も焦がれる思いで泣いてしまった。

エ　ほかの所へ行くということで、子どもなどを連れて出て行ってしまった。

問7　本文中で継母が述べた約束の言葉として最もよいものを記号で答えなさい。　解答番号 35

ア　やさしい心を忘れないようにしましょう。

イ　梅の花が咲くころにはきっと来ましょう。

ウ　心の中でずっと恋しく思い続けましょう。

エ　梅の花が咲くことを信じましょう。

近所づきあいも輝也にまかせっきりにしないように自分なりに頑張ってみようと決心したから。

ウ　卵焼きができたことで避けてきた家事に対しても積極的な気持ちになったが、輝也のような経験はないので教わりながら少しずつ努力しようと思ったから。

エ　卵焼きが上手にできたことで、家事に対して小さな自信が生まれたものの、焦らずにできることから少しずつやろうと自らの感情を抑えようとしたから。

問9　【G】に当てはまる言葉として最もよいものを記号で答えなさい。　解答番号 25

ア　つぶらな瞳　　イ　やわらかい指

ウ　小さな手　　エ　白い腕

問10　本文の表現上の特色として最もよいものを記号で答えなさい。　解答番号 26

ア　会話文を多用することで登場人物の心境をはっきりと描いている。

イ　平易な表現を用いることで登場人物の日常がいきいきと伝わるように描いている。

ウ　キッチン用品や食材などを具体的に表現することで現実的な世界を描いている。

エ　物語の客観性を保つためにできる限り一人称を固有名詞で表現している。

三

次の文章を読んで、後の問いに答えなさい。

（ここまでのあらすじ）　上総国《かずさのくに》（現在の千葉県）における父の地方赴任が終わり、父とともに作者は京の都に帰ってきた。作者の実母に代わって上総国へ同行していた継母（作者の父親の第二夫人）は、帰京後は作者とその実母と同じ家で生活をすることになった。

継母なりし人は、宮仕へせしが下りしなれば、A思ひしにあらぬことどもなどありて、※1世の中Bうらめしげにて、外にわたる《ほかの所に行く》とて、五つばかりなる乳児《ちご》どもなどして《連れて》、「あはれなりつる心のほどなむ、忘れむ世あるまじき《忘れるときもございますまい》」などいひて、梅の木の、※2つま近くて、いと大きなるを、「これが花の咲かむをりは来むよ」といひおきて《言い残して》わたりぬる《出ていった》を、心の内に恋しくCあはれなりと思ひつつ、Dしのび音《ね》をのみ泣きて、その年もかへりぬ《その年も明けて新年になった》。いつしか《早く》梅咲かなむ、来むとありしを、さやある《そうだろうか》と、E目をかけて待ちわたるに、F花もみな咲きぬれど、おともせず。思ひわびて、花を折りてやる。

頼めしをなほや待つべき霜《しも》がれし梅をも春は忘れざりけり

といひやりたれば、あはれなることども書きて、

Gなほ頼め梅の※3立ち枝はちぎりをかぬ《約束をしていない》思ひのほかの人も訪《と》ふなり

（『更級《さらしな》日記』菅原孝標女《すがわらのたかすえのむすめ》）

（注）※1　世の中　夫婦の仲。
　　2　つま　軒先。
　　3　立ち枝《え》　高く伸びた枝。

問1　――線Aの内容の説明として最もよいものを記号で答えなさい。　解答番号 27

ア　待ちわびていたことなどがあったということ。

イ　予期していたことなどがあったということ。

ウ　期待はずれのことなどがあったということ。

エ　願ってもないことなどがあったということ。

問2　――線B・Cの本文中の意味として最もよいものをそれぞれ記号で答えなさい。　解答番号 28・29

B　うらめしげに（うらめしげなり）

ア　むつまじい様子だ　　イ　うまくいかない様子だ

て最もよいものを記号で答えなさい。　解答番号 19

ア　輝也の絵が認められるのはうれしいが、その結果輝也は忙しくなり、ずっと避けてきた家事を自分が主にしなければならなくなるのではないかと絶望する気持ち。

イ　輝也がデイトレードの他にも収入を得て、自分より稼ぐようになってしまったら、自分は輝也に何一つ勝てなくなってしまうのではないかと不安な気持ち。

ウ　輝也の絵が世間で評判になってしまったら、家族を養っている自分がみんなから必要とされなくなってしまうのではないかと恐れる気持ち。

エ　輝也の絵が売れて家にいる時間が少なくなってしまったら、自分や拓海と過ごす時間が奪われてしまうのではないかと心配する気持ち。

問4　――線Bと輝也が言った理由として最もよいものを記号で答えなさい。　解答番号 20

ア　輝也は拓海を気づかい、取り乱している朝美を少しでも落ち着かせようとしたから。

イ　輝也は拓海が母親の料理に興奮して、とても喜んでいることを知っていたから。

ウ　輝也は拓海は何でも好き嫌いせずに食べる子どもに育っていることを確信していたから。

エ　輝也は拓海が日頃から母親の愛情に飢えていることに気が付いていたから。

問5　――線Cとはどういうことですか。最もよいものを記号で答えなさい。　解答番号 21

ア　見た目は完璧ではないが、自分としては最高の卵焼きができてしまったということ。

イ　自分が人生で見た中で最も上品かつ高級そうな卵焼きができてしまったということ。

ウ　自分でも感心するほどに手際よく卵を焼くことができたということ。

エ　自分でも驚いてしまうほど見た目がきれいでおいしい卵焼きができたということ。

問6　――線Dから読み取ることができる朝美の気持ちの説明として最もよいものを記号で答えなさい。　解答番号 22

ア　料理の基本的なことも知らない自分と一緒に料理に向き合ってくれたフライパンに一体感を感じながら、申し訳なく思う気持ち。

イ　卵焼きがうまく焼けないことを道具の責任にしていた自分を恥じ、フライパンに心から謝罪する気持ち。

ウ　料理の下手《へた》な自分と一緒に頑張ってくれたフライパンに自分を重ね合わせ、心からねぎらう気持ち。

エ　丸いフライパンを全然だめなものだと決めつけ、家事ができない自分と重ね合わせてお互いを慰め合う気持ち。

問7　――線Eが表している心情として最もよいものを記号で答えなさい。　解答番号 23

ア　会社には活躍の場があるが、家には自分の居場所がないという焦り。

イ　家にいる家族に対して自分が何も貢献できていないことへの虚しさ。

ウ　自分の存在は夫や息子に対して無価値なのではないかという不安。

エ　夫の絵が売れなければいいと思ってしまった弱い自分への恥ずかしさ。

問8　――線Fの理由として最もよいものを記号で答えなさい。　解答番号 24

ア　今日は苦手な料理を克服したので、声を上げて喜びたいところであるが、あまり欲張ってはいけないと冷静な気持ちになっているから。

イ　仕事はこれからも今まで通り続けるが、これからは家事やご

だ」

合った道具。そう言われて、なんとなく自分が慰められた気がした。D奮闘してくれた大きな丸いフライパンを私はそっと愛《め》でる。

輝也と話せてよかった。ありがとうね、と言おうとしたら、先を越された。

「がんばったね。素敵なお母さんじゃないか、ちっともダメじゃないよ。朝美のそういうまじめで純粋なところ、好きだよ」

さっきEぽっかり空いてしまった穴が、じわじわと埋まって満たされていく。輝也のその言葉が、私の居場所を作ってくれたように思えた。

私はゆっくりと言った。

「輝也の絵、たくさんの人に見てもらえるといいね」

ちょっとずつ、家事もできるようにがんばってみるね。そんな言葉も浮かんだけど、F今日のところはとりあえず、胸にしまっておくことにした。まずは明日の朝、幼稚園で※4ボーダー添島さんに会ったら、私から「おはようございます」と挨拶しよう。

気がつくとキッチンに拓海が入り込んでいて、「これ食べていい?」と問いかけてきた。私の腰のあたりで、さらさらしたまるい頭の※5キューティクルが光る。できそこないの卵焼きを指さしているその【　G　】は、菜の花にとまったモンシロチョウみたいだった。

（『木曜日にはココアを』青山美智子）

（注）※1　クライアント　得意先、顧客。
2　プレゼン　プレゼンテーションの略。情報を提示して理解を得るための手段。
3　デイトレード　株などの売買を一日で完結させること。
4　ボーダー添島《そえじま》さん　拓海の同級生の母親。
5　キューティクルが光る　髪につやがあること。

問1　＝＝線①〜③と同じ漢字を書くものをそれぞれ記号で答えなさい。　解答番号 14〜16

①　キカク
ア　男女共同サンカク社会。
イ　カクチョウ高い音楽。
ウ　大胆なカイカクを行う。
エ　経済援助のカクジュウ計画。

②　ゲイトウ
ア　彼はユウトウ生だ。
イ　トウメンの間は休刊する。
ウ　新人がトウカクを現してきた。
エ　人がサットウする。

③　ジフ
ア　試合でフカクをとる。
イ　雑誌のフロクが豪華だ。
ウ　新しいサイフを買った。
エ　今年のホウフを述べる。

問2　〜〜線a・bの意味として最もよいものをそれぞれ記号で答えなさい。　解答番号 17・18

a　しゃくりあげ(しゃくりあげる)
ア　声を押し殺して気づかれないように泣く。
イ　こまかく肩を震わせてうつむきながら泣く。
ウ　顔をくしゃくしゃにして大粒の涙を流して泣く。
エ　声や息を何度も激しく吸い上げるようにして泣く。

b　身をすくめる
ア　体を縮める　　イ　体をねじる
ウ　体を反らす　　エ　体を揺らす

問3　――線Aから読み取ることができる朝美の気持ちの説明とし

「お父さんだから、出て」
私は拓海にスマホを渡す。拓海ははしゃぎながら電話に出た。もしもし、おとーさん！　うん、うん、そうなの、ハンバーグ食べたよ。拓海の声をぼんやり聞きながら動かしていた菜箸が、次の言葉で止まった。
「すごいんだよ。おかあさん、お料理してるの。あのね、菜の花畑みたいなの。すっごくきれいでおいしそう！」
はっと顔を上げる。菜の花畑？　黄緑色の皿を使ったから、拓海にはそんなイメージが湧いたのかもしれない。ボロボロの卵の群れが、突然報われてほほえんでいるように見える。
拓海は「おかあさん、おとうさんが代わってって」とスマホを差し出した。
「朝美《あさみ》？　すごいじゃん、何作ってるの」
輝也のやさしい声に、私はこらえきれず息を漏らした。拓海に聞かれないように奥の部屋に移り、小さな声でａしゃくりあげながら伝える。
「卵焼き……お弁当の。ぜんぜんうまくできないよ。ちゃんと形にならないし、なんかべとべとしてるし」
「明日のために練習してるの？　卵焼きじゃなくてもいいじゃん、炒《い》り卵でもゆで卵でも」
「ダメなの！　卵焼きじゃなきゃ。去年、幼稚園でもらった拓海のバースデーカードに、好きな食べものは卵焼きって書いてあったでしょ、卵焼きがないと絶対がっかりするよ」
「Ｂしないでしょう、がっかりなんて」
「する！　するよ。ちゃんと本のとおりにやってるつもりなのに、なんでぜんぜん違うのができちゃうの？　卵焼きも作れないこんなダメなお母さんじゃ、拓海がかわいそうだよっ」
「朝美」
輝也がピシャリと私を制した。珍しく怒ったのかと、私はｂ身をすくめる。でも輝也は、穏やかに言った。
「どのフライパン使ってる？」
「え？　壁にかけてあった赤くて丸いの……」
「それ、古くてテフロンはがれちゃってるから卵がくっつくでしょ。場所がちょっと違うからわかんなかったと思うけど、卵焼き用の四角いのがあるんだ。買い替えたばっかりだから使いやすいと思う。シンクの下の扉開けてみて。青い柄《え》だよ」
言われるままキッチンに戻り、扉を開けたら、あった。小ぶりの、長方形のフライパン。たしかに本にもこんなのが載っていたけど、私はてっきり撮影用のプロが使うものだと思っていた。
「最初によーく熱して。卵を落としたときにじゅって音がするくらいだよ。調味料は塩ひとつまみでＯＫ。油は少量、直接じゃなくて、キッチンペーパーに含ませて引いて。たぶん、ひっくり返すタイミングがちょっと早いんだと思う。待ってるから、ちょっとやってみ」
私はいったんスマホを食器棚の端に置き、輝也の指示をたどった。その四角いフライパンは軽くて扱いやすくて、Ｃ信じられないくらいきれいな卵焼きが生まれた。角にうまく卵を押し当てると、形も整えやすい。百点とはいえないけどそこそこ合格だった。
「な、なんか、できたみたい」
「でしょ」
四角いフライパンは、卵焼きを皿に移してもまだすべすべで、いっさいのこびりつきがない。
「なんて優秀なフライパン。丸いほうだと、ぜんぜんダメだったのに」
「いや、丸いのも優秀なんだよ。深くてどっしりしてて、すごく使いやすいんだ。炒めものとか麻婆《マーボー》豆腐作るときなんか、それが一番。ちょっとパスタ茹《ゆ》でたりもできるしね。いくら新しくて小回り利いても、卵焼き器に中華なんて任せられない。合った道具があるん

エ　今や、文章の内容と文字の造形芸術的価値はむすびつかなくなった。したがって、芸術文学の価値を確立し、より広い分野の知的生産の技術として形作らなければならない。

問11　次の会話文を読んで、筆者の主張に沿った考え方をしている発言として最もよいものを記号で答えなさい。　解答番号 13

先生　平成三十年に改訂された学習指導要領によると、高校生の学ぶ国語の科目が変更されます。とりわけ注目すべきは、高校二年生になって履修する選択科目の「論理国語」です。「論理国語」では新たに「実用的な文章」を扱うことがあります。これについて、みなさんの意見を聞かせてください。

ア　Aさん　私は、「論理国語」で実用的な文章を勉強する必要があると思います。例えば、事務書類とか、契約書とか、そういう文章の読み方をしっかりと勉強しておきたいと思います。社会人になったときに役に立つものを学ぶべきでしょう。

イ　Bさん　実用的な文章を読んだり書いたりするというのなら、国語という科目にとどまらず、文章を伝達する技術を総合的に学ぶ学問が必要ではないでしょうか。他教科とのつながりの中で学ぶことも大切なことだと思います。

ウ　Cさん　実用的な文章の読解というのは、感情や感覚を抜きにして、書かれている内容を正確に把握するということです。そういった読解能力は、今後AIにとって代わられるのではないでしょうか。人間にしかできない能力を身に付けることに価値があると思います。

エ　Dさん　実用的な文章は、情報を論理的に伝えるものですが、文学もまた、その表現技法や修辞法の巧みさで、読者に筆者の気持ちや主張を伝えます。実用的な文や文学といった文章の種類にとらわれずに国語という科目を見直すことが求められていると思います。

二　次の文章を読んで、後の問いに答えなさい。

　なんで、なんで。なんで卵焼きくらい満足に作れないのだろう。子どものころから一生懸命勉強して、大学生になったら一生懸命就職活動して、会社に入ったら一生懸命仕事して、ずっと優秀だ優秀だと言われてきたのに。

　仕方ない、私はずっと、逃げてきた。大嫌いな家事と自信のない育児を輝也《てるや》に一切まかせて、仕事に逃げてきた。みんながなんでもなくできることができないコンプレックスから逃げてきた。

　仕事ならどれだけでもやれる。※1クライアントの名前や顔は一度会ったら絶対に忘れないし、どんな大企業の重役と会っても緊張しないで堂々と意見を言える。みんなをあっと驚かせるキ①カクを出すことも、大勢の人の前で※2プレゼンすることも、部下のミスのフォローも、私は誰よりもうまくこなせる自信がある。だけど、私にはママ友ひとりいない。拓海《たくみ》の同級生のお母さんたちの輪がこわい。幼稚園の先生の名前すら間違える。りんごの皮を剝《む》けば食べるところがなくなってしまうし、ゴミは全部燃えるとしか思えないし、洗濯ものを折り紙みたいに形よくたたむなんて難しいゲイ②トウ、私にはできない。

　唯一、家計を支えているというジ③フがこれまではあった。でもそれももう、私を安心させてはくれない。輝也が※3デイトレードでどれほどの利益を上げているのかは知らないけど、私が収入をなくしたとしてもきっと大丈夫なのだ。輝也にとって、拓海にとって、私がこの家にいる意味ってなんなんだろう。

　どうしよう、輝也の絵が売れるようになったら。どうしよう、家にいてくれなくなったら。A絵なんか売れないで。誰にも認められないで。ずっと私と拓海のそばにいて。

　涙がつつっと流れ落ちた瞬間、スマホが鳴った。画面表示を見ると、輝也だった。

【エ】から選び、記号で答えなさい。　解答番号 6

そういうものが、今日の「情報」の大部分をしめているのである。

問5　――線Aについて、筆者はどのようなものとしてとらえていますか。最もよいものを記号で答えなさい。　解答番号 7

ア　自分の考えなどをわかりやすく正確にひとに伝えるための、知的生産に含まれる技術。
イ　万人の役に立つ知識を世間に広めるための、知的生産の技術の中で最も重要な技術。
ウ　コミュニケーションの円滑化に役に立つが、知的生産の考え方には反する技術。
エ　質の高い言語芸術を生み出し文学の地位を向上させるための、知的生産に関わる技術。

問6　――線Bについて、筆者が問題と考える理由として最もよいものを記号で答えなさい。　解答番号 8

ア　文芸家が文芸的文章法を執筆し、ビジネス関係の人がビジネス的文章法を執筆するというように固定化しているから。
イ　現代人が書く文章のほとんどは「ただの文章」であるのに、文章技術の書籍は限られた分野にしぼられているから。
ウ　文章作製技術の分野において、知的生産の技術というものはまったく開発が進んでいないと言えるから。
エ　文章の書き方はある程度独習できるが、現実に文章技術をきたえたいという人の要求を満たすことはできないから。

問7　――線Cの内容として最もよいものを記号で答えなさい。　解答番号 9

ア　文章技術の本を必要とする読者が、文芸家とビジネス関係の人に分かれているということ。
イ　文章技術を身に付けた人の特徴が、文芸家あるいはビジネス関係の人に分かれるということ。
ウ　文章技術を手ほどきする本が、文芸的なものとビジネス的なものに分かれているということ。
エ　文章技術の本が、作家の書いたものとビジネス関係の人が書いたものとに分かれるということ。

問8　――線Dの語と文法的に同じものを記号で答えなさい。　解答番号 10

ア　あの鳥は今まで見たことがない。
イ　信じられない出来事が起きた。
ウ　さりげないやさしさを見せる。
エ　友達とけんかして楽しくない気分だ。

問9　――線Eの理由として最もよいものを記号で答えなさい。　解答番号 11

ア　文学作品では、かつてのような美文調の文章が、あまり用いられなくなったから。
イ　文学作品は、芸術の才能にさえ恵まれていれば、特別な訓練をせず書くことができるから。
ウ　文学作品では、それを読んで感動を覚えるかどうかが、人によって異なるものだから。
エ　文学作品は、コミュニケーション手段とは異なる、芸術的な言語作品だから。

問10　――線Fのように表現した筆者の主張として最もよいものを記号で答えなさい。　解答番号 12

ア　国語教師の多くは、文学へ高い関心を示すものだ。それならば、いっそ文学を国語と切り離して考え、新しい知的生産のコミュニケーション手段として発達させるべきだ。
イ　現代においても、個性的な文章の書き方や華麗な書道は人々に感動を与える。それならば、造形芸術を独立したものとして捉え、知的生産の技術として広めていかなければならない。
ウ　近代日本語において、字がじょうずであるかどうかは文章の価値と無関係となった。加えて、文章を芸術とは別に区分し、純粋な知的生産の技術として身に付けていくべきだ。

かいた文字の造形芸術的価値と、わかちがたくむすびついていたのである。字がへただから手紙をかかないというひとが続出したのは、もっともな話であった。字のじょうず・へたが、文章の価値を決定したのだから。

近代日本語が、文章を書道から解放することに成功したのは、大進歩であった。文章は、造形芸術から独立して、独自のものとなりはじめたのだ。わたしは、これをさらに一歩すすめて、F文章を、文学から解放しなければいけないといっているのである。文章を、言語芸術から独立した、純粋なコミュニケーション手段として発達させなければなるまいというのである。

現実には、文章の教育は、ほとんど文学作品を通じておこなわれているようである。国語の授業は、しばしば国文学の授業と混同されている。[Ⅲ]、国語をおしえる教師のおおくのひとが、国文学の出身で、文学への指向性が異常につよいのがふつうである。

今日においては、すこしちがったかんがえかたをしてみる必要があるかもしれない。国語と国文学は、まったくべつの教科とかんがえては、どうだろうか。国文学の授業は、国文学専攻のひとがうけもてばよい。しかし、国語の問題、bひいては文章の問題は、[Ⅳ]、情報工学の問題としてかんがえたほうがよいのではないか。大学でいえば、工学部に情報工学なり言語工学なりの学科をつくり、その出身者が担当するようにするのである。

やや急進的な意見かもしれないが、将来の日本文明における知的生産の技術、とりわけ、文章によるコミュニケーションの重要性をおもって、こういうこともかんがえてみたのである。

（『知的生産の技術』梅棹忠夫《うめさおただお》）

（注）※1　芸談　芸能・芸道の秘訣《ひけつ》や苦心を語る体験的な話。
2　失文症　言葉を字で書き表すことができなくなる症状。

問1　═線①・②と同じ漢字を書くものをそれぞれ記号で答えなさい。　解答番号 [1]・[2]

①　ショウサイ
ア　鎌倉幕府のショウグン。
イ　ザイムショウの許可が下りる。
ウ　小惑星がショウトツする。
エ　その男の身元はフショウである。

②　イゼン
ア　イゲンのある態度。
イ　運営が寄付金にイソン（イゾン）している。
ウ　顔つきはイガイに穏やかだった。
エ　世界イサンを見に行きたい。

問2　〰〰線a・bの意味として最もよいものをそれぞれ記号で答えなさい。　解答番号 [3]・[4]

a　もてはやされる
ア　さかんに褒められること。
イ　目立つように宣伝されること。
ウ　多くの人に使われること。
エ　口伝えで広められること。

b　ひいては
ア　それに加えて言うならば　イ　その中でもとりわけ
ウ　そのことにとどまらず　エ　そうでなければ

問3　[Ⅰ]〜[Ⅳ]に入る語の組み合わせとして最もよいものを記号で答えなさい。　解答番号 [5]

ア　Ⅰ　だが　Ⅱ　したがって　Ⅲ　あるいは　Ⅳ　たしかに
イ　Ⅰ　しかし　Ⅱ　つまり　Ⅲ　そして　Ⅳ　むしろ
ウ　Ⅰ　とはいえ　Ⅱ　加えて　Ⅲ　要するに　Ⅳ　まず
エ　Ⅰ　そのうえ　Ⅱ　いわば　Ⅲ　さらに　Ⅳ　そもそも

問4　次の一文が入る箇所として最もよいものを本文中の【ア】〜

二〇二二年度 星野高等学校（併願第二回）

【国 語】（五〇分）〈満点：一〇〇点〉

（注意） 一、解答はすべて一つ選び、解答用紙の所定の欄にマークする。
二、出題に際し、一部本文を改めたところがある。

一 次の文章を読んで、後の問いに答えなさい。

すでにたびたびのべたように、知的生産の技術というものは、一般にあまり開発がすすんでいない。しかし、そのなかでは、A文章の技術は、まだしもいちばんよく開発されているといえよう。「原稿のかきかた」という本はなくても、「文章のかきかた」の本なら、いくらでもある。もし、自分の文章をみがこうというのなら、そのような本をよんで、独習することも、ある程度はできるだろう。文章作製技術の①ショウサイについては、そういう本にゆずって、ここにはのべない。ここでは、B基本的な問題点だけを、いくらか指摘しておこう。

文章の本はいろいろあるが、それには、おおわけして、ふたつの系列のものがあるようにおもわれる。第一は、文芸的な文章に重点をおいたもので、第二は、ビジネス的な文章に重点をおいたものである。文芸的文章法は、もちろん文芸家の執筆したものがおおいし、ビジネス的文章法は、もちろんビジネス関係の人がかいたものがおおい。【 ア 】

現実に自分の文章をきたえたいという人たちの要求が、一般に、このふたつの方向にしぼられているのかもしれないが、わたしどもの目からみると、Cこのような二極分解は、すこしこまるようにおもう。文芸といえば、主力は小説で、ビジネスといえば、主力は手紙と広告である。文章は、なにもそういうものにかぎらないではないか。現代人によってかかれている文章の大部分は、じつは文芸的文章でもなく、ビジネス的文章でもDない。いわば、ただの文章である。しいていえば、単なる知的文章、記述的文章とでもいえるだろうか。【 イ 】

しかし、現実に文章技術の本が、文芸的とビジネス的との、ふたつの系列にわかれてしまっているとすれば、どちらのほうをえらぶべきかというと、わたしは、一般論としては、むしろビジネス系のほうがよいとかんがえている。文学者のかいた文章論は、しばしば役者の※1芸談みたいなもので、個性的でおもしろいけれど、ふつうの人間には参考にならないものがおおい。作家の文章は言葉の芸術である。【 ウ 】わたしたちがかく文章というのは、べつに芸術である必要はない。

※2失文症や文章アレルギーがでてくるのは、ひとつには、文章を文学だとかんがえるからではないか。文章というと、なんとなく文学的な文章のことをかんがえるくせがついてしまっているのだ。たしかに現代では、むかしのような美文調の文章は、はやらなくなった。［ Ⅰ ］、それにかわってaもてはやされる文章は、文体はかわっても、②イゼンとして「感動」的な文章なのである。どのような文章が、ひとに感動をあたえることができるか、という観点から、文章が評価されるのである。［ Ⅱ ］、芸術的ということなのだ。【 エ 】それでは、芸術の才能にめぐまれた、とくべつのひとにしか、文章がかけなくなるのは当然である。

今日、すべてのひとにとって必要な、知的生産のための基礎技術としての文章は、ひとに感動をあたえるような、芸術的な文章ではない。ものごとと、思想とを、まちがいなく、わかりやすく、ひとに伝達できるような、機能的な文章なのである。

文学を、わたしは否定しているのではない。芸術的な文章は、もちろんある。しかし、知的生産の技術として、訓練を必要とするのは、むしろ非文学的な文章である。E文学作品は、あまりお手本にならないとおもう。

むかしは、文章は、文字のうつくしさと、つよくむすびついていた。「書」ができなければ、文章をかく資格がなかった。文章は、

英語解答

1 (1) ア　(2) イ　(3) イ　(4) ア
(5) ア　(6) ウ

2 (7) ウ　(8) イ　(9) ア　(10) エ
(11) ウ　(12) ウ

3 (13) イ　(14) ア　(15) エ　(16) エ
(17) エ

4 (18) ウ　(19) エ　(20) ウ

5 (21) イ　(22) エ　(23) イ

6 (24) ウ　(25) ア

7 (26) ウ　(27) ア　(28) イ

8 (29) ア　(30) ウ

数学解答

1 (1) (イ)　(2) (オ)　(3) (ア)　(4) (ア)
(5) (ウ)　(6) (エ)　(7) (カ)　(8) (ウ)
(9) (オ)

2 (10) (カ)　(11) (オ)

3 (12) (ウ)　(13) (イ)　(14) (イ)

4 (15) (ア)　(16) (カ)　(17) (ア)

5 (18) (エ)　(19) (ウ)　(20) (エ)

国語解答

一 問１　①…エ　②…イ
問２　a…ア　b…ウ　問３　イ
問４　イ　問５　ア　問６　イ
問７　ウ　問８　ア　問９　エ
問10　ウ　問11　イ

二 問１　①…ア　②…イ　③…エ
問２　a…エ　b…ア　問３　ウ
問４　イ　問５　ア　問６　ウ
問７　ウ　問８　エ　問９　ウ
問10　イ

三 問１　ウ　問２　B…イ　C…ア
問３　エ　問４　ウ　問５　ア
問６　(1)…イ　(2)…エ　問７　イ

●要点チェック●　図形編―相似と平行線

◎相似な図形

相似……一方の図形を拡大または縮小して，他方の図形と合同となるとき，２つの図形は相似である。

・相似な図形の性質

１．対応する線分の長さの比はすべて等しい。

２．対応する角の大きさはそれぞれ等しい。

・三角形の相似条件

２つの三角形は次のどれかが成り立つとき相似である。

１．３組の辺の比がすべて等しい。

２．２組の辺の比とそのはさむ角がそれぞれ等しい。

３．２組の角がそれぞれ等しい。

1.

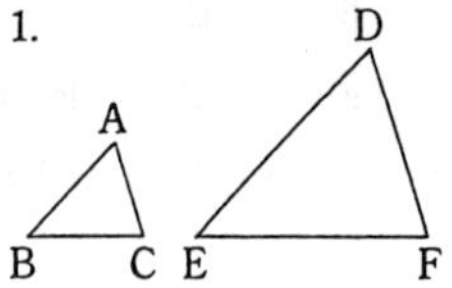

AB : DE＝BC : EF＝AC : DF

2.

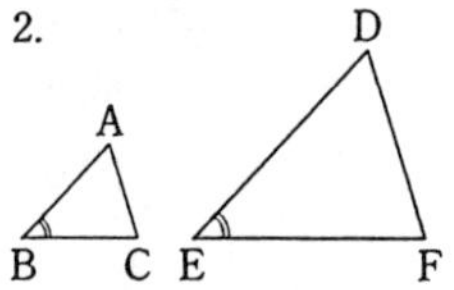

AB : DE＝BC : EF
∠ABC＝∠DEF

3.

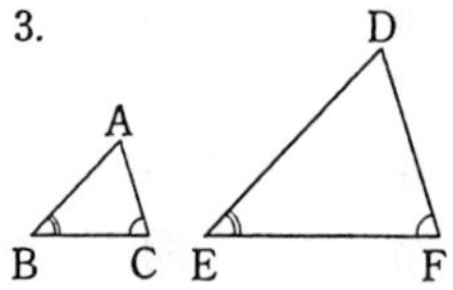

∠ABC＝∠DEF
∠ACB＝∠DFE

・平行線と線分の比

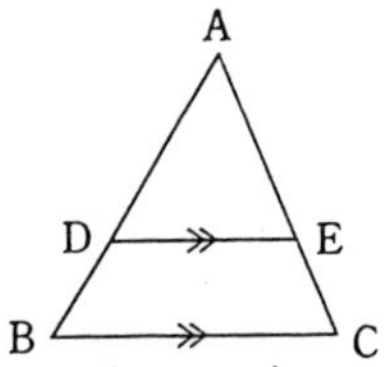

(DE//BC)
AD : DB＝AE : EC
AD : AB＝DE : BC＝AE : AC

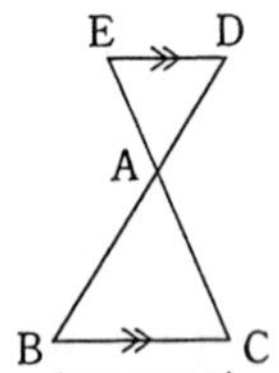

(ED//BC)
AD : AB＝DE : BC＝AE : AC

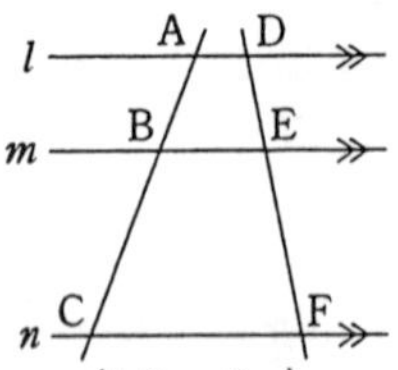

(l // m // n)
AB : BC＝DE : EF

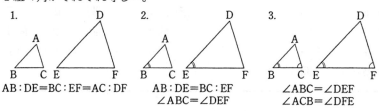

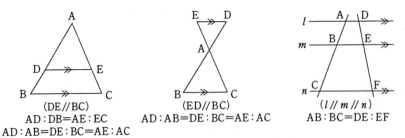

●要点チェック●　図形編―合同

◎**図形の合同**

合同……一方の図形を移動させて(ずらしたり《平行移動》，回したり《回転移動》，裏返したり《対称移動》して)，他方の図形に重ね合わせることのできるとき，この２つの図形は合同である。

・合同な図形の性質

１．対応する線分の長さは等しい。

２．対応する角の大きさは等しい。

・三角形の合同条件

２つの三角形は次のどれかが成り立つとき合同である。

１．３組の辺がそれぞれ等しい。

２．２組の辺とそのはさむ角がそれぞれ等しい。

３．１組の辺とその両端の角がそれぞれ等しい。

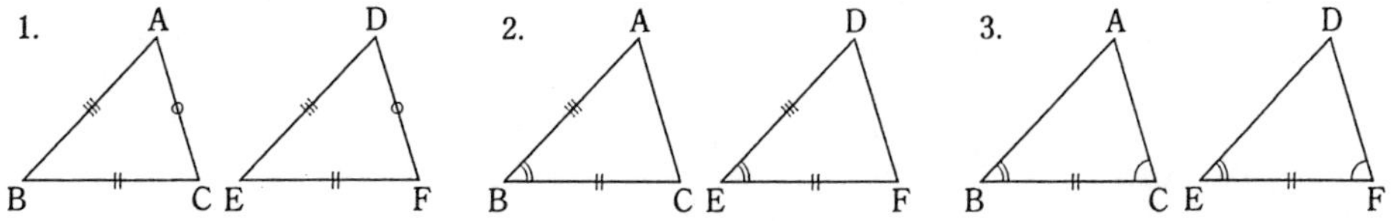

1. AB=DE
BC=EF
AC=DF

2. AB=DE
BC=EF
∠ABC=∠DEF

3. BC=EF
∠ABC=∠DEF
∠ACB=∠DFE

・直角三角形の合同条件

２つの直角三角形は次のどちらかが成り立つとき合同である。

１．斜辺と１鋭角がそれぞれ等しい。

２．斜辺と他の１辺がそれぞれ等しい。

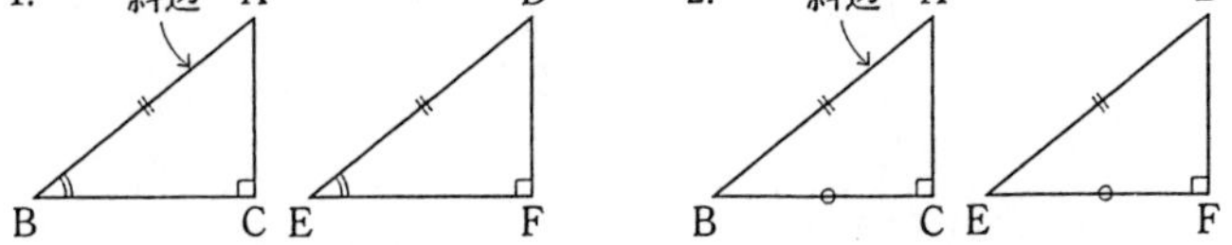

1. ∠ACB=∠DFE=90°
AB=DE
∠ABC=∠DEF

2. ∠ACB=∠DFE=90°
AB=DE
BC=EF

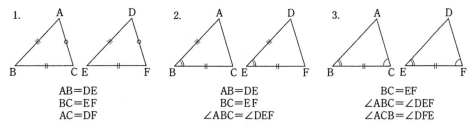

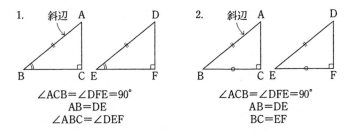

Memo

2025年度用 高校スーパー過去問

■編集人 声の教育社・編集部

■発行所 株式会社 声の教育社

〒162-0814 東京都新宿区新小川町8-15
☎03-5261-5061㈹ FAX03-5261-5062
https://www.koenokyoikusha.co.jp

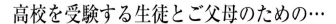

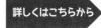

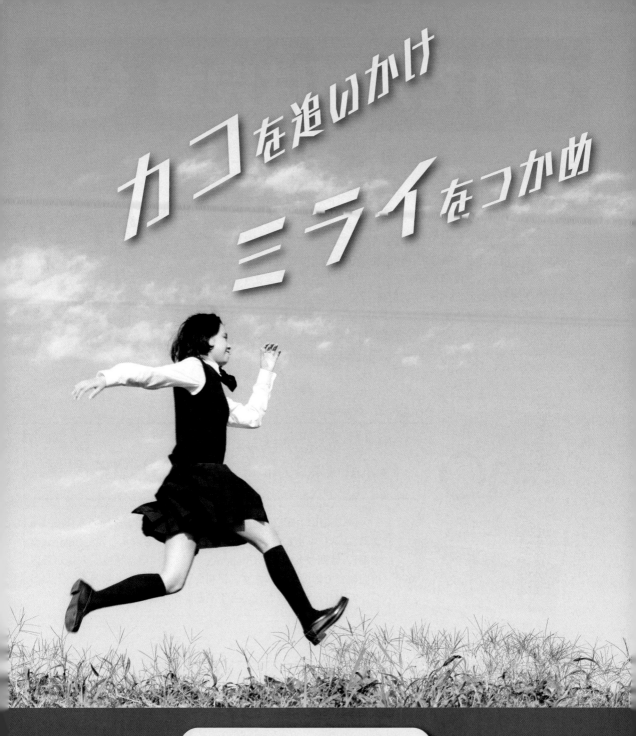

星野高等学校

別冊解答用紙

丁寧に抜きとって、別冊としてご使用ください。

★合格者最低点

			2024 年度	2023 年度	2022 年度
単　願	女子部	Ⅲ類	202	209	210
		文理特進	173	182	184
		文理選抜	142	156	158
		文理	—	136	136
	共学部	S 類	202	209	210
		α 選抜	173	182	184
		β	142	156	158
併　願 第１回	女子部	Ⅲ類	205	197	209
		文理特進	177	178	180
		文理選抜	148	155	151
		文理	—	137	141
	共学部	S 類	205	197	209
		α 選抜	177	178	180
		β	148	155	151
併　願 第２回	女子部	Ⅲ類	208	201	208
		文理特進	180	179	179
		文理選抜	150	156	151
		文理	—	136	141
	共学部	S 類	208	201	208
		α 選抜	180	179	179
		β	150	156	151

※女子部・文理コースは、2024 年度より文理選抜コースに統合。

注意

○ 解答用紙は、収録の都合により縮小したものや、小社独自に作成したものもあります。
○ 学校配点は学校発表のもの、推定配点は小社で作成したものです。
○ 無断転載を禁じます。
○ 解答用紙を拡大コピーする場合、表示した拡大率に対応する用紙サイズは以下のとおりです。
101%～102%＝B5　103%～118%＝A4　119%～144%＝B4　145%～167%＝A3
（タイトルと配点表は含みません）

２０２４年度　星野高等学校・単願

英語解答用紙

評点	／100

氏名	

受験番号				
受験番号記入 ➡				
[1]	[1]	[1]	[1]	[1]
[2]	[2]	[2]	[2]	[2]
[3]	[3]	[3]	[3]	[3]
[4]	[4]	[4]	[4]	[4]
[5]	[5]	[5]	[5]	[5]
[6]	[6]	[6]	[6]	[6]
[7]	[7]	[7]	[7]	[7]
[8]	[8]	[8]	[8]	[8]
[9]	[9]	[9]	[9]	[9]
[0]	[0]	[0]	[0]	[0]

受験番号マーク ➡

注意事項

1. 氏名と受験番号を正しく記入すること。
2. 受験番号にマークすること。
3. 解答の記入にあたっては、次の点に注意すること。
   (1)ＨＢの鉛筆でマークすること。
   (2)解答を修正する場合や解答以外の印を付けた場合には、消しゴムであとが残らないようにきれいに消し、又そのカスが残らないよう注意すること。
   (3)直接電算機にかけるので、折り曲げたり汚したりしないこと。
4. マークはすべて同程度の濃さとなるように注意して記入すること。

英語の解答数………30問

(マーク方法　良い例 ▬　悪い例 ・ ─ ⟋ ▬)

（注）この解答用紙は実物を縮小してあります。Ｂ４用紙に125％拡大コピーすると、ほぼ実物大で使用できます。（タイトルと配点表は含みません）

問	解答
1	[ア] [イ] [ウ] [エ]
2	[ア] [イ] [ウ] [エ]
3	[ア] [イ] [ウ] [エ]
4	[ア] [イ] [ウ] [エ]
5	[ア] [イ] [ウ] [エ]
6	[ア] [イ] [ウ] [エ]
7	[ア] [イ] [ウ] [エ]
8	[ア] [イ] [ウ] [エ]
9	[ア] [イ] [ウ] [エ]
10	[ア] [イ] [ウ] [エ]
11	[ア] [イ] [ウ] [エ]
12	[ア] [イ] [ウ] [エ]
13	[ア] [イ] [ウ] [エ]
14	[ア] [イ] [ウ] [エ]
15	[ア] [イ] [ウ] [エ]
16	[ア] [イ] [ウ] [エ]
17	[ア] [イ] [ウ] [エ]
18	[ア] [イ] [ウ] [エ]
19	[ア] [イ] [ウ] [エ]
20	[ア] [イ] [ウ] [エ]

問	解答
21	[ア] [イ] [ウ] [エ]
22	[ア] [イ] [ウ] [エ]
23	[ア] [イ] [ウ] [エ]
24	[ア] [イ] [ウ] [エ]
25	[ア] [イ] [ウ] [エ]
26	[ア] [イ] [ウ] [エ]
27	[ア] [イ] [ウ] [エ]
28	[ア] [イ] [ウ] [エ]
29	[ア] [イ] [ウ] [エ]
30	[ア] [イ] [ウ] [エ]

推定配点		計
	1～4　各４点×20　　5～8　各２点×10	100点

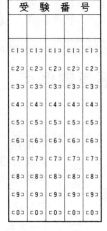

2024年度　星野高等学校・単願

数学解答用紙

評点	／100

氏名	

注意事項

1. 氏名と受験番号を正しく記入すること。
2. 受験番号にマークすること。
3. 解答の記入にあたっては、次の点に注意すること。
   (1)ＨＢの鉛筆でマークすること。
   (2)解答を修正する場合や解答以外の印を付けた場合には、消しゴムであとが残らないようにきれいに消し、又そのカスが残らないよう注意すること。
   (3)直接電算機にかけるので、折り曲げたり汚したりしないこと。
4. マークはすべて同程度の濃さとなるように注意して記入すること。

(マーク方法　良い例 ▬　悪い例 ⊏・⊐ ⊏─⊐ ⊏⊘⊐ ⊏▬⊐)

受験番号				
⊏1⊐	⊏1⊐	⊏1⊐	⊏1⊐	⊏1⊐
⊏2⊐	⊏2⊐	⊏2⊐	⊏2⊐	⊏2⊐
⊏3⊐	⊏3⊐	⊏3⊐	⊏3⊐	⊏3⊐
⊏4⊐	⊏4⊐	⊏4⊐	⊏4⊐	⊏4⊐
⊏5⊐	⊏5⊐	⊏5⊐	⊏5⊐	⊏5⊐
⊏6⊐	⊏6⊐	⊏6⊐	⊏6⊐	⊏6⊐
⊏7⊐	⊏7⊐	⊏7⊐	⊏7⊐	⊏7⊐
⊏8⊐	⊏8⊐	⊏8⊐	⊏8⊐	⊏8⊐
⊏9⊐	⊏9⊐	⊏9⊐	⊏9⊐	⊏9⊐
⊏0⊐	⊏0⊐	⊏0⊐	⊏0⊐	⊏0⊐

受験番号記入 ➡

受験番号マーク ➡

数学の解答数・・・・・・・・20問

問	解答
1	⊏ア⊐ ⊏イ⊐ ⊏ウ⊐ ⊏エ⊐ ⊏オ⊐ ⊏カ⊐
2	⊏ア⊐ ⊏イ⊐ ⊏ウ⊐ ⊏エ⊐ ⊏オ⊐ ⊏カ⊐
3	⊏ア⊐ ⊏イ⊐ ⊏ウ⊐ ⊏エ⊐ ⊏オ⊐ ⊏カ⊐
4	⊏ア⊐ ⊏イ⊐ ⊏ウ⊐ ⊏エ⊐ ⊏オ⊐ ⊏カ⊐
5	⊏ア⊐ ⊏イ⊐ ⊏ウ⊐ ⊏エ⊐ ⊏オ⊐ ⊏カ⊐
6	⊏ア⊐ ⊏イ⊐ ⊏ウ⊐ ⊏エ⊐ ⊏オ⊐ ⊏カ⊐
7	⊏ア⊐ ⊏イ⊐ ⊏ウ⊐ ⊏エ⊐ ⊏オ⊐ ⊏カ⊐
8	⊏ア⊐ ⊏イ⊐ ⊏ウ⊐ ⊏エ⊐ ⊏オ⊐ ⊏カ⊐
9	⊏ア⊐ ⊏イ⊐ ⊏ウ⊐ ⊏エ⊐ ⊏オ⊐ ⊏カ⊐
10	⊏ア⊐ ⊏イ⊐ ⊏ウ⊐ ⊏エ⊐ ⊏オ⊐ ⊏カ⊐
11	⊏ア⊐ ⊏イ⊐ ⊏ウ⊐ ⊏エ⊐ ⊏オ⊐ ⊏カ⊐
12	⊏ア⊐ ⊏イ⊐ ⊏ウ⊐ ⊏エ⊐ ⊏オ⊐ ⊏カ⊐
13	⊏ア⊐ ⊏イ⊐ ⊏ウ⊐ ⊏エ⊐ ⊏オ⊐ ⊏カ⊐
14	⊏ア⊐ ⊏イ⊐ ⊏ウ⊐ ⊏エ⊐ ⊏オ⊐ ⊏カ⊐
15	⊏ア⊐ ⊏イ⊐ ⊏ウ⊐ ⊏エ⊐ ⊏オ⊐ ⊏カ⊐
16	⊏ア⊐ ⊏イ⊐ ⊏ウ⊐ ⊏エ⊐ ⊏オ⊐ ⊏カ⊐
17	⊏ア⊐ ⊏イ⊐ ⊏ウ⊐ ⊏エ⊐ ⊏オ⊐ ⊏カ⊐
18	⊏ア⊐ ⊏イ⊐ ⊏ウ⊐ ⊏エ⊐ ⊏オ⊐ ⊏カ⊐
19	⊏ア⊐ ⊏イ⊐ ⊏ウ⊐ ⊏エ⊐ ⊏オ⊐ ⊏カ⊐
20	⊏ア⊐ ⊏イ⊐ ⊏ウ⊐ ⊏エ⊐ ⊏オ⊐ ⊏カ⊐

（注）この解答用紙は実物を縮小してあります。Ｂ４用紙に125％拡大コピーすると、ほぼ実物大で使用できます。（タイトルと配点表は含みません）

推定配点		計
	1～5　各５点×20	100点

二〇二四年度　星野高等学校・単願

国語解答用紙

評点	／100

氏名	

受験番号				
1	1	1	1	1
2	2	2	2	2
3	3	3	3	3
4	4	4	4	4
5	5	5	5	5
6	6	6	6	6
7	7	7	7	7
8	8	8	8	8
9	9	9	9	9
0	0	0	0	0

受験番号記入 ➡
受験番号マーク ➡

注意事項

1. 氏名と受験番号を正しく記入すること。
2. 受験番号にマークすること。
3. 解答の記入にあたっては、次の点に注意すること。
   (1)ＨＢの鉛筆でマークすること。
   (2)解答を修正する場合や解答以外の印を付けた場合には、消しゴムであとが残らないようにきれいに消し、又そのカスが残らないよう注意すること。
   (3)直接電算機にかけるので、折り曲げたり汚したりしないこと。
4. マークはすべて同程度の濃さとなるように注意して記入すること。

（マーク方法　良い例 ▬　悪い例 ⊏•⊐ ⟷ ⊘ ▭ ）

国語の解答数・・・・・・・・35問

解答番号	解答
1	ア イ ウ エ
2	ア イ ウ エ
3	ア イ ウ エ
4	ア イ ウ エ
5	ア イ ウ エ
6	ア イ ウ エ
7	ア イ ウ エ
8	ア イ ウ エ
9	ア イ ウ エ
10	ア イ ウ エ
11	ア イ ウ エ
12	ア イ ウ エ
13	ア イ ウ エ
14	ア イ ウ エ
15	ア イ ウ エ
16	ア イ ウ エ
17	ア イ ウ エ
18	ア イ ウ エ
19	ア イ ウ エ
20	ア イ ウ エ

解答番号	解答
21	ア イ ウ エ
22	ア イ ウ エ
23	ア イ ウ エ
24	ア イ ウ エ
25	ア イ ウ エ
26	ア イ ウ エ
27	ア イ ウ エ
28	ア イ ウ エ
29	ア イ ウ エ
30	ア イ ウ エ
31	ア イ ウ エ
32	ア イ ウ エ
33	ア イ ウ エ
34	ア イ ウ エ
35	ア イ ウ エ

（注）この解答用紙は実物を縮小してあります。B４用紙に125％拡大コピーすると、ほぼ実物大で使用できます。（タイトルと配点表は含みません）

推定配点		計
	□一 問１～問３　各２点×５　問４，問５　各３点×２　問６～問11　各４点×６ □二 問１，問２　各２点×５　問３～問５　各３点×３　問６～問10　各４点×５ □三 問１～問５　各２点×５　問６～問８　各３点×３　問９　２点	100点

２０２４年度　星野高等学校・併願第１回

英語解答用紙

評点	／100

氏名	

注意事項

1. 氏名と受験番号を正しく記入すること。
2. 受験番号にマークすること。
3. 解答の記入にあたっては、次の点に注意すること。
   (1)ＨＢの鉛筆でマークすること。
   (2)解答を修正する場合や解答以外の印を付けた場合には、消しゴムであとが残らないようにきれいに消し、又そのカスが残らないよう注意すること。
   (3)直接電算機にかけるので、折り曲げたり汚したりしないこと。
4. マークはすべて同程度の濃さとなるように注意して記入すること。

受験番号記入 ➡

受験番号マーク ➡

受験番号				
1	1	1	1	1
2	2	2	2	2
3	3	3	3	3
4	4	4	4	4
5	5	5	5	5
6	6	6	6	6
7	7	7	7	7
8	8	8	8	8
9	9	9	9	9
0	0	0	0	0

英語の解答数………30問

(マーク方法　良い例 ▬　悪い例 ⊏･⊐ ⊏̶⊐ ⊘ ▬)

（注）この解答用紙は実物を縮小してあります。Ｂ４用紙に125％拡大コピーすると、ほぼ実物大で使用できます。（タイトルと配点表は含みません）

問	解答
1	ア イ ウ エ
2	ア イ ウ エ
3	ア イ ウ エ
4	ア イ ウ エ
5	ア イ ウ エ
6	ア イ ウ エ
7	ア イ ウ エ
8	ア イ ウ エ
9	ア イ ウ エ
10	ア イ ウ エ
11	ア イ ウ エ
12	ア イ ウ エ
13	ア イ ウ エ
14	ア イ ウ エ
15	ア イ ウ エ
16	ア イ ウ エ
17	ア イ ウ エ
18	ア イ ウ エ
19	ア イ ウ エ
20	ア イ ウ エ

問	解答
21	ア イ ウ エ
22	ア イ ウ エ
23	ア イ ウ エ
24	ア イ ウ エ
25	ア イ ウ エ
26	ア イ ウ エ
27	ア イ ウ エ
28	ア イ ウ エ
29	ア イ ウ エ
30	ア イ ウ エ

推定配点		計
	1～4　各４点×20　　5～7　各２点×10	100点

２０２４年度　星野高等学校・併願第１回

数学解答用紙

評点	／100

氏名	

注意事項

1. 氏名と受験番号を正しく記入すること。
2. 受験番号にマークすること。
3. 解答の記入にあたっては、次の点に注意すること。
   (1)ＨＢの鉛筆でマークすること。
   (2)解答を修正する場合や解答以外の印を付けた場合には、消しゴムであとが残らないようにきれいに消し、又そのカスが残らないよう注意すること。
   (3)直接電算機にかけるので、折り曲げたり汚したりしないこと。
4. マークはすべて同程度の濃さとなるように注意して記入すること。

(マーク方法　良い例　━　悪い例　⊏･⊐ ⊏ー⊐ ⊏／⊐ ⊏▭⊐)

受験番号記入 ➡
受験番号マーク ➡

受験番号				
1	1	1	1	1
2	2	2	2	2
3	3	3	3	3
4	4	4	4	4
5	5	5	5	5
6	6	6	6	6
7	7	7	7	7
8	8	8	8	8
9	9	9	9	9
0	0	0	0	0

数学の解答数・・・・・・・・20問

問	解答
1	ア イ ウ エ オ カ
2	ア イ ウ エ オ カ
3	ア イ ウ エ オ カ
4	ア イ ウ エ オ カ
5	ア イ ウ エ オ カ
6	ア イ ウ エ オ カ
7	ア イ ウ エ オ カ
8	ア イ ウ エ オ カ
9	ア イ ウ エ オ カ
10	ア イ ウ エ オ カ
11	ア イ ウ エ オ カ
12	ア イ ウ エ オ カ
13	ア イ ウ エ オ カ
14	ア イ ウ エ オ カ
15	ア イ ウ エ オ カ
16	ア イ ウ エ オ カ
17	ア イ ウ エ オ カ
18	ア イ ウ エ オ カ
19	ア イ ウ エ オ カ
20	ア イ ウ エ オ カ

(注)　この解答用紙は実物を縮小してあります。Ｂ４用紙に125％拡大コピーすると、ほぼ実物大で使用できます。(タイトルと配点表は含みません)

推定配点		計
	1～5　各５点×20	100点

二〇二四年度　星野高等学校・併願第一回

国語解答用紙

評点	／100

氏名	

受験番号				
1	1	1	1	1
2	2	2	2	2
3	3	3	3	3
4	4	4	4	4
5	5	5	5	5
6	6	6	6	6
7	7	7	7	7
8	8	8	8	8
9	9	9	9	9
0	0	0	0	0

受験番号記入 ➡

受験番号マーク ➡

注意事項

1. 氏名と受験番号を正しく記入すること。
2. 受験番号にマークすること。
3. 解答の記入にあたっては、次の点に注意すること。
   (1)ＨＢの鉛筆でマークすること。
   (2)解答を修正する場合や解答以外の印を付けた場合には、消しゴムであとが残らないようにきれいに消し、又そのカスが残らないよう注意すること。
   (3)直接電算機にかけるので、折り曲げたり汚したりしないこと。
4. マークはすべて同程度の濃さとなるように注意して記入すること。

(マーク方法　良い例 ▬　悪い例 ⊏･⊐ ⊏-⊐ ⊏/⊐ ⊏▬⊐)

国語の解答数・・・・・・・・35問

解答番号	解答
1	ア イ ウ エ
2	ア イ ウ エ
3	ア イ ウ エ
4	ア イ ウ エ
5	ア イ ウ エ
6	ア イ ウ エ
7	ア イ ウ エ
8	ア イ ウ エ
9	ア イ ウ エ
10	ア イ ウ エ
11	ア イ ウ エ
12	ア イ ウ エ
13	ア イ ウ エ
14	ア イ ウ エ
15	ア イ ウ エ
16	ア イ ウ エ
17	ア イ ウ エ
18	ア イ ウ エ
19	ア イ ウ エ
20	ア イ ウ エ

解答番号	解答
21	ア イ ウ エ
22	ア イ ウ エ
23	ア イ ウ エ
24	ア イ ウ エ
25	ア イ ウ エ
26	ア イ ウ エ
27	ア イ ウ エ
28	ア イ ウ エ
29	ア イ ウ エ
30	ア イ ウ エ
31	ア イ ウ エ
32	ア イ ウ エ
33	ア イ ウ エ
34	ア イ ウ エ
35	ア イ ウ エ

（注）この解答用紙は実物を縮小してあります。Ｂ４用紙に125％拡大コピーすると、ほぼ実物大で使用できます。（タイトルと配点表は含みません）

推定配点		計
	一　問１～問３　各２点×６　問４，問５　各３点×２　問６～問10　各４点×５ 二　問１，問２　各２点×５　問３　各３点×２　問４～問９　各４点×６ 三　問１，問２　各２点×４　問３～問６　各３点×４　問７　２点	100点

2024年度　星野高等学校・併願第2回

英語解答用紙

評点	／100

氏名	

受験番号記入 ➡
受験番号マーク ➡

受	験	番	号	
1	1	1	1	1
2	2	2	2	2
3	3	3	3	3
4	4	4	4	4
5	5	5	5	5
6	6	6	6	6
7	7	7	7	7
8	8	8	8	8
9	9	9	9	9
0	0	0	0	0

注意事項

1. 氏名と受験番号を正しく記入すること。
2. 受験番号にマークすること。
3. 解答の記入にあたっては、次の点に注意すること。
   (1)ＨＢの鉛筆でマークすること。
   (2)解答を修正する場合や解答以外の印を付けた場合には、消しゴムであとが残らないようにきれいに消し、又そのカスが残らないよう注意すること。
   (3)直接電算機にかけるので、折り曲げたり汚したりしないこと。
4. マークはすべて同程度の濃さとなるように注意して記入すること。

英語の解答数………30問

(マーク方法　良い例 ▬　悪い例 ⊏・⊐ ⊏̶⊐ ⊏⊘⊐ ▬)

(注) この解答用紙は実物を縮小してあります。B4用紙に125%拡大コピーすると、ほぼ実物大で使用できます。(タイトルと配点表は含みません)

問	解答
1	ア イ ウ エ
2	ア イ ウ エ
3	ア イ ウ エ
4	ア イ ウ エ
5	ア イ ウ エ
6	ア イ ウ エ
7	ア イ ウ エ
8	ア イ ウ エ
9	ア イ ウ エ
10	ア イ ウ エ
11	ア イ ウ エ
12	ア イ ウ エ
13	ア イ ウ エ
14	ア イ ウ エ
15	ア イ ウ エ
16	ア イ ウ エ
17	ア イ ウ エ
18	ア イ ウ エ
19	ア イ ウ エ
20	ア イ ウ エ

問	解答
21	ア イ ウ エ
22	ア イ ウ エ
23	ア イ ウ エ
24	ア イ ウ エ
25	ア イ ウ エ
26	ア イ ウ エ
27	ア イ ウ エ
28	ア イ ウ エ
29	ア イ ウ エ
30	ア イ ウ エ

推定配点		計
	1～4　各4点×20　　5～7　各2点×10	100点

２０２４年度　星野高等学校・併願第２回

数学解答用紙

評点	／100

氏名	

受験番号記入 ➡

受験番号マーク ➡

受　験　番　号				
⊏1⊐	⊏1⊐	⊏1⊐	⊏1⊐	⊏1⊐
⊏2⊐	⊏2⊐	⊏2⊐	⊏2⊐	⊏2⊐
⊏3⊐	⊏3⊐	⊏3⊐	⊏3⊐	⊏3⊐
⊏4⊐	⊏4⊐	⊏4⊐	⊏4⊐	⊏4⊐
⊏5⊐	⊏5⊐	⊏5⊐	⊏5⊐	⊏5⊐
⊏6⊐	⊏6⊐	⊏6⊐	⊏6⊐	⊏6⊐
⊏7⊐	⊏7⊐	⊏7⊐	⊏7⊐	⊏7⊐
⊏8⊐	⊏8⊐	⊏8⊐	⊏8⊐	⊏8⊐
⊏9⊐	⊏9⊐	⊏9⊐	⊏9⊐	⊏9⊐
⊏0⊐	⊏0⊐	⊏0⊐	⊏0⊐	⊏0⊐

注意事項

1. 氏名と受験番号を正しく記入すること。
2. 受験番号にマークすること。
3. 解答の記入にあたっては、次の点に注意すること。
   (1)ＨＢの鉛筆でマークすること。
   (2)解答を修正する場合や解答以外の印を付けた場合には、消しゴムであとが残らないようにきれいに消し、又そのカスが残らないよう注意すること。
   (3)直接電算機にかけるので、折り曲げたり汚したりしないこと。
4. マークはすべて同程度の濃さとなるように注意して記入すること。

(マーク方法　良い例 ▬　悪い例 ⊏・⊐ ⊏—⊐ ⊏⋋⊐ ⊏▭⊐)

数学の解答数・・・・・・・・20問

問	解　答
1	⊏ア⊐ ⊏イ⊐ ⊏ウ⊐ ⊏エ⊐ ⊏オ⊐ ⊏カ⊐
2	⊏ア⊐ ⊏イ⊐ ⊏ウ⊐ ⊏エ⊐ ⊏オ⊐ ⊏カ⊐
3	⊏ア⊐ ⊏イ⊐ ⊏ウ⊐ ⊏エ⊐ ⊏オ⊐ ⊏カ⊐
4	⊏ア⊐ ⊏イ⊐ ⊏ウ⊐ ⊏エ⊐ ⊏オ⊐ ⊏カ⊐
5	⊏ア⊐ ⊏イ⊐ ⊏ウ⊐ ⊏エ⊐ ⊏オ⊐ ⊏カ⊐
6	⊏ア⊐ ⊏イ⊐ ⊏ウ⊐ ⊏エ⊐ ⊏オ⊐ ⊏カ⊐
7	⊏ア⊐ ⊏イ⊐ ⊏ウ⊐ ⊏エ⊐ ⊏オ⊐ ⊏カ⊐
8	⊏ア⊐ ⊏イ⊐ ⊏ウ⊐ ⊏エ⊐ ⊏オ⊐ ⊏カ⊐
9	⊏ア⊐ ⊏イ⊐ ⊏ウ⊐ ⊏エ⊐ ⊏オ⊐ ⊏カ⊐
10	⊏ア⊐ ⊏イ⊐ ⊏ウ⊐ ⊏エ⊐ ⊏オ⊐ ⊏カ⊐
11	⊏ア⊐ ⊏イ⊐ ⊏ウ⊐ ⊏エ⊐ ⊏オ⊐ ⊏カ⊐
12	⊏ア⊐ ⊏イ⊐ ⊏ウ⊐ ⊏エ⊐ ⊏オ⊐ ⊏カ⊐
13	⊏ア⊐ ⊏イ⊐ ⊏ウ⊐ ⊏エ⊐ ⊏オ⊐ ⊏カ⊐
14	⊏ア⊐ ⊏イ⊐ ⊏ウ⊐ ⊏エ⊐ ⊏オ⊐ ⊏カ⊐
15	⊏ア⊐ ⊏イ⊐ ⊏ウ⊐ ⊏エ⊐ ⊏オ⊐ ⊏カ⊐
16	⊏ア⊐ ⊏イ⊐ ⊏ウ⊐ ⊏エ⊐ ⊏オ⊐ ⊏カ⊐
17	⊏ア⊐ ⊏イ⊐ ⊏ウ⊐ ⊏エ⊐ ⊏オ⊐ ⊏カ⊐
18	⊏ア⊐ ⊏イ⊐ ⊏ウ⊐ ⊏エ⊐ ⊏オ⊐ ⊏カ⊐
19	⊏ア⊐ ⊏イ⊐ ⊏ウ⊐ ⊏エ⊐ ⊏オ⊐ ⊏カ⊐
20	⊏ア⊐ ⊏イ⊐ ⊏ウ⊐ ⊏エ⊐ ⊏オ⊐ ⊏カ⊐

（注）この解答用紙は実物を縮小してあります。Ｂ４用紙に125％拡大コピーすると、ほぼ実物大で使用できます。（タイトルと配点表は含みません）

推定配点		計
	1～5　各５点×20	100点

二〇二四年度　　星野高等学校・併願第二回

国語解答用紙

評点	／100

氏名	

注意事項

1. 氏名と受験番号を正しく記入すること。
2. 受験番号にマークすること。
3. 解答の記入にあたっては、次の点に注意すること。
   (1)ＨＢの鉛筆でマークすること。
   (2)解答を修正する場合や解答以外の印を付けた場合には、消しゴムであとが残らないようにきれいに消し、又そのカスが残らないよう注意すること。
   (3)直接電算機にかけるので、折り曲げたり汚したりしないこと。
4. マークはすべて同程度の濃さとなるように注意して記入すること。

(マーク方法　良い例　━　悪い例　⊏•⊐ ⊏━⊐ ⊏／⊐ ⊏▬⊐)

受験番号				
受験番号記入 ➡				
[1]	[1]	[1]	[1]	[1]
[2]	[2]	[2]	[2]	[2]
[3]	[3]	[3]	[3]	[3]
[4]	[4]	[4]	[4]	[4]
[5]	[5]	[5]	[5]	[5]
[6]	[6]	[6]	[6]	[6]
[7]	[7]	[7]	[7]	[7]
[8]	[8]	[8]	[8]	[8]
[9]	[9]	[9]	[9]	[9]
[0]	[0]	[0]	[0]	[0]

受験番号マーク ➡

国語の解答数・・・・・・・・34問

解答番号	解答
1	[ア] [イ] [ウ] [エ]
2	[ア] [イ] [ウ] [エ]
3	[ア] [イ] [ウ] [エ]
4	[ア] [イ] [ウ] [エ]
5	[ア] [イ] [ウ] [エ]
6	[ア] [イ] [ウ] [エ]
7	[ア] [イ] [ウ] [エ]
8	[ア] [イ] [ウ] [エ]
9	[ア] [イ] [ウ] [エ]
10	[ア] [イ] [ウ] [エ]
11	[ア] [イ] [ウ] [エ]
12	[ア] [イ] [ウ] [エ]
13	[ア] [イ] [ウ] [エ]
14	[ア] [イ] [ウ] [エ]
15	[ア] [イ] [ウ] [エ]
16	[ア] [イ] [ウ] [エ]
17	[ア] [イ] [ウ] [エ]
18	[ア] [イ] [ウ] [エ]
19	[ア] [イ] [ウ] [エ]
20	[ア] [イ] [ウ] [エ]

解答番号	解答
21	[ア] [イ] [ウ] [エ]
22	[ア] [イ] [ウ] [エ]
23	[ア] [イ] [ウ] [エ]
24	[ア] [イ] [ウ] [エ]
25	[ア] [イ] [ウ] [エ]
26	[ア] [イ] [ウ] [エ]
27	[ア] [イ] [ウ] [エ]
28	[ア] [イ] [ウ] [エ]
29	[ア] [イ] [ウ] [エ]
30	[ア] [イ] [ウ] [エ]
31	[ア] [イ] [ウ] [エ]
32	[ア] [イ] [ウ] [エ]
33	[ア] [イ] [ウ] [エ]
34	[ア] [イ] [ウ] [エ]

(注)　この解答用紙は実物を縮小してあります。B4用紙に125%拡大コピーすると、ほぼ実物大で使用できます。(タイトルと配点表は含みません)

推定配点		計
	一　問1～問3　各2点×6　問4，問5　各3点×2　問6～問9　各4点×5 二　問1，問2　各2点×5　問3　3点　問4～問10　各4点×7 三　問1　各2点×2　問2～問6　各3点×5　問7　2点	100点

2023年度　　星野高等学校・単願

英語解答用紙

評点	／100

氏名	

受験番号記入 ➡
受験番号マーク ➡

受	験	番	号	
1	1	1	1	1
2	2	2	2	2
3	3	3	3	3
4	4	4	4	4
5	5	5	5	5
6	6	6	6	6
7	7	7	7	7
8	8	8	8	8
9	9	9	9	9
0	0	0	0	0

注意事項

1. 氏名と受験番号を正しく記入すること。
2. 受験番号にマークすること。
3. 解答の記入にあたっては、次の点に注意すること。
   (1)ＨＢの鉛筆でマークすること。
   (2)解答を修正する場合や解答以外の印を付けた場合には、消しゴムであとが残らないようにきれいに消し、又そのカスが残らないよう注意すること。
   (3)直接電算機にかけるので、折り曲げたり汚したりしないこと。
4. マークはすべて同程度の濃さとなるように注意して記入すること。

英語の解答数………30問

(マーク方法　良い例 ━　悪い例 ⊏･⊐ ⊏ー⊐ ⊘ ▬)

（注）この解答用紙は実物を縮小してあります。Ｂ４用紙に125％拡大コピーすると、ほぼ実物大で使用できます。（タイトルと配点表は含みません）

問	解　答
1	ア イ ウ エ
2	ア イ ウ エ
3	ア イ ウ エ
4	ア イ ウ エ
5	ア イ ウ エ
6	ア イ ウ エ
7	ア イ ウ エ
8	ア イ ウ エ
9	ア イ ウ エ
10	ア イ ウ エ
11	ア イ ウ エ
12	ア イ ウ エ
13	ア イ ウ エ
14	ア イ ウ エ
15	ア イ ウ エ
16	ア イ ウ エ
17	ア イ ウ エ
18	ア イ ウ エ
19	ア イ ウ エ
20	ア イ ウ エ

問	解　答
21	ア イ ウ エ
22	ア イ ウ エ
23	ア イ ウ エ
24	ア イ ウ エ
25	ア イ ウ エ
26	ア イ ウ エ
27	ア イ ウ エ
28	ア イ ウ エ
29	ア イ ウ エ
30	ア イ ウ エ

推定配点		計
	1～4　各４点×20　　5～8　各２点×10	100点

２０２３年度　　星野高等学校・単願

数学解答用紙

評点	／100

氏名	

受験番号				
1	1	1	1	1
2	2	2	2	2
3	3	3	3	3
4	4	4	4	4
5	5	5	5	5
6	6	6	6	6
7	7	7	7	7
8	8	8	8	8
9	9	9	9	9
0	0	0	0	0

受験番号記入 ➡

受験番号マーク ➡

注意事項

1. 氏名と受験番号を正しく記入すること。
2. 受験番号にマークすること。
3. 解答の記入にあたっては、次の点に注意すること。
   (1)ＨＢの鉛筆でマークすること。
   (2)解答を修正する場合や解答以外の印を付けた場合には、消しゴムであとが残らないようにきれいに消し、又そのカスが残らないよう注意すること。
   (3)直接電算機にかけるので、折り曲げたり汚したりしないこと。
4. マークはすべて同程度の濃さとなるように注意して記入すること。

(マーク方法　良い例　悪い例　)

数学の解答数・・・・・・・・20問

問	解答
1	ア イ ウ エ オ カ
2	ア イ ウ エ オ カ
3	ア イ ウ エ オ カ
4	ア イ ウ エ オ カ
5	ア イ ウ エ オ カ
6	ア イ ウ エ オ カ
7	ア イ ウ エ オ カ
8	ア イ ウ エ オ カ
9	ア イ ウ エ オ カ
10	ア イ ウ エ オ カ
11	ア イ ウ エ オ カ
12	ア イ ウ エ オ カ
13	ア イ ウ エ オ カ
14	ア イ ウ エ オ カ
15	ア イ ウ エ オ カ
16	ア イ ウ エ オ カ
17	ア イ ウ エ オ カ
18	ア イ ウ エ オ カ
19	ア イ ウ エ オ カ
20	ア イ ウ エ オ カ

（注）この解答用紙は実物を縮小してあります。Ｂ４用紙に125％拡大コピーすると、ほぼ実物大で使用できます。（タイトルと配点表は含みません）

推定配点		計
	1～5　各５点×20	100点

二〇二三年度　　星野高等学校・単願

国語解答用紙

評点	／100

氏名	

受験番号記入 ➡
受験番号マーク ➡

受	験	番	号	
1	1	1	1	1
2	2	2	2	2
3	3	3	3	3
4	4	4	4	4
5	5	5	5	5
6	6	6	6	6
7	7	7	7	7
8	8	8	8	8
9	9	9	9	9
0	0	0	0	0

注意事項

1. 氏名と受験番号を正しく記入すること。
2. 受験番号にマークすること。
3. 解答の記入にあたっては、次の点に注意すること。
   (1)ＨＢの鉛筆でマークすること。
   (2)解答を修正する場合や解答以外の印を付けた場合には、消しゴムであとが残らないようにきれいに消し、又そのカスが残らないよう注意すること。
   (3)直接電算機にかけるので、折り曲げたり汚したりしないこと。
4. マークはすべて同程度の濃さとなるように注意して記入すること。

(マーク方法　良い例 ▬　悪い例 ⊏•⊐ ⊏-⊐ ⊏/⊐ ⊏▬⊐)

国語の解答数・・・・・・・・35問

解答番号	解　答
1	ア イ ウ エ
2	ア イ ウ エ
3	ア イ ウ エ
4	ア イ ウ エ
5	ア イ ウ エ
6	ア イ ウ エ
7	ア イ ウ エ
8	ア イ ウ エ
9	ア イ ウ エ
10	ア イ ウ エ
11	ア イ ウ エ
12	ア イ ウ エ
13	ア イ ウ エ
14	ア イ ウ エ
15	ア イ ウ エ
16	ア イ ウ エ
17	ア イ ウ エ
18	ア イ ウ エ
19	ア イ ウ エ
20	ア イ ウ エ

解答番号	解　答
21	ア イ ウ エ
22	ア イ ウ エ
23	ア イ ウ エ
24	ア イ ウ エ
25	ア イ ウ エ
26	ア イ ウ エ
27	ア イ ウ エ
28	ア イ ウ エ
29	ア イ ウ エ
30	ア イ ウ エ
31	ア イ ウ エ
32	ア イ ウ エ
33	ア イ ウ エ
34	ア イ ウ エ
35	ア イ ウ エ

（注）この解答用紙は実物を縮小してあります。Ｂ４用紙に125％拡大コピーすると、ほぼ実物大で使用できます。（タイトルと配点表は含みません）

推定配点		計
	一　問１，問２　各２点×５　問３，問４　各３点×２　問５～問10　各４点×６ 二　問１，問２　各２点×５　問３～問５　各３点×３　問６～問10　各４点×５ 三　問１～問４　各２点×５　問５～問７　各３点×３　問８　２点	100点

２０２３年度　　星野高等学校・併願第１回

英語解答用紙

評点	／100

氏名	

注意事項

1. 氏名と受験番号を正しく記入すること。
2. 受験番号にマークすること。
3. 解答の記入にあたっては、次の点に注意すること。
   (1)ＨＢの鉛筆でマークすること。
   (2)解答を修正する場合や解答以外の印を付けた場合には、消しゴムであとが残らないようにきれいに消し、又そのカスが残らないよう注意すること。
   (3)直接電算機にかけるので、折り曲げたり汚したりしないこと。
4. マークはすべて同程度の濃さとなるように注意して記入すること。

（マーク方法　良い例 ━　悪い例 ⊏・⊐ ⊏̶⊐ ⊏∖⊐ ━ ）

受験番号記入 ➡
受験番号マーク ➡

受験番号				
⊏1⊐	⊏1⊐	⊏1⊐	⊏1⊐	⊏1⊐
⊏2⊐	⊏2⊐	⊏2⊐	⊏2⊐	⊏2⊐
⊏3⊐	⊏3⊐	⊏3⊐	⊏3⊐	⊏3⊐
⊏4⊐	⊏4⊐	⊏4⊐	⊏4⊐	⊏4⊐
⊏5⊐	⊏5⊐	⊏5⊐	⊏5⊐	⊏5⊐
⊏6⊐	⊏6⊐	⊏6⊐	⊏6⊐	⊏6⊐
⊏7⊐	⊏7⊐	⊏7⊐	⊏7⊐	⊏7⊐
⊏8⊐	⊏8⊐	⊏8⊐	⊏8⊐	⊏8⊐
⊏9⊐	⊏9⊐	⊏9⊐	⊏9⊐	⊏9⊐
⊏0⊐	⊏0⊐	⊏0⊐	⊏0⊐	⊏0⊐

英語の解答数………30問

（注）この解答用紙は実物を縮小してあります。Ｂ４用紙に125％拡大コピーすると、ほぼ実物大で使用できます。（タイトルと配点表は含みません）

問	解答
1	⊏ア⊐ ⊏イ⊐ ⊏ウ⊐ ⊏エ⊐
2	⊏ア⊐ ⊏イ⊐ ⊏ウ⊐ ⊏エ⊐
3	⊏ア⊐ ⊏イ⊐ ⊏ウ⊐ ⊏エ⊐
4	⊏ア⊐ ⊏イ⊐ ⊏ウ⊐ ⊏エ⊐
5	⊏ア⊐ ⊏イ⊐ ⊏ウ⊐ ⊏エ⊐
6	⊏ア⊐ ⊏イ⊐ ⊏ウ⊐ ⊏エ⊐
7	⊏ア⊐ ⊏イ⊐ ⊏ウ⊐ ⊏エ⊐
8	⊏ア⊐ ⊏イ⊐ ⊏ウ⊐ ⊏エ⊐
9	⊏ア⊐ ⊏イ⊐ ⊏ウ⊐ ⊏エ⊐
10	⊏ア⊐ ⊏イ⊐ ⊏ウ⊐ ⊏エ⊐
11	⊏ア⊐ ⊏イ⊐ ⊏ウ⊐ ⊏エ⊐
12	⊏ア⊐ ⊏イ⊐ ⊏ウ⊐ ⊏エ⊐
13	⊏ア⊐ ⊏イ⊐ ⊏ウ⊐ ⊏エ⊐
14	⊏ア⊐ ⊏イ⊐ ⊏ウ⊐ ⊏エ⊐
15	⊏ア⊐ ⊏イ⊐ ⊏ウ⊐ ⊏エ⊐
16	⊏ア⊐ ⊏イ⊐ ⊏ウ⊐ ⊏エ⊐
17	⊏ア⊐ ⊏イ⊐ ⊏ウ⊐ ⊏エ⊐
18	⊏ア⊐ ⊏イ⊐ ⊏ウ⊐ ⊏エ⊐
19	⊏ア⊐ ⊏イ⊐ ⊏ウ⊐ ⊏エ⊐
20	⊏ア⊐ ⊏イ⊐ ⊏ウ⊐ ⊏エ⊐

問	解答
21	⊏ア⊐ ⊏イ⊐ ⊏ウ⊐ ⊏エ⊐
22	⊏ア⊐ ⊏イ⊐ ⊏ウ⊐ ⊏エ⊐
23	⊏ア⊐ ⊏イ⊐ ⊏ウ⊐ ⊏エ⊐
24	⊏ア⊐ ⊏イ⊐ ⊏ウ⊐ ⊏エ⊐
25	⊏ア⊐ ⊏イ⊐ ⊏ウ⊐ ⊏エ⊐
26	⊏ア⊐ ⊏イ⊐ ⊏ウ⊐ ⊏エ⊐
27	⊏ア⊐ ⊏イ⊐ ⊏ウ⊐ ⊏エ⊐
28	⊏ア⊐ ⊏イ⊐ ⊏ウ⊐ ⊏エ⊐
29	⊏ア⊐ ⊏イ⊐ ⊏ウ⊐ ⊏エ⊐
30	⊏ア⊐ ⊏イ⊐ ⊏ウ⊐ ⊏エ⊐

推定配点		計
	1～4　各４点×20　　5～7　各２点×10	100点

2023年度　星野高等学校・併願第1回

数学解答用紙

評点	／100

氏名	

注意事項

1. 氏名と受験番号を正しく記入すること。
2. 受験番号にマークすること。
3. 解答の記入にあたっては、次の点に注意すること。
   (1)ＨＢの鉛筆でマークすること。
   (2)解答を修正する場合や解答以外の印を付けた場合には、消しゴムであとが残らないようにきれいに消し、又そのカスが残らないよう注意すること。
   (3)直接電算機にかけるので、折り曲げたり汚したりしないこと。
4. マークはすべて同程度の濃さとなるように注意して記入すること。

(マーク方法　良い例 ━　悪い例 ⊏•⊐ ⊏-⊐ ⊏\⊐ ⊏━⊐)

受験番号記入 ➡

受験番号マーク ➡

受験番号				
1	1	1	1	1
2	2	2	2	2
3	3	3	3	3
4	4	4	4	4
5	5	5	5	5
6	6	6	6	6
7	7	7	7	7
8	8	8	8	8
9	9	9	9	9
0	0	0	0	0

数学の解答数・・・・・・・・20問

問	解答
1	ア イ ウ エ オ カ
2	ア イ ウ エ オ カ
3	ア イ ウ エ オ カ
4	ア イ ウ エ オ カ
5	ア イ ウ エ オ カ
6	ア イ ウ エ オ カ
7	ア イ ウ エ オ カ
8	ア イ ウ エ オ カ
9	ア イ ウ エ オ カ
10	ア イ ウ エ オ カ
11	ア イ ウ エ オ カ
12	ア イ ウ エ オ カ
13	ア イ ウ エ オ カ
14	ア イ ウ エ オ カ
15	ア イ ウ エ オ カ
16	ア イ ウ エ オ カ
17	ア イ ウ エ オ カ
18	ア イ ウ エ オ カ
19	ア イ ウ エ オ カ
20	ア イ ウ エ オ カ

（注）この解答用紙は実物を縮小してあります。B4用紙に125％拡大コピーすると、ほぼ実物大で使用できます。（タイトルと配点表は含みません）

推定配点		計
	1～5　各5点×20	100点

二〇二三年度　　星野高等学校・併願第一回

国語解答用紙

評点	／100

氏名	

注意事項
1. 氏名と受験番号を正しく記入すること。
2. 受験番号にマークすること。
3. 解答の記入にあたっては、次の点に注意すること。
   (1)ＨＢの鉛筆でマークすること。
   (2)解答を修正する場合や解答以外の印を付けた場合には、消しゴムであとが残らないようにきれいに消し、又そのカスが残らないよう注意すること。
   (3)直接電算機にかけるので、折り曲げたり汚したりしないこと。
4. マークはすべて同程度の濃さとなるように注意して記入すること。

(マーク方法　良い例 ▬　悪い例 ⊏•⊐ ⊏✓⊐ ⊏✕⊐ ⊏▭⊐)

受験番号				
⊏1⊐	⊏1⊐	⊏1⊐	⊏1⊐	⊏1⊐
⊏2⊐	⊏2⊐	⊏2⊐	⊏2⊐	⊏2⊐
⊏3⊐	⊏3⊐	⊏3⊐	⊏3⊐	⊏3⊐
⊏4⊐	⊏4⊐	⊏4⊐	⊏4⊐	⊏4⊐
⊏5⊐	⊏5⊐	⊏5⊐	⊏5⊐	⊏5⊐
⊏6⊐	⊏6⊐	⊏6⊐	⊏6⊐	⊏6⊐
⊏7⊐	⊏7⊐	⊏7⊐	⊏7⊐	⊏7⊐
⊏8⊐	⊏8⊐	⊏8⊐	⊏8⊐	⊏8⊐
⊏9⊐	⊏9⊐	⊏9⊐	⊏9⊐	⊏9⊐
⊏0⊐	⊏0⊐	⊏0⊐	⊏0⊐	⊏0⊐

受験番号記入 ➡

受験番号マーク ➡

国語の解答数‥‥‥‥35問

解答番号	解答
1	⊏ア⊐ ⊏イ⊐ ⊏ウ⊐ ⊏エ⊐
2	⊏ア⊐ ⊏イ⊐ ⊏ウ⊐ ⊏エ⊐
3	⊏ア⊐ ⊏イ⊐ ⊏ウ⊐ ⊏エ⊐
4	⊏ア⊐ ⊏イ⊐ ⊏ウ⊐ ⊏エ⊐
5	⊏ア⊐ ⊏イ⊐ ⊏ウ⊐ ⊏エ⊐
6	⊏ア⊐ ⊏イ⊐ ⊏ウ⊐ ⊏エ⊐
7	⊏ア⊐ ⊏イ⊐ ⊏ウ⊐ ⊏エ⊐
8	⊏ア⊐ ⊏イ⊐ ⊏ウ⊐ ⊏エ⊐
9	⊏ア⊐ ⊏イ⊐ ⊏ウ⊐ ⊏エ⊐
10	⊏ア⊐ ⊏イ⊐ ⊏ウ⊐ ⊏エ⊐
11	⊏ア⊐ ⊏イ⊐ ⊏ウ⊐ ⊏エ⊐
12	⊏ア⊐ ⊏イ⊐ ⊏ウ⊐ ⊏エ⊐
13	⊏ア⊐ ⊏イ⊐ ⊏ウ⊐ ⊏エ⊐
14	⊏ア⊐ ⊏イ⊐ ⊏ウ⊐ ⊏エ⊐
15	⊏ア⊐ ⊏イ⊐ ⊏ウ⊐ ⊏エ⊐
16	⊏ア⊐ ⊏イ⊐ ⊏ウ⊐ ⊏エ⊐
17	⊏ア⊐ ⊏イ⊐ ⊏ウ⊐ ⊏エ⊐
18	⊏ア⊐ ⊏イ⊐ ⊏ウ⊐ ⊏エ⊐
19	⊏ア⊐ ⊏イ⊐ ⊏ウ⊐ ⊏エ⊐
20	⊏ア⊐ ⊏イ⊐ ⊏ウ⊐ ⊏エ⊐

解答番号	解答
21	⊏ア⊐ ⊏イ⊐ ⊏ウ⊐ ⊏エ⊐
22	⊏ア⊐ ⊏イ⊐ ⊏ウ⊐ ⊏エ⊐
23	⊏ア⊐ ⊏イ⊐ ⊏ウ⊐ ⊏エ⊐
24	⊏ア⊐ ⊏イ⊐ ⊏ウ⊐ ⊏エ⊐
25	⊏ア⊐ ⊏イ⊐ ⊏ウ⊐ ⊏エ⊐
26	⊏ア⊐ ⊏イ⊐ ⊏ウ⊐ ⊏エ⊐
27	⊏ア⊐ ⊏イ⊐ ⊏ウ⊐ ⊏エ⊐
28	⊏ア⊐ ⊏イ⊐ ⊏ウ⊐ ⊏エ⊐
29	⊏ア⊐ ⊏イ⊐ ⊏ウ⊐ ⊏エ⊐
30	⊏ア⊐ ⊏イ⊐ ⊏ウ⊐ ⊏エ⊐
31	⊏ア⊐ ⊏イ⊐ ⊏ウ⊐ ⊏エ⊐
32	⊏ア⊐ ⊏イ⊐ ⊏ウ⊐ ⊏エ⊐
33	⊏ア⊐ ⊏イ⊐ ⊏ウ⊐ ⊏エ⊐
34	⊏ア⊐ ⊏イ⊐ ⊏ウ⊐ ⊏エ⊐
35	⊏ア⊐ ⊏イ⊐ ⊏ウ⊐ ⊏エ⊐

（注）この解答用紙は実物を縮小してあります。B４用紙に125％拡大コピーすると、ほぼ実物大で使用できます。（タイトルと配点表は含みません）

推定配点		計
	□一 問１，問２　各２点×５　問３～問５　各３点×３　問６～問10　各４点×５ □二 問１，問２　各２点×５　問３～問５　各３点×３　問６～問10　各４点×５ □三 問１　３点　問２～問５　各２点×４　問６～問８　各３点×３　問９　２点	100点

2023年度　星野高等学校・併願第2回

英語解答用紙

評点	／100

氏名	

受験番号				
受験番号記入 ➡				
1	1	1	1	1
2	2	2	2	2
3	3	3	3	3
4	4	4	4	4
5	5	5	5	5
6	6	6	6	6
7	7	7	7	7
8	8	8	8	8
9	9	9	9	9
0	0	0	0	0

受験番号マーク ➡

注意事項

1. 氏名と受験番号を正しく記入すること。
2. 受験番号にマークすること。
3. 解答の記入にあたっては、次の点に注意すること。
   (1)ＨＢの鉛筆でマークすること。
   (2)解答を修正する場合や解答以外の印を付けた場合には、消しゴムであとが残らないようにきれいに消し、又そのカスが残らないよう注意すること。
   (3)直接電算機にかけるので、折り曲げたり汚したりしないこと。
4. マークはすべて同程度の濃さとなるように注意して記入すること。

英語の解答数………30問

(マーク方法　良い例 ▬　悪い例 ⊏･⊐ ⊏‐⊐ ⊏⁄⊐ ▬)

（注）この解答用紙は実物を縮小してあります。B4用紙に125%拡大コピーすると、ほぼ実物大で使用できます。（タイトルと配点表は含みません）

問	解答
1	ア イ ウ エ
2	ア イ ウ エ
3	ア イ ウ エ
4	ア イ ウ エ
5	ア イ ウ エ
6	ア イ ウ エ
7	ア イ ウ エ
8	ア イ ウ エ
9	ア イ ウ エ
10	ア イ ウ エ
11	ア イ ウ エ
12	ア イ ウ エ
13	ア イ ウ エ
14	ア イ ウ エ
15	ア イ ウ エ
16	ア イ ウ エ
17	ア イ ウ エ
18	ア イ ウ エ
19	ア イ ウ エ
20	ア イ ウ エ

問	解答
21	ア イ ウ エ
22	ア イ ウ エ
23	ア イ ウ エ
24	ア イ ウ エ
25	ア イ ウ エ
26	ア イ ウ エ
27	ア イ ウ エ
28	ア イ ウ エ
29	ア イ ウ エ
30	ア イ ウ エ

推定配点		計
	1～4　各4点×20　5～8　各2点×10	100点

2023年度　　星野高等学校・併願第2回

数学解答用紙

評点	／100

氏名	

受験番号				
[1]	[1]	[1]	[1]	[1]
[2]	[2]	[2]	[2]	[2]
[3]	[3]	[3]	[3]	[3]
[4]	[4]	[4]	[4]	[4]
[5]	[5]	[5]	[5]	[5]
[6]	[6]	[6]	[6]	[6]
[7]	[7]	[7]	[7]	[7]
[8]	[8]	[8]	[8]	[8]
[9]	[9]	[9]	[9]	[9]
[0]	[0]	[0]	[0]	[0]

受験番号記入 ➡

受験番号マーク ➡

注意事項

1. 氏名と受験番号を正しく記入すること。
2. 受験番号にマークすること。
3. 解答の記入にあたっては、次の点に注意すること。
   (1)ＨＢの鉛筆でマークすること。
   (2)解答を修正する場合や解答以外の印を付けた場合には、消しゴムであとが残らないようにきれいに消し、又そのカスが残らないよう注意すること。
   (3)直接電算機にかけるので、折り曲げたり汚したりしないこと。
4. マークはすべて同程度の濃さとなるように注意して記入すること。

(マーク方法　良い例　━　悪い例　[・] [─] [＼] [▭])

数学の解答数・・・・・・・・20問

問	解答
1	[ア] [イ] [ウ] [エ] [オ] [カ]
2	[ア] [イ] [ウ] [エ] [オ] [カ]
3	[ア] [イ] [ウ] [エ] [オ] [カ]
4	[ア] [イ] [ウ] [エ] [オ] [カ]
5	[ア] [イ] [ウ] [エ] [オ] [カ]
6	[ア] [イ] [ウ] [エ] [オ] [カ]
7	[ア] [イ] [ウ] [エ] [オ] [カ]
8	[ア] [イ] [ウ] [エ] [オ] [カ]
9	[ア] [イ] [ウ] [エ] [オ] [カ]
10	[ア] [イ] [ウ] [エ] [オ] [カ]
11	[ア] [イ] [ウ] [エ] [オ] [カ]
12	[ア] [イ] [ウ] [エ] [オ] [カ]
13	[ア] [イ] [ウ] [エ] [オ] [カ]
14	[ア] [イ] [ウ] [エ] [オ] [カ]
15	[ア] [イ] [ウ] [エ] [オ] [カ]
16	[ア] [イ] [ウ] [エ] [オ] [カ]
17	[ア] [イ] [ウ] [エ] [オ] [カ]
18	[ア] [イ] [ウ] [エ] [オ] [カ]
19	[ア] [イ] [ウ] [エ] [オ] [カ]
20	[ア] [イ] [ウ] [エ] [オ] [カ]

(注)この解答用紙は実物を縮小してあります。Ｂ４用紙に125％拡大コピーすると、ほぼ実物大で使用できます。(タイトルと配点表は含みません)

推定配点		計
	1～5　各５点×20	100点

二〇二三年度　　星野高等学校・併願第二回

国語解答用紙

評点	／100

氏名	

注意事項

1. 氏名と受験番号を正しく記入すること。
2. 受験番号にマークすること。
3. 解答の記入にあたっては、次の点に注意すること。
   (1)ＨＢの鉛筆でマークすること。
   (2)解答を修正する場合や解答以外の印を付けた場合には、消しゴムであとが残らないようにきれいに消し、又そのカスが残らないよう注意すること。
   (3)直接電算機にかけるので、折り曲げたり汚したりしないこと。
4. マークはすべて同程度の濃さとなるように注意して記入すること。

(マーク方法　良い例 ▬　悪い例)

受験番号				
1	1	1	1	1
2	2	2	2	2
3	3	3	3	3
4	4	4	4	4
5	5	5	5	5
6	6	6	6	6
7	7	7	7	7
8	8	8	8	8
9	9	9	9	9
0	0	0	0	0

受験番号記入 ➡

受験番号マーク ➡

国語の解答数・・・・・・・・35問

解答番号	解答
1	ア イ ウ エ
2	ア イ ウ エ
3	ア イ ウ エ
4	ア イ ウ エ
5	ア イ ウ エ
6	ア イ ウ エ
7	ア イ ウ エ
8	ア イ ウ エ
9	ア イ ウ エ
10	ア イ ウ エ
11	ア イ ウ エ
12	ア イ ウ エ
13	ア イ ウ エ
14	ア イ ウ エ
15	ア イ ウ エ
16	ア イ ウ エ
17	ア イ ウ エ
18	ア イ ウ エ
19	ア イ ウ エ
20	ア イ ウ エ

解答番号	解答
21	ア イ ウ エ
22	ア イ ウ エ
23	ア イ ウ エ
24	ア イ ウ エ
25	ア イ ウ エ
26	ア イ ウ エ
27	ア イ ウ エ
28	ア イ ウ エ
29	ア イ ウ エ
30	ア イ ウ エ
31	ア イ ウ エ
32	ア イ ウ エ
33	ア イ ウ エ
34	ア イ ウ エ
35	ア イ ウ エ

（注）この解答用紙は実物を縮小してあります。B４用紙に125％拡大コピーすると、ほぼ実物大で使用できます。（タイトルと配点表は含みません）

推定配点		計
	一 問１～問５　各２点×６　問６，問７　各３点×２　問８　４点　問９　３点　問10～問12　各４点×３ 二 問１～問３　各２点×５　問４　３点　問５　４点　問６　３点　問７～問10　各４点×４　問11　３点 三 問１，問２　各３点×２　問３　各２点×２　問４～問７　各３点×４　問８　２点	100点

2022年度　　星野高等学校・単願

英語解答用紙

評点	／100

氏名	

受験番号				
受験番号記入 ➡				
1	1	1	1	1
2	2	2	2	2
受験番号マーク ➡ 3	3	3	3	3
4	4	4	4	4
5	5	5	5	5
6	6	6	6	6
7	7	7	7	7
8	8	8	8	8
9	9	9	9	9
0	0	0	0	0

注意事項

1. 氏名と受験番号を正しく記入すること。
2. 受験番号にマークすること。
3. 解答の記入にあたっては、次の点に注意すること。
   (1)ＨＢの鉛筆でマークすること。
   (2)解答を修正する場合や解答以外の印を付けた場合には、消しゴムであとが残らないようにきれいに消し、又そのカスが残らないよう注意すること。
   (3)直接電算機にかけるので、折り曲げたり汚したりしないこと。
4. マークはすべて同程度の濃さとなるように注意して記入すること。

英語の解答数………30問

（マーク方法　良い例 ▬　悪い例 ）

問	解答
1	ア イ ウ エ
2	ア イ ウ エ
3	ア イ ウ エ
4	ア イ ウ エ
5	ア イ ウ エ
6	ア イ ウ エ
7	ア イ ウ エ
8	ア イ ウ エ
9	ア イ ウ エ
10	ア イ ウ エ
11	ア イ ウ エ
12	ア イ ウ エ
13	ア イ ウ エ
14	ア イ ウ エ
15	ア イ ウ エ
16	ア イ ウ エ
17	ア イ ウ エ
18	ア イ ウ エ
19	ア イ ウ エ
20	ア イ ウ エ

問	解答
21	ア イ ウ エ
22	ア イ ウ エ
23	ア イ ウ エ
24	ア イ ウ エ
25	ア イ ウ エ
26	ア イ ウ エ
27	ア イ ウ エ
28	ア イ ウ エ
29	ア イ ウ エ
30	ア イ ウ エ

（注）この解答用紙は実物を縮小してあります。Ｂ４用紙に125％拡大コピーすると、ほぼ実物大で使用できます。（タイトルと配点表は含みません）

推定配点		計
	1～4　各４点×20　　5～8　各２点×10	100点

２０２２年度　　星野高等学校・単願

数学解答用紙

評点	／100

氏名	

注意事項

1. 氏名と受験番号を正しく記入すること。
2. 受験番号にマークすること。
3. 解答の記入にあたっては、次の点に注意すること。
   (1)ＨＢの鉛筆でマークすること。
   (2)解答を修正する場合や解答以外の印を付けた場合には、消しゴムであとが残らないようにきれいに消し、又そのカスが残らないよう注意すること。
   (3)直接電算機にかけるので、折り曲げたり汚したりしないこと。
4. マークはすべて同程度の濃さとなるように注意して記入すること。

(マーク方法　良い例 ━　悪い例 （図）)

受験番号				
1	1	1	1	1
2	2	2	2	2
3	3	3	3	3
4	4	4	4	4
5	5	5	5	5
6	6	6	6	6
7	7	7	7	7
8	8	8	8	8
9	9	9	9	9
0	0	0	0	0

受験番号記入 ➡

受験番号マーク ➡

数学の解答数・・・・・・・・20問

問	解答
1	ア イ ウ エ オ カ
2	ア イ ウ エ オ カ
3	ア イ ウ エ オ カ
4	ア イ ウ エ オ カ
5	ア イ ウ エ オ カ
6	ア イ ウ エ オ カ
7	ア イ ウ エ オ カ
8	ア イ ウ エ オ カ
9	ア イ ウ エ オ カ
10	ア イ ウ エ オ カ
11	ア イ ウ エ オ カ
12	ア イ ウ エ オ カ
13	ア イ ウ エ オ カ
14	ア イ ウ エ オ カ
15	ア イ ウ エ オ カ
16	ア イ ウ エ オ カ
17	ア イ ウ エ オ カ
18	ア イ ウ エ オ カ
19	ア イ ウ エ オ カ
20	ア イ ウ エ オ カ

（注）この解答用紙は実物を縮小してあります。Ｂ４用紙に125％拡大コピーすると、ほぼ実物大で使用できます。（タイトルと配点表は含みません）

推定配点		計
	1～5　各５点×20	100点

二〇二二年度　星野高等学校・単願

国語解答用紙

評点	／100

氏名	

注意事項

1. 氏名と受験番号を正しく記入すること。
2. 受験番号にマークすること。
3. 解答の記入にあたっては、次の点に注意すること。
   (1)ＨＢの鉛筆でマークすること。
   (2)解答を修正する場合や解答以外の印を付けた場合には、消しゴムであとが残らないようにきれいに消し、又そのカスが残らないよう注意すること。
   (3)直接電算機にかけるので、折り曲げたり汚したりしないこと。
4. マークはすべて同程度の濃さとなるように注意して記入すること。

(マーク方法　良い例 ━　悪い例 ⊏•⊐ ⟷ ⊏╲⊐ ▭)

受験番号記入 ➡

受験番号マーク ➡

受験番号				
1	1	1	1	1
2	2	2	2	2
3	3	3	3	3
4	4	4	4	4
5	5	5	5	5
6	6	6	6	6
7	7	7	7	7
8	8	8	8	8
9	9	9	9	9
0	0	0	0	0

国語の解答数・・・・・・・・35問

解答番号	解答
1	ア イ ウ エ
2	ア イ ウ エ
3	ア イ ウ エ
4	ア イ ウ エ
5	ア イ ウ エ
6	ア イ ウ エ
7	ア イ ウ エ
8	ア イ ウ エ
9	ア イ ウ エ
10	ア イ ウ エ
11	ア イ ウ エ
12	ア イ ウ エ
13	ア イ ウ エ
14	ア イ ウ エ
15	ア イ ウ エ
16	ア イ ウ エ
17	ア イ ウ エ
18	ア イ ウ エ
19	ア イ ウ エ
20	ア イ ウ エ

解答番号	解答
21	ア イ ウ エ
22	ア イ ウ エ
23	ア イ ウ エ
24	ア イ ウ エ
25	ア イ ウ エ
26	ア イ ウ エ
27	ア イ ウ エ
28	ア イ ウ エ
29	ア イ ウ エ
30	ア イ ウ エ
31	ア イ ウ エ
32	ア イ ウ エ
33	ア イ ウ エ
34	ア イ ウ エ
35	ア イ ウ エ

（注）この解答用紙は実物を縮小してあります。B4用紙に125%拡大コピーすると、ほぼ実物大で使用できます。（タイトルと配点表は含みません）

推定配点		計
	一　問１，問２　各２点×５　問３，問４　各３点×２　問５　２点 問６～問10　各４点×５ 二　問１，問２　各２点×５　問３　３点　問４～問８　各４点×５ 問９　３点　問10　４点 三　問１，問２　各２点×３　問３　３点　問４　(1)　２点　(2)　３点 問５，問６　各３点×２　問７　２点	100点

２０２２年度　　星野高等学校・併願第１回

英語解答用紙

評点	／100

氏名	

受験番号記入 ➡

受験番号マーク ➡

受験番号				
1	1	1	1	1
2	2	2	2	2
3	3	3	3	3
4	4	4	4	4
5	5	5	5	5
6	6	6	6	6
7	7	7	7	7
8	8	8	8	8
9	9	9	9	9
0	0	0	0	0

注意事項

1. 氏名と受験番号を正しく記入すること。
2. 受験番号にマークすること。
3. 解答の記入にあたっては、次の点に注意すること。
   (1)ＨＢの鉛筆でマークすること。
   (2)解答を修正する場合や解答以外の印を付けた場合には、消しゴムであとが残らないようにきれいに消し、又そのカスが残らないよう注意すること。
   (3)直接電算機にかけるので、折り曲げたり汚したりしないこと。
4. マークはすべて同程度の濃さとなるように注意して記入すること。

英語の解答数………30問

(マーク方法　良い例　悪い例　)

(注) この解答用紙は実物を縮小してあります。B４用紙に125％拡大コピーすると、ほぼ実物大で使用できます。(タイトルと配点表は含みません)

問	解答
1	ア イ ウ エ
2	ア イ ウ エ
3	ア イ ウ エ
4	ア イ ウ エ
5	ア イ ウ エ
6	ア イ ウ エ
7	ア イ ウ エ
8	ア イ ウ エ
9	ア イ ウ エ
10	ア イ ウ エ
11	ア イ ウ エ
12	ア イ ウ エ
13	ア イ ウ エ
14	ア イ ウ エ
15	ア イ ウ エ
16	ア イ ウ エ
17	ア イ ウ エ
18	ア イ ウ エ
19	ア イ ウ エ
20	ア イ ウ エ

問	解答
21	ア イ ウ エ
22	ア イ ウ エ
23	ア イ ウ エ
24	ア イ ウ エ
25	ア イ ウ エ
26	ア イ ウ エ
27	ア イ ウ エ
28	ア イ ウ エ
29	ア イ ウ エ
30	ア イ ウ エ

推定配点		計
	1～4　各４点×20　　5～8　各２点×10	100点

２０２２年度　星野高等学校・併願第１回

数学解答用紙

評点	／100

氏名	

注意事項

1. 氏名と受験番号を正しく記入すること。
2. 受験番号にマークすること。
3. 解答の記入にあたっては、次の点に注意すること。
   (1)ＨＢの鉛筆でマークすること。
   (2)解答を修正する場合や解答以外の印を付けた場合には、消しゴムであとが残らないようにきれいに消し、又そのカスが残らないよう注意すること。
   (3)直接電算機にかけるので、折り曲げたり汚したりしないこと。
4. マークはすべて同程度の濃さとなるように注意して記入すること。

(マーク方法　良い例　━　悪い例　⊏•⊐ ⊏━⊐ ⊏╲⊐ ⊏▬⊐)

受験番号記入 ➡

受験番号マーク ➡

受験番号				
[1]	[1]	[1]	[1]	[1]
[2]	[2]	[2]	[2]	[2]
[3]	[3]	[3]	[3]	[3]
[4]	[4]	[4]	[4]	[4]
[5]	[5]	[5]	[5]	[5]
[6]	[6]	[6]	[6]	[6]
[7]	[7]	[7]	[7]	[7]
[8]	[8]	[8]	[8]	[8]
[9]	[9]	[9]	[9]	[9]
[0]	[0]	[0]	[0]	[0]

数学の解答数・・・・・・・・20問

問	解答
1	[ア] [イ] [ウ] [エ] [オ] [カ]
2	[ア] [イ] [ウ] [エ] [オ] [カ]
3	[ア] [イ] [ウ] [エ] [オ] [カ]
4	[ア] [イ] [ウ] [エ] [オ] [カ]
5	[ア] [イ] [ウ] [エ] [オ] [カ]
6	[ア] [イ] [ウ] [エ] [オ] [カ]
7	[ア] [イ] [ウ] [エ] [オ] [カ]
8	[ア] [イ] [ウ] [エ] [オ] [カ]
9	[ア] [イ] [ウ] [エ] [オ] [カ]
10	[ア] [イ] [ウ] [エ] [オ] [カ]
11	[ア] [イ] [ウ] [エ] [オ] [カ]
12	[ア] [イ] [ウ] [エ] [オ] [カ]
13	[ア] [イ] [ウ] [エ] [オ] [カ]
14	[ア] [イ] [ウ] [エ] [オ] [カ]
15	[ア] [イ] [ウ] [エ] [オ] [カ]
16	[ア] [イ] [ウ] [エ] [オ] [カ]
17	[ア] [イ] [ウ] [エ] [オ] [カ]
18	[ア] [イ] [ウ] [エ] [オ] [カ]
19	[ア] [イ] [ウ] [エ] [オ] [カ]
20	[ア] [イ] [ウ] [エ] [オ] [カ]

（注）この解答用紙は実物を縮小してあります。B４用紙に125％拡大コピーすると、ほぼ実物大で使用できます。（タイトルと配点表は含みません）

推定配点		計
	1～5　各５点×20	100点

二〇二二年度　星野高等学校・併願第一回

国語解答用紙

評点	／100

氏名	

受験番号				
受験番号記入 ➡				
[1]	[1]	[1]	[1]	[1]
[2]	[2]	[2]	[2]	[2]
[3]	[3]	[3]	[3]	[3]
[4]	[4]	[4]	[4]	[4]
[5]	[5]	[5]	[5]	[5]
[6]	[6]	[6]	[6]	[6]
[7]	[7]	[7]	[7]	[7]
[8]	[8]	[8]	[8]	[8]
[9]	[9]	[9]	[9]	[9]
[0]	[0]	[0]	[0]	[0]

受験番号マーク ➡

注意事項

1. 氏名と受験番号を正しく記入すること。
2. 受験番号にマークすること。
3. 解答の記入にあたっては、次の点に注意すること。
   (1)ＨＢの鉛筆でマークすること。
   (2)解答を修正する場合や解答以外の印を付けた場合には、消しゴムであとが残らないようにきれいに消し、又そのカスが残らないよう注意すること。
   (3)直接電算機にかけるので、折り曲げたり汚したりしないこと。
4. マークはすべて同程度の濃さとなるように注意して記入すること。

(マーク方法　良い例 ▬　悪い例 [•] ⟷ ↘ ▭)

国語の解答数・・・・・・・・35問

解答番号	解答
1	[ア] [イ] [ウ] [エ]
2	[ア] [イ] [ウ] [エ]
3	[ア] [イ] [ウ] [エ]
4	[ア] [イ] [ウ] [エ]
5	[ア] [イ] [ウ] [エ]
6	[ア] [イ] [ウ] [エ]
7	[ア] [イ] [ウ] [エ]
8	[ア] [イ] [ウ] [エ]
9	[ア] [イ] [ウ] [エ]
10	[ア] [イ] [ウ] [エ]
11	[ア] [イ] [ウ] [エ]
12	[ア] [イ] [ウ] [エ]
13	[ア] [イ] [ウ] [エ]
14	[ア] [イ] [ウ] [エ]
15	[ア] [イ] [ウ] [エ]
16	[ア] [イ] [ウ] [エ]
17	[ア] [イ] [ウ] [エ]
18	[ア] [イ] [ウ] [エ]
19	[ア] [イ] [ウ] [エ]
20	[ア] [イ] [ウ] [エ]

解答番号	解答
21	[ア] [イ] [ウ] [エ]
22	[ア] [イ] [ウ] [エ]
23	[ア] [イ] [ウ] [エ]
24	[ア] [イ] [ウ] [エ]
25	[ア] [イ] [ウ] [エ]
26	[ア] [イ] [ウ] [エ]
27	[ア] [イ] [ウ] [エ]
28	[ア] [イ] [ウ] [エ]
29	[ア] [イ] [ウ] [エ]
30	[ア] [イ] [ウ] [エ]
31	[ア] [イ] [ウ] [エ]
32	[ア] [イ] [ウ] [エ]
33	[ア] [イ] [ウ] [エ]
34	[ア] [イ] [ウ] [エ]
35	[ア] [イ] [ウ] [エ]

（注）この解答用紙は実物を縮小してあります。Ｂ４用紙に125％拡大コピーすると、ほぼ実物大で使用できます。（タイトルと配点表は含みません）

推定配点		計
	一　問１，問２　各２点×５　問３～問５　各３点×３ 問６，問７　各４点×２　問８　２点　問９　４点　問10　３点 二　問１，問２　各２点×５　問３～問５　各３点×３ 問６～問９　各４点×４　問10　３点 三　問１　３点　問２　２点　問３～問８　各３点×７	100点

2022年度　　星野高等学校・併願第2回

英語解答用紙

評点	／100

氏名	

受験番号				
1	1	1	1	1
2	2	2	2	2
3	3	3	3	3
4	4	4	4	4
5	5	5	5	5
6	6	6	6	6
7	7	7	7	7
8	8	8	8	8
9	9	9	9	9
0	0	0	0	0

受験番号記入 ➡

受験番号マーク ➡

注意事項

1. 氏名と受験番号を正しく記入すること。
2. 受験番号にマークすること。
3. 解答の記入にあたっては、次の点に注意すること。
   (1)ＨＢの鉛筆でマークすること。
   (2)解答を修正する場合や解答以外の印を付けた場合には、消しゴムであとが残らないようにきれいに消し、又そのカスが残らないよう注意すること。
   (3)直接電算機にかけるので、折り曲げたり汚したりしないこと。
4. マークはすべて同程度の濃さとなるように注意して記入すること。

英語の解答数………30問

（マーク方法　良い例 ▬　悪い例 ⊏・⊐ ⊏一⊐ ⊏⊘⊐ ▬ ）

（注）この解答用紙は実物を縮小してあります。B４用紙に125％拡大コピーすると、ほぼ実物大で使用できます。（タイトルと配点表は含みません）

問	解答
1	ア イ ウ エ
2	ア イ ウ エ
3	ア イ ウ エ
4	ア イ ウ エ
5	ア イ ウ エ
6	ア イ ウ エ
7	ア イ ウ エ
8	ア イ ウ エ
9	ア イ ウ エ
10	ア イ ウ エ
11	ア イ ウ エ
12	ア イ ウ エ
13	ア イ ウ エ
14	ア イ ウ エ
15	ア イ ウ エ
16	ア イ ウ エ
17	ア イ ウ エ
18	ア イ ウ エ
19	ア イ ウ エ
20	ア イ ウ エ

問	解答
21	ア イ ウ エ
22	ア イ ウ エ
23	ア イ ウ エ
24	ア イ ウ エ
25	ア イ ウ エ
26	ア イ ウ エ
27	ア イ ウ エ
28	ア イ ウ エ
29	ア イ ウ エ
30	ア イ ウ エ

推定配点		計
	1～4　各４点×20　　5～8　各２点×10	100点

２０２２年度　星野高等学校・併願第２回

数学解答用紙

評点	／100

氏名	

受	験	番	号	
⊏1⊐	⊏1⊐	⊏1⊐	⊏1⊐	⊏1⊐
⊏2⊐	⊏2⊐	⊏2⊐	⊏2⊐	⊏2⊐
⊏3⊐	⊏3⊐	⊏3⊐	⊏3⊐	⊏3⊐
⊏4⊐	⊏4⊐	⊏4⊐	⊏4⊐	⊏4⊐
⊏5⊐	⊏5⊐	⊏5⊐	⊏5⊐	⊏5⊐
⊏6⊐	⊏6⊐	⊏6⊐	⊏6⊐	⊏6⊐
⊏7⊐	⊏7⊐	⊏7⊐	⊏7⊐	⊏7⊐
⊏8⊐	⊏8⊐	⊏8⊐	⊏8⊐	⊏8⊐
⊏9⊐	⊏9⊐	⊏9⊐	⊏9⊐	⊏9⊐
⊏0⊐	⊏0⊐	⊏0⊐	⊏0⊐	⊏0⊐

受験番号記入 ➡

受験番号マーク ➡

注意事項

1. 氏名と受験番号を正しく記入すること。
2. 受験番号にマークすること。
3. 解答の記入にあたっては、次の点に注意すること。
   (1)ＨＢの鉛筆でマークすること。
   (2)解答を修正する場合や解答以外の印を付けた場合には、消しゴムであとが残らないようにきれいに消し、又そのカスが残らないよう注意すること。
   (3)直接電算機にかけるので、折り曲げたり汚したりしないこと。
4. マークはすべて同程度の濃さとなるように注意して記入すること。

(マーク方法　良い例 ━　悪い例 ⊏・⊐ ⊏━⊐ ⊏⁄⊐ ⊏▬⊐)

数学の解答数････････20問

問	解答
1	⊏ア⊐ ⊏イ⊐ ⊏ウ⊐ ⊏エ⊐ ⊏オ⊐ ⊏カ⊐
2	⊏ア⊐ ⊏イ⊐ ⊏ウ⊐ ⊏エ⊐ ⊏オ⊐ ⊏カ⊐
3	⊏ア⊐ ⊏イ⊐ ⊏ウ⊐ ⊏エ⊐ ⊏オ⊐ ⊏カ⊐
4	⊏ア⊐ ⊏イ⊐ ⊏ウ⊐ ⊏エ⊐ ⊏オ⊐ ⊏カ⊐
5	⊏ア⊐ ⊏イ⊐ ⊏ウ⊐ ⊏エ⊐ ⊏オ⊐ ⊏カ⊐
6	⊏ア⊐ ⊏イ⊐ ⊏ウ⊐ ⊏エ⊐ ⊏オ⊐ ⊏カ⊐
7	⊏ア⊐ ⊏イ⊐ ⊏ウ⊐ ⊏エ⊐ ⊏オ⊐ ⊏カ⊐
8	⊏ア⊐ ⊏イ⊐ ⊏ウ⊐ ⊏エ⊐ ⊏オ⊐ ⊏カ⊐
9	⊏ア⊐ ⊏イ⊐ ⊏ウ⊐ ⊏エ⊐ ⊏オ⊐ ⊏カ⊐
10	⊏ア⊐ ⊏イ⊐ ⊏ウ⊐ ⊏エ⊐ ⊏オ⊐ ⊏カ⊐
11	⊏ア⊐ ⊏イ⊐ ⊏ウ⊐ ⊏エ⊐ ⊏オ⊐ ⊏カ⊐
12	⊏ア⊐ ⊏イ⊐ ⊏ウ⊐ ⊏エ⊐ ⊏オ⊐ ⊏カ⊐
13	⊏ア⊐ ⊏イ⊐ ⊏ウ⊐ ⊏エ⊐ ⊏オ⊐ ⊏カ⊐
14	⊏ア⊐ ⊏イ⊐ ⊏ウ⊐ ⊏エ⊐ ⊏オ⊐ ⊏カ⊐
15	⊏ア⊐ ⊏イ⊐ ⊏ウ⊐ ⊏エ⊐ ⊏オ⊐ ⊏カ⊐
16	⊏ア⊐ ⊏イ⊐ ⊏ウ⊐ ⊏エ⊐ ⊏オ⊐ ⊏カ⊐
17	⊏ア⊐ ⊏イ⊐ ⊏ウ⊐ ⊏エ⊐ ⊏オ⊐ ⊏カ⊐
18	⊏ア⊐ ⊏イ⊐ ⊏ウ⊐ ⊏エ⊐ ⊏オ⊐ ⊏カ⊐
19	⊏ア⊐ ⊏イ⊐ ⊏ウ⊐ ⊏エ⊐ ⊏オ⊐ ⊏カ⊐
20	⊏ア⊐ ⊏イ⊐ ⊏ウ⊐ ⊏エ⊐ ⊏オ⊐ ⊏カ⊐

（注）この解答用紙は実物を縮小してあります。B４用紙に125％拡大コピーすると、ほぼ実物大で使用できます。（タイトルと配点表は含みません）

推定配点		計
	1～5　各５点×20	100点

二〇二二年度　　星野高等学校・併願第二回

国語解答用紙

評点	／100

氏名	

受験番号				
受験番号記入 ➡				
1	1	1	1	1
2	2	2	2	2
3	3	3	3	3
4	4	4	4	4
5	5	5	5	5
6	6	6	6	6
7	7	7	7	7
8	8	8	8	8
9	9	9	9	9
0	0	0	0	0

受験番号マーク ➡

注意事項

1. 氏名と受験番号を正しく記入すること。
2. 受験番号にマークすること。
3. 解答の記入にあたっては、次の点に注意すること。
   (1)ＨＢの鉛筆でマークすること。
   (2)解答を修正する場合や解答以外の印を付けた場合には、消しゴムであとが残らないようにきれいに消し、又そのカスが残らないよう注意すること。
   (3)直接電算機にかけるので、折り曲げたり汚したりしないこと。
4. マークはすべて同程度の濃さとなるように注意して記入すること。

(マーク方法　良い例 ━　悪い例)

国語の解答数・・・・・・・・35問

解答番号	解答
1	ア イ ウ エ
2	ア イ ウ エ
3	ア イ ウ エ
4	ア イ ウ エ
5	ア イ ウ エ
6	ア イ ウ エ
7	ア イ ウ エ
8	ア イ ウ エ
9	ア イ ウ エ
10	ア イ ウ エ
11	ア イ ウ エ
12	ア イ ウ エ
13	ア イ ウ エ
14	ア イ ウ エ
15	ア イ ウ エ
16	ア イ ウ エ
17	ア イ ウ エ
18	ア イ ウ エ
19	ア イ ウ エ
20	ア イ ウ エ

解答番号	解答
21	ア イ ウ エ
22	ア イ ウ エ
23	ア イ ウ エ
24	ア イ ウ エ
25	ア イ ウ エ
26	ア イ ウ エ
27	ア イ ウ エ
28	ア イ ウ エ
29	ア イ ウ エ
30	ア イ ウ エ
31	ア イ ウ エ
32	ア イ ウ エ
33	ア イ ウ エ
34	ア イ ウ エ
35	ア イ ウ エ

(注)　この解答用紙は実物を縮小してあります。Ｂ４用紙に125％拡大コピーすると、ほぼ実物大で使用できます。(タイトルと配点表は含みません)

推定配点		計
	一　問１，問２　各２点×４　問３～問５　各３点×３　問６　４点 問７　３点　問８　２点　問９～問11　各４点×３ 二　問１，問２　各２点×５　問３～問５　各３点×３ 問６～問８　各４点×３　問９，問10　各３点×２ 三　問１　３点　問２　各２点×２　問３～問７　各３点×６	100点